黄嘉略与早期法国汉学

（修订版）

许明龙 著

商务印书馆
创于1897 The Commercial Press

2014年·北京

图书在版编目（CIP）数据

黄嘉略与早期法国汉学/许明龙著. —修订本. —北京：商务印书馆，2014

ISBN 978-7-100-10168-4

Ⅰ. ①黄… Ⅱ. ①许… Ⅲ. ①黄嘉略（1679～1716）—人物研究 ②汉语—研究—法国 Ⅳ. ①B979.92 ②K207.8

中国版本图书馆CIP数据核字（2013）第176958号

黄嘉略与早期法国汉学

（修订版）

许明龙 著

商 务 印 书 馆 出 版

（北京王府井大街36号 邮政编码 100710）

商 务 印 书 馆 发 行

北京瑞古冠中印刷厂印刷

ISBN 978-7-100-10168-4

2014年10月第1版 **开本 880×1230 1/32**

2014年10月北京第1次印刷 **印张 15¼**

定价：42.00 元

目 录

附　录

参考文献

前　言

自17世纪下半叶以来，有三种法国人与中国研究有关。第一种是在华传教士，他们对中华文化有比较精深的了解和研究，并通过多种途径向西方介绍。但是，他们不是真正意义上的汉学家，因为他们研究中国文化的主要目的是推进传教事业。第二种是被称为哲学家的文人学者，他们主要借助传教士提供的信息了解和研究中国，他们也不是真正的汉学家，因为他们了解和研究中国的目的是为自己的学说、理论或政治主张提供支持或借鉴。第三种是以研究中国为业的学者，他们才是严格意义上的汉学家。

本书的主人公黄嘉略与这三种法国人都有直接联系。他自幼跟随法国在华传教士，受他们的培养和教育，并由其中一位带到法国。他在与孟德斯鸠的交往中，引发了这位著名思想家对中国的浓厚兴趣，并在一定程度上影响了他对中国的看法。黄嘉略在与弗雷莱和傅尔蒙的合作过程中，把这两位从未接触过中国研究的学者带进了汉学殿堂，使他们成为法国第一代汉学家。

由于黄嘉略的著述迄今无一获得出版的机会，因而他被长期湮没，几乎无人知晓。当我们从故纸堆中发现了他的遗稿，从他自己和他人的记载中获知他为在法国传播中华文化所做出的巨大努力后，我们完全有理由认定，他对早期法国汉学做出了无人可以替的贡献。

他是用法语编写汉语语法的第一人。

他是用法语编写汉语字典的第一人。

他是向西方人介绍汉字的214个部首的第一人。

他是将中国小说译成法文的第一人。

他是向西方人介绍中国诗歌的第一人。

他是向西方介绍中国戏曲和音乐的第一人。

他是……

这样一位人物难道不值得向他的同胞介绍吗？然而，在近三百年中，我们对他的了解却少得可怜。

在笔者于1986年从档案中找到黄嘉略这个名字之前，西方汉学家偶尔提及他时称他为Arcade。法国汉学家艾丹妮（Danielle Elisseff-Poisle）在20世纪80年代和90年代先后出版了两部有关这位中国人的著作后，Arcade这个名字开始为西方汉学家和中西文化交流史研究者所关注。就我所见，Arcade是在法文中的常见拼法，在其他西文著作中则常常被写作Arcadius或Arcadio。他姓黄，有人按照如今的汉语拼音写作Huang，有人依照过去的习惯写作Hoang，而在他生前，除了Hoang以外，还有人写作Hoamg、Hoangh、Hoange和Ouang。尽管许多西方学者对于Arcade 已不感到陌生，但对于绝大多数中国人来说，

Arcade至今依然是个相当陌生的名字。1986年之前，只有为数极少的几位学者曾经提到过他，而且只知其姓，不知其名。1986年我在《社会科学战线》上发表了第一篇介绍他的文章，依据我所查找到的可靠资料，称他为黄嘉略。这个名字从此被国内中外文化交流史研究者们普遍接受，不断出现在学者们的著述中；在一些国内或国际学术交流会上，时而也能听到这个名字，这让我颇感欣慰，湮没在历史尘埃中的一位平凡而又不同寻常的小人物，终于在将近三百年之后开始为他的同胞所认识和肯定了。

然而，嘉略其实不是黄先生的本名，而是传教士为他施洗时起的西文教名Arcade的汉译。他的一封亲笔信表明，他的本名是黄日升。那么为什么不称他为黄日升而称他为黄嘉略呢？原因是我在1986年发表第一篇介绍他的文章时还不知道他的本名，而当我发现他的本名时，嘉略这个名字已经被学界接受，开始出现在书刊中了。按理说我们应该改称他为黄日升，因为对于中国人来说，教名是洋人起的洋名，虽然已经译成中文，叫起来还算顺口，毕竟还是有些不伦不类。可是，考虑到黄嘉略这个名字已经被学界接受和习用，如果骤然改称黄日升，可能令人误以为这是两个人，从而造成不必要的混乱。斟酌再三，我决定继续称他为黄嘉略，因为归根结底，名字只不过是一个符号，只要大家都知道而且承认这个符号所代表的那个人，至于这个符号是什么，其实并不重要，大号国栋、国梁的人未必是旷世奇才，小名阿狗、阿猫的人不见得没有丰功伟绩。

2000年仲夏我再次在巴黎小住，从1982年首次访问这座以花都闻名于世的美丽城市算起，这次大概是第七次了。该看的名胜古迹大多已经看过，最初的那种新鲜感早已消失，巴黎的景色依旧婀娜多姿，却难以再像当初那样令我激动了。然而，有一个景点以前不曾去过，这次非去不可，那就是当费尔-罗什罗（Denfert-Rochereau）地铁站附近的地下尸骨场。倒不是因为地下尸骨场的景色独好，而是因为黄嘉略的遗骨很可能就在那里。黄嘉略生前居住在离卢森堡公园不远的卡耐特街，离他住所最近的公共墓地在塞纳河彼岸，距大菜场（Les Halles）不远。我估计，以他的家境和身份，他死后很可能下葬在那里。18世纪下半叶，由于城市建设的需要，在那个公共墓地上建起了房屋，掩埋在那里的死者全部移葬他处，无人过问的遗骸都被移送到刚才提到的那个地下尸骨场。女儿是黄嘉略的唯一的亲人，可是她在1735年20岁上就过早地离开了人间，这就是说，她来不及为父亲迁坟改葬就死了。因此，如果没有意外的原因，黄嘉略必定随着成千上万的亡人移居到地下尸骨场了。我来这里就是为了看望他，尽管我并不知道他是否安息在这里，况且，即使他确实长眠在这里，我也根本无法从数百万具遗骸中把他辨认出来。地下尸骨场由若干条曲曲弯弯的小径组成，长度将近两公里，小径两侧各有一道用骸骨垒成的矮墙，所有遗骸都已经被拆散，分门别类地集中安放，这边是腿骨，那边是臂骨，另一个地方堆的是骷髅。沿着漫长而弯曲的小径，我边走边看边想，除了我还有谁知道，这里可能长眠着一个中国人？有谁曾经专程前来探望他？他生前背井离乡，远涉重洋，来到这个陌生的国度，在这个繁华的都市里孤苦无助

图一 巴黎地下五百万人尸骨场

地生活了十余年，为帮助法国人了解中国而贡献出了自己的全部精力和智慧，死后和数十万具遗骸寂寞地安息在漆黑而潮湿的地下，不但从来没有人来为他扫墓，甚至没有一个人想到过他。作为他的同胞，我来了，把我对长者的尊敬和对朋友的怀念真诚地奉献给他。但愿他彼岸有知，能够感到一丝淡淡的欣慰。

16世纪初，欧洲传教士随着商船和战舰来到中国，由此拉开了历史上又一个中西交往高潮的序幕。从16世纪末开始的百余年中，数百名欧洲传教士先后来到中国传播福音，其中不少人在中国度过了漫长的岁月，有的甚至终老在这块古老的土地上。在同一个时期中，去到欧洲的中国人却寥若晨星，据有关资料记载，在18世纪以前，曾经踏上欧洲土地的中国人只有三位：1645年跟随法国传教士罗历山（Alexandre Rhodes，1591—1660）赴欧的郑玛诺；1651年跟随意大利传教士卫匡国（Martino Martini，1614—1661）前去罗马的青年教徒，此人在西文文献中名叫Dominique，他的中文姓名没有留下记载；1684年跟随比利时传教士柏应理（Philippe Couplet，1624—1692）游历英、法等国的沈福宗。郑玛诺离开中国时是个年仅13岁的少年，1651年到达罗马后，在罗马和波洛尼亚等地的耶稣会学校学习，结业后担任教职，1662年前往葡萄牙，候船返回中国，四年后终于成行，1668年返抵澳门。卫匡国的随从是福建省福安县的一位青年教徒，在欧洲期间备受欢迎，据说奥地利皇帝利奥波德曾亲自接见他。此人并未随卫匡国返回中国，后来不知所终。沈福宗的名气远远超过上述两位，他在法国逗留期间，曾在凡尔赛宫晋见法国国王路易十四，用拉丁语回答国王的询问，为国王表演用筷子进餐。在与法国公众的交往中，他介绍了中国的风俗习惯，展示了孔子的画像，表演用毛笔写字。1687年沈福宗随另一位耶稣会士到达英国后，在牛津与著名学者海德（Thomas Hyde，1636—1703）多次交谈，内容涉及汉语、中国的地理和度量衡以及围棋等，大英图书馆至今依然保存着海德与他的谈话记录。进入18世纪后，有一位中国人于1704年随法国传教士洪若翰（Jean de Fontaney，1643—1710）抵达巴黎。巴黎国家档案馆中的一件文献简略地谈到了这位没有留下姓名的中国人，说他在讲法语时，总是依据东方人的习惯，用人称代词加动词不定式组织句子；他很喜欢向法国人展示他的中国服饰，腰间挂着许多小袋子，里面装有烟叶、小刀和称银子的小秤等物件。黄嘉略虽于1702年年底抵达巴黎，但仅做一个多月停留后就继续前往罗马，当他从罗马回到巴黎时已是1706年，所以，尽管他是18世纪抵达法国的第一位中国人，但就他实际发挥中国人的作用这一点而言，我们宁可把他看作18世纪来到法国的第二个中国人。

黄嘉略与在他之前来到欧洲的中国同胞有两点不同，其一，他并非来去匆匆的过客，而是从1706年起就定居巴黎，直到去世再也没有返回中国；其二，他与法国女子通婚，并且生了一个女儿。就这两点而言，他是历史上的第一人。不过，如果他仅仅是在法国定居并娶妻生子的第一位中国人，那就没有为他树碑立传的必要了。事实上，他为在法国传播中国文化，帮助法国人了解中国做了许多开创性的工作。用今天的标准来衡量，他的著述和活动都很平常，不值得传扬和夸耀，他的业绩因而也就不值得称道。然而，如果用历史的眼光来看，结论就大不一样了。荣振华（Joseph Dehergne，1903—1990）神甫在谈及黄嘉略时写道："在我们的汉学领域里，黄嘉略的到来发挥了决定性的影响。"[1]荣振华神甫在中国居住多年，而且对中国与法国的早期文化交流进行了长期研究，撰写了多部名著；他是在广泛而深入研究的基础上对黄嘉略做出这个评价的，应该说很有分量。可惜，他并不代表更多法国学者的意见。19世纪著名法国汉学家阿伯儿-雷慕莎（Abel-Rémusat，1788—1832）谈到沈福宗和黄嘉略时写道："从他们身上学到的东西

1 J. Dehergne,"Voyageurs chinois venus à Paris au temps de la marine à voile et l'influence de la Chine sur la littérature française du XVIIIe siècle", in *Monumenta Serica* ,（23）1964, pp. 372-397（376）.

极少，王家学院的任何一个学生学习半年之后，对中文书籍所做的摘录，都能超过他们一百倍。”[1]19世纪的法国著名汉学家高迪埃（Henri Cordier，1849—1925）对黄嘉略的评价也很低：“他于1716年英年早逝，留下了一些价值不大的材料。”[2]他们之所以对黄嘉略的评价很低，重要的原因之一是受了傅尔蒙（Etienne Fourmont，1683—1745）的影响，因为，这位学者曾在不同场合多次以不屑的口吻谈论黄嘉略的工作；另一个重要原因是黄嘉略的任何著述都没有获得发表的机会，后人除非到图书馆去阅读他的遗稿，否则无从了解他的业绩，然而，有几个学者舍得花费时间去阅读这些“价值不大”的遗稿呢？于是，黄嘉略就渐渐被人遗忘了，直到法国汉学家艾丹妮再次发现这位“小中国佬”（Petit Chinois）。

帮助我认识黄嘉略并下决心对他进行研究的正是艾丹妮。说起来真惭愧，我虽然是黄嘉略的同胞，20年前对他却是一无所知。1982年第一次访问巴黎时，在一个社区图书馆里读到了艾丹妮的《尼古拉·弗雷莱（1688—1749），一位18世纪人文学家对中国的思考》（*Nicolas Fréret［1688—1749］, Réflexions d'un humaniste du XVIIIe siècle sur la Chine*），书中对黄嘉略的介绍引起了我的极大兴趣，他乡遇故知的感觉油然而生。依据作者所提供的资料来源，接触了尘封已久的黄嘉略的手稿以及其他一些资料后，我深信这是一位值得深入研究并且介绍给

1 Abel-Rémusat, *Nouveaux Mélanges asiatiques*, vol. I, p.261, Paris, 1892.

2 Henri Cordier, *La Chine en France en XVIIIe siècle*, p. 132, Paris, 1910.

公众的人物。他虽然没有伟大的建树，也没有留下不朽的著作，但是，他在极端困难的条件下默默无闻地勤奋耕耘，为在欧洲传播中华文明做出了不可磨灭的贡献，没有任何理由让他的名字永远湮没在历史尘埃中。自此之后，每次出访法国,我总要抽时间四处搜寻他的手稿和有关资料，除了巴黎的国家图书馆、国家档案馆、巴黎天文台图书馆和外方传教会档案室等处外，我还两次专访波尔多，查找孟德斯鸠的手稿，拜谒他的故居拉布莱德古堡。屈指算来，我对黄嘉略的研究已经持续20年了，当然，对他的研究并非我的全部工作，甚至不是主要工作，然而，他始终是我最为关注的课题，我从未放过任何能推进这项研究的机会。这些年来，先后发表了几篇介绍和研究他的文章，还曾两次向国际研讨会提供了有关他的论文。一篇文章毕竟容量有限，无法把有关他的各种事情统统讲清楚，而且鉴于他是一位鲜为人知的小人物，因而几乎在每篇文章中，都不得不从介绍他的姓名、籍贯和生平说起，所以内容往往多有重复。随着研究的逐渐深入，为他写一本书的念头早在十余年前就产生了。然而，愿望和现实之间总是有着不小的距离，几次提笔草拟提纲，总觉得资料尚嫌不足，有些事情的来龙去脉说不清楚。撰写有关重大事件的历史著作时，通常有许多第二手或第三手资料可以参考，为黄嘉略立传则不同，几乎没有任何现成的书籍和资料可以借鉴，几乎必须全部依靠第一手资料，即黄嘉略的遗稿以及相关的档案或手稿。为此，必须在巴黎逗留至少数月，以便到国家图书馆等处去认真阅读那些二百余年以前的手稿。2000年和2002年，我有机会两度访问法国，阅读、抄录和复制了不少以往由于疏忽或时间不够而来不及搜集的资料。在此基础上，终于实现了宿愿，写成了这本多年想写而没有写成的小书，把它奉献给黄嘉略的同胞和曾经收留和帮助过他的法国人民。

艾丹妮女士从比尼昂教士那里借来了“小中国佬”这个称呼，用来称呼黄嘉略，我觉得十分得体，因为黄嘉略确实不是任何意义上的大人物，他普通得不能再普通，平常得不能再平常。既然如此，为什么要花费那么大的精力为他立传呢？一句话：我希望大家知道18世纪曾经有过黄嘉略这个人，并且晓得他曾经为帮助法国人了解中国出过力，做了事，将来无论哪位学者专家撰写中法两国交往史和文化交流史以及法国汉学史时，都不要忘记他，都能或多或少说上他几句。果真如此，我就心满意足了，黄先生地下有知，也会感到欣慰。

我以往发表的文章和书大多以叙事和考证见长，资料比较多，议论比较少，因而被同行们戏称为“抛材料”。之所以如此，首先因为我不是史学科班出身，理论水平比较低，发潜阐幽不是我的强项；其次因为我觉得，史学研究应该以尽可能还历史以本来面目为第一追求，在弄清基本史实之前以少发宏论为好，以免一旦发现史实有误，宏论便一垮到底；与其把大楼建在沙滩上，莫如踏踏实实做一点基础性研究，哪怕只搞清一件小小的史实，也有助于推进史学研究。材料可能是某一个人或某几个人找到或搞清的，但应该也必须由大家共享，只有这样，整个学科才能有较快的发展。过去我抛出的材料常有被分享的情形发生，我为自己的努力没有白费而感到高兴。本书披露的材料同样有可能被同行分享，果真如此，我又将感到万分荣幸。只是我想在这里向未来的分享者提一个小小的建议，那就是，您在大作中使用本书提供的材料前，最好再核对一下，以免因我的疏漏而给您带来麻烦。

陈智超先生早在1985年就精心审改我的第一篇关于黄嘉略的文章，并介绍给《社会科学战线》发表。刘洁修先生以其深厚的国学造诣多次提供准确的线索，帮我寻找到了没头没脑的中文资料，居间穿针引线的是刘老先生的公子刘巍先生。杰出的孟德斯鸠专家戴格拉夫（Louis Desgraves，1921—1999）去世前不久，费心为我找到并复印了1713年《文雅信使》上载有中国诗歌的那篇文章。法国朋友索巴德（Patrick Sautreuil）多次为我从巴黎国家图书馆复印资料，并赠送书籍。法国汉学家戴廷杰（Pierre-Henri Durand）热情地为我修改用法文撰写的关于黄嘉略文章，并为我查找和复印资料。徐斯年先生为我详细解答中国诗歌的相关问题；韩琦先生、顾卫民先生、张顺洪先生、韩秉方先生、徐广存先生对于我为黄嘉略立传一事，极表赞同，给予鼓励和关心。我愿借此书终于出版的机会，向以上这些中法两国的亲朋好友表示深深的谢意。

本书初版于2004年，倏忽十年已逝。在这十年中，黄嘉略已为不少中国人所知，在与中西文化交流史和西方汉学史相关的各类著述中，他的事迹屡屡被人提起，他与孟德斯鸠的交往被津津乐道地誉为美谈。此番出版修订版的主要原因是发现了初版中的一些错误，其中包括把Artus de Lionne的汉名梁弘任误作“梁弘仁”，对于黄嘉略与梁弘任赴欧前偶遇的地点推测有误等等。在纠正这些明显的错误的同时，在文字上也做了一些必要的修改，尤其是把初版中前后重复的段落和语句做了删繁就简的处理，以期减轻读者阅读时的不适和劳累。

巴黎外方传教会的包智光（François Barriquand）先生、巴黎第七大学和意大利佛罗伦萨人文科学研究院的博士吴蕙仪小姐，在最近数年中不但给予我无私的指点和帮助，而且多次主动提供资料和复印件，使我获益匪浅，对此次再版发挥了关键性的作用；我衷心地向他们致以真诚和深切的谢意。

许明龙

2003年4月5日初稿

2013年5月10日增补

第一部分　身世

一、家庭和童年

兴化本是福建省的一个府，府治最初设在莆田北面，后来迁至莆田。民国初年兴化府被撤，莆田县依旧存在。撤府之前，兴化与莆田是不同的两级行政建制，撤府后兴化与莆田指同一地方，因而兴化人也就是莆田人。20世纪70年代以来，随着改革开放政策的推行，凭借着与台湾隔海相望、往来方便的地理优势，莆田如同福建省的许多沿海城市一样，经济飞速发展，1983年改建为省辖莆田市，1991年在保留莆田市的前提下，将辖区分为莆田和仙游两县；2002年撤销莆田县，改设两个区。据2011年的统计，莆田市已经拥有人口320余万，早已不是当年的小城了。

黄嘉略的老家筱唐村在莆田西南的凤凰山麓，当年距县城约三公里，而今离市区仅一公里。《八闽通志》称，此山形如凤之展翼，故名。《莆田县志》[1]称，此山又名南山，海拔约350米，茂林修竹，山清水秀，除了山脚下和山坡上的农舍，绿树丛中还掩映着许多佛寺庙宇，其中最有名的便是被誉为福建省“四大禅

1 《莆田县志》，清光绪五年潘文凤补刊本，民国十五年重印。

林”之一的广化寺。此寺始建于公元558年，是个千年古刹。凤凰山的风光吸引过不少文人墨客，宋朝以前就有人在此开设书馆，此后规模不断扩大，成为闽中的教育发源地之一。秀丽的风光和深厚的文化积淀，使凤凰山成为不少文人吟诵的对象。《莆田县志》收有若干咏唱凤凰山的古诗。

其一为方熙的一首七律：

此间百有二十寺，多少丛林一路分。
野日收残千嶂雨，涧泉界破半山云。
重重树色参差见，处处钟声远近闻。
满目风光吟未就，虎溪长啸已斜曛。

其二为曾任兴化知府的岳正的两首七绝：

三年不去为谁留，十里南山似十州。
泉石癖成随意出，去年风雨不曾休。

又是登高第二回，功名心事已全灰。
此时偿却山灵债，明日放歌归去来。

今人黄金恳主编的《莆田市志》[1]收有著名的宋代大儒朱熹的《凤凰山和林泽之》一首五律：

1　黄金垦主编：《莆田市志》，方志出版社2001年版。

木落髻鬟拥，湖平妆镜空。
荒途余旧事，惨淡只悲风。
兴发千山里，诗成一笑中。
诸君莫惆怅，吾道固当穷。

明朝文人黄仲昭留下了一首题名为《游南山》的七律：

风景无端拥寺门，望中山色几分重。
泉声满室长疑雨，树影当窗半是云。
一片禅房依涧转，数声清磬隔林闻。
灵岩一百二十寺，多少楼台锁夕曛。

另一位明代文人林俊有也有一首《避暑南山依韵答汝华》的咏凤凰山诗：

蒺藜古道更苍苔，祇树青霏近午开。
寺折松廊双鹤绕，月临云水一僧陪。
清斋坐石还谈柄，白社攒眉亦酒杯。
湖海壮心禅共寂，招提猿鸟漫须猜。

凤凰山如今已被辟为公园，纳入城区，成为吸引外来游客的一个极好去处。当年的村落荡然无存，唯有广化寺不但风光依旧，而且历经修葺，苍老之中焕发出新的光彩。

关于黄嘉略去国赴欧以前的经历，我们所知甚少，至今只找到两件可靠的文献。其一是他为《汉语语法》(*Essay de la grammaire chinoise*)[1]所写的序言，这篇序言的前半部分其实是他的一份自传，简要地记述了他的父母和家庭以及他本人从出生到1716年去世前不久的全部经历。另一件是黄嘉略手书的一份家庭简况[2]。此外，在他撰写的文稿中，偶尔也谈及他本人的经历，这当然是帮助我们了解他的宝贵资料。这些资料几乎全都以法文写就，人名、地名和官职的迻译难以准确无误。以下有关黄嘉略生平的介绍，主要的依据就是这些文字资料。

黄嘉略的祖父黄江卿(音，Hoang Kian Khin)，曾任御史(visiteur impérial)巡视江南和山东两省。其父1638年生于兴化，一向乐善好施，经常接济穷人。当地有位穷汉经常前来黄家求助，从未空手而归。这位穷汉是个天主教徒，他认为，对施主最好的回报便是帮助他的灵魂将来升入天堂。于是他决定劝导黄父入教，为此经常向黄父传布教义。黄父悟性很高，对教义心领神会，穷汉高兴之余，觉得自己的教义造诣不深，不足以传达基督教[3]的全部奥秘，遂把黄父介绍给当地一位著名的教徒苏老先生。苏老先生告老之前官拜广州知府，在地方上颇有名望和人缘。黄父经苏老先生指点，对天主教有了更加深切的了解，1651年在葡萄牙籍耶稣会士何大化(Antonio de Gouvea，1592—1677)的主

1　这份自述现存两件手稿，一件存巴黎天文台图书馆：B 1.14，另一件存巴黎外方传教会档案室：AME 19。两件手稿的文字基本相同，但略有差异，经仔细对照发现，外方传教会本大概是天文台本的修改稿。

2　巴黎国家图书馆抄本部：Bréq. 22。

3　本书中基督教泛指包括天主教和新教在内的基督宗教，而非中国新教徒所称的基督教。

持下受洗入教，取教名黄保禄（Paul Hoang）。黄父入教后十分虔诚，明确地向父母申言终身不娶，决心为上帝献身，远离人群去过隐修士式的生活。黄父是个独生子，延续家族香火的期望全部寄托在他身上，拒绝结婚的想法既违背父母的期望，也与中国人的传统不符，父母不但对他严加训斥，甚至以将他送官惩办为威胁。黄保禄无奈，只得屈从父母之命，于1670年娶江西省广信府知府杨某之女为妻。婚后不久，其妻就在丈夫的劝说下皈依天主教，也成了一名十分虔诚的教徒。夫妻二人先后生育了四个女儿，却始终不见男嗣。夫妻二人遂向上帝许愿，若能得到一个儿子，他们一定把他献给上帝。上帝满足了黄氏夫妇的请求，一个男婴于1679年（康熙十八年）11月15日呱呱坠地。为忠实地履行对上帝的许诺，黄氏夫妇在婴儿尚不足半月时，就请一位西班牙籍多明我会士为之施行洗礼，这位传教士为婴儿取名嘉略（Arcadio），他就是本书的主角黄嘉略。黄保禄的宗教热情持续高涨，隐修的念头始终不曾彻底打消，1686年他再次打算弃家出走，终生追随西方传教士，云游四方，在传教事业中终其余生，与上次略有不同的是这次要把儿子带走。但是，黄保禄依然没能实现自己的愿望，原因不再是父母的反对，而是他突然病故。临终之时，他念念不忘上帝的恩典，叮嘱妻子尽早把儿子彻底献给上帝，让他终生从事传教事业。

依据黄嘉略的自述，我对黄家的经济状况做出如下推测：黄家既非名门望族，但也不是贫困潦倒的破落户，很可能是一家殷实的富户。理由如下：黄家虽为官宦后人，门第却并不显赫，否则那位穷汉不可能得以面见黄嘉略的父亲，并多次交

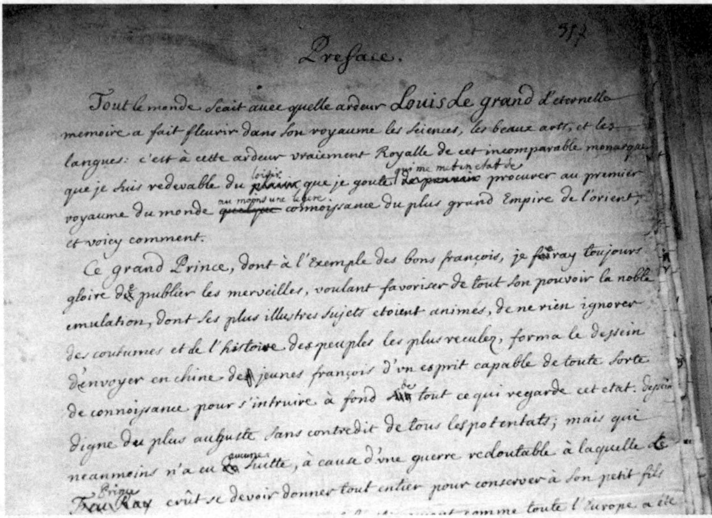

Preface.

Tout le monde sçait avec quelle ardeur Louis Le grand d'eternelle memoire a fait fleurir dans son royaume les sciences, les beaux arts, et les langues: c'est à cette ardeur vraiement Royalle de cet incomparable monarque que je suis redevable du loisir que je goute qui me met en etat de procurer au premier royaume du monde au moins une legere connoissance du plus grand Empire de l'orient; et voicy comment.

Ce grand Prince, dont à l'exemple des bons françois, je feray toujours gloire de publier les merveilles, voulant favoriser de tout son pouvoir la noble emulation, dont ses plus illustres sujets etoient animés, de ne rien ignorer des coutumes et de l'histoire des peuples les plus reculez, forma le dessein d'envoyer en chine de jeunes françois d'un esprit capable de toute sorte de connoissance pour s'intruire à fond de tout ce qui regarde cet etat. dessein digne du plus auguste sans contredit de tous les potentats; mais qui neanmoins n'a eu aucune suitte, à cause d'une guerre redoutable à laquelle ce Prince crût se devoir donner tout entier pour conserver à son petit fils

图二　黄嘉略《汉语语法》序言，其前半部为自述

谈；但是，从另一个角度来看，此时的黄家既然能够经常接济穷汉，这就表明并未家道中落，沦为贫民，否则不会有经常接济穷人的经济实力。父母先后去世，四个姐姐都早已出嫁，黄嘉略作为黄家唯一的男丁，理所当然地成为一家之主，继承家业。他在跟随梁弘任赴欧前，要求先回家一趟，处理家务，他就此写道："我把家产托付给大姐管理，然后就赶往厦门。"既有家产需要管理，无论是地产和房产，都说明黄家不是贫民。

法国传教士李岱[1]（亦作李斐理、李斐理诺尔，Philibert Le Blanc，1644—1720）此时恰好来到兴化传教，黄母立即找到他，

1　此人又名卜于善，参见方豪：《中国天主教史人物传》下册，中华书局1988年版，第7页。

并向他讲述了夫妻向上帝许愿得子的故事。李岱听后既惊奇又感动，毫不犹豫地接受了黄母的托付，不但答应她让黄嘉略随同他到各地传教，并且依照中国人的习俗，认他为义子。年方七岁的黄嘉略就这样离开了母亲和四个姐姐，随跟李岱奔走在福建和浙江等地。在此后的三年中，李岱对黄嘉略进行了基督教的启蒙教育，传授给他拉丁文基础知识，还让他学习一个中国文人应该拥有的各种知识，以便将来能作为一个中国籍的神职人员，为传教事业作出西方传教士难以做出的贡献。

三年后，出于我们至今尚未查明的原因，黄嘉略被李岱转托给另一位法国传教士梁弘任（Artus de Lionne，1655—1713）。在梁弘任的关照和督促下，黄嘉略继续此前在李岱的指导下业已开始的各种教育，在汉语、拉丁语以及基督教教义和中国经典等方面，有了长足的进步，为他后来的自学打下了良好的基础。数年后，同样出于至今不明的原因，黄嘉略返回故里，与家人团聚，这一年他16岁。关于这次返乡的原因，黄嘉略似乎不愿细说，在自述中仅用寥寥数语带过："出于一些没有必要在此详述，但两位先生认为正当的原因，我不得不回到家里。"语气中透露出的无奈和些许不满表明，此次黄嘉略返乡大概是两位传教士做出的决定，而不是他本人的要求。在中国这样一个有着数千年文明的国度里传播天主教，对任何人来说都绝非易事，更何况是来自西方的洋人；不了解、不理解乃至敌视基督教的人到处都有，关于西方传教士的种种传言在民间广泛流传。李岱和梁弘任在中国久住之后，必然体会到争取民众信任之不易，所以他们不得不事事小心谨慎，尽量避免引起不必要的误解。李岱之所以认黄嘉略为义子，很可能就是为了避嫌。然而，一个西方传教士长年累月带着一个中国“义子”，会不会被某些人与拐骗儿童联系起来呢？他们也许已经听到了诸如此类的指责，或许出于审慎的考虑，他们才劝说黄嘉略离开他们，回到母亲身边。黄嘉略虽然对此不以为然，却不得不服从师傅的决定。当然这仅仅是一种推测，不足为凭。

意外地见到久别的儿子突然归来，母亲的惊喜无需赘言。作为黄家的唯一男丁，他对这个家庭负有不容推卸的责任，在母亲的指点下，他认真地处理了多年积攒下来的地产、债务等杂事，深得母亲的欢心。当年离家时是一个少不更事的幼童，十年之后回到久别的故里时，已是一个具有独立思考能力的少年。在跟随传教士四处飘泊的岁月里，他习惯了以四海为家、精神上日夜与上帝为伴的生活，中国人的传统家庭生活不但对他缺乏吸引力，而且令他感到陌生和拘束。回家不久之后，黄嘉略婉辞家人的挽留，再次离家远行，在离开传教士的条件下独自飘泊。这一走就是五年，在这五年中，他游历了许多地方，但究竟到过哪些省份，我们却无法弄清。可以肯定的是，五年游历中所获得的知识，对于后来他在法国的生活发挥了巨大作用，这一点他在自述中说得非常清楚：“求知的欲望促使我到各省游历，探望分散在各地的亲戚，更主要的是深入考察各省不同的民情风俗。那年我15岁，这次游历延续了五年。我有理由称颂上帝对我的照应，因为当时我丝毫不曾想到，这次游历中获得的知识如今能帮助我在外国体面地生活。”

大概因为多年浪迹天涯，难免思念家乡和亲人，黄嘉略在

21岁那年再度回到家中。他回来得恰是时候，母亲不久就因病谢世。母亲在世时，他没能侍奉左右，于恪尽孝道有所欠缺，母亲临终他守在床侧，总算有所补偿。依照中国人的传统，他在家守孝一百天。百日刚过，外出游历的念头再度萌生，姐姐们早已出嫁，母亲也已撒手人寰，家中再也无人劝阻了。

李岱于1644年11月12日出生于法国中部科多尔郡的一个小城博讷，来华之前曾在巴黎外方传教会受过短期训练。他于1678年12月离开巴黎，1679年2月22日在路易港登船，前往远东传教。抵达爪哇后，他奉命前往中国，但因一时没有开往中国的航船，只得先去暹罗，在那里逗留了一年半。1683年终于来到中国，落脚在福建。1693年以前，他除了去过一次广东外，一直在福建传教，在此期间，他到过福州、兴化、长乐等地。巴黎外方传教会的另一位传教士、福建宗座代牧、科农主教颜珰（Charles Maigrot，1652—1730）于1693年发表训令，禁止欧洲传教士和中国教徒参加祭祖敬孔等礼仪活动，与在华耶稣会士形成尖锐对立。李岱无保留地支持颜珰在“礼仪之争”中的立场，不但对颜珰的训令表示非常满意，而且立即将其印制散发。同年12月6日，他与颜珰、梁弘任等人一同在一份由多明我会士起草的反驳法国耶稣会士关于“礼仪之争”的信件上签名。1694年，他在福清创建了一所天主教堂，1698年在兴化购买了一块地皮，修建教堂。巴黎国家图书馆藏有一封兴化奉教人士于康熙四十年十二月（1702年2月）呈送罗马教皇的信函，从中可以获得一些有关李岱的信息：

> 具表章中国福建兴化府圣教堂下罪人蔡格肋孟德等，为恳准召回神父李斐理伯诺尔以慰人望事。前年兴化奉教不过数人，自李神父到兴建堂迄今十有余载，领洗千余人，告解讲道，熟悉土音，教中男女无不爱戴。是嗣而建兴化圣母堂、福清圣堂、厦门圣堂，以及数处圣堂……前闻教皇陛下命往云南传教，……至康熙四十年，李斐理伯诺尔竟往云南。兴化罪人等如失怙恃，赠别道左，老幼拥舆，痛苦不胜。今四川主教良回大西洋罗玛府，罪人等谨奉表章，恳赐召回神父李斐理伯诺尔以慰人望……[1]

从这封未能送达教皇手中的信函不难看出，李岱在兴化颇有人望，深受教民爱戴。1696年10月20日，李岱被教皇英诺森十二世任命为云南宗座代牧，1701年，他在另两位传教士陪同下前往云南，翌年10月抵达昆明。1705年，康熙皇帝要求在华传教士领票的上谕发出后，李岱坚持他在“礼仪之争”中的立场，拒不领票，因而不得不离开云南，前往广州。1707年，他再度回到兴化，不久被教皇特使多罗任命为浙江宗座代牧。翌年前往浙江赴任，落脚在富阳。1710年，他被迫转往江西，此后就往返于福建和浙江两省之间，而以在福州和兴化逗留的时间最长。1720年9月2日，李岱病逝于广州。

同为巴黎外方传教会在华传教士的梁弘任，在本书初版中写作梁弘仁，这是笔者的错误，借修订版问世的机会，谨

1　巴黎国家图书馆抄本部：Fr. N.A. 8976，f° 4。

图三 梁弘任画像

向读者致以深深的歉意。巴黎外方传教会的包智光（François Barriquand）先生花费多年心血，从巴黎外方传教会的档案中整理出版了该会在华传教士白日昇的书信，于2012年在巴黎出版了《白日昇书信集》（*Jean Basset, Correspondance, oct.1701-oct.1707*），使我得以发现自己的错误，在此向他表示衷心的谢意。梁弘任也是巴黎外方传教会在华传教士，他出身于法国的一个官宦之家，祖父曾任格勒诺布尔高等法院的推事，父亲于格·德·里昂纳（Hugues de Lionne，1611—1671）是个职业外交官，1654年任法国驻罗马大使，1663年任法国外交大臣。于格·德·里昂纳育有四个儿子和一个女儿，梁弘任是他的第三子，1655年生于意大利的罗马。梁弘任从小就被家人认为是块好材料，将来必能高官厚禄，在军界崭露头角，于是为他争得了骑士头衔，他自己似乎也意愿接受家庭为他所做的安排。但是，不知出于什么原因，梁弘任突然改变主意，决心投身教会，为海外传教事业奉献终身。1681年3月25日，梁弘任从路易港出发前往暹罗。数年后，一个法国使团访问暹罗，回国时与一个应邀访问法国的暹罗使团同行，梁弘任同船回到法国，参与巴黎外方传教会会规的制订工作，与此同时，他也积极参加了法国外交官与暹罗使团的谈判。1687年，教皇英诺森十一世赐予他罗萨利主教头衔，被他婉拒。同年他到达印度。两年之后，他应颜珰之邀于1689年来到中国。起初他在广东，1690年转到福建与李岱一起传教。1694年到安徽，在贵溪建立了一所教堂，随后前去芜湖传教；接着又来到南京，逗留了几个星期，然后回到安徽池州。1695年12月，颜珰打算前往暹罗办理教务，请梁弘任到福建暂时代理他的职务，梁弘任于是于1696年10月再次来到福建。来到中国后，他努力学习汉语和中国文化，了解并研究当地的民情习俗，在巴黎外方传教会的在华传教士中，他算得上是一位中国通。1696年10月20日，教皇英诺森十二世再次任命梁弘任为罗萨利主教，两天之后又任命他为四川宗座代牧，这次梁弘任没有推辞，欣然接受。1700年11月30日，颜珰在广州为梁弘任祝圣。1701年1月25日，颜珰、梁弘任和李岱在福建长乐会面，商讨"礼仪之争"的应对措施，决定从他们三人中选定一人返回欧洲，向罗马教皇当面报告有关中国"礼仪之争"的事实和意见，结果梁弘任被选中。他把四川教务托付给两位遣使会会士和两位巴黎外方传教会会士后，于1702年年初搭乘一艘英国航船返回欧洲。当年年底抵达巴黎，随即于1703年年初转赴罗马。在罗马逗留期间，他广泛接触教廷的各级负责人，以巴黎外方传教会代表的身份，向教廷反复陈述该会对中国“礼仪之争”的看法和主张，并一再请求教皇就此发表一通谴责耶稣会的文告。教廷的调查和研究工作进展缓慢，为此他一等再等，直到1706年3月才返回巴黎。在罗马期间，教皇曾有意任命他为教皇助理，被他婉言谢绝。回到巴黎后，梁弘任打算再次前往中国，但他的健康状况每况愈下，迟迟不能成行。1713年8月2日，梁弘任病逝巴黎。

在“礼仪之争”中，梁弘任站在耶稣会士的对立面，坚决支持颜珰的训令，与耶稣会士进行了顽强的斗争。为了帮助欧洲的教会人士和普通信徒了解中国的“礼仪之争”，支持外方传教会在这场论战中的立场，梁弘任撰写并发表了许多著述，例如，1700年公开发表了写于1693年11月14日的“梁弘任致巴黎外方传教会会长蒙尼阁的信”（*Lettre de M. l' abbé de Lionne, Evêque de Rosalie...à M. Charmot, directeur du Séminaire des M.-E. de Paris...*），驳斥巴黎的耶稣会负责人勒泰里耶（Michel Le Tellier）发表于1696年的“为中国、日本和印度的新基督徒和传教士辩护”（*Défense des nouveaux chrétiens de la Chine, du Japon et des Indes*）。又如，1701年发表了“就耶稣会士攻击罗萨利主教的小册子致该主教的母亲德·里昂纳夫人的信”（*Lettre à Mme de Lionne sur le libelle des Jésuites contre M. l' Euêque de Rosalie, son fils*）。这些著述使得梁弘任在欧洲广为人知，在反对耶稣会的阵营中享有很高声誉。从罗马返回巴黎后，梁弘任虽然健康欠佳，依然不懈地与巴黎有影响的名人接触，向他们宣传反对中国礼仪的观点，其中最值得一提的是马勒布朗士（Nicolas Malebranche，1638—1715）。梁弘任在中国传教期间，曾利用马勒布朗士的哲学思想反驳中国哲学家的论点，马氏对此颇感欣慰。梁弘任因得益于马氏的哲学思想，回到巴黎后很想当面致谢，于是前去会见马氏，两人叙谈甚欢，梁弘任向他进一步介绍了中国哲学，并乘机请求他撰写著作，批驳中国人的错误。马氏起先以年事已高、健康不佳、疏于写作等理由婉辞，但他对中国的兴趣毕竟依旧相当浓烈，终于经不住梁弘任的一再恳请，答应作文批驳。马氏结合他此前读过的意大利传教士龙华民（Niccolò Longobardo，1559—1654）的《关于中国人宗教的几个要点》（*Sur quelques points de la religion des Chinois*），勉为其难地于1707年动笔撰文，1708年完成了《一位基督教哲学家与一位中国哲学家的对话》（*Entretien d'un philosophe chrétien et d'un philosophe chinois*）。这本议论中国哲学的著作虽然出自一位对中国哲学并无多少了解的作者之手，却在东学西传史上占有重要地位。

依据黄嘉略的自述推算，李岱收养黄嘉略的那一年应是1686年，也就是李岱首次在福建传教，而且逗留时间最长的一次。三年以后他把黄嘉略转托给梁弘任，那年应是1689年。黄嘉略在跟随梁弘任期间，曾在福州居住，而且在那里拜一位名叫江为标的举人为师，此人是一位基督教徒，教名François，追随梁弘任多年，在福建的教徒中称得上是一位小有名气的人物；康熙五十二年（1713年）任陕西省府谷知县。黄嘉略先后在两位法国传教士身边生活和学习了九年，从1695年离开梁弘任到随他远赴欧洲的1702年，黄嘉略独自在各地游历的时间长达七年。在这期间，他到过哪些地方呢？黄嘉略在自述中笼统地说“到过中国的大多数省份”。在本书2004年版中，笔者曾断言黄嘉略不但到过四川，而且在那里逗留数年，主要依据便是四川教徒分别写给身在欧洲的黄嘉略和梁弘任的两封信。现在看来，这个说法有误，必须纠正。这两封中文信件见于巴黎国家图书馆抄本部的傅尔蒙卷宗[1]，其中一封信的写信人是“江左汪良斌圣名老楞佐字灿侯”，收信人为“二位贤弟”；另一封信共六人署名，领衔者是张利纳，收信人则是“恩主梁主教”。在同一卷宗中有一份残缺的黄嘉略中文日记，这份日记在（1704年）9月21日记载：“此日领四川张兄书两封。”这里的“张兄”显然就是张利纳。以此推断，以张利纳名义写的信应该有两封，但是我们现在看到的却只有一封，收信人是梁弘任。另一封很可能是写给黄嘉略的，但是档案中并无此信，或许已经失落。黄嘉略的日记中10月24日栏下写道：“领四川汪兄书一封与梁主教”，这封信显然是汪良斌写给梁弘任的，然而保存在档案中的信却是写给“二位贤弟”的，可见不是日记中提及的这一封，而是另有一封。由此推断，黄嘉略两次收到的信各有两封，共四封，

1 巴黎国家图书馆抄本部：Fr. N.A. 8976。

而如今存世的仅有两封。在写给黄嘉略及其同伴李若望的信中，汪良斌深情地倾诉了他对他们的思念：

> 从弟去后，举目无俦，每觉恩情，恒行泪杇。可怜苦至三年，并不知何日方休。盖以为余兄弟也，昔时同室受业，今日分域四方，其不悲者谁欤。故鸡鸣风雨之际，度弟之思我，如我之思弟也。昔时其形甚弥，今日其影甚远，其不悲者又谁欤。故同心离居之下，以我之不忘弟，知弟之不忘我也。夫我之所痴虑者，不以弟之愆尤，有訑羔羊，亦不以弟之进修，有韬诚洁，惟是叹夫海岳之多，弗能达一穷心。兹则望风而想，能不依依，弟亦莫可奈矣，只得承行天主圣意，如于天焉。所以告曰，我不能来，有是字如弟之见我，弟不能往，有是字如我之见弟也，两可放心。……

既然写信人汪良斌说他与他们"昔日同室受业"，可见汪良斌和黄嘉略曾经长期接受同一师傅的教诲，此人当是梁宏任无疑。汪良斌在信中流露出的对黄嘉略真切的思念，也从侧面说明他们是同室受业的朋友，彼此感情很深。信中说："从弟去后，……可怜苦至三年……"这显然是说汪良斌与黄嘉略分别已逾三年。此信后半部在报道四川教务活动时提到"若望于壬午冬至有病，利纳于癸未夏至有病……"壬午是公元1702年，癸未是公元1703年，而黄嘉略收到此信之时是1704年10月24日。从当时往来于欧洲与中国之间的船只航行速度来推测，此信当写于1703年。从1703年上溯三年，即为1700年，也就是说，汪良斌与黄嘉略分别之年应是1700年，当然，三年也可能是个虚数，即头尾相距三年，而实际上可能连两年尚不足，如是，则黄嘉略与汪良斌分手的应该晚于1700年，很可能是1701年。另一封信的领衔署名人张利纳，本名张凤，利纳是其受洗名Lino的音译。此人早年奉教，曾长期跟随梁弘任在多地传教。梁弘任返欧后，张利纳随法国外方传教会的传教士白日昇（Jean Basset，1662—1707）赴四川使教。

从《白日昇书信集》可知，梁弘任被选派前往罗马报告教务前在广州指定四位传教士，代替他前往四川执行传教任务。其中两位是遣使会的毕天祥（Louis Appiani，1663—1732）和穆天尺（Jean Müllener，1673—1742），另外两位则是巴黎外方传教会的白日昇和刚到中国不久的Jean-François Martin de la Baluère。梁弘任在被任命为四川宗座代牧后，准备尽早启程前往四川。为了便于与四川地方当局打交道，避免官员们对传教活动设置障碍，梁弘任致函北京的耶稣会士张诚，利用他与一些官员的关系，请他写一封信给当地官员，介绍即将前往四川传教的梁弘任和白日昇。梁弘任由于不久后被选派前往罗马而不能如愿去四川赴任，遂指定Jean-François Martin de la Baluère顶替他前往四川。为了方便行事，此时尚无汉名的Jean-François Martin de la Baluère就借用梁弘任的汉名，只是稍加改动，把“任”字改成“仁”字。也就是说，本书初版所说有误，并非前后有两个梁弘仁，而是一个梁弘任和一个梁弘仁。前者是Artus de Lionne，而后者则是Jean-François Martin de la Baluère。笔者此前不知其中原委，错把Artus de Lionne的汉名写作梁弘仁，再次向读者致歉。这个错误的发现也有赖于《白日昇书信集》的出版，白日昇在一封写给梁弘任的信中写道："我去拜访他[1]时所持帖子是以de la Baluère先生和我的名义写的…… 他的名字与您的名字一样，只不过，您是'任'，他是'仁'。"[2]

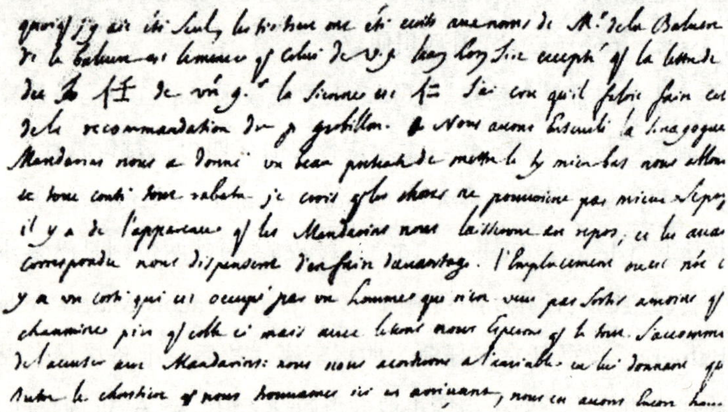

图四　白日昇写给梁弘任的信

《白日昇书信集》还告诉我们，写信给梁弘任和黄嘉略的四川教徒张利纳和汪良斌，其实并非四川人士，而是长期追随梁弘任和白日昇的教徒，汪良斌是一位相公，而张利纳是一位青年教徒，他们常年陪伴传教士，随他们行走在各地。黄嘉略在跟随梁弘任期间与这两位中国教徒的身份相同，他们相识就在跟随梁弘

1　为一位笔帖式。

2《白日昇书信集》（Jean Basset, *Correspondance, oct.1701-oct.1707*），（巴黎）友丰书店2012年版，第81—82页。

任传教期间，但地点肯定不是四川。1701年 梁弘任在黄嘉略陪同下前往欧洲之前，张利纳和汪良斌以及另外几位中国教徒，已于1701年12月10日跟着四位传教士从广州出发前往四川。此后他们长期逗留在四川，成为白日昇等四位传教士的得力助手。

黄嘉略在自述中说他在某地巧遇梁弘任，但既未写明何时，也未写明何地：

> ……来来回回走了许多地方后，来到一个城市，想不到在这里遇到了罗萨利[1]先生，他和我都感到十分意外。见到他我自然万分惊喜，我敢说他见到我也很高兴。他正准备前去欧洲处理中国传教事务，让我陪他一同去。我一贯热衷于游历，如今若是住在一个无法与法国媲美的国家里，我肯定还想四处游历。听了罗萨利先生的话，闯世界的念头比任何时候更加强烈，我没让他多费口舌，就带着难以言表的喜悦之情一口答应。我仅仅要求罗萨利先生让我回家把家事安排一下。我把家产托付给让大姐管理后，立即赶往厦门。1702年2月17日，我们登上一艘英国商船……

据《白日昇书信集》所载，1701年10月和11月，梁弘任在广州安排四位传教士前往四川的事宜。从上面黄嘉略的叙述来推断，他们不期而遇的地方似乎应该也是广州。因为，黄嘉略说，他答应梁弘任同去欧洲之后，返回兴化处理家务，随后赶

1 梁弘任于1696年被教廷授予罗萨利（Rosalie）主教头衔。

到厦门去登船远航。广州距福建兴化虽然不算很远，但考虑到当时的交通条件，从广州到兴化，再从兴化到厦门，加上处理家务所需时间，两三个月的时间算不得十分充裕。当然，也有另一个可能，那就是梁弘任在广州安排好赴川的四位传教士后，前往厦门途中在某个城市与黄嘉略相遇。但是，这与他所说："来来回回走了许多地方后，来到一个城市"的口气不大吻合。

二、在罗马的日子

梁弘任此番奉派返回欧洲，并非一般意义上的述职，而是肩负着向教廷反映有关中国“礼仪之争”的情况和意见的重要使命，在这个问题上，他所代表的巴黎外方传教会与多明我会的看法和做法基本一致，与耶稣会则针锋相对。是非曲直有赖教廷做出判断，在中国究竟应该如何传播基督教，有待教廷做出重大决断。

“礼仪之争”是基督教在华传教史上的一件重大事件，其延续时间之长、争斗之激烈、影响之深远，都堪称空前绝后。记述和探讨“礼仪之争”的著述很多，我们在这里不打算对这一事件做全面的评述，只想简述一下它的发展过程，借以帮助不从事专门研究的读者了解梁弘任返回欧洲的背景。

“礼仪之争”的原因是多方面的，其中既有葡萄牙和法国在亚洲扩张政策上的对抗，也有天主教各个修会之间因历来不和而形成的恩怨，更有在如何执行教规问题上的意见分歧。这些矛盾集中表现在如何对待中国礼仪这个问题上，因而被称作“礼仪之争”。

举行特定的仪式礼拜孔子、祭祀祖先，这是中国人在漫长的历史中形成的传统，就其内涵而言，可以说是儒家思想的一种外化。早期来华的耶稣会传教士利玛窦（Matteo Ricci，1552—1610），对中国的传统文化有较多的了解和研究。在与中国民众特别是知识阶层的接触中，他深切地认识到，敬孔和祭祖是中国传统文化的一个重要组成部分，基督教想要在中国广泛传播，必须尊重中国人的这一习俗，否则便难以争取信徒，从而葬送基督教在华传教事业。所以，他主张对中国礼仪采取宽容态度，依据实际情况做通融处理，允许中国教徒与非教徒一起参加敬孔和祭祖的各种传统仪式。利玛窦去世后，接替他主持在华传教事务的龙华民虽然也是耶稣会士，但在中国礼仪问题上却与他的前任意见相左。17世纪30年代，多明我会和方济各会的传教士先后从菲律宾来到中国，他们中的一些人认为，利玛窦的主张和做法必然危及基督教教义的纯洁性，因而持坚决反对的态度。多明我会士黎玉范（Juan-Bautista Morales，1579—1664）和方济各会士利安当（Antonio de Santa Maria Caballera，1602—1669）于1633年来到福建传教，他们对耶稣会的传教方针极为不满，与之展开了针锋相对的斗争。巴黎外方传教会的传教士迟至1683年才进入中国，但在“礼仪之争”中，他们毫不迟疑地站在耶稣会的对立面。于是，在“礼仪之争”中，欧洲在华传教士分成了壁垒分明的两大阵营，以绝大部分耶稣会士和部分方济各会士为一方，其他传教士为另一方。

1640年，马尼拉总主教古雷诺（Fernando Guerrero，1567—1641）派遣利安当和黎玉范前往罗马，请示解决“礼仪之争”

的办法。途经澳门时，发现荷兰人已占据马六甲，赴欧旅途十分危险。两人商议后决定，黎玉范按原计划前去罗马，利安当留在澳门。黎玉范于1643年抵达罗马，向教廷传信部呈递了一份有关中国礼仪的报告，全文共17条，条条与敬孔和祭祖相关。他指出，中国人的敬孔祭祖活动具有宗教性质，允许中国教徒参加这些活动显然有悖基督教教义，因而应予禁止。文中猛烈攻击耶稣会对待中国礼仪的态度和做法，由此在欧洲打响了中国“礼仪之争”的第一枪。教廷传信部将黎玉范的报告交给圣职部的神学家们审查，经神学家们长达两年的研究之后，教廷传信部呈请教皇英诺森十世批准，于1645年9月12日颁发部谕，支持黎玉范的意见，谴责在华耶稣会士的做法。1649年，黎玉范将这份部谕通知在华耶稣会，耶稣会士们认为黎玉范歪曲了中国礼仪，而教廷则偏听偏信，做出了错误的决定。为了避免教廷的决定给在华传教事业带来不可估量的损害，在华耶稣会派遣意大利籍耶稣会士卫匡国（Martino Martini，1614—1661）前往罗马申辩。卫匡国于1654年抵达罗马，立即向传信部呈上报告，指责黎玉范对中国礼仪做了不符事实的呈述。他在报告中指出，敬孔是向孔子表示敬意，祭祖是对祖先寄托哀思，这些仪式都不具有宗教意义，也不是迷信活动，与基督教教义并无相悖之处，因而不应禁止中国教徒参与。教皇亚历山大七世审读卫匡国的报告后，要求圣职部做出决断。圣职部于1656年3月23日颁布部谕，改变了对于中国礼仪问题的态度，认为依照卫匡国所说，敬孔祭祖等仪式纯属社会礼仪，与宗教无涉，只要没有迷信成分，就应允许中国教徒参加：

> 圣职部了解上述情况后，规定中国的奉教者可以进行这种纪念他们先人的仪式，甚至可以和教外人士一起纪念，只要他们不做任何迷信的事情。[1]

事情似乎在向着有利于耶稣会的方向发展，黎玉范不愿就此善罢甘休，于1661年再次向教廷呈文，请求禁止中国礼仪。一位名叫包朗戈（Juan Polanco）的多明我会士则呈文教廷，要求澄清1656年的圣职部部令是否是对1645年传信部部令的否定。圣职部于同年11月13日发布决议，对此给予令人无所适从的回答：

> 1645年9月12日传信部发布的指令仍然有效，1656年2月23日圣职部发出的命令并没有取消它。必须根据具体情况等认真遵守……[2]

1665年年底，分属不同修会的23名在华传教士齐集广州，就礼仪问题深入讨论了40天，会后达成一致，形成了一份名为《42条章程》的文件，其中第41条写道："我们不应对无数中国人关上大门，如果禁止他们举行这些仪式，就等于阻止他们入

---

1 *100 Roman Documents concerning the Chinese Rites Controversy（1645—1941）*, The Ricci Institute for Chinese-Western Cultural History, 1992, p.6.

2 *100 Roman Documents concerning the Chinese Rites Controversy（1645—1941）*, The Ricci Institute for Chinese-Western Cultural History, 1992, p.7.

教。”除了利安当，22位与会者在这份文件上签了名。与会者之一的多明我会士闵明我（Domingo Navarrete，1618—1686）会后返回欧洲，于1676年在马德里出版了《中华帝国纵览》（*Tratados historicos, politicos...*）一书，书中收入了龙华民撰写的反对利玛窦传教路线的文章《关于中国人宗教的几个要点》，攻击耶稣会在中国礼仪问题上的看法和立场。原来局限于教会内部的这场争论，从此公开在所有欧洲人面前，引起了欧洲公众的广泛关注。

教廷先后发布的三份文件，丝毫没有起到解决中国礼仪之争的作用，以耶稣会士为一方，以巴黎外方传教会等其他传教士为另一方，争论和斗争依旧在激烈地进行。1693年3月26日，罗马天主教会福建宗座代牧颜珰发布七条训令，指责卫匡国向教廷做了与事实不符的陈述，致使圣职部于1656年做出了不禁止中国礼仪的决定。他要求全体在华传教士坚决抵制中国礼仪，违者将受处罚。颜珰发布训令后，让为办理教务前往罗马的巴黎外方传教会会士白累斯（Louis Quémener，1644—1704）带去了他的训令，呈送教廷。嗣后，他又于1695年派遣蒙尼阁（Nicolas Charmot，1655—1714）前往罗马。蒙尼阁于1697年年初到达罗马，再次向圣职部呈递颜珰的训令和另外一些报告和信件。蒙尼阁随后滞留罗马，不时向教廷呈递资料，供有关部门讨论中国礼仪问题时参考。教廷获悉颜珰的训令和他的申诉后，于1697年命令圣职部重新审理中国礼仪问题。

在华耶稣会士当然不会坐以待毙，他们利用自己与中国宫廷关系良好的优势，试图借助中国皇帝的权威，击败论战对手。1700年11月，多名耶稣会士就礼仪问题写成一文，呈交康熙皇帝御览：

> ……臣等管见，以为拜孔子，敬其人为师范，并非祈福佑、聪明、爵禄而拜也。祭祀祖先，出于爱亲之意，依儒礼亦无求佑之说，惟尽孝思之念而已。[1]

康熙皇帝完全同意耶稣会士们的看法，在他们的呈文上朱笔加批表示赞同：

> 这所写甚好，有合大道。敬天及事君亲、敬师长者，系天下通义，这就是无可改处。[2]

耶稣会士们如获至宝，立即经由四条不同途径将康熙的批件送往罗马。耶稣会士卫方济（François Noël，1651—1729）和庞嘉宾（Gaspard Castner，1645—1709）奉派于1702年前往罗马，为中国礼仪问题争取教廷的支持。

梁弘任就在这个背景下被派往罗马，处理与礼仪之争有关的事宜。根据黄嘉略的自述所记，他们于1702年2月17日在厦门登上一艘英国船，前往欧洲。船长名叫皮特（Pitt），为人忠厚

---

1 《熙朝崇正集、熙朝定案（外三种）》，韩琦、吴旻校注，中华书局2006年版，第362页。

2 同上书，第363页。

老实。航船途经巴达维亚（今雅加达）和圣赫勒拿岛，八个月后抵达伦敦。整个航程还算顺利，仅在举十字圣架节（9月14日）前夕遭遇一场猛烈的风暴，不过有惊无险。在1701年3月爆发的西班牙王位继承战争中，英国支持奥地利，成了法国的敌国，两国人员往来非常困难，因而梁弘任等人抵达伦敦后，尽快返回法国的计划遇到了障碍。正在愁眉不展之时，梁弘任巧遇巴伐利亚选帝侯的一位使节，此人正要从英国去往法国，也许是巴伐利亚选帝侯在这场争战中与法国结盟的缘故，这位使节愿意向梁弘任一行提供方便，让他们与他同船前去法国。为了搞到通行证，梁弘任伤透了脑筋，在几位实权人物的帮助下，梁弘任一行终于如愿以偿，搭乘巴伐利亚使节的船只抵达法国，并于万圣节前夕的10月31日抵达巴黎。

有一件事值得一提，那就是梁弘任的随行人员中，除了黄嘉略，还有另一位中国教徒，此人名叫李若望（Jean Ly），也就是说，陪同梁弘任从中国途径法国前往罗马为“礼仪之争”进行申辩的中国教徒，不是黄嘉略一人，而是黄嘉略和李若望两位。我们掌握的下列三种材料，证明李若望确实与梁弘任和黄嘉略同行。

第一种是前面已经提到过的四川教徒分别写给梁弘任和黄嘉略及其同伴的信。写给梁弘任的信末附有“外有嘉略、若望书一封”字样，这里的嘉略当然就是黄嘉略，而“若望”二字表明另有一位名叫若望的中国教徒；另一封的信末尾写有“二位贤弟台览”字样，这“二位贤弟”当然也就是黄嘉略和李若望。由此不难推断：第一，收信人是当时居留在罗马的两位中国教徒，即黄嘉略和李若望；第二，他们都和梁弘任在一起；第三，他们都是四川教徒汪良斌的朋友。

第二种材料是黄嘉略的罗马日记[1]。这是一份用毛笔书写的残缺的中文日记，混杂在傅尔蒙的手稿中，今存12张20×15cm的纸，每张纸对折成二，两面书写，共计48页；内容无头无尾，更没有作者的姓名，但从内容判断，这肯定是黄嘉略在罗马的日记，起于1704年7月，止于1705年5月，其间略有缺失，缺失的大概是对折的一张纸，共计4页，时间是1705年1月上旬。黄嘉略在这份日记多次提到李若望：

1704年12月26日："李兄自到圣母雪殿，看当时耶稣降生之马槽。"

1705年3月29日："午后，李黄二人往请圣三堂大会长安，又到加布省园中散步。"

1705年4月4日："李黄早出。"

1705年4月6日："李兄服药。"

1705年4月7日："李兄再服药。"

1705年4月25日："又，李若望病。"

1705年4月27日："Ly、Huang出门散步于雪山林。"

第三种材料是巴黎外方传教会的负责人寄往罗马的信件，信中常常提及随同梁弘任滞留在罗马的"两位中国人"，此类信件至少有20多封，无需一一列出，下面仅举数例。1703年10月15日布里萨希耶（Jacques-Charles de Brisacier，1642—1736）

1　巴黎国家图书馆抄本部：Fr. N.A. 8976。

致蒙尼阁："衷心地向两位中国人致意。"[1]1704年2月11日布里萨希耶致蒙尼阁："真诚地拥抱两位善良的中国人。"[2]

布里萨希耶写于1702年11月6日的一封信中说："罗萨利先生于星期二下午一点抵达此地。"[3]这就是说，梁弘任一行到达巴黎的确切日期是1702年10月31日星期二。他们落脚在巴克街（rue du Bac）的巴黎外方传教会总部，做了必要的准备后，于12月月末离开巴黎前往罗马。与梁弘任一同前往罗马的除了上述两位中国人外，还有一位年轻的法国教士Neez，黄嘉略在罗马日记中称他为"聂先生"或"聂兄"。这位聂先生是巴黎外

图五　18世纪巴黎外方传教会

1　巴黎外方传教会档案室：AME 16, fol. 257。
2　巴黎外方传教会档案室：AME 15, fol. 852。
3　巴黎外方传教会档案室：AME 16, fol. 389。

方传教会为梁弘任罗马之行配备的秘书，“既未担任任何教职，也没有任何办事经验，他正直善良，头脑清醒，为人坦诚，非常聪明，而且品行端正”[1]，在罗马执行与教廷交涉的任务期间，自始至终随侍梁弘任左右。他不仅管理文书，也负责财务，梁弘任一行从巴黎出发时，巴黎外方传教会的负责人特朗布莱（Henri-Jean Tremblay，1664—1740）就把经费交给了聂先生[2]。他的地位显然高于两位中国教徒，从某种意义上说，他是梁弘任的三位随行人员的负责人，巴黎外方传教会的负责人在信中向梁弘任的随行人员问候时，聂先生的名字总是列在黄嘉略和李若望的前面。不过，聂先生与两位中国人的关系看来很不错，似乎并没有显得比两位中国人高出一头，常与两位中国人结伴出游。黄嘉略虽然客气地称他为“聂先生”，但说到他们三人时，却写作“小弟三人”，融洽的气氛跃然纸上。

布里萨希耶在1703年1月1日致蒙尼阁的信中写道：“罗萨利主教已于星期五搭乘驰往里昂的长途马车离开巴黎，随行的有他的秘书Neez和他的两位中国人。”[3]星期五是1702年12月29日，这就是说，梁弘任及其三位随行人员是在这一天踏上前往罗马的旅程的。他们搭乘马车离开巴黎，途经里昂到达法国南部的海港城市土伦，在那里搭乘地中海航船，3月3日在意大利的里窝那登岸，然后经由比萨、锡耶纳南下，3月9日抵达罗马。

1　巴黎外方传教会档案室：AME 16, fol. 22。

2　巴黎外方传教会档案室：AME 16, fol. 64。

3　巴黎外方传教会档案室：AME 16, fol. 1。

黄嘉略跟随梁弘任向教廷进行申诉和交涉，在罗马度过了三年时光，直到1705年年底才离开罗马返回巴黎。关于黄嘉略在这三年中的活动，我们所知甚少，唯一可靠的依据便是他的罗马日记。下面的叙述中凡出自这部日记的资料，不再注明出处。

黄嘉略和李若望既然是梁弘任的随从，他们的活动当然完全受梁弘任的支配，而梁弘任来到罗马的使命是就“礼仪之争”向教廷进行申诉，争取教廷颁布一通官方文书，谴责耶稣会，支持巴黎外方传教会和多明我会。为了完成这项任务，梁弘任在罗马异常忙碌，一方面要与巴黎外方传教会派驻罗马的特派员蒙尼阁频繁磋商，另一方面要与各个修会的负责人沟通，争取他们的理解和支持，此外更要拜见教廷高官，进行陈述和申辩，以便经由他们闻达于教皇本人。

教皇对于梁弘任相当重视，在梁弘任抵达罗马半个月后的3月26日，就亲自接见他和他的三位随行人员，并为两位中国人会说拉丁语而感到高兴。[1]在此之前，尚无任何中国人受到罗马教皇接见的记载。由于黄嘉略的罗马日记残件起自1704年7月，所以在这本日记中无法查到教皇的这次接见，但是，在巴黎外方传教会的档案中却有所反映。[2]他的日记中提及梁弘任与教皇关系的有关记载有以下这些：

1704年8月26日：“教皇赐鹧鸪十二个。”

1705年1月15日：“梁主教往内殿朝教皇。”

---

1 巴黎外方传教会档案室：AME 16, fol. 111。

2 巴黎外方传教会档案室：AME 16, fol. 97。

1705年4月29日："往殿朝教皇，并送其所答之书，未见。惟托左相代迎入朝。"

1705年5月5日："早，梁主教入朝，见而未言。"

1705年5月6日："梁主教等入朝，并奏刻书之事。上准之。"

1705年5月15日："教皇的戒罪神甫到吾家。"

黄嘉略除了陪同梁弘任出访，偶尔也做些誊抄文书之类的工作。他在1705年4月24日的日记中写道："此日吾书工毕，候二十八日进朝呈于教皇及圣部等相，会议案定。"但是，进朝呈送文书的日期不知何故推迟了一天，1705年4月29日："往殿朝教皇，并送其所答之书。"此日应是黄嘉略第二次晋见教皇。这份文书是以梁弘任的名义提交的关于在中国执行基督教礼仪的《质疑》(*Quaestiones*)。梁弘任在文中向教皇表示，他希望知道耶稣会士们的具体做法，因为他担心耶稣会士会允许中国信徒祭祀城隍老爷、神农、伏羲以及其他神祇，他还想知道，他们是否要求中国信徒在戒斋期中禁食。[1]

黄嘉略是个虔诚的基督教徒，到罗马朝圣是他梦寐以求的愿望。既然来到罗马，当然要充分利用这个大好机会，走遍罗马的宗教场所。事实上，他的宗教活动相当频繁，几乎天天到教堂去参加弥撒或瞻礼，而所到的教堂并不固定，有时在圣格肋蒙德堂（San Clemente），有时在圣安德肋教堂（San Andrea），有时在圣若翰大堂（San Giovanni in Laterano），当

1　Claudia von Collani, "Artus de Lionne, M.E.P. et la Chine", *Actes du VIIe Colloque international de Sinologie de Chantilly*, pp. 86-87.

然，去得最多的还是圣伯多禄大堂（Basilica de San Pietro）。除了参加宗教活动，黄嘉略还经常外出参观。例如：

1704年10月12日："同余老爷同往天神台，看教皇御寨，极是坚固。"

同月20日："到教皇殿内，看各处房间所在。"

同月29日："到耶稣会堂，看古时名人所造之器皿。"

1705年3月23日："午后到圣若翰大堂看献圣物。"

1705年4月19日："午后同余主教等造访圣诺伯耳园中琓花。"

24日："午后到天台[1]看众画匠领标赏。"

出现在他的日记中的罗马宗教场所名字不下五六十个，可见他所到之处确实很多。

图六 罗马圣彼得大教堂（即黄嘉略笔下的圣伯多禄大堂）

1 天台疑即天神台。

黄嘉略是个笔头勤快之人，每日所见所闻所思，往往诉诸笔端，所以日记中此类记述文字甚多。例如1704年7月14日在圣文都辣堂（Chiesa di San Bonaventura）进行宗教活动后，他在日记中写道：

到圣文都辣堂，此日乃圣人本瞻礼日。又到大额我略教皇圣堂。当时教皇在位之时，每日接十三位穷人赴宴。一次有一位天神降世赴宴，于第十三位座。乃教皇亲自所见。教皇每日设宴宾穷人，为表古时耶稣宴祭徒等，而教皇亲自服事。自彼时流传此规至今，列代教皇皆然。又，古时罗玛府有疫病至很，教皇从天台圣堂内迎请圣体至圣伯多禄堂，路遇天神桥，见炮台顶上大天神弥额耳显圣于空中，将宝剑收入鞘中。为表上主准教皇圣额我略之求，而免众人之瘟疫。

又如，1704年8月10日在圣老楞佐堂（Chiesa di S.Lorenzo in Miranda）做弥撒并参观了圣堂中的圣物，他在当日的日记中写下了如下文字：

圣劳愣佐乃教皇圣西思多之副祭，尚未至铎德之品位。彼时罗玛皇帝凶恶，难害教宗及教中人。圣西思多被擒去致命之时，路逢圣老楞佐，圣老楞佐哭而抱曰：圣父为何舍子而往？何不带子同去致命乎！教皇曰：儿，汝年尚壮，当在世广扬圣教，为上主行工。吾老迈人，无用于世，宁早归国。又再慰曰：三日后，汝亦到天国相会。教皇嘱毕，恶人解至王前受死。果三日内，圣老楞佐将圣堂中之财物尽施穷人。三日后，恶王召圣人问曰：汝堂中之财物何在？圣人曰：王欲我之财物，且付我车马驮来。王命付圣人车马。圣人归来，招穷人登满车马至王前。王见问故，圣人曰：吾财已送于天国矣。吾财已施于诸穷人矣。王闻言大怒，命人将圣人放于铁床上，用火烘死。烘至圣体一半边，圣人于恶人曰：尔辈欲吃吾肉，且请用之。但尚有一半未烘，请尔众扠转吾身烘熟。圣人死后，恶人将圣尸丢于一块石上，有圣女息利亚加收敛圣尸埋葬。其石今显存于罗马府圣老楞佐大堂内。圣人受死之处，今起盖圣堂，内有女修道居住。

1705年1月10日记下了当日参加宗教活动时听到的故事：

此日有人高声宣扬，将来要定一位圣女，名玛耳加利大。此乃依大理亚人氏，自七岁父母双亡，有亲戚养至十五岁，被一少年人拐出外乡，相住至二十四岁。其少年人一日外出，被仇人杀死林中。平日所养一好狗见主人死了，三日不离死尸。至第三日归家，问主母讨吃。吃毕，用口衔住主母衣裳裣，要主母往林中看主人受死。主母亦不知其故，见有些奇异，凭其衔着衣襟，随其至林中。忽见少年人之尸首，朽污生虫，臭之不可言。忽然心中大动而思曰，一少年三日前如何美貌可爱，忽然间就变如此朽坏污臭，可见世福世乐世美只如花而已。此时上主大动其心，回头改过为善，入圣方济各会之规。平生所行克己补罪之工，不可胜言之狠。至今有四百载，后多显圣迹，将来罗玛府欲定为圣女。

1704年12月29日参观耶稣会堂后写道：

看古时名人所造之器皿。有一张画，外面只是一少年之人，用镜子悬顶一照，照见内面有一教皇之像。首戴红冠，身穿绛袍，而有须。此乃古时妙手所绘。又有小狗七足。又有人骸只有三寸高。又有毒蜘蛛，生活之时，人一闻之，即刻昏倒。又有自鸣乐、自鸣箫。另有各国之奇异物件，不能尽录书中。

这些记述表明，黄嘉略是个兴趣广泛的人，罗马吸引他的不只是与宗教有关的事物，凡是新奇的、有趣的东西，他都看得津津有味，乐此不疲。

黄嘉略大概早就染上了肺病，不过，在他的日记中，直到1705年方才对此有所记载，此时病情已经相当严重，自2月下旬起多次咯血，卧床不起，虽经服药治疗，但未见明显疗效。他在1705年5月13日的日记中写道："小弟黄某自二月十七日呕红，至今未瘉。"他的日记基本上每日一记，但1705年2月却只记了2日和6日两天，然后在该月月末写下了这样的话："二月十七日午后呕红无数，连四五日皆然，二十一日服药止血。"17日开始吐血，但此前十余日的日记也付诸阙如，看来，大概因为进入2月后，他的病情开始恶化，起初虽未吐血，但其他症状恐怕已经令他难以握笔了。到了中旬后期，连续吐血四五天，哪里还有力气写日记，难怪这月一共只写了短短的三行。此后病情未见明显好转，日记对此有所反映，1705年3月16日写道："此日小弟黄嘉略因有呕红之病未瘉，未到殿堂赴瞻礼，连四十日内亦吃肉养病。"1705年3月22日："二十二日，黄加略[1]服药，未到圣堂赴瞻礼。"值得注意的是，他于2月17日开始吐血，但是，他在3月16日的日记中却说，吃肉养病已经40天了，由此可见，在吐血之前，他的病情已经出现了恶化的迹象，否则不会吃肉养病。

黄嘉略的同胞李若望此时也经常服药，估计患的也是肺病，但不知道他们二人是谁传染给了谁。黄嘉略吐血后，从1705年3月底起，一位名叫闻丧（Vincent）的医生开始出现在黄嘉略的日记中，从1705年3月到日记终了的5月14日，此人多次到他们的住所做客，而且每次都与他们一起进餐，黄嘉略在日记中写有"医生同席，每主日仿此"字样，这就是说，这位医生每逢星期日都来做客。医生的光顾当然是为了给黄嘉略和李若望治病，不过，李若望似乎是主要治疗对象，因为，在有关医生来访的六次记载中，四次提到李若望服药。例如，1705年4月6日："李兄服药。又，闻丧医生同席午膳。"4月7日："李兄再服药，医生赴吾家午席。"4月25日："又，李若望病。又，蒙雪文丧赴席。"李若望虽未吐血，病情或许反而比黄嘉

1　日记原文如此。

略更重。

实际上，梁弘任的健康状况也不好，1704年3月就得过中风[1]，1705年2月9日布里萨希耶在信中对梁弘任患病表示不安和慰问[2]；同年7月20日，巴黎外方传教会的会长们在一封信中提到，梁弘任的健康状况很糟，病得不能提笔写信，不过近日略有好转。[3]梁弘任回到法国后，于1713年大口大口地吐血，终因治疗无效而去世。由此推测，他也是一个肺结核患者。在罗马执行任务的四个人中，竟然有三人患有肺病，境况实在可悲，所幸他们好像都能泰然处之，并没有因此而给完成艰难的任务带来多大影响。

巴黎外方传教会的几位负责人对梁弘任和两位中国人的健康状况颇为关注，多次在信中表示了他们的不安和关心。1704年3月17日布里萨希耶在致蒙尼阁的信中说："两位中国人的健康状况令我们十分不安，希望能通过更换住所和空气让他们得到康复。"[4]1704年4月28日蒂贝尔热（Tiberge）在致蒙尼阁的信中写道："罗马的空气如此不利于两位中国人，真让我们伤脑筋。请你一定要让他们强健起来，让他们好好地活着，直到他们能在法国和回到他们的祖国后生活在较好的空气下。但愿不久以后就能如此。"[5]1705年2月黄嘉略大口吐血的消息大概很快传到了

1　巴黎外方传教会档案室：AME 16, fol. 453。

2　巴黎外方传教会档案室：AME 17, fol. 43。

3　巴黎外方传教会档案室：AME 17, fol. 197。

4　巴黎外方传教会档案室：AME 16, fol. 470。

5　巴黎外方传教会档案室：AME 16, fol. 527。

巴黎，外方传教会的两位会长布里萨希耶和蒂贝尔热联名写信给梁弘任，建议他们到空气较好的地方去疗养一段时间：

> 这一切令我们觉得，你们继续在罗马滞留可能不利于你和你的两位中国人的健康。我们想，你们是否可以到余天明先生的乡间住所去住一段时间，也可以考虑到别的住所或者意大利的其他城市去，只要那里比较合适，空气较好就行，比如佛罗伦萨。或者，如果你觉得合适，也可以把两位中国人送回巴黎，我们一定会尽心照顾他们……或者你同他们一起回来……让你的朋友们放心地稍等一段时间，待你们健康状况有所好转，就返回罗马。[1]

对于远在异国他乡的黄嘉略，国内的教友们并没有忘记，只要一有机会，就给他捎信。1704年9月21日，黄嘉略“领到四川张兄书两封”，同年10月24日，“领四川汪兄书一封与梁主教”。我们在前面已经提到了四川教徒汪良斌分别写给梁弘任、黄嘉略和李若望的信，汪良斌显然就是“汪兄”。“张兄”则是张凤，教名利纳（Linus，Lino），此人也是随同白日昇从广州来四川的中国教徒之一。黄嘉略虽然身在远离祖国的意大利，心中却始终想着当年的教友，尤其是“汪兄”。1704年8月10日，他到圣老楞佐堂做弥撒，主动请“三四位有德之人，为汪兄祈

1 巴黎外方传教会档案室：AME 17, fol. 89。

祷天主”。要知道，此次请人为汪良斌祈祷天主，并不是收到汪的来信之后，而是在此之前，由此不难看出黄嘉略对昔日教友深切的怀念之情。9月21日收到“张兄”来信的第三天，黄嘉略就“请三四位祈祷，为四川张兄”。10月24日收到汪良斌的来信后，立即于11月24日“写书回中国，以阿兰德之船寄去”。考虑到当时交通极其不便，中国与意大利之间很难有机会互通信息，黄嘉略与四川教友能保持通信联络，实在难能可贵。

梁弘任一行在罗马期间，交往非常广泛，除了经常会见“礼仪之争”中观点和立场相同或相似的赴华传教士外，还与其他教会人士接触，其中包括对立面的耶稣会士。在黄嘉略的日记中见到的有以下这些教会人士：“中华湖广余主教”、“耶稣会神甫”、“中书科主教”、“圣多明我会大会长”、“圣三堂大会长”、“撒阁老”、“嚷耷宰相”、“圣腊杂乐会二位神甫”、“加默立会三位神甫”、“耶稣会那个后生神甫”、“圣类思堂神甫”、“邦阁老”、“圣味曾德堂大会长”、“依西巴尼亚国二位”、“圣多明我会神甫”、“圣大笃会神甫”、“白衣主教”、“圣第阿尼削会神甫”、“圣多明我会总督大会长”、“多明我会两位神甫”、“耶稣会宋神甫与湖神甫”、“圣方西阁会神甫”、“耶稣会卫神甫”、“圣安当会神甫”、“圣多明我会改册神甫”、“侯舍神甫”、“斐理伯恭第”、“何老师令弟”、“腊般神甫”、“教皇的解罪神甫”等等。

这许多人当中，我们能够辨认的实在不多，比较重要的只有两位。

第一位是“中华湖广余主教”。余神甫是意大利人，方济各会士，原名Giovanni Francesco Nicolas de Leonissa，汉名余天明，字泛济，其意大利文原名Giovanni相当于西班牙文的Juan和法文的Jean，而Juan和Jean在用作中国教徒的教名时，均写作若望，所以，余天明又名余若望。余天明于1684年与另外四位方济各会士由罗马教廷传信部派遣来华。起初到陕西西安传教，后来转去广州，在那里成为南京宗座代牧、中国籍的罗文藻主教的副手。此后数年间，他随同罗文藻在南京、上海、杭州等地办理教务。1690年，教皇亚历山大八世下诏分别成立北京教区和南京教区，罗文藻主教被任命为南京教区第一任主教。此前罗马传信部曾有指示，罗文藻有权自行选择代理主教，罗文藻于是指定余天明为他的接班人。方豪先生认为，余天明是意大利人，这是罗文藻推荐余天明的重要原因，因为罗文藻曾说："我看到了每个国家都为自己争利益"，此外，"已相处六年，所识中国字不多，但能说中国话，亦通晓与中国官场往来的公文常识，熟悉地方风俗，认识教友，并爱护他们"，则是罗文藻赏识余天明的其他原因。[1]1691年2月27日，罗文藻过世，余天明继任。1696年，余天明奉派离开南京去罗马，参与"礼仪之争"的讨论和处理事宜。1697年湖广教区成立，余主教被任命为首任代牧，但此时他已离开中国。罗文藻虽是方济各会士，但对于"礼仪之争"的态度却在相当程度上偏向耶稣会，他在1688年致传信部的信中对禁止中国礼仪的规定表示不安，认为不应强令中国教徒宣誓不敬孔、不祭祖、不以上

1　参阅方豪：《中国天主教史人物传》，中册，第158页。

帝称呼造物主，否则大部分教徒将会脱离教会而去，教会将有毁灭之灾。对于巴黎外方传教会颜珰对“礼仪之争”的看法和做法，罗文藻向来持批评态度；反之，他与一些耶稣会士的关系却相当不错，例如在杭州传教的殷铎泽（Prosper Intorcetta，1626—1696）以及著名的中国官绅教徒李之藻等人。罗文藻在“礼仪之争”中的立场，当然与他是中国人这一事实有密切的关系，作为一个中国人，他自幼受孔孟之道的熏陶，对中国的传统文化和民间习俗的了解和认识，显然远在颜珰、梁弘任等欧洲传教士之上，因而对于“礼仪之争”将会给在华传教事业带来的负面影响，怀有更多的忧虑。罗文藻选择余天明做他的接班人，主要原因已如上述，但是，从当时的历史条件来看，他不可能完全不考虑余天明在“礼仪之争”中的立场和表现。众所周知，在“礼仪之争”中，方济各会与多明我会和巴黎外方传教会结成事实上的联盟，共同对抗耶稣会。作为方济各会士，余天明不可能完全背离本会的立场而站在耶稣会一边，否则，他早就受到本会的斥责乃至处罚。那么，为什么罗文藻还要选择余天明作为自己的继任者呢？我们只能做出这样的推测，那就是，余天明在“礼仪之争”中的态度与罗文藻比较接近，至少不是颜珰的坚决拥护者，在罗文藻和余天明共事的五六年中，并没有因为在“礼仪之争”问题上的立场和看法不同，而影响彼此的关系以及他对余天明的评价。换句话说，余天明对中国礼仪的看法，大概不会如同梁弘任那样极端和绝对。按照常理推测，余天明不应是梁弘任的主要谋士或亲密朋友。

然而，梁弘任在罗马期间与之交往最多、最频繁的人，恰恰就是这位从中国返回欧洲的方济各会士余天明。在黄嘉略不足十个月的日记中，余天明去到梁弘任的住处将近20次，有时一连数天，天天都去。黄嘉略通常称他为“余主教”，偶尔也尊称他为“余老爷”，他们的关系似乎相当不错，有时一起到教堂去做弥撒或外出散步。尽管黄嘉略在日记中并没有提及余天明与梁弘任讨论些什么，但是我们不难想象，他们的话题必然离不开他们奉派到罗马来完成的主要使命，即敦促教廷禁止中国礼仪。余天明之所以与梁弘任往来密切，或许因为在“礼仪之争”中，他是一个双方都能接受的人物，虽然基本立场站在反耶稣会一边，但对中国礼仪采取的是一种妥协和折中态度，因而对耶稣会的想法比较了解和理解，堪称知己知彼。对于梁弘任来说，余天明的意见显然有助于自己制定策略，更巧妙地与耶稣会周旋，争取教廷的支持。

第二位是“耶稣会卫神甫”。耶稣会士卫方济（François Noël，1651—1729），1651年出生在比利时，1687年来华，起初在江南一带传教，后来应邀去江苏淮安和安徽五河主持教务，在五河曾有15天内付洗106人的惊人成绩。1692年转到江西南昌、建昌和南丰等地传教。受四位主教以及耶稣会日本省和中国副省的派遣，卫方济作为特派员与另一位耶稣会士庞嘉宾一同赴罗马，就“礼仪之争”向教廷申诉。据荣振华的《在华耶稣会士名录》[1]记述，他们于1702年1月14日从广州搭乘一艘

1 J. Dehergne, *Répertoire des Jésuites de Chine de* 1552 à 1800, Roma et Paris, 1973, p.49.

英国船，启程返回欧洲，同年10月4日到达伦敦，10月30日抵巴黎。这里有一件事值得一提：卫方济、庞嘉宾与梁弘任一行同在10月30日那一天到达巴黎，而此前都在伦敦候船。前面已经提到，当时适值英法两国交恶，往来于英吉利海峡两岸的船只十分稀少，梁弘任一行是搭乘巴伐利亚使节的船，才得以渡过英吉利海峡。卫方济和庞嘉宾难道能在同一天搭乘另一艘船离开英国？从当时的情况推测，这似乎不大可能，换句话说，他们很可能是搭乘同一艘船由英国回到法国的。但是，黄嘉略在他的自述中对于与两位耶稣会士同船抵法一事只字未提，梁弘任也从未提及此事，这就令人颇生感慨。他们虽然同是为了争取教廷在“礼仪之争”中支持己方而前去罗马，却因双方的观点和立场根本对立而彼此视同陌路。同是天主教徒，同是在华传教士，对立双方的关系居然紧张到如此程度，“礼仪之争”之尖锐和激烈可见一斑。在黄嘉略的日记中，卫方济的名字只出现过两次，一次是“耶稣会卫神甫来拜”，另一次是黄嘉略去天台看热闹时受卫兵阻拦，恰在此时巧遇卫方济与两位枢机主教，黄嘉略在他们的引导下，方得以进入天台参观。其实，这位卫神甫绝非平庸之辈，而是一位在欧洲汉学史上占有一席之地的人。原来，卫方济在华期间努力学习汉语，钻研中国典籍，借助朱熹和张居正的注释，先后将《大学》、《中庸》、《论语》、《孟子》、《孝经》、《小学》译成拉丁文。[1]1708年卫方济

1 Mungello, D.E.,*Curious Land, Jesuit Accommodation and the Origins of Sinology*, Honolulu, 1984.

奉上司之命第二次返回欧洲，在布拉格逗留期间，于1711年将上述六种中国古籍的译文结集出版，取名为《中国典籍六种》(*Sinensis Imperii libri classici sex*)，此书后来被转译成法文在巴黎出版，对于向欧洲人介绍儒家思想，起到了良好的作用。

"耶稣会那个后生神甫"疑为卫方济的同伴庞嘉宾。庞嘉宾出生于1665年，1703年在罗马时37岁，若是长相年轻，被人叫作"后生"，也不是没有可能。但是，这仅仅是猜测，不足为凭。

梁弘任、余天明、卫方济和庞嘉宾都是影响教廷有关"礼仪之争"政策的重要人物，这一点在教皇克莱蒙十一世就"礼仪之争"做出裁定的1704年11月20日的谕旨中有充分的反映：

> 教皇确认并批准上述答复。他在听取由教皇英诺森十二世指定的神学家和专家们的意见后，确认并批准这些答复。自就任教皇以来，他在多次会议上听取了他们的意见，这些会议都是为了讨论上述问题和疑虑而举行的。教皇多次与贝鲁特主教、罗萨利主教以及目前正在罗马的各位中国教区代牧进行讨论。他也听取了耶稣会特派员、赴华传教士卫方济和庞嘉宾在这些有争议的问题上已经表达和想要表达的一切。[1]

文中提及的贝鲁特主教就是余天明，罗萨利主教就是梁弘任。这通教皇上谕表明，在罗马教廷处理"礼仪之争"的过程

1 *100 Roman Documents concerning the Chinese Rites Controversy (1645—1941)*, The Ricci Institute for Chinese-Western Cultural History, 1992, p. 24.

中，代表对立双方的四位来自中国的神甫扮演了重要的角色，而这四位神甫都与黄嘉略有过或多或少的交往。梁弘任是黄嘉略的师父和监护人，他们的关系当然最为密切。其余三人中与黄嘉略交往最多的是余天明神甫，而正是这位余神甫，在教廷有关中国礼仪的历次讨论中，发挥了举足轻重的作用。1704年11月20日教皇克莱蒙十一世备忘录中的一段文字便是明证：

> 教皇下旨：在提出有用的问题和诚实地澄清有关此事的情况时，余天明均应在场。他是方济各会会士、贝鲁特主教和湖广宗座代牧，他在中国逗留多年，目睹了发生在那些地区的事情，而且对于中国礼仪相当了解，目前他已回到此地。[1]

尽管由于身份和地位所限，黄嘉略只是帮助梁弘任做一些杂事，并未直接参与向教廷申诉和与众多的教会人士磋商，然而，天天发生在身边的事，对他不可能没有触动，对于“礼仪之争”他不可能没有自己的看法。我们已经知道，他从小就离开家庭，跟随李岱和梁弘任学习文化和教义，没有接受过正规的传统教育，在很长时间中甚至没有生活在中国人之中，这种经历对他的影响可想而知。何况，他所跟随的两位传教士都来自巴黎外方传教会，都是颜珰的亲密伙伴和坚定的支持者，在他们的教导和影响下，我们不能指望黄嘉略在“礼仪之争”中会站在耶稣会一边。

1　*100 Roman Documents concerning the Chinese Rites Controversy（1645—1941）*, p.11.

他在日记中虽然没有直接就“礼仪之争”发表意见，但是，从他的某些观感中不难看到他对中国礼仪的鄙夷和对耶稣会的不屑。1705年5月5日，他在日记中将西方的基督教圣徒和中国圣贤做了对比，并依据基督教教义，指责中国的圣贤只知追求今世的虚荣和欢乐，丝毫不虑及死后能否享受天福，不懂得万物的真原，把父母和祖先当作天地的主宰来祭祀：

盖凡善者，大德之贤者，将欲定为圣人，教皇唱于圣伯多禄堂中者；而未定之先，乃称为真福某人，至定之后，乃称某圣人。此比阿乃第五位比阿教皇，平生虔事上主，修德立功，而死后多显异迹。考其生平之行，果善果圣，故欲定为圣人也，至今有一百余载矣。呜呼！吾天主圣教之圣人，生平何其修德、谦让、爱人，识天地万物之主，导人行天国之路，明于众有死后天福永祸之赏罚，劝众居世宜轻世，而践一切世荣世乐于足下，惟向身后天国之永福永业者也。岂同中国所谓之圣者，且不识天地万物之真原，又无道及身后之永报，及为善者之所由来，而为善之能力乃从谁乎，惟向今世虚荣暂乐，以父母祖先犹如天地万物之大主祀之。彼岂知吾天主圣教首钦爱上主，次孝爱父母之正理哉。

1704年11月8日他参观了圣额我略堂（Basilica di San Gregorio），事后写下了一段观感，通过中西追思亡人的对比，批评和嘲笑中国人的祭祖习俗，言辞相当尖刻：

祈祷为已亡之父母亲戚等，追思教中先亡之瞻礼，乃西国上坟之日期。其瞻礼之前后日子，西国之大小男女老幼，皆往圣堂中祈祷，或点灯点蜡之人往来不绝，极是好看，而乃正礼。非同吾中国，用两块禽兽之肉，呼神叫鬼祭之，亦不知其祖先归于何处，来于何处，祝祷又何人受之。呜呼！尚敢笑西国之人不知祖先，不敬神明。以余之见，真可羞死。

1705年5月4日他听到了有关耶稣会的传言后写道：

有闻耶稣会神甫云，中国五千进士、十二千庠士，俱证彼会所云者皆真，此信传于罗玛京城通知。真可叹哉！

这里涉及的可能是这样一件事实：在华耶稣会士为在“礼仪之争”中取得有利地位，向中国文人和官员广泛征集被称作“誓状”或“公书”的证词，被征询的中国人在证词中表明自己对祭祖敬孔的看法，耶稣会士将这些证词送往罗马，用以支持他们在“礼仪之争”中的立场。[1]黄嘉略这几句话，反映了他在“礼仪之争”中的倾向和立场。所谓“彼会所云者”，说的是耶稣会对于中国礼仪的理解和解释。我们知道，在“礼仪之争”中，争论双方对敬孔和祭祖等礼仪各执一词。多明我会和巴黎外方传教会认为，敬孔、祭祖、供奉牌位等礼仪，都具有

1　参阅韩琦：《奉教天文学家与“礼仪之争”》，《“相遇与对话——明末清初中西文化交流国际学术研讨会”文集》，宗教文化出版社2003年版。

宗教意义，包含着较多的迷信成分。耶稣会则认为，这些礼仪既非宗教活动，也不是迷信，而是用以表达民众对于圣贤的尊敬和对先人的追思，中国教徒参加这类礼仪活动与基督教的基本教义并无相悖之处，教会不应禁止中国教徒参加。为了增加己方在论争中的筹码，耶稣会士们声称，受过教育的中国文人们都同意耶稣会对礼仪的理解和解释，他们征得的证词便是过硬的证据。黄嘉略对于传言显然持怀疑态度，不相信有那么多的中国文人出具证词，为耶稣会的立场辩解。“真可叹哉”四个字透出了他对于这种说法传遍罗马的惊诧。

梁弘任一行在罗马的日子过得并不轻松，除了任务本身所具有的重要性和艰巨性之外，主观条件和客观条件都不是很好。梁弘任本人有病，三个助手中两人有病，而且病得相当厉害，经济上似乎也不大宽裕，不但出门舍不得雇车，甚至因舍不得租用礼服而缺席重大活动。黄嘉略对此有具体的记述：

> 5月1日耶稣升天瞻礼，教皇圣驾至圣若翰大堂。梁主教未赴瞻礼，因租朝服甚贵。每次出门拜客或入朝或赴瞻礼，一日之车乃一两六，半日乃八分或六分。倘逢大日愈发贵。盖罗玛乃天下圣教京都，常有他方主教或铎德及探事者居住。此辈皆为寄居，那又去自造车马朝服，惟欲用时租之而已。况梁主教本乃舍富贵家财而趋贫淡之职，岂肯屡次虚费传教者之需哉。其所去皆出于不得已而行，如赴教皇大弥撒，诣殿奏事，赴相府宴，此类乃不得免者也。

尽管梁弘任多次呈递材料，为争取广泛支持而四处奔走，而且多次晋见教皇，但他的努力迟迟不见成效。据当时也在罗马为“礼仪之争”奔走的耶稣会士庞嘉宾记述，梁弘任在1703年3月26日首次晋见教皇时，教皇训斥他不该对耶稣会搞阴谋。[1]庞嘉宾的话虽然不可全信，但梁弘任的活动并不顺利却是事实，教廷任命的处理中国礼仪的官员们始终没有明确的态度，这令梁弘任和巴黎外方传教会的会长们十分焦急，该会驻罗马的特派员蒙尼阁三天两头向巴黎的领导写信报告情况，商讨措施。1704年1月，蒂贝尔热指示梁弘任向教廷明确表示，倘若教皇迟迟不就中国礼仪问题做出决定，将会葬送在华传教事业。[2]眼看教廷一拖再拖，梁弘任似乎失去了必胜的信念，加上健康原因，他萌生了返回巴黎的念头。外方传教会的会长们闻讯十分着急，急忙加以劝阻，并告诉他说，有人不希望他离开罗马，所以他应该留在罗马。同年6月，梁弘任又分别以颜珰和他本人的名义向教廷呈递了两份申诉，与此同时，耶稣会方面也采取了相应措施。教廷为进一步深入研究而不能立即做出决断。直到1704年11月，据说教廷终于就中国礼仪问题做出了决定。外方传教会指令梁弘任继续留在罗马，想方设法了解教廷决定的内容，最好能获得这份重要文件的全文，至少也要掌握其主要内容。梁弘任为此再向教皇呈递备忘录，表示希望了

1 Claudia von Collani, “Artus de Lionne, M.E.P. et la Chine”, in *Actes du VIIe Colloque international de Sinologie de Chantilly*, p.75.

2 巴黎外方传教会档案室：AME 16, fol. 379。

解教廷有关中国“礼仪之争”决定的内容。教皇没有答应外方传教会的要求，梁弘任只得滞留罗马，继续努力。但是，事态并未朝着外方传教会希望的方向发展，1705年1月15日梁弘任再度晋见教皇后，黄嘉略在同月18日的日记中写道：“午后梁主教到中书科主教家问信，他说，教皇披下，要我们答应耶稣会所说者。”同年4月29日，梁弘任“往殿朝教皇，并送其所答之书。未见。惟托左相代送入朝。”5月5日，“早，梁主教等入朝，见而未言”。翌日，“梁主教等入朝，并奏刻书之事，上准之”。梁弘任此次晋见教皇之后，外方传教会的会长们和蒙尼阁确信，教皇在与梁弘任会见时已将有关中国礼仪的决定内容告诉了他，但他却守口如瓶，拒不透露，因而引起他们的强烈不满。不久之后，余天明也因此事而与梁弘任反目。外方传教会的领导们指令梁弘任，争取再次晋见教皇，无论如何要获知教皇决定的内容。事实是，教皇在会见梁弘任时表示，可以将实情告诉他，但要绝对保密，不得让其他任何人获悉。梁弘任表示，如果连他已经知道但不能向任何人透露这样的话也不能说，他宁可什么都不知道。7月15日，教皇召梁弘任进宫，鉴于他病体未愈，教皇特地派御车把他接进宫内，将有关中国礼仪问题的决定告诉他，但不许他向任何人透露。梁弘任在1706年9月的信中向教皇禀告说，他从未与人谈及教皇告诉他的有关中国礼仪问题的决定，但他认为这个问题应该尽快解决。黄嘉略在自述中则写道：“教皇以保密为条件，把有关中国礼仪的决定告诉了罗萨利先生，我们于是返回法国。”由此可见，梁弘任在1705年7月就已经知道了教皇关于中国礼仪问题的决定。

1705年10月教皇宣布，中国礼仪问题的争论已经结束，有关此问题的谕令已经做出，但是，此谕令在中国公布前不在欧洲公布。虽然结果尚未全然明了，但梁弘任一行在罗马的任务显然已经完成，再留在罗马已无多大意义。于是，尽管外方传教会的会长们依然希望梁弘任留在罗马，继续打听教皇谕令的内容，但梁弘任却执意离开罗马。从巴黎外方传教会领导人的一封信中，我们得知梁弘任一行离开罗马的确切日子：

> 我们要告诉你的最要紧的事是罗萨利主教离开罗马返回巴黎，他已于12月13日上路，我们正等待着他的归来。[1]

这就是说，1705年12月13日，梁弘任及其随行人员结束了将近三年的罗马之行，启程返回巴黎。

1　巴黎外方传教会档案室：AME 17, fol. 252。

三、定居巴黎

据罗奈记述，梁弘任一行于1706年3月回到巴黎。[1]从各种迹象判断，跟随梁弘任的两位中国人，只有黄嘉略回到了巴黎，他的同伴李若望似乎并未与他们一起回来。布里萨希耶1707年5月16日在致蒙尼阁的信中写道："本周初我收到了你分别写于4月12日和29日的两封信……我已指令罗萨利主教、聂先生和嘉略先生……"[2]在以往同类信件中常见的"两位中国人"被"嘉略先生"取代了，很显然，李若望此时并未与黄嘉略和聂先生同在巴黎。在我们所查阅过的巴黎外方传教会的档案中，此后再也没有见到有关李若望的任何记载。这令我们不由得想到，这位来自中国的教徒是否病逝在罗马了，否则，他没有任何理由不与黄嘉略一起随同梁弘任返回巴黎。

巴黎外方传教会（Société des Missions étrangères）并非

1 Adrien Launay, *Mémorial de la Société des Missions étrangères de Paris*, II, Paris, 1916, p.402.

2 巴黎外方传教会档案室：AME 17, fol. 497。

耶稣会、方济各会、多明我会等那样的天主教修会，而是一个以派员到远东传教为任务和目的宗教团体，1663年由方济各（François Pallu，1625—1684）等人创建，1664年正式开始运作。巴黎外方传教会总部（Séminaire des Missions étrangères）坐落在巴黎巴克街，这里既是该会的领导成员生活和工作的地方，也是培训欧洲传教士和来自远东各国教徒的场所，外派的传教士出发前和返回后，大多在此落脚。梁弘任和黄嘉略去罗马之前在此落脚，此次从罗马归来，当然也在这里居住。

按理说，梁弘任已经完成了此次赴欧的使命，应该返回中国了，可是他的病情不见好转，需要在欧洲继续治疗。不过，最主要的原因不是他的病情，而是外方传教会的领导坚持要等教皇谕令在欧洲公布后，梁弘任返回中国一事方能提上日程。梁弘任本人也坚持要在获得确实可靠的消息，表明教皇的决定已经在中国公布，或是由他本人将教皇的决定带到中国去，他才同意返回中国，否则他将留在巴黎等待。他在一封致耶稣会士的信中谈到了此事：

> 从那时以来，促使我当时留在罗马而现在留在巴黎、妨碍我立即返回中国的原因，根本不是我期盼在教皇就中国礼仪这件大事所作的决定方面获得什么新的消息，而是我觉得必须获得可靠的信息，表明教廷的决定已经在中国公布，或者由我将一个可靠的文本亲自带往中国。因为，尽管我完全相信教皇所说，他已经经由多条途径将此决定送交安底奥基

> 底宗主教[1]，况且这种性质的决定寄送到如此遥远的地方，除了为了在那里予以公布，不可能有别的目的。然而，我也完全明白，在宗主教接到这份决定之前，途中将要经历多少艰难险阻，这还不包括我曾荣幸地向教皇面陈的各种令人担心的障碍。所以，我认为比较谨慎和可靠的做法，便是不拿到这份对我来讲无比重要的文件，我绝不上船。尊敬的神甫们，你们知道，我不想只凭口说与那个国家里的人打交道，尽管他们会相信我。倘若我抵达中国时，那个文件不幸尚未送抵中国，我肯定没有足够的力气再不远万里回到罗马去找这份文件，何况我是否能活到那时也是个问题。[2]

礼仪问题不仅仅发生在中国，在印度也有类似问题，为了进一步了解并解决这些礼仪问题，教皇于1702年9月就选定了一位特使，前去远东解决礼仪问题，这位特使就是多罗（Charles-Thomas Maillard de Tournon，1668—1710）。多罗在12位神职人员的陪同下于1703年2月从西班牙扬帆出发，当年年底抵达印度，解决了那里的问题后，途经菲律宾于1705年4月到达澳门，接着经由广州、杭州、南京、天津前往北京。多罗离开罗马时，教皇关于中国礼仪问题的决定尚未做出，然而当他抵达中国时，他已接到教皇的命令，由他在中国公布教皇1704年11月20日有关中国礼仪问题的决定。多罗抵达北京后，起初受到

1　即教皇特使多罗。

2　巴黎国家图书馆抄本部：Fr. N.A. 6557, fol. 139-141。

康熙皇帝的优厚礼遇，但当康熙皇帝获悉多罗的真实意图后，对于罗马教廷无理干涉中国内政的行径大为不悦，遂下令多罗迅即离京，并谕知在华所有欧洲传教士，凡是愿意留在中国传教者，必须尊重中国礼仪，并前往北京领取准予传教的“票”，否则一律不得在中国传教。在此情况下，多罗依然持不妥协立场，于1707年1月在南京公布了教皇1704年11月关于禁止中国礼仪的谕令，要求在华所有传教士一体遵照执行。康熙皇帝于是下令逐客，多罗只得返回澳门。在华传教士中除大多数耶稣会士和部分方济各会士接受康熙皇帝的条件去北京领“票”之外，属于巴黎外方传教会的在华传教士以及多明我会和方济各会的其他在华传教士，不愿接受康熙皇帝的要求，拒不领“票”，因而不得不前往澳门或离开中国。

黄嘉略虽然远在欧洲，对于国内发生的有关基督教的大事却消息灵通。鉴于基督教传教事业在中国遭受的挫折，他决心留在法国，暂不考虑回国。他就此在自述中写道：

> 等待了相当一段时间后，中国的事情即使不是越来越糟糕，至少也是丝毫不见起色，我于是决定在法国定居，以免我的信仰处于险境，因为在我的国家里，基督教徒们不知道该向谁请求保护。

这段话表明，他执意留在法国的主要原因是宗教感情，我们觉得这是真实可信的。他从小离开家人，跟随传教士四处传教，后来更是独自闯荡，四海为家，对于家人的感情和眷恋比较淡薄，在他的日记中看不到任何思念家人的文字便是明证。所以，与其回国后因信仰天主教而受到歧视乃至迫害，莫不如留在法国这个虽然陌生却绝不会给自己的宗教信仰带来任何伤害的地方。

自基督教传入中国以来，培养中国籍神职人员始终是罗马教廷和在华欧洲传教士的一项重要工作。大多数欧洲传教士来华后都能刻苦学习当地语言和习俗，研读中国经典，努力接近当地民众，但是他们毕竟自幼接受西方教育，生活方式和思维习惯与中国人相去甚远，对中国人的传统思想和习俗难免格格不入，这无疑会给传教带来许多负面效应，如果由中国籍的神职人员向中国人传教，鉴于他们熟悉传教对象的语言、思想和习惯，定能收到事半功倍之效。此外，自明末以来，中国政府对于外国传教士始终存有戒心，对他们的行动有意无意地加以限制，而在某些特殊的所谓“教难”时期，外国传教士或遭拘禁，或被责令立即离开中国，致使教堂不再有神职人员，宗教礼仪无人主持，传教事业因而遭受重大损失，传教士的多年努力毁于一旦。为了应付这种情况，罗马教廷和在华欧洲传教士一直通过多种途径培养中国籍的神职人员，尤其是高级神职人员。在中国境内虽然也能进行这项工作，但由于条件所限，成果不很显著。直至18世纪初，先后担任主教的中国籍高级神职人员总共只有四位，其中有的还是在菲律宾等地培养出来的，远远不能适应基督教在中国迅速发展的需要。另一条途径则是让年轻的中国教徒跟随欧洲传教士同去欧洲，在那里的教会学校或修院中学习，若干年后学业有成，获得神职后回国传教。

沈福宗、郑玛诺等人便是17世纪去过欧洲的此类中国年轻教徒。

梁弘任把黄嘉略带来欧洲，一方面出于他自己的工作所需，另一方面也是为了将他培养为合格的神职人员，以便嗣后回到中国能够为传教事业做出贡献。黄嘉略如果留在法国，那就违背了梁弘任将他带来欧洲的初衷，因而他无法同意黄嘉略的决定。在这个事关自己未来命运的问题上，黄嘉略看来很有主见，也很有胆量，平时唯命是从的小徒弟，竟然敢于抗拒恩师的意愿，坚持己见，毫不动摇。

18世纪初，“中国热”在法国方兴未艾，上自君王重臣，下至平民百姓，几乎无人不对中国怀有强烈兴趣，在华传教士们的出版物成了热门读物，来自中国的商品受到热烈欢迎，有关中国的消息和知识不胫而走。中国瓷器在法国拥有无数喜爱者，在17世纪中期，任何一个别墅或宫殿中若无中国瓷器点缀，便不可能被看作完美。早在1688年，中国人的形象就首次出现在法国舞台上，在一出名叫“离婚”的闹剧中，一位饶舌的“中国大使”滔滔不绝地向一位姑娘介绍中国的民情风尚。1700年元旦，凡尔赛宫举行以“中国之王”命名的盛大舞会，国王路易十四坐在一顶中国式的轿子里来到会场，博得全场一片喝彩。法国传教士白晋（Joachim Bouvet，1656—1730）1697年从中国返回法国后，赠送给王室一本画册，书中所展示的许多中国王公贵族和官员的服饰，很快就成为上流社会竞相仿效的对象。第一艘远航中国的法国商船“昂菲特里特”号于1703年返回法国，运回了大批的中国漆器，引起全国轰动。在华法国传教士李明（Louis Lecomte，1655—1728）将他从中国寄回法国的书信结集，题名为《中国现状新志》(*Nouveaux Mémoires sur l' état présent de la Chine*）于1696年在巴黎出版，向读者讲述了他亲眼所见、亲耳所闻的中国，吸引了大批读者，但在“礼仪之争”的大背景下，书中的某些说法被认为背离了基督教教义，1700年受到巴黎索尔邦学院的公开谴责。此事引起了各阶层的广泛关注，中国“礼仪之争”因而更加引人注目。

当时享有盛誉的文人圣西蒙（Louis de Rouvroy Saint-Simon，1675—1755）在他著名的《回忆录》第51章（1700年）中谈到了中国礼仪之争在法国文人中间引起的反响：

> 关于中国人祭祀孔子和祖先的礼仪之争，开始引起人们的议论……耶稣会士允许他们的信众参与祭祀，外方传教会则禁止他们的信众参与；耶稣会认为这些礼仪纯属民间习俗，外方传教会则认为是迷信和偶像崇拜。他们的这场笔墨官司打得昏天黑地，发表了许多内容广泛的文章，既有问题，也有事实，真可谓连篇累牍。[1]

中国“礼仪之争”不但引起法国各界的关注，甚至国王本人也注意到了此事，而且亲自加以干预。请看王室国务秘书蓬夏特兰写给罗马天主教会圣路易省省长的一封信：

> 国王命令我替他写信告诉你，陛下希望不要印发任何关于

1 *Mémoires de Saint-Simon*, année 1700, Chapitre LI.

> 中国事件的文字，尤其不让你发表此类文章。我相信你一丝不苟地执行陛下的旨意没有任何困难。然而，倘若意外地发生违背圣命的事，陛下令我告诉你，他认定该由你对此负责。[1]

法国人对于中国“礼仪之争”的关注由此可见一斑。黄嘉略就是在这样一个时刻来到巴黎的，作为出现在法国乃至欧洲的唯一中国人，况且是个天主教徒，我们不难想见他受到欢迎的程度。无论是王公贵族或是文人学子，都希望通过与他的接触，获得更多更真实的有关中国的信息。他虽然没有受过正规的中国传统教育，但他曾长年周游各地，而且一向勤于观察，所以见多识广，无论天文、地理、历史、政治，还是风土人情，都略知一二，在回答法国人的询问时，可谓游刃有余。这对于那些对中国抱有好奇心或求知欲的法国人来说，简直就是久旱逢甘霖。

不久，消息传到了法国王家学术总监比尼昂耳中，从此黄嘉略的生活出现了巨大转折。让–保尔·比尼昂（Jean-Paul Bignon，1670—1743）出身于巴黎一个古老的贵族家庭，其父热罗姆·比尼昂（Jérome Bignon）生前担任国王图书馆的负责人，他的舅舅蓬夏特兰伯爵官拜法国财务总监和王室国务秘书。让–保尔·比尼昂生于1670年，早年求学于天主教会的奥拉托里学院，后来因担任神职而被称作比尼昂教士（l' Abbé Bignon）。他在宗教事务中虽然没有什么建树，却当上了主管

1　巴黎外方传教会档案室：AME 18, fol. 55。

图七　比尼昂画像

教会事务的国务参事。鉴于他对文化和学术事业的热爱，加上舅舅的提携，他在29岁那年就当上了科学院院长，翌年成为法兰西学院（Institut de France）院长，此后又被任命为王家学术总监，1699年挑起了领导全国书店管理局局长的担子，1701成为享有盛誉的学术刊物《学者报》（*Journal des Savants*）的主编，1719年以后担任国王图书馆馆长，直至1741年去世。毫不夸张地说，法国文化和学术机构的所有重要领导职务，几乎全部由他一人担任。他对文化和学术事业不但十分热爱，把自己的全部精力都投入其中，而且在网罗人才和组织学术活动等方面展示了超人的才能，为法国的文化和学术事业做出了杰出的贡献。早在结识黄嘉略之前，他就在1704年与入华传教士白晋建立了通信联系，白晋向比尼昂转述了“礼仪之争”的情况，并建议把中国研究纳入铭文与美文学院的工作范围，白晋的意见也许起了作用，比尼昂果然把目光投向中国，想方设法了解和研究中国。在华法国传教士对他的中国情结也很了解，李明的《中国现状新志》共由14封书信组成，其中第14封就是写给比尼昂的。比尼昂并未因繁重的行政任务而放弃学术研究，他不相信传教士们关于中国的历史始于耶稣诞生之前二千余年的说法，为此与在华法国传教士宋君荣（Antoine Gaubil，1689—1759）通信讨论，并通过他结识了巴多明（Dominique Parrenin，1665—1741）、冯秉正（Joseph de Mailla，1669—1748）、马若瑟（Joseph de Prémare，1666—1736）、郭中傅（Jean-Alexis Gollet，1664—1741）、傅圣泽（Jean-François Foucquet，1665—1741）等另外几位传教士。

据黄嘉略自述，结识比尼昂是他本人毛遂自荐的结果。他就此写道：

> 任人皆知，永垂青史的伟大国王路易为促使科学、艺术和语言之花盛开在他的国家里，曾经展现了何等气魄和热忱……他倾全力推动其杰出臣民追求的崇高事业，希冀知悉所有遥远国家的历史和它们人民的习俗，计划派遣一批有能力汲取各种知识的法国青年前往中国，对该国的一切进行深入的了解。毫无疑问，普天之下所有君主无一能有如此宏图大略。然而，大王为维护其孙子合法拥有并得到整个欧洲承认的（西班牙）王位而全身心投入一场可怖的战争，致使此项计划迄今无任何成果。
>
> 获悉上述情况后，我想（也许我不应如此想，不过公众将会原谅我，因为我的本意是为他们贡献微薄之力），我不但

是中国人，而且游历了中国的大部分省份，如今又致力于对敝国各个方面的研究，因而有可能为大王陛下光荣的计划做出某些贡献。

本着这一想法，我投身于饮誉全欧的比尼昂教士麾下，他以对科学和文学的热爱、对所有文人的全力保护而闻名。我毫不费力就获得了他的信任，他希望获知在这个遥远国家中所发生的一切，并以其与生俱来的豁达大度抓住一切机会，热情地欢迎汇集在他周围的人，使我获得了我所不敢想象的厚遇。他向国王作了推荐，于是我被授予国王的中文翻译之职。

但是，在多位法国人的记述中，黄嘉略是经由他人介绍方才得以结识比尼昂的，至于这位介绍人是谁，各有各的说法，笔者至今尚无过硬的证据可用以做出判断。不过，这个问题并不重要，无论是经由自荐或推荐，结果都是比尼昂知道了有这么一个中国人在巴黎。黄嘉略之所以被比尼昂看中，当时的历史条件应该是重要原因。我们知道，在18世纪初年，法国的远东贸易已经远远落后于西班牙和荷兰等海上强国，自视为欧洲强国的法兰西当然心有不甘，急切希望迎头赶上乃至超过。自从“昂菲特里特”号首航中国之后，法国与中国的直接贸易逐渐开展起来，但是，语言不通和对中国缺乏了解，给扩大贸易造成了障碍。所以掌握汉语和中国常识越来越显得迫切，不但商人有这种要求，主管商贸的官员也有同感。除了经济方面的直接原因外，还有文化方面的原因。欧洲基督教传教士来到中国后，撰写了一些介绍中国的书籍，陆续在欧洲出版。西班牙传教士门多萨的《中华大帝国史》（*Historia de las cosas, ritos y costumbres del gran Reyno de la China*）于1585年在罗马出版，第二年就有了法文译本；比利时传教士金尼阁整理的意大利传教士利玛窦的拉丁文版《基督教远征中国记》（中译本题作《利玛窦中国札记》）于1615年在德国出版，第二年就译成法文；葡萄牙传教士曾德昭的《大中国志》（*Imperio de la China*）法文版于1645年出版；德国耶稣会士基尔歇的《中国图说》（*China illustrata*）法文版于1670年出版。这些有关中国的著作引起法国各个阶层的关注，为中国热的形成发挥了巨大作用。第一批法国耶稣会士肩负着传播福音和科学研究的双重任务，奉国王路易十四之命于1685年前往中国后，很快就写出了报道中国的著作。李明于1696年出版了《中国现状新志》，白晋则于1697年出版了《中国现状》（*L'Etat présent de la Chine*）和《中国皇帝历史画像》（*Portrait historique de l'Empereur de la Chine*）。法国的传教士在报道中国方面虽然正在迎头赶上，但是学者们却尚未把中国当作学问来进行研究。与法国不同，当时在欧洲其他一些国家特别是德国，中国早已成为一些专家学者的研究对象。米勒在1670年编辑了一本《关于契丹国的历史和地理》（*Disquisitio Geographicae et historicae de Cathaia*），1672年出版了《中国的碑刻》（*Monumenti sinici*），1674年声称要编写一部名为《中文奥秘》（*Clavis Sinica*）的书，为欧洲人学习汉语提供一把人人都能方便地掌握的钥匙。莱布尼茨与许多在华传教士保持着频繁的通信联络，对中国的了解渐渐深化，终于在1697年出版了《中国近事》（*Novissima sinica*）一书，在欧洲各国引起了巨大反响。法国对于中国的研究显然比不上德国，法国的学者们当然不甘心于这种落后状况。要想对中国进行研究，语言是一道难以逾越的关口。所以，在当时的法国，无论是为了到中国经商还是为了对中国进行学术研究，学习和研究汉语都是不可或缺的必要准备。而对于法国人来说，想要在没有中国人介入的条件下学会汉语，即使不是痴人说梦，至少也是异想天开。黄嘉略的出现为他们解决这个难题带来了希望，对于一贯致力于推进法国文化和学术事业的比尼昂来说，黄嘉略的出现简直就是天赐良机。

比尼昂既是官员，也是文人，他很明白，若要推进法国的中国研究，从学习和研究汉语着手是必然的选择。黄嘉略不但熟悉自己的母语，而且从小跟随法国传教士，加之已经在法国居住多年，使用法语应当不成问题。了解黄嘉略的情况后，比尼昂立即向上司报告。法国国王路易十四向来以关心文化事业著称于世，自然也不会轻易放过这个送上门来的机会，因此，黄嘉略的请求上报给国王后，很快就有了结果。至于是谁向国王推荐了黄嘉略，有两种说法。有人说是比尼昂直接向国王推荐了黄嘉略，也有人说是他的舅舅蓬夏特兰。我们觉得后一种说法比较可信，因为，以比尼昂的身份和地位，想要直接向国王推荐黄嘉略，恐非易事，而蓬夏特兰以其国务秘书的身份，向国王面呈此事，应该说很正常。比较合乎情理的过程似乎应该是这样的：比尼昂将黄嘉略推荐给蓬夏特兰，蓬夏特兰随即将此事禀报国王，经国王本人同意，黄嘉略被任命为国王的中文翻译。当代法国的汉学泰斗艾田蒲先生对于黄嘉略的这个职务不予置信，他说："他在国王图书馆应了一个闲差。(有人说他是太阳王的翻译，此话让人觉得有点离谱。)"[1]黄嘉略被任命为国王的翻译绝对不是误传，而是千真万确的事实。如果说，后人的记述可能有误，那么黄嘉略的同时代人、曾经与他合作编写《汉语语法》和《汉语字典》的傅尔蒙应该是可信的吧！他在谈到黄嘉略时写道："黄先生是中国人，起先是罗萨利主教的秘书，后来担任国王的翻译。"[2]艾田蒲先生的怀疑并非没有道理，当年的法国国王能有多少中文文件需要翻译？其实，拥有国王的中文翻译官衔的黄嘉略，既不在王宫上班，更不在外交部办公，他的主要工作是在国王图书馆整理中文书籍，编写这些书籍的目录，此外也承担比尼昂临时交办的一些零星杂事。

黄嘉略究竟何时当上法国国王的中文翻译，我们至今没有找到能够说明这个问题的可靠资料，但可以肯定是在1711年之前，因为根据蓬夏特兰的指示，从1711年开始，比尼昂已经要求黄嘉略把主要精力放在编写《汉语语法》和《汉语字典》这两件大事上了。而在此之前，他的主要任务是整理国王图书馆的中文藏书，当时除了马札然（Jules Mazarin，1602—1661）赠送的四种中文书籍外，还有柏应理和白晋等赴华耶稣会士在17世纪末返回欧洲时带来的数十种中文书籍。

既然担任了国王的翻译，依照常理推测，黄嘉略就不应继

1　René Etiemble, *L' Europe chinoise*, Paris, Gallimard, 1989，t.I, p.429.

2　巴黎国家图书馆抄本部：Ar. 69。

续担任梁弘任的秘书，而且也应该搬出外方传教会。然而，我们不但迄今未找到记述黄嘉略何时离开巴克街的资料，而且尽管他在巴克街居住的时间长达数年之久，在外方传教会的档案中却没有留下任何关于他这几年生活和工作的记载，这一点确实令人费解，更是一大遗憾。巴黎国家图书馆抄本部的傅尔蒙卷宗中，有一份某人为黄嘉略购买生活用品的账单[1]，开头处是这样写的："这是我为黄先生支付的购物清单，共计334锂，这笔款项是我向蒙塔吉（Montagis）大人领取的。"接着便是所购物品的详细清单，其中大多数是服装和生活用品，如衬衣、袜子、梳子、碟子、刀叉、被子、床单、床垫等，也有一些文具和书籍，如一本语法书、一本字典、一打笔、墨水等。账单末尾还记下了付给黄嘉略的零花钱："付给黄先生伙食费34锂，1712年12月9日。"从笔迹无法辨认这张清单是谁写的，我们也不知道清单中提及的蒙塔吉大人是谁。但是，从所购物品来看，黄嘉略此时显然已经接受了编写汉语字典的任务。他也许刚刚脱离外方传教会，独自一人租屋居住，一切日常用品都需要置办。不过仍有一点令人费解，作为国王的中文翻译，他如果按时领取固定的薪金，就完全不需要别人为他购置生活必需品。或许我们可以做这样的推测：黄嘉略结婚之前并不领取固定的薪金，而是过着一种"供给制"生活，除了领取伙食费和少量零花钱外，他的上司都以实物向他提供生活所需。

如果说，担任国王的翻译是黄嘉略生活中的一大变化，意

1　巴黎国家图书馆抄本部：Ar. 69, fol. 1-3。

味着他开始改变职业宗教人员的身份，那么，结婚更是他生活中的一个重大转折，依照中国人的宗教观念，结婚意味着“还俗”，也就是说，他从此不再是职业宗教人士，而仅仅只是一个信徒了。前面已经提到，梁弘任希望黄嘉略在适当时候返回中国，不要考虑在法国定居。一旦结婚，返回中国的可能性就几乎等于零了。黄嘉略不可能不认真考虑恩师的意愿和态度。但他看到天主教徒在中国的处境越来越糟，因而决定留在法国，以免危及他的宗教信仰。同样，这也是他决定结婚的主要原因，他在自述中写道：“为了今后不能再自己做主改变决心，我甚至结了婚。”请注意“不能再自己做主”这几个字，实在非常有意思，言外之意是当他光棍一条的时候，完全可以为自己的事情做主，而一旦结婚，他就不再拥有为自己的事情做主的权力了，因为那时他有了妻子，或许还有子女，无论做什么事，都必须为他们着想，听取他们的意见。由此可见，他要结婚的主要动机是要想用婚姻和家庭的羁绊把自己牢牢拴住，迫使自己死心塌地定居在法国，永远放弃返回中国的念头。无独有偶，比尼昂也是这样想的。傅尔蒙的一段话可以视为旁证：

> 察觉黄先生萌发结婚的意向后，比尼昂教士认为这是把他留在法国的一个好办法，于是为他创造条件，向官廷索要了一笔钱提供给他。[1]

由此可见，无论黄嘉略或是比尼昂，在结婚问题上，他们

1　巴黎国家图书馆抄本部：Ar. 69。

两人可谓英雄所见略同，不可不谓用心良苦，甚至有些残忍。但是，另一方面却也说明，黄嘉略如同所有的中国男人一样，把结婚不仅仅看作是两性的结合，而且是对妻子和未来的家庭负起全部责任的承诺，这种男性对家庭的责任心，显示了中国传统思想的些许特色。

梁弘任获悉黄嘉略准备结婚的消息后，果然很不高兴。如果是黄嘉略本人向他提出这个在他看来绝对是非分的要求，他也许会一口回绝，毫无商量余地。可是，希望他网开一面允许黄嘉略结婚的人，偏偏是身居高位而且在文人中间极具威望的比尼昂教士，面对这样一位重量级人物的请求，梁弘任显得相当无奈，尽管非常不高兴和十分不愿意，却不得不给比尼昂回信[1]，极为勉强地表示尊重比尼昂的意见：

> 先生：
>
> 很久以前，黄先生曾恳求我给他出具您屈尊来信中提到的那个证明。然而我觉得，他在法国既没有依靠，也没有财产以及获得财产和在法国生存的手段，何况上帝似乎并没有不让他成为一个神职人员，而我之所以把他带来，唯一的目的就是让他成为一个神职人员。所以，我认为对于他来说，除了返回中国之外，没有其他合理可行的方案。在我看来，他想要做的事很不合适，甚至是一个极大的错误，我实在不愿为此推波助澜。可是，既然他幸运地有了您这位强大的监

1 巴黎国家图书馆抄本部：Fr. N.A. 6555。

护人，而您又愿意像慈父那样替他办事，我就毫不怀疑，最佳的选择就是一切都听从您，一切都依照您认为对他最合适的方案去做。因此，先生，如果您觉得他应该结婚并且对他筹划中的婚事表示首肯，那么，您可以把我奉上的证书交给他。

谨致深深的敬意

您谦卑和顺从的仆人

罗萨利主教

巴黎，1713年3月17日

获得了梁弘任的同意，意味着扫除了最后的障碍。1713年4月25日，黄嘉略在巴黎结婚。结婚对于黄嘉略来说是人生的一大转折，对于我们来说何尝不是一大幸事，试想，假如他不离开外方传教会，假如他不脱去教袍，他能有这许多时间和方便与孟德斯鸠等法国文人交往，能为我们留下这许多珍贵的文稿，能为中法两国人民的文化交流做出这许多贡献吗？历史是只能由后人评说的，创造历史的人往往是在不自觉状态下完成伟业的。

刚刚过了三个月，梁弘任于1713年8月5日病逝在巴克街外方传教会总部。对于黄嘉略来说，失去了慈父般的恩师，虽然意味着不再拥有稳妥的靠山，同时却也意味着他获得了安排自己生活的自由。

四、家庭生活

我们对于黄嘉略家庭生活的了解，主要来源于他的一部日记[1]。这部日记用法文书写，起自1713年10月19日，止于1714年10月2日，一日一记，基本完整，空缺的有1714年2月18日至23日，1714年7月8日至20日，1714年9月16日至10月1日。由于这是一部私人日记，原本就不打算供人阅读，所以黄嘉略大量使用缩写，不但专用名词以缩写字母表示，即使是普通名词、动词乃至介词，也经常用一个或数个字母表示，致使我们在阅读时不但时时需要揣摩，有时甚至不得不借助想象。此外，黄嘉略还有一个奇特的习惯，那就是当他记述某些事情时，舍法文不用，而使用以拉丁字母拼写的汉字，例如，“tchi tièn sine”（吃点心），“maï joù”（买肉）等。他之所以这样做，主要原因并非他尚不能自如地应用法文，而是他喜欢使用母语记述某些事情，尤其是他认为不宜与他人道及的那些事，例如妻子的例假、怀孕和生气发怒等：“女人恼怒（nù gine nàou nóu）对其

1　巴黎国家图书馆抄本部：Fr. N.A. 10005。

夫（fou），起因是小狗（siào keoù）。”不过，有时兴之所至，他也以拼写汉字记述一些极为普通的人或事，例如“siangkon”（相公）、“lìn chín thì”（领圣体）、“où chéne”（午膳）等。这部日记极为简略，每日所记仅数行而已，而且多为日常琐事，诸如买菜、吃饭、玩牌、出行等等。由于大量使用只有黄嘉略自己心知肚明的缩写字母和拼音汉字，加上字迹潦草，因而增大了我们阅读这部日记的困难。有些句子虽经长时间揣测，至今未能完全读通。尽管如此，这部日记对于黄嘉略的日常生活和工作情况以及他与亲戚朋友的往来，提供了具体而又可靠的信息，不仅如此，他的形象也因此而变得鲜活和生动，因而十分可贵。法国学者艾丹妮和美国学者史景迁都对这部日记进行了研究，艾丹妮在这部日记的基础上充分发挥想象力，写出了一部虚拟的自传体纪实报告文学：《我是太阳王的中文翻译》[1]，史景迁的研究成果则反映在《黄嘉略的巴黎岁月》[2]一文中。当然，黄嘉略的这部日记也是笔者撰写本节的主要依据。

黄嘉略的妻子名叫玛丽–克洛德·雷尼埃（Marie-Claude Régnier），是路易·雷尼埃（Louis Régnier）和路易丝·德·伐鲁瓦（Louise de Vallois）的女儿。小夫妻婚后居住在盖奈戈街（rue Guénégaud）的一座公寓里，盖奈戈街是一条南北走向的小街，总共只有百十来米长，南端连接着塞纳河左岸的大奥古

---

1 D. Elisseff-Poiles, *Moi, Arcade, Interprète chinois du Roi-Soleil*, Paris, 1987.

2 J. Spence, “ The Paris Years of Arcadio Huang”, in *Chinese Roundabout*, New York, 1992.

斯丁滨河路，穿过滨河路便是巴黎市内塞纳河上最古老的“新桥”，过桥来到塞纳河右岸，东边是西岱岛，巴黎圣母院就在岛的中部，西边是圣日耳曼·奥克塞鲁瓦教堂，北边不远处就是大菜场，玛丽–克洛德几乎每天都到这里来买菜。盖奈戈街的北端连接着马札里纳街，拐过几个弯就到了圣日耳曼·戴普莱教堂，左前方不远处就是圣苏尔比斯教堂，黄嘉略夫妇经常到圣苏尔比斯教堂参加宗教活动。再往前走就是著名的卢森堡公园。

黄嘉略虽然拥有“国王的中文翻译”这个显赫的头衔，其实只是比尼昂手下的一个小工，薪俸微薄，家中经济状况十分拮据，有时连一日三餐都不能确保，甚至家无隔夜之粮。为了维持家庭的日常生活，夫妻二人不得不常常去找比尼昂索要工薪。黄嘉略在1713年10月20日的日记中写道：“我们一点银子也没有了。”次日，他又写道：“黄去了比尼昂先生府上……要到了一‘两’。”仅仅过了三天，他又去找比尼昂，但似乎没有什么结果，他在这天的日记中写道：“今天，面包‘少’（chiàou）了一点。”同年11月3日他写道：“今天上午黄去了比尼昂先生府上，没有钱。”三天后，“她去了比尼昂先生府上”。11日那天，“黄……去了比尼昂先生府上”。12日，他在日记里无奈地写道：“我们是名副其实的‘穷得紧’（khuôn te qùin）。”贫困带来的后果是黄嘉略对于食品的格外关心，他在日记中经常记载餐桌上的菜肴，每当有肉或有酒时，记载尤其详细，给人以此类食品对于他们来说十分难得的印象。例如，1713年11月23日：“我们每人吃了一份烤肉。”同月26日：“黄小姐吃了两个鸡蛋。”12

月12日：“晚饭我们吃烤肉。”12月28日：“午饭喝了一小杯白酒，晚饭吃了炖蘑菇。”食品的价格对于他们来说也是一件十分敏感的大事，1713年11月11日的日记中写道：“据说面包价格要猛涨。唉！”1714年1月10日他写道：“面包价格依然如故，也就是说4苏，可是肉价很贵。”玛丽–克洛德的父母与他们交往的重要内容之一就是互赠食品，有时是一些菜肴，有时是几只苹果。冬季取暖也相当困难，有时木柴断档，例如1714年2月16日：“傍晚，德·维里埃小姐给我们送来了两块劈柴，因为我们一点木柴也找不到了。”1714年3月5日：“天一直很冷，木柴一直很贵，很少。”同月6日：“雷尼埃太太送来了一些，又去了木柴市场，买来了两桶木炭。”

黄嘉略在自述中谈及妻子时说：“上帝让我结识了他指定为我妻的那个女子，我敢说，她既合上帝的心意，也合我的心意。”除非黄嘉略真的相信他的婚姻是上帝安排的，不然他就是在说违心话。因为事实表明，他与玛丽–克洛德的夫妻关系很不融洽，谈不上有多少恩爱。原因可能很多，有些是不难想到的，比如，文化背景和自幼养成的生活习惯不同，彼此难以完全适应，语言障碍或多或少会影响感情的交流，性格或许也有差异。然而，家境窘迫看来是个主要原因。这个巴黎女子大概受教育程度不高，也没有什么技艺，当然更没有职业，是个典型的家庭妇女，除了虔敬上帝，按时参加各种宗教活动外，余下的时间做些家务，打打牌。家庭经济状况虽然不好，花钱倒并不缩手缩脚，被褥衣服也送出去请人洗；在穿戴方面她出手阔绰，一位名叫奥里埃的女裁缝常到她家里来为她量体裁衣。

她几乎天天上街购买食品，数量不多，账倒算得很清楚。不过偶尔也会出差错，1714年1月10日买菜时，不慎丢失了27苏，幸好很快就发现，而且成功地找了回来。她虽然出身小户人家，却不是一个见不得场面的女子，家里揭不开锅时，她会亲自出马，三天两头到比尼昂府上去替丈夫索要薪金，即使碰钉子也不灰心丧气。例如，1713年12月7日："今天上午，黄小姐前去比尼昂府上，与他交谈许久，他让她星期六来取'银子'（Yn tzè）。"星期六她如约去，"得到的回答是明天再说"。第二天是星期日，当然不便打扰，结果直到星期二才拿到钱："他不愿多给，只给了50。"也许正因为穷而更希望发财，玛丽-克洛德对彩票十分热衷，尽管手头拮据，却总要从日常开支中挤出零钱购买几份，黄嘉略对此也兴趣颇浓。但日记中从无中奖的记载。这位巴黎小女子的脾气相当古怪，经常莫名其妙地生闷气，而且一生气就不说话，不吃饭，不睡觉，或是大白天卧床不起，弄得黄嘉略十分无奈。在黄嘉略的日记中有许多关于妻子发脾气的记载，1713年10月19日："黄小姐'不肯睡'（pou khèn chóui），怒，怒（nóu nóu）。"1714年1月14日："今天上午，黄小姐'怒甚'（nóu chín），我们两人一同去了奥古斯丁教堂，我去看望了吉雍神甫，然后做午饭，可是她不愿意和我一起吃。……晚上她还怒（nóu）。"1714年6月17日："她莫名其妙地又生气了。"黄嘉略虽然从不与她红脸，但显然对她不够体贴。1714年3月20日："她身体不大舒服，生气了，因为我没有如她所希望的那样问她哪儿不舒服。"夫妻二人都是虔诚的信徒，同在一个教区，按照常理，应该到同一个教堂去参加

图八　圣奥古斯丁教堂（左）和圣苏尔比斯教堂（右）

宗教活动。可是，这对夫妻却几乎总是你东我西，你西我东，各自去一个教堂，黄嘉略若是去圣奥古斯丁教堂，玛丽-克洛德必去圣苏尔比斯教堂，黄嘉略若去圣苏尔比斯教堂，玛丽-克洛德必去圣奥古斯丁教堂。偶尔同去一个教堂，也一定是一先一后。例如1714年4月2日："今天上午，两位黄都去了圣奥古斯丁教堂望弥撒，一位先走，一位后走。"携手同去一个教堂的记载也有，但次数极少。估计原因主要在妻子身上，黄嘉略似乎没有理由不愿意与太太同行，至于玛丽-克洛德是否以与黄皮肤的丈夫一起出现在公众面前为耻，那就不得而知了。好不容易两人一起外出，实属难得，但玛丽-克洛德丝毫不加珍惜。1714年6月11日："我们一起去看圣体龛，可是半路上黄小姐突然生气，于是我们只得回家。"面对妻子的任性，黄嘉略总是忍气吞声地"冷处理"，从来不与她"针尖对麦芒"，在他的日记中，没有任何关于夫妻吵嘴或红脸的记载，甚至连对妻子不满或埋怨的字眼都找不到。

黄嘉略虽然跟随法国传教士多年，受到他们的教育和熏陶，但他毕竟是中国人，而且在中国生活了20余年，按理说，他应该像当时大多数中国男人一样，在妻子面前摆丈夫架子。然而，他的日记表明，他不但不计较妻子的乖戾，始终以容忍来化解她的怨气，而且还与她分担家务，下厨做饭，制作果酱，打扫房间、洗手绢，甚至为她剪裁衣料，做针线。这样的中国男子在18世纪即使不是绝无仅有，至少也是极为罕见，难怪法国学者马松（André Masson）称他是“吃苦耐劳的模范丈夫”[1]。1713年11月6日：“黄为他的妻子裁了三件衣料，雷尼埃太太没有把那两块呢子和帽檐拿来。”1713年11月22日：“今天上午，黄一早就去望弥撒，回来后发着烧洗手巾。”1714年1月5日：“今天上午，黄小姐到她母亲家去，我做好午饭等她回来。”1714年3月26日：“今天上午，黄小姐感冒了，可是她依然到市场去了。黄整理房间，等人送木柴来。”1714年8月8日：“今天上午，黄小姐去菜场，黄在厨房忙了一上午。”1713年12月30日：“今天上午，我们两人都干活，我做贴边，下午三点，她送到泰里耶太太那里去。”幸亏黄嘉略能够逆来顺受，夫妻之间才得以维持正常关系，偶尔还能同进同出，多少有些亲密的样子。例如，1714年4月29日这一天，两人始终一起活动：

1 Andre Massson, “Un Chinois inspirateur des ‘Lettres persanes’”, in *Revue des deux Mondes*, le 15, Mai ,1951, p.352.

“今天上午，两位黄一同去奥古斯丁教堂望弥撒，饭后去做晚祷，又去雷尼埃太太处，又去卢森堡公园。”

玛丽-克洛德父母的住处大概离黄嘉略夫妇不远，两代人走动相当频繁，在食品上互通有无，只要有了一点稍微好吃一些的食品，彼此都会想着对方，或是送过去，或是请过来，总要一起分享。长辈常来小辈家，有时一天不止一次，母亲往往陪同女儿出去买菜，帮着做点家务，然后一起进餐。小辈也常去看望长辈，或是专程去送食品，或是从教堂回来顺路探望。尽管生活比较清苦，但一家人彼此关心，和睦相处，偶尔还打打牙祭，改善一下伙食，饭后一起打牌，倒也其乐融融。1714年1月6日，新年的节日气氛尚未消尽，“今天上午，两位黄在奥古斯丁教堂望弥撒，饭后去圣苏尔比斯教堂，又去雷尼埃先生家，全家人一起玩牌，我们还买了一点酒……”每逢家庭气氛比较温馨时，黄嘉略的性情就格外好，高兴之余，还在日记中自娱自乐。例如，1714年3月5日：“今天上午，黄教长在书房中开始工作，其妻公爵夫人外出，去菜市场购物。雷尼埃先生携夫人来此就餐，饭后玩了一下午牌。”不过，丈母娘雷尼埃太太并非始终随和，有时也会大发脾气，黄嘉略把她生气时的样子说成“摆出一副奶奶貌（naï naï máou）”，大概挺吓人。真是有其母必有其女，难怪玛丽-克洛德爱耍小性子。

黄嘉略在罗马时就有吐血之病，虽经治疗，并未痊愈。他的日记表明，1713年以后，病情有日益严重的趋势，不但三天两头发烧，咯血的次数也比在罗马时增加了许多。从罗马算起，黄嘉略患病至少已有十年，因而对自己的病早已习以为常，基本上是听之任之，虽然也求医吃药，但时断时续。为黄嘉略诊治的医生前后至少有三位，第一位名叫樊尚（Vincent），这个名字在日记中只出现过一次。第二位名叫瑟万（Sevain），他们之间除了医患关系，似乎还是朋友，黄嘉略去看病时，医生还留他吃饭。这位医生的药大概没有什么疗效，1714年2月13日，黄嘉略在日记中写道："今天上午，黄同昨天一样服了三片药，但他决定以后不再服药了。"两个月以后的4月23日，黄嘉略与妻子一起去居特（Cut）医生处看病，过了三天，黄嘉略开始服用居特医生的药。其实，以当时的医学水平，想要根治黄嘉略的肺结核，恐怕难以如愿，瑟万医生办不到，居特医生也不是神医。发烧对黄嘉略来说已是家常便饭，几乎每天下午都有热度，只是有时较重，有时略轻而已，他能"扛"则"扛"，实在"扛"不住，也只是卧床休息，没有任何更好的治疗手段。中国人的一句俗话"久病成良医"在黄嘉略身上得到了印证，他居然有办法为自己治病。1713年12月18日，他写道："今天上午，黄找到了退烧的办法，工作了整整一天。"他究竟找到了什么办法，日记里没有细说，估计并不是什么高招，因为在以后的日子里，他依然经常白天发烧，夜里盗汗。1713年11月和12月天气寒冷，黄嘉略的病情加剧。12月1日他写道："今天特别冷，黄先生一直病得厉害。"2日和3日的日记空缺，估计是他病得无法握笔所致。4日的日记写道："这些天，黄先生每晚都发烧。"5日这一天，一位名叫维里埃的人送来了一张小床，可是"他的妻子改变了主意"。如果我们的推测不错的话，大概因为他的病影响了妻子的正常睡眠，夫妻打算分床，于是向那位维里埃先生借了一张小床，由于妻子改变了主意，分床计划最终并未实施。黄嘉略的病承受不了低温，冬季容易发高烧和吐血，即使在温暖的季节，有时他依然会感到冷。对气温的敏感使他特别关注每天的天气，阴晴冷热，刮风下雨，起雾结冰，他都逐日记载在日记中，几乎一天不缺。哪位有心人如果将他的日记加以整理，用不着费多少力气，就可以得到一份相当完整的1713年10月到1714年9月的巴黎气象资料。

实事求是地说，雷尼埃一家人对黄嘉略的病情表现了相当程度的关心，不但玛丽–克洛德体贴丈夫，连岳母大人也为女婿的健康操心。我们在黄嘉略的罗马日记中看到，那时人们以为肉食可以治病，所以他曾有连续40天吃肉治病的记录。十年以后，法国人似乎依然相信佳肴能治病。每当黄嘉略发高烧或吐血时，玛丽–克洛德总要为丈夫买肉打牙祭。例如，1713年11月3日那天，黄嘉略像当年在罗马那样大口吐血，第二天："今天上午，黄小姐为了她的丈夫一早出门；雷尼埃太太来了，带来了小牛肉。"11月22日下午，黄嘉略高烧不退，夜里盗汗严重，第二天，"今天上午，黄小姐出门购买食品，小牛肉等等"。12月11日，她"为病人买了两个肉馅饼"。黄嘉略的病虽然已经相当严重，但他抗病能力却更令人吃惊，往往头一天刚刚吐过血，第二天就伏案写作或出门办事。不但如此，他在日记中从来没有流露出一丝悲观或绝望，总是强打精神把该做的事情做好。

玛丽–克洛德的健康状况也不好，经常犯些小毛病，头疼，感冒，胃痛、腿痛，轮番出现。感冒经常发生，尤其在冬季，

图九　卡耐特街街牌

头疼只是偶尔出现，胃痛起来有时彻夜难眠，偶发的腿痛迫使她只得卧床，其他说不明白的不舒服则更为常见。黄嘉略虽然在日记中记下妻子的病，但不曾见他采取过什么措施帮助妻子解除病痛，日记中也没有玛丽–克洛德求医问药的记载。也许因为与丈夫的病情相比，妻子的病算不得什么。

在日记所反映的这一年中，小家庭生活中最大的一件事便是搬家。夫妻二人何时酝酿和决定搬家，我们不得而知，最早的实际行动则发生在1714年1月24日，那一天，玛丽–克洛德去看了几处房。同年4月21日，夫妻二人一同去看房，最终选定了坐落在卡耐特街（rue des Canettes）的一套公寓，房东是博蒙太太，租金是28埃居。新居选定之后，夫妻二人忙了好几个月，家具能带的要设法带过去，黄嘉略自己动手拆床，以便搬运。此外还得购置一些，为此找来了家具商，定制了一张新床，花费了160锂。此外还花了202锂选购纺织品，用于制作窗帘等新居必需的用品。黄嘉略在7月1日的日记中写道："今天是

7月第一天，星期日，我们在奥古斯丁教堂望弥撒，我去了黄小姐家。”从最后这句话推断，此时他们已经开始搬家，而且玛丽–克洛德已经提前单独住到新居去了。6日那天，“我们已经把一半东西搬到了新居”，到了7日，“黄先生已经从盖奈戈街完完全全搬到了卡耐特街”。从1714年1月算起，选房选了4个月，搬家又搬了2个月，加起来就是半年。如此劳神费力究竟是为了什么？好像是为了离教堂更近一些。卡耐特街如同盖奈戈街一样，也是一条很短的小街，一端连着迪富尔街（rue du Four），另一端便是圣苏尔比斯教堂前面的广场，从卡耐特街往南步行到圣苏尔比斯教堂用不了五分钟，往北到圣奥古斯丁教堂也只需十分钟左右。当然，这只是一种猜测，未必就是黄嘉略夫妇迁居的真实原因。

黄嘉略虽然离开了巴黎外方传教会，但依然与之保持着相当密切的联系，他常去外方传教会会见该会的几位负责人和其他熟人。在日记所记的一年时间中，他与外方传教会的接触有十多次，几乎都是他前去巴克街，而外方传教会的人士从未到寓所找他。外方传教会有他许多熟人，常去看看朋友当然是人之常情，不过，他到那里去似乎还有更重要的事，那就是替外方传教会阅读或翻译来自中国的文书或信件。1713年10月25日至30日的日记记载了一个完整的译书过程。10月25日：“今天上午，黄去了外方传教会，布里萨希耶先生交给我四本书，让我翻译。”27日：“黄翻译外方传教会的书”，28日：“午饭后黄去外方传教会，但是布里萨希耶先生陪他侄子到默伦去了。”29日：“黄与他的妻子雷尼埃一直工作到午夜以后。”30日：“今天上午，黄去外方传教会，布里萨希耶先生给了我50锂。”看来，黄嘉略为外方传教会工作并非尽义务，对方是付酬的。除了为外方传教会做些翻译工作外，他还到那里去看书或借书。我们知道，黄嘉略的头衔虽然是国王的中文翻译，比尼昂交给他的主要任务却是编写汉语语法和汉语字典，为了完成这个任务，他需要多种参考资料，国王图书馆的中文藏书不敷所需。外方传教会的在华传教士陆陆续续从中国带回来了一些字典等工具书，借用这里的某些中文书籍，便是他常来此地的重要原因之一。巴黎国家图书馆抄本部至今还保存着黄嘉略的一张借条[1]：

> 兹收到外方传教会诸先生借给我的书籍49册，我许诺在他们让我归还时立即归还。
>
> 黄
>
> 1716年2月19日

巴黎外方传教会图书馆档案馆至今仍收藏着黄嘉略的一些手稿，其中包括《汉语语法》原文残稿和序、《汉语语法》续编大纲等。黄嘉略撰写这些著作时早已离开外方传教会，梁弘任主教也早已去世，依照常理，这些手稿不可能存放在外方传教会图书馆档案馆。所以，我们推测，黄嘉略生前可能始终与外方传教会保持着密切的联系，或是请昔日的熟人或朋友帮他

1　巴黎国家图书馆抄本部：Fr. N.A. 280（FM. 14041）。

修改书稿，或是视外方传教会为“娘家”，把他的书稿存放在这里。

有一件事值得一提：据日记所记，1714年1月27日下午，他到外方传教会去办事，有人告诉他，这里的人说，康熙皇帝已经去世的传言是他散布的。黄嘉略颇感莫名其妙，此说不知所据为何。不过，黄嘉略在巴黎定居后，尽管他与中国的联系仅限于与四川教徒的少量通信，但由于经常替外方传教会阅读或翻译来自中国的文书或信件，他确实能够在这里读到来自中国的信件和文书，所以在外方传教会的法国人眼里，他是个有关中国的消息灵通人士。事实大概也确实如此，他对中国国内的情况略有所知，否则他不太可能担心回国后因宗教信仰而遭受迫害，不顾恩师梁弘任的激烈反对而决心留在法国。

黄嘉略的日记中有一个奇特现象，那就是他逐月记载妻子行经的日子，从1713年12月到1714年5月，共计八次，其中只有一次是用法文记载的，其余都用拉丁字母拼写的汉字表示，有时写作“hue kin”，有时写作“hue quin”，有时写作“hue king”。研究黄嘉略的西方学者大多没有读懂他的拼音汉字，唯独美国的史景迁先生读懂了，他在谈及这些有关月经的记载时直截了当地说：“他想要一个孩子。”[1]史景迁先生对中国人心理的把握可谓准确，如果不了解中国人的普遍心态，很可能就会把黄嘉略当作一个热衷于低级趣味的小人。其实，仔细想想就

1　J. Spence, “ The Paris Years of Arcadio Huang”, in *Chinese Roundabout*, New York, 1992, p. 16.

不难理解，黄嘉略虽然长期跟随法国传教士，而且在法国居住多年，但他毕竟在中国生活了20余年，给予他更大影响的还是他的同胞，所以他不可能与中国传统绝缘。毫无疑问，之所以详细记载妻子经期，的确是因为他想知道何时能为人父。他的希望并未落空，1714年6月以后，日记中不再出现有关玛丽-克洛德经期的记载，这意味着她可能已经怀孕了。事实正是如此，1715年3月4日，一个女孩呱呱坠地。德国学者巴耶在《官话字经解》（*Museum Sinicum*）的序言中谈到这个女孩时写道："她替他生的这个女儿活脱脱一个中国人，她的脸和肤色，恰恰具有中国人有别于欧洲人的那些特征。"[1]巴耶一生没有到过巴黎，当然也就没有见过黄嘉略的女儿，他怎么知道这个女孩子的长相呢？原来，他写下这两句话时正应聘在俄国的彼得堡科学院工作，他的同事法国天文学家德里尔当年在巴黎时，与黄嘉略比邻而居，肯定见过黄的女儿。巴耶对这个女孩子的描述显然来自德里尔的亲眼所见，因而是完全可信的。据我们所知，这是对黄嘉略女儿的容貌的唯一记载；但这个女孩竟然连一点欧洲人的特征都没有，似乎令人费解，仔细想想或许并非如此，恐怕是德里尔见过的黄种人太少的缘故。除非今后有新的发现，否则就可以肯定，这个女孩子是历史上第一个中法混血儿。玛丽-克洛德产后高烧不退，不几日就去世了。大概是出于对妻子的怀念，黄嘉略让女儿袭用母亲的名字，叫作玛

1 Kund Lundbaek, *T.S. Bayer*（1694—1738）, *Pioneer Sinologist*, London and Molmo,1986, p. 87.

丽–克洛德 · 黄（Marie-Claude Huang）。黄嘉略在自述中没有直接提及妻子的死亡，只是说："如今我已失去娇妻，只有上帝留给我的一个女孩让我聊感安慰。我不想再娶，以便把全部时间用来为公众服务。"一个算不得美满，但毕竟尚有几缕温馨的家庭，因主妇的故去而解体了。黄嘉略的家庭生活相当短暂，持续了不足两年。

与黄嘉略交往的人很多，也很杂，出现在他的日记中的名字多达40余个，其中我们能够辨认的为数不多，他们是：黄嘉略的岳父和岳母以及他们的另一个女儿雷尼埃小姐、他的顶头上司比尼昂教士、学者傅尔蒙和弗雷莱、尚未成名的启蒙思想家孟德斯鸠、医生瑟万和樊尚、女裁缝奥里埃、木匠维里埃、做小买卖的暹罗人、外方传教会的多位负责人、东印度公司的多位官员、著名学者朱西厄、加朗、奥拉托里学院的教士戴默莱。一些人的名字频繁地出现在黄嘉略的日记中，如吉雍神甫（Père Guillon）、苏松小姐（Mlle Suson），但是，我们只知道他们都是黄嘉略一家人的朋友，而他们的职业和身份则难以确定；至于另外一些偶尔出现的名字，那就更加无从说起了。

比尼昂对于黄嘉略的重要性不言而喻，如果说，黄嘉略离开外方传教会以前的保护人和师傅是梁弘任，那么，在他离开外方传教会以后的岁月里，比尼昂就顶替了梁弘任的角色。比尼昂是个贵族和高官，但又是一个文人，既拥有通天的渠道，又与文化界的各种人物有着极为广泛的联系。按照常理，黄嘉略这样一个外籍小职员，在比尼昂眼里不会占有什么地位，他们之间除了公事公办之外，不可能存在个人情谊，但事实并非如此。比尼昂虽然仅仅年长黄嘉略九岁，但对于黄嘉略而言，他不啻是个恩师乃至慈父。前面已经提到，黄嘉略脱离教会是比尼昂主动干预的结果，他结婚成家似乎也出自比尼昂的策划，他的职务和工作更是比尼昂一手安排的。黄嘉略在巴黎举目无亲，生活上和工作上难免遇到这样或那样的困难，每当这种时候，如果说有谁可以求助的话，那只有比尼昂，此外别无第二人。从黄嘉略的日记来看，或是由于工作所需，或是因为手头拮据，黄嘉略三天两头去找比尼昂。以比尼昂这样的身份和地位，在当时那个讲究等级的社会里，并不是任何人想见就能见到的，可是，不但黄嘉略进出比尼昂府邸没有任何困难，连他的妻子——一个小市民女子，也可以随时去见他，从来没有遇到障碍。除了为黄嘉略解决经济困难和工作上的难题外，比尼昂对他的私人生活也表现出一定程度的关心，1714年6月初的某一天，黄嘉略在日记中写道："今天上午去比尼昂先生家，跟他谈钱和弗雷莱，他问了我的写作情况，还问她怀孕么。""怀孕么"三个字又是用拼音汉字书写的：hoûaï íng mǒ。作为一个高官和上司，比尼昂居然向黄嘉略询问这类准隐私问题，一方面体现出他对黄嘉略的关心，另一方面也说明他们之间的情谊已经超出了单纯的上下级关系。为了解决黄嘉略的经济困难，比尼昂堪称殚精竭虑，留存至今的一封信[1]充分显示了他为此所做的努力。这封信写于1713年11月14日，落款是比尼昂，但没有收信人的抬头，不过从内容推测，收信人肯

1 巴黎国家图书馆抄本部：Fr. 15195, fol. 77。

定是宫廷中主管此事的高官，其地位在比尼昂之上。下面是此信的全文：

> 先生，我可能终于让你厌烦了，可是，怜悯心迫使我不得不这样做，因为事关一个外国人。他就是我们的小中国佬，您已经对他展示了善心，可是，国王的赏赐是他赖以维持生计的全部收入。昨天我在凡尔赛拿到了国王谕令，我恳求您下令发钱，请您赐予我这个恩惠。我再次保证我对您的崇敬，我是您谦卑和殷勤的仆人。
>
> 比尼昂教士
>
> （他已身无分文，看在上帝的份上，请您下令，至少先给他几个金币。）

查阅黄嘉略的日记，就在比尼昂写这封信的同一天，黄嘉略前去拜访比尼昂，得到了有关国王谕令的消息：“今天上午，黄到比尼昂教士家去，他拿到了1713年10月15日陛下关于支薪500埃居的谕令。”两个星期之后，黄嘉略终于拿到了这笔钱，11月27日黄嘉略写道：“今天上午七点半，黄先生前往比尼昂先生府邸，领到500埃居整。回来的路上，他把所有的账都付了。”

傅尔蒙在谈到黄嘉略时曾说：“一个中国人在欧洲，是一件人人关注的事，德里尔、弗雷莱、戴默莱等许多学者和我一样，经常会见黄先生。”[1]傅尔蒙这段话表明，18世纪初的法国人

1　*Catalogue des ouvrages de Monsieur Fourmont l'Aîné*, Amsterdam, 1731, p. 47.

对中国普遍抱有浓厚兴趣，渴望了解这个遥远的国度，一般民众如此，王公贵族也是如此。傅尔蒙对此有一段记述：

> 他经常被第一流人物请去吃饭，这些人很喜欢听他讲述有关中国的事情，其中包括比尼昂、蓬夏特兰先生以及他们的全体家庭成员。他曾是诺阿伊公爵、普莱公爵和朗格尔先生的座上客，达尼教士也常常请他赴宴。[1]

学者们更是这样，他们对中国的关注除了出于好奇之外，更多的是想了解这个国家的实情，加以认真研究，以便从中汲取有益的营养，丰富自己的学识，充实自己的学说。所以，与黄嘉略交往的法国人中，有不少文人和学者。其中的孟德斯鸠、傅尔蒙和弗雷莱是最重要的三位，我们将在下面辟出专节逐一详细介绍，本节只介绍其余值得介绍而又有据可查的几位。

德里尔（Joseph-Nicolas Delisle，1688—1768）的名字没有出现在黄嘉略的日记中，那是因为他是黄嘉略迁居卡耐特街以后才结识的朋友。黄嘉略搬家是在1714年6月初，而他的日记到了当年9月中旬便基本中断了，10月份只记了一天，也就是说，搬到卡耐特街以后，他只记了两个半月日记。在这段时间里，他也许尚未结识德里尔。从德里尔的一封信[2]中得知，他与黄嘉略是邻居：

1　巴黎国家图书馆抄本部：Fr. N.A. 8974, fol. 174-201。

2　巴黎天文台图书馆：B 2-4-6。

> 我对中国文献颇感兴趣，对此你大概不会感到惊奇。你可能还记得，20多年前，黄先生的住所与我相邻，他就死在那个住所里。他在世时，我开始从中国古籍中汲取中国古代天文学的知识，主要是想寻找传教士们提到过的那些古代天象观察记录。

德里尔生于1688年，曾就读于马札然学校。他自幼喜爱自然科学，尤其是天文学，在既没有书籍又没有老师的条件下，无师自通，成为一名出色的天文学家。从1708年开始，他经常光顾著名天文学家卡西尼的天文观象台，1709年获得允准，在卢森堡宫的圆顶中设置一个小型观象室。1714年3月他被选定为法国科学院的天文学学生，两年以后升任助理天文学家。他曾游学伦敦，结识了牛顿等著名科学家。俄国沙皇彼得大帝于1721年邀请他前去俄国工作，但因故未能成行。1725年，俄国女沙皇叶卡捷琳娜再次发出邀请，这回终于成行，同年5月德里尔前往圣彼得堡，在那里的科学院工作多年。德里尔与黄嘉略的交往主要是在1714年下半年到1716年下半年之间的两年当中，此前他们不是邻居，纵然通过弗雷莱等人的介绍，他们早已相识，也不会有多少实质性的交往，否则就会在黄嘉略的日记中留下记载。黄嘉略去世后，德里尔以邻居身份参与了有关部门对黄嘉略遗物的清查和造册，他应邀充当见证人一事，说明他在诸多邻居中是与黄嘉略往来较多因而对他比较熟悉的一位。关于他与黄嘉略的交往，德里尔在一封信中是这样说的：

> 但是，在我看来这还不够，我还得直接求助于中文书籍，查阅书中的古老天象观察记录，作为研究纪年史最可靠的依据，我还希望借此完善近代天文学。幸运的是，我在此时结识了一位姓黄的中国人，他受过很好的中文和中国文化教育，法文也相当不错。他住在巴黎，与我是邻居。他曾经是外方传教会图书馆的成员，后来在国王图书馆担任中文翻译。我与他一同查阅了外方传教会、国王图书馆和他本人的藏书后，他向我讲解其中的一些书以及注释。但是由于我们各自忙于自己的工作，尤其因为他于1716年就去世了，所以我在这项研究中没有取得很大进步。[1]

事实上，德里尔得益于黄嘉略的帮助甚多，主要就是上面提及的从中国古籍中搜集中国古代天文资料。在1739年9月24日从圣彼得堡写给弗雷莱的信中，德里尔谈到《古今律历考》这部中国古书时说：

> 从附图看，这似乎是一部天文学著作，我发现，书中有几张图与《书经》的附图相似，在巴黎时，我曾请黄先生为我讲解这些图。[2]

巴黎天文台图书馆如今藏有德里尔的一些文稿，其中包括

1 巴黎耶稣会档案馆藏品：Correspondance Delisle 1737—1738 – T. VI – No.99 a。

2 巴黎耶稣会档案馆藏品：Correspondance Delisle 1739—1740 – T. VII – No .79。

黄嘉略用中文书写的天干地支、二十四节气以及一些星宿的名字等，这些都是黄嘉略与德里尔当年交往的见证。

从1714年元旦开始，戴默莱（Pierre-Nicolas Desmolets，1678—1760）这个名字屡屡出现在黄嘉略的日记中，平均一月一次。戴默莱是个教会人士，1710年进入奥拉托里会，与该会的马勒布朗士等著名成员过从较密，他热心于文史研究，编纂过一些著名学人的文集，深得学界好评；他于1720年被任命奥拉托里会的图书馆馆长，终生与孟德斯鸠保持着深厚的友谊，算得上是文人圈子里的一个人物。据弗雷莱说，戴默莱是经由他介绍结识黄嘉略的。事实可能就是这样，因为从1713年起弗雷莱就与黄嘉略一起工作，而戴默莱则是他的多年好友。在黄嘉略的众多朋友中，戴默莱的地位大概是比较高的一位。日记表明，他们的接触，每次都是黄嘉略去看戴默莱，戴默莱从未来过黄嘉略家。但是，他们的关系看来相当不错。1714年8月19日，黄嘉略上午去见了他，下午竟然又去了一次，还一同进餐。戴默莱本人虽然没有出现在黄嘉略的来访者的名单上，但他的侄子却与弗雷莱一同去过黄嘉略家。这说明他与黄嘉略的关系已经相当密切。戴默莱之所以结交黄嘉略，与他对中国的关心不无关系。黄嘉略虽然没有记载他们交谈的内容，但戴默莱在与孟德斯鸠和弗雷莱的交往中经常谈论中国，这就为我们的推测提供了一些依据。后来弗雷莱与黄嘉略合作编写《汉语语法》，戴默莱对此也相当关心，有时甚至审阅他们的书稿。

瑟万（François Sevin,1682—1741）教士也是一个学者，他与黄嘉略交往时是铭文和美文学院的学生，他与许多学者都保持着良好的关系，黄嘉略的所有法国文人朋友几乎都与瑟万教士有来往，其中包括傅尔蒙、戴默莱、比尼昂、孟德斯鸠等人。他后来成为比尼昂的秘书，还担任过国王签书馆抄本部主任。瑟万教士多次出现在黄嘉略的日记中，从其中的两则记载来看，他们往来的主要内容是学术探讨。1713年10月19日，黄嘉略"为瑟万先生完成了有关日食的记述"，第二天，黄嘉略到比尼昂府上，"向瑟万先生出示有关日食的记述"。

朱西厄（Antoine de Jussieu，1686—1758）是法国著名植物学家，曾担任国王植物园的医生和教授，著有《植物的治疗功效》（*Traité des vertus des plantes*）等书。1713年11月15日和20日，黄嘉略两次前去探访朱西厄，两次扑空，这说明他们此前就已相识，否则黄嘉略不会贸然往访。1714年7月28日，一位名叫巴朗（Parent）的先生前来黄家，约他次日同游国王植物园。第二天早晨6点，黄嘉略就如约前去，同游的有朱西厄等法国朋友，在国王植物园散步后，又一起去教堂望弥撒，然后在朱西厄家中吃饭，饭后接着玩牌，几位好友欢聚了几乎整整一天。参加当天活动的法国朋友中还有一位名人，他便是加朗（Antoine Galland，1646—1715）。加朗是一位东方学家，1701年进入王家铭文与美文学院，成为该院的名誉成员。加朗最为人称道的业绩是将阿拉伯文学名著《一千零一夜》译成了法文，共计12卷，从1703年开始出版，直到他死后的1717年才出齐了最后两卷。此书翻译成功使他声名鹊起，1707年起担任法西学院阿拉伯讲座的首席教授。无人提及加朗是如何结识黄嘉略的，他的名字在黄嘉略的日记中也只出现过这一次。当我们想到傅尔蒙所说，一个中国人在欧洲，是一件人人关注的事时，我们对于黄嘉略能与这些著名文人交往，也就不以为奇了。1714年4月17日，巴朗与另外两个人一同来看望黄嘉略，日记中并未留下这两人的名字，但从上次活动来看，有可能就是朱西厄和加朗。

五、失去了一次回国的机会

黄嘉略七岁离家远行，跟随法国传教士李岱和梁弘任漂流四方，后来虽然回过几次家，但蜻蜓点水般小住数月后就再度外出，长年远离亲人的生活使他对家人的感情比较淡薄。在他的罗马日记和巴黎日记中，我们看到了他与四川教友的深厚情谊，却不曾发现他对家庭和亲人的思念。梁弘任很希望他能返回中国，为传教事业做出应有的贡献，可是，他却以在中国信仰难以得到确保为由，坚持留在陌生的异国，并与一位法国女子结婚，彻底放弃了回归故乡的愿望。然而，生于斯、长于斯的祖国岂是想扔就能扔掉的敝屣，何况巴黎并非天堂，法国妻子更不是仙女，异国婚姻并没有给他带来多少温馨和幸福，在精神上他始终是一个孤苦零丁地生活在异国他乡的单身汉。难以割舍的思乡情结在日记的字里行间时常有所流露，比如，他常常苦中作乐，拿自己开玩笑，给自己加封种种显赫的头衔，诸如“中国老爷”、“莆田亲王”、“兴化亲王”、“莆田老爷”、“凤山红衣主教”等等。中国是他的祖国，莆田是他的故里，凤山则是他家所在的地方。这些妄加的头衔说明，他一刻也没有忘却自己来自中国，祖国和故乡始终珍藏在他心中。他对祖国的思念甚至反映在他正在编写的著作中，例如，在他的书稿《汉语语法》中讲解“巴不得”这个词组时，他使用的例句竟然是“我巴不得今在中国”。这个例句并非引自他人的著作，而是他自己随意编造的，他完全可以写作“我巴不得早点见到他”或“他巴不得晚些睡”之类，为什么偏偏要写作“我巴不得今在中国”呢？我们只能理解为这是他的真实感情不经意间的自然流露。由此也不难想见，他之所以选择在法国定居而不回中国，不是他不想回，而是条件不成熟，只要有合适的机会，他巴不得插上翅膀及早飞回魂牵梦萦的中国。

1714年年初，机会真的来了。1月28日，一位名叫德·蒙蒂尼（de Montigni）的法国人找到黄嘉略家中，与他商量一件要事。第二天，这位先生再次来找黄嘉略，并且急匆匆地把他带去面见迪古德鲁瓦（Ducoudroit）。原来，德·蒙蒂尼是法国人经营的中国公司的雇员，而迪古德鲁瓦则是这个公司的负责人之一，他们匆匆来找黄嘉略，是想聘请他为翻译，随同该公司的商船进行一次远航，前去中国经商。黄嘉略显然不但没有拒绝，而且表明了积极的意向，否则，该公司的雇员就不会频繁地拜访黄嘉略。日记显示，此后的整整一个月中，黄嘉略为此花费了不少时间和精力。

中国公司成立于1700年10月23日，1705年改称王家中国公司，1713年，该公司派遣商船尚武号赴华，翌年，又派遣图鲁兹伯爵号和丘比特号两艘商船赴华贸易。

2月1日，中国公司的另一位雇员阿尔巴莱（Albaret）来找黄嘉略，一天以后，黄嘉略去见阿尔巴莱，与他一起喝茶。6日，阿尔巴莱把黄嘉略叫走，去见中国公司的几位负责人，进行商讨，事后一起在饭馆进餐。7日，黄嘉略与阿尔巴莱一起去见穆沙尔（Mouchard），并共进晚餐，饭后一起去德·拉乌塞（de Lahoussay）家。8日，阿尔巴莱和克莱蒙（Clémons）到黄嘉略家吃饭，客人告辞后，黄嘉略前去拜访比尼昂，大概是想与他谈谈有关中国公司借用他一事，但比尼昂已于三天前下乡度假。9日，阿尔巴莱来找黄嘉略，一起去找迪穆兰（Dumoulain）。在一系列紧锣密鼓的频繁接触中，黄嘉略大概与中国公司进行了认真的谈判。很显然，他的态度相当积极，否则他不会抱病在寒冷的冬日里东奔西跑。他当然明白，此事想要办成，仅有他本人的同意是远远不够的，至少要得到比尼昂的全力支持，然后再去争取更高层官员的批准。中国公司考虑到黄嘉略的具体情况，为打消他和他的上司的顾虑，郑重地做出两项重要承诺，一是在中国完成交易后，一定让黄嘉略随船返回法国；二是帮助他在往返旅途中继续进行《汉语字典》的编写工作，保证不影响编写进度。

中国公司在征得黄嘉略本人的同意，并了解到此事的申报程序后，就让黄嘉略向比尼昂当面提出请求。当他们获知比尼昂不在巴黎市内后，立即以公司的名义写信给比尼昂，提出他们借用黄嘉略的请求，并申明他们的上述两项承诺。这封信[1]写于2月10日，由该公司的四位负责人联名签署。

1　法国国家档案馆：Col. C_1 7, 154-155。

先生：

我们听说先生您有意在中国搜集一些中国书籍，现在我们前来向您致意，并向您提供谦恭的服务。但是，鉴于您已前往乡间，我们只得擅自作主，将本公司的计划向您禀告，可是，只有在取得您的允准之后，这个计划才能付诸实施。为了在对华贸易中有所建树，我们需要一位信得过的翻译。我们已经向中国人黄先生建议进行一次中国之旅。可是他回答说，没有您的命令，他不能作任何承诺，此外，他承担着编写一本字典的使命，不能随意撂下。先生，如果您相信我们向您作出的承诺，我们盼望您能给黄先生准假18个月。先生，以下是我们荣幸地向您提出的建议：

我们一定把黄先生带回法国，绝不食言，况且黄先生本人也以此为条件。

本公司的经理是个非常能干的读书人，他答应在旅途中与黄先生一同编写字典。我们甚至敢说，这部字典可能比黄先生独自编写完成得更快，质量更好。因为，此次航行往返各需六个月，在此期间，他们可以不间断地工作。不但如此，在中国停留期间，还可以与耶稣会或外方传教会的传教士们进行切磋，修改这部字典。所以，与黄先生独自一人工作相比，这次旅行可能会使这项工作做得更仔细，更出色，因为他似乎尚未掌握法文的奥秘，不拥有这项工作所要求的全部知识，而在我们荣幸地向您提及的那个人身上，却汇集了所需的各种知识。我们庄重地向您保证，先生，必将一丝不苟地兑现诺言。不过，由于我们的计划刚刚制订，此前并不认识黄先生，而我们的船已经准备就绪，只等我们一声令下，即可扬帆远航，所以我们恳请您赐复，让来人带回您的允准。

请接受我们的敬意！

您十分谦卑和顺从的仆人

德·拉乌塞　迪穆兰　迪古德鲁瓦　穆沙尔

巴黎，1714年2月10日

比尼昂对于中国公司的要求和建议，不但欣然同意，而且积极予以协助，当天就做出反应。鉴于有关中国的事务当时由海军部主管，比尼昂立即致函[1]兼任海军部长的蓬夏特兰，就此事表明自己的意见，并提出了相当具体的建议：

我荣幸地将一封信件转呈给您，此信是由一个信使专程送来的，我并不认识写信人。我当即告诉他们应该向您提出请求，并答应将他们的要求向您禀报。如果您想知道我的想法，那么我想告诉您，我觉得此事没有什么不好，只是需要谨慎处置。

第一、应该停发黄的薪金，改由这些先生向黄支付整个往返旅程所需的费用和奖金。

第二、他们必须承诺将他带回来。

第三、我们甚至可以要求他们再带回一两个中国人来。这

1　法国国家档案馆：Col. C_1 7, 152。

样，当他们返回时，我们就可以将汉语研究向前推进一步。如果黄在途中能向船上的人传授汉语知识，并继续字典的翻译工作，那么，延误两年时间对于字典编写工作不至于造成很大损失。

以上就是我对此事的想法，特向您禀报。请接受我的敬意！

比尼昂教士

默伦　1714年2月10日

比尼昂在向蓬夏特兰禀报的同时，也给了中国公司的负责人回答，态度积极。但大概由于节令的原因，中国公司的航船不能在港口久等，该公司四位负责人虽然收到了比尼昂的答复，却依然迫不及待地直接致函海军部长蓬夏特兰，提出他们的要求和承诺。这封信[1]写于1714年2月13日，原件上没有收信人的姓名，也没有写信人的署名，但信件的内容表明，这封信确实是中国公司负责人写给蓬夏特兰的。

先生：

在我们为进入中华帝国所做的诸多安排中，为了在该国最重要的商业场所设立据点，我们最感头痛的是汉语难以听懂，更难讲。我们知道，若有一位既懂法语，为人又可靠的翻译，这个困难就可迎刃而解。我们觉得，国王陛下的中文翻译黄先生拥有我们所需的一切必要条件，尤为可贵的是他

1　法国国家档案馆：Col. C_1 7, 156-157。

忠诚可靠，这一点在中国国内的任何一个人身上都无法找到。他本人表示，他只愿意进行一次旅行，坚决要求我们把他送回法国，以便为国王竭尽绵薄之力，不负陛下赐给他的恩宠。他已经婚配，十分钟爱妻子。所以，我们据此推断，这位中国人在中国期间必定能忠于我们。

大人，我们认为，首先应该告知比尼昂先生，如果这位中国人进行此次远航，他所承担的字典编写任务将会完成得更快更好，因为本公司总经理是一位读书人，他此次也同往中国，需要一位黄先生那样的翻译。他答应在旅途中为这位中国人提供帮助，让他领会法语的各种语式，把握每一个词的含义。向他灌输完这些基本知识，他们也就到达中国了。在此后的半年逗留期间，他们将有机会听取耶稣会神甫们的讲解，从而使这项工作臻于完善。比尼昂教士告诉我们，他将把我们的想法向您转告，并就此事陈述他本人的想法，我们觉得，在字典问题上，他的想法与我们的想法相当接近。

此外，大人，您打算为国王图书馆选购一些中国书籍，而这位中国人将比任何别人更好地完成这项任务。再则，这也是我们为您效劳的一个大好机会，因为，我们可以为在中国精心选购和运输书籍尽一些力。

我们的船只已经做好了起航的准备，大人，现在只等您的决断了，我们相信您一定会给予肯定的答复，因为支持我们在对华贸易中的重要想法，对您来说只不过是举手之劳。我们已经向您保证，对华贸易必定取得成功，为此我们将不惜精力和财力。

请接受我们深深的敬意！

您十分谦卑和顺从的……

巴黎，1714年2月13日

2月14日，阿尔巴莱来看黄嘉略，告诉他说，他们已经给比尼昂教士写了信，比尼昂也已回复。2月16日，黄嘉略发烧，而且拉痢。第二天他抱病去找阿尔巴莱。大概因为东奔西跑，实在太忙，加上疾病缠身，黄嘉略的日记中断了一个星期，在这部日记所记载的一年中，这是为数极少的一次空缺。事后黄嘉略以调侃的口气写道："啊，亲爱的读者，你们知道吗，黄大使老爷这几天忙得不亦乐乎，从本月18日到25日，接见了许多人。"所谓"接见了许多人"，显然是指他为中国公司商借一事会见了各个有关方面的人员。2月24日，黄嘉略会同迪古德鲁瓦和迪穆兰，一起来到比尼昂府上，"向他展示蓬夏特兰的信"。信中说了写什么，对于商借一事，究竟是同意还是不同意，黄嘉略没有在日记中写明。2月25日，黄嘉略又去见比尼昂，与之交谈后，接着去找迪古德鲁瓦，然后再去找阿尔巴莱。2月27日，黄嘉略来到比尼昂府上，"打听宫廷的答复"。把这些记载前后连接起来，大体上可以推知事情的发展过程：比尼昂对于中国公司的计划表示认可后，中国公司和比尼昂分别向蓬夏特兰呈递了报告，蓬夏特兰虽然也认为这个计划可行，并给予积极的回应，但是，最终决定权看来并不在他手中，他还需要取得最高当局的批准。黄嘉略向比尼昂"打听宫廷的答复"，就是要知道最高当局是否批准中国公司的商借计划。最终结果是功亏一篑，没有通过最后的关口，黄嘉略在当天日记中只用了两个拉丁文单词记述宫廷的答复："sed non.（不行。）"从1月28日第一次接触算起，奔忙了整整一个月，结果是徒劳无功。面对这样的结果，黄嘉略的心情大概很复杂，绝对不是"不行"这两个单词所能充分表达的。可是，他的反应非常平静，不但没有丝毫怨天尤人的言辞，反而紧接着用拼音汉字写下了一个"haòu"（好）字。如何理解这个"好"字？当然，这并不表示他对这个结果的赞同，也许可以理解为对不能支配自己的一种无奈，也是忙碌了一个月后终于获得解脱后的一种宽慰。

最终结果已经明确了，但不知为何黄嘉略并未立即停止与中国公司有关人员的接触。3月1日，黄嘉略拜访了迪古德鲁瓦和德·拉乌塞；4月11日，阿尔巴莱来访黄嘉略。4月12日，黄嘉略去见比尼昂，向他展示了一位船长的文书。这位船长是否与中国公司有关，这份文书究竟是什么，我们都不清楚，估计与中国公司商借一事有一定关系。5月1日，黄嘉略前去比尼昂府上，一位名叫拉德弗囊的先生向他出示了2月26日国王的谕令。黄嘉略并未说明这是一份什么谕令，为什么要出示给他看。当我们把它与2月27日发生的事情联系起来后，事情就清楚了：这份谕令就是那天黄嘉略向比尼昂打听的宫廷的答复。当时比尼昂也许尚未拿到这份谕令的正式文本，只能向黄嘉略做口头传达，两个多月后，黄嘉略终于见到了这份文书。

这件事情至此结束，黄嘉略失去了一次返回祖国的机会。

原因不是他本人不愿意，而是法国国王不准。这位国王不是别人，就是被世人称作“太阳王”的路易十四。路易十四在位总共54年，在此期间，法国有31年中处于战争状态。然而，就是这位一生穷兵黩武的国王，对于了解中国却表现出巨大的热情。之所以如此，固然是出于向远东扩张的愿望，但是不可否认，对于拥有数千年历史的文明古国的钦羡和向往，也是原因之一。他既然任命黄嘉略为中文翻译，当然希望他在向法国人介绍汉语知识和中华文明方面，做出一些有益的贡献。他拒不批准中国公司借用黄嘉略一事，既证实了中国在他心目中的重要地位，也显示了他对文化事业的关心。难怪黄嘉略在他的自述中以对路易十四的赞扬作为开篇：“任人皆知，永垂青史的伟大国王路易为促使科学、艺术和语言之花盛开在他的国家里，曾经展现了何等气魄和热忱……”然而，当黄嘉略落笔写下这句颂词的时候也许已经忘掉了，正是这位路易大王的这种气魄和热忱，断送了他一生中唯一和最后一次返回祖国的机会。

行文至此，笔者颇有些感慨。回想十余年前把此书作为选题报给某出版社时，对方给予的答复是从未听到过黄嘉略这个名字，因而不予认可。确实，黄嘉略这个人物实在太不起眼了，20余年前尚无一人听说过这个名字。然而小人物也是人物，有时候还是不容小觑的人物。就是这个黄嘉略，居然成了历史上威名远扬的法国国王路易十四眼中的香饽饽，不仅亲自任命他为自己的中文翻译，还舍不得让他随法国商船去充当翻译，唯恐他一去不复返，给法国的远东贸易和文化事业造成无法弥补的损失。即使我们今天把他从历史的尘埃中发掘出来了，不少人知道他了，他依然还是个小人物。然而，小人物就不值得重视吗？历史并非只是圣贤伟人、帝王将相，在历史的某些时刻，布衣小民也会扮演令人瞩目的角色。

六、与弗雷莱和傅尔蒙的合作

接受了比尼昂交给的编书任务后，黄嘉略大概在无人协助的情况下摸索了一阵子，前面提及的那张账单所反映的，可能就是他那时的生活状况。比尼昂教士发现他的工作进展很慢，原因不在于他不努力，而是他既没有足够的知识，更缺乏经验，因而想到了为他配备一个助手，于是就有了黄嘉略与弗雷莱和傅尔蒙合作的故事。

弗雷莱和傅尔蒙当时都是小有名气的学者，在他们生活的时代，学科分类远不如今天这样细，我们只能笼统地把他们分别称为博学家和语言学家。弗雷莱的主要兴趣在于研究历史，包括法国和欧洲历史，而傅尔蒙的特长则在于东方语言，所谓东方并非中国、印度等今日的远东地区，而是波斯、叙利亚等今日的近东地区。弗雷莱和傅尔蒙作为助手和合作者被派来协助黄嘉略编写有关汉语的著作，可是他们却都没有任何汉语知识，连汉字是什么模样也不清楚。这种情况充分反映了当时法国学界的无奈，整个法国竟然找不出一个对汉语略有所知的人来。两位青年学者只好边学边干，在学中干，在干中学。历史在不经意间开了一个小小的玩笑，他们协助编写的有关汉语的著作最终未能问世，但他们两人却都成了法国第一代汉学家，在法国汉学史上各自占有不可替代的地位。

他们虽然都与黄嘉略合作了将近两年，但一人在先，一人在后，两人从未同时与黄嘉略共事。无论从哪个角度看，与黄嘉略合作的那些日子和他们的共同成果，在他们心目中具有极重的分量。对于弗雷莱来说，与黄嘉略的相识为他打开了一片崭新的广阔天地，使得中国成了他日后从未舍弃的研究对象之一。对傅尔蒙而言，与黄嘉略的共事意义更为重大，因为自此之后终其一生，他再也没有离开中国研究，汉学成了他一生的主要事业。

黄嘉略自从离开外方传教会以后，结识了许多朋友，如果把弗雷莱和傅尔蒙也看作他的朋友，那么，他们就是他最重要的两位朋友，尽管不一定是最要好的朋友。没有他们两人的协助和合作，黄嘉略不可能有任何值得一提的建树。反过来说，没有黄嘉略的传授和协助，弗雷莱和傅尔蒙也不可能在汉学研究中取得任何成就。因此，对于他们之间的相互协助和合作，必须做一番比较详细的介绍。为了行文方便，我们首先按照时间顺序分别介绍弗雷莱和傅尔蒙与黄嘉略的交往和合作，然后在本书的第二部分中介绍黄嘉略对他们两人的影响和帮助、他们的笔墨官司、他们在汉学方面的成就以及他们在法国汉学史上的地位。

弗雷莱于1688年2月15日生于巴黎，他没有兄弟，只有四个姐妹，这一点恰好与黄嘉略一模一样，这当然只是一种巧合。弗雷莱从小聪慧好学，以读书为乐，整日埋头书本，不知道嬉戏，几乎不曾有过常人那样充满欢乐的童年。他父亲是高等法院的参事，希望子承父业，将来也当个法官，对于儿子成天读那些不能挣钱的书很不以为然。弗雷莱拗不过父亲，只得屈从父命，把自己所爱搁置一边，硬着头皮去学习法律。尽管没有全身心地投入，他还是学得不错，并获得了律师资格，然而，他始终不能放弃幼年的爱好，时时流露出对法律的厌烦。父亲见他念念不忘他所爱好的历史和地理，而且成绩十分优秀，实在不忍心继续强人所难，终于准许他改学编年史和地理。弗雷莱是个公认的才子，即使不把他叫作神童，至少也是一个早熟型的学子，他的年龄因而与他的学识显得不大相称。他的老师戴默莱和曾任巴黎大学校长的罗兰（Charles Rollin，1661—1741）认为他是一个可造之才，于是把他介绍给学界领袖比尼昂教士。

比尼昂教士大概早就听说过弗雷莱的才华，觉得此人虽然对中国没有任何研究，但凭他的天资和勤奋好学，定能胜任协助黄嘉略的任务，遂请瑟万教士从中斡旋。瑟万教士于是把比尼昂的意思告诉弗雷莱，弗雷莱欣然同意。这时大概是1713年年初。弗雷莱在谈及他如何结识黄嘉略时写道：

> 大约在1713年年初，我有幸刚刚认识的瑟万教士向我建议，见一见原籍福建省的中国人黄嘉略先生，并且审阅一下他所做的工作。这项有关中国语言的工作，是比尼昂教士根据国王的命令策划的，他希望有一个人能向他谈一谈黄先生所采用的工作方法，以及他的工作成果是否将对欧洲人有用。我欣然接受了这个建议，因为这项工作能够满足我的好奇心，

而当时大家对于一切来自中国的事物都十分好奇。我于是承担起了这项审阅任务。[1]

这段话来自收藏在巴黎天文台图书馆的一份弗雷莱手稿，其主要内容是反驳傅尔蒙在《傅尔蒙先生著作目录》一书中对他的指责，通篇谈的是他本人和傅尔蒙与黄嘉略的交往和合作过程中的一些事实，本节将要多次引用这篇手稿，为了节省篇幅，凡是引自这篇手稿的材料，不再注明出处。

比尼昂交给黄嘉略的主要任务是为法国人编写一部《汉语语法》和一部《汉语字典》，弗雷莱受托与黄嘉略进行合作前，比尼昂已经做了明确的交待，所以他与黄嘉略的合作就围绕着这两项具体任务展开。他们的合作方式主要是交谈，通过交谈确定要见诸文字的内容，然后先由黄嘉略执笔写出初稿，弗雷莱进行修改和润色。在黄嘉略的手稿上，如今依然可以见到弗雷莱修改的笔迹。

《汉语语法》是他们的主要合作项目，弗雷莱在这个项目上付出的心血远远超过《汉语字典》。黄嘉略是个中国人，他的母语是汉语。中国的第一部现代语法著作应该是马建忠的《马氏文通》，可是此书迟至1898年才出版，在此之前，中国的学童和文人不是通过语法理论，而是通过大量阅读和文字训诂掌握语法知识的，汉语语法知识可心会而难以言传，无法见诸文字，因而难以传授给不懂汉语的外国人。黄嘉略虽然学过一

1　巴黎天文台图书馆：B 2-1, 1,4。

点法语和拉丁语，但并不是在学校里接受的正规教育，而是在他跟随梁弘任和李岱两位传教士的年月里零打碎敲地学会的，所以，他虽然可以用法语与法国人对话，但并不掌握语法理论知识。弗雷莱说他结识黄嘉略后，发现黄嘉略几乎没有任何语法概念，于是一边向他学习汉语知识，一边向他灌输语法知识。这些话应该是可信的，因为，从黄嘉略的法文日记看，他确实经常犯一些基本语法错误，因为他虽然在用法语写作，但他用以思考的依然是汉语，这些法语语法错误往往可以从汉语的表述习惯中得到解释。弗雷莱认为，第一步应该让黄嘉略能对他的工作对象即语法进行独立的思考和推理，所以，他决定首先向黄嘉略灌输一些有关语言的哲理概念，把语言视为表达思想、观念和感情的一种工具。弗雷莱于是从解释语法术语入手，黄嘉略起初不得要领，感到非常困难，但在弗雷莱的耐心讲解下，渐渐入了门。随后，弗雷莱就黄嘉略能用法文表述的某些事物，询问黄嘉略这些事物在汉语中如何表述。最初谈论表示实体的名词，继而谈论限定这些实体的形容词，然后谈论词与词的关系以及表示动作的动词等等。弗雷莱还借助例句，帮助黄嘉略懂得，什么是动词变位，什么是词的数、性、态等等。黄嘉略的悟性很高，不久之后，他不仅能够准确回答弗雷莱的提问，而且能够猜到弗雷莱尚未说出口的话。然而，弗雷莱向他传授的语法知识并非汉语语法，而是法语至多是欧洲语言的语法概念，用这种语法生搬硬套地解释汉语，实在是牵强附会，无法取得良好效果。可是，在当时的条件下，除了这种画虎类犬的办法外，谁也提不出更好的办法。黄嘉略显然很明白，用这种方法编写的《汉语语法》，难以帮助法国人学会汉语，所以他多次表示，要想学会汉语，主要靠多说多读，而且最好是在中国学汉语。以弗雷莱的才华和知识，他不可能不发现，单凭几条似是而非的语法规则，法国人无法学会汉语。因此，他采纳了黄嘉略的意见，在他们编写的《汉语语法》中，除了讲述语法规则外，还附有大量用法文解释的日常汉语对话、尺牍、应用文以及各种礼貌用语等等，其用意是让未来的读者通过这些实用材料，一方面摸索汉语语法规则，另一方面获得对汉语的感性认识。在弗雷莱和黄嘉略的共同努力下，这部《汉语语法》基本上编写完毕，应该说这是他们合作的最主要成果。

《汉语字典》是他们的另一个合作项目。黄嘉略在认识弗雷莱之前已经着手采用音序法编写《汉语字典》。之所以采用音序法，主要原因在于他的上司不懂汉语，想当然地建议采用法文字典以字母为序的方法。黄嘉略则根本不知道应该如何用法文编写汉语字典，既然提不出更好的办法，那就只能听从安排，采用音序排列法。弗雷莱翻阅了黄嘉略的部分书稿后，觉得对于法国人来说，按音序排列的汉语字典很不实用，或者说根本无法使用。原因很简单，使用同音字典的前提是知道需要查找的汉字的读音，然而汉字本身不表音，所以，不知道汉字读音的人就无法从这种字典中找到他想要查的字。弗雷莱一时间感到困惑，不知道如何继续这项工作，便询问黄嘉略中国人是如何编写字典的。黄嘉略向他介绍说，中国还有另一类按部首排列的字典，不认识字的人也能查找。弗雷莱听了异常兴奋，大有发现了汉字的诀窍之感，立即建议黄嘉略按部首编写汉语字典。黄嘉略表示，此事需要请示比尼昂教士。比尼昂听取黄嘉略的汇报后，与弗雷莱进行了深入的交谈，决定接受弗雷莱的建议，于是下令黄嘉略改用部首法编写《汉语字典》。这部最终未能完成的《汉语字典》的手稿，如今保存在巴黎国家图书馆东方部，手稿上看不到弗雷莱修改的痕迹。这说明，《汉语字典》是黄嘉略独自编写的，弗雷莱除了提出某些建议外，基本上没有参与。其实，其中的原委不言自明，作为一个不懂汉语的法国人，怎么可能对汉字的读音和释义发表意见呢？

在黄嘉略的帮助下对汉语有了一些粗浅的了解后，弗雷莱建议先编写一本汉语词汇，用以弥补语法的不足。据弗雷莱说，这本词汇已经编成，共收词汇约两千个，但此件迄未发现。

在与黄嘉略共同工作期间，弗雷莱发现黄嘉略空闲时常常手捧一部中国小说，读得津津有味，于是建议黄嘉略把这部小说翻译成法文。这部小说便是清初荑秋山人编著的才子佳人小说《玉娇梨》，说的是官宦之家的才女白红玉和书生苏友白的恋爱故事，全书二十回，人物不多，故事也不曲折，但诗词唱和却很多。黄嘉略对于翻译此书虽然缺乏经验，却很认真。为了让法国读者既能读懂故事，又能领略汉语的奥妙，他常常添加一些脚注。例如，为“一臂之力”加注说是“给予帮助”；在为“土木之变”所做的脚注中简要地讲述了这一历史事件的来龙去脉。黄嘉略每译出一回，弗雷莱立即进行修改，一则润色译文，一则帮助黄嘉略提高法文写作水平。刚刚译完第三回，弗雷莱就发现这部小说单调沉闷，没有引人入胜的情节，书中的几位文人除了游园赏花，就是吟诗唱和，根本不可能引起法国读者的兴趣，于是建议黄嘉略停止翻译，免得浪费时间和精力。黄嘉略照例接受弗雷莱的建议，立即停笔，而此时大约恰是弗雷莱因故被捕入狱的前夕。

弗雷莱与黄嘉略相处得不错，这从黄嘉略的日记可以看出一些迹象。在黄嘉略的日记中，弗雷莱的名字出现了13次，也就是说，平均每月一次。弗雷莱几乎每月都到黄嘉略家去，极少例外。黄嘉略偶尔也去弗雷莱家，两人有时还一起到国王图书馆去。需要说明的是，反映在日记中的这13次往来，绝非弗雷莱和黄嘉略彼此交往的全部，从他们共同完成的工作量推测，他们在一起切磋学术的时间，肯定远远多于这13次会见的总和。1714年6月1日黄嘉略在日记中写道："弗雷莱先生没有来"，这说明，他们事先有约，弗雷莱因故未来。什么时候相约的？肯定在6月1日之前，但日记没有记载。当时没有电话，通常都是当面约定下次会见的时间，也就是说，他们在6月1日之前肯定见过面。由此可见，他们之间的另一些往来并未在日记中得到反映。这表明，他们的关系相当不错，绝非单纯的工作关系，而是彼此已将对方视为朋友。弗雷莱之所以喜欢与黄嘉略往来，除去工作关系和个人原因外，他对中国的兴趣肯定也是一个重要原因。与黄嘉略的其他熟人不同，弗雷莱常常带着他的朋友去访问黄嘉略，这些人中留下了姓名的有三人，那就是孟德斯鸠、戴默莱的侄子和菲尔曼（Firmin）先生，其他人在黄嘉略的日记中都写作"另外一些人"。我们知道，孟德斯鸠在与黄嘉略的接触中，获得了许多关于中国的知识。由此推断，弗雷莱带去会见黄嘉略的另外一些朋友，主要目的大概也是向黄嘉略了解中国。

巴黎天文台图书馆藏有一封黄嘉略写给弗雷莱的信，语气比较随便，没有公函的那种味道，这一点也可用来作为他们两人关系相当不错的佐证。

> 先生，中国的方言差不多就是这些。不过，我写得相当潦草，你读起来可能会有困难，尤其是关于汉字那些话。为了尽快交给你，我写得很匆忙。如果你有什么需要誊抄的，设法给我一些。……[1]

弗雷莱对于黄嘉略的处境深表同情，据他自己说，他之所以建议黄嘉略翻译小说，不仅仅只是出于公众利益的考虑，也是为了黄嘉略的个人利益。《一千零一夜》的法译本当时刚刚在法国出版，立即形成洛阳纸贵之势，翻译家加朗名利双收。此事给弗雷莱以启示，他暗自思忖，中国小说说不定能够成为第二部《一千零一夜》，果真如此，黄嘉略就能获得一笔可观的稿酬，他的生活状况就能大大得到改善。这虽然仅是一种推测，但并非没有丝毫依据，因为弗雷莱确实对黄嘉略的处境颇为同情，请看下面这段文字：

> 这位中国青年的处境足以让我们欧洲人绝望，但他始终

1　巴黎天文台图书馆：B. 1.14。

> 温和、谦逊，心境比苦行僧更显平静，这让我深为感动。他远离故土数千里之遥，既无财产，亦乏专长，仅靠自己的工作换取一份薪金。[1]

弗雷莱在与黄嘉略合作之时，依然没有放弃他原先的研究课题。比尼昂教士也明白，不能因协助黄嘉略而荒废了弗雷莱的学业，因此，他把弗雷莱推荐给王家铭文与美文学院，该院于1714年3月20日通过决议，接纳他为该院学生。这里需要对这个机构略做一点介绍：

王家铭文与美文学院（Académie royale des Inscriptions et belles-lettres）始建于1663年，当时名叫王家铭文与徽章学院（Académie royale des Inscriptions et Médailles），是法国科学院的下属机构，简称小科学院（Petite Académie），成员只有5人，任务是镌刻铭文和徽章。1683年，成员增加为8人。1701年，蓬夏特兰接受了他的外甥比尼昂教士的建议，让该学院脱离法国科学院，成为一个独立的研究机构，扩大其业务范围，加强其作用，并将其成员即院士人数增加为40名，此外还设19名名誉院士、10名常驻研究人员、10名助理研究人员、10名学生。1716年，学生这一级被取消，现有的学生一律视为助理院士，此外另设通讯院士12名。王家铭文与美文学院网罗了大批文史哲方面的学者，就其业务范围而言，类似当今的人文科学院，当时在法国学术界享有崇高的地位。

1　巴黎天文台图书馆：B. 1.II（155-1）。

1714年11月13日，弗雷莱在该院每周两次的学术例会上宣读了他的论文《论法兰西人的真正渊源》(Recherche sur les véritables origines des Français)。这篇论文广征博引，论据坚实而充分，显示了作者的才华。然而，也许因为弗雷莱少年气盛，胆子太大，没有顾及大多数法国人的虚荣心，致使该院的资深院士维尔托（Vertot）教士大为不满，随即向有关官员告发，指责弗雷莱的言论有损法国人的自尊心。同年12月26日，弗雷莱在巴黎其父寓所被秘密逮捕，囚禁于巴士底狱。弗雷莱对于突然被捕毫无思想准备，认为自己并无过失，坚信很快就能获释。作为一个勤奋的学者，弗雷莱在狱中也没有放弃学习和工作，而最令人感动的是，他在狱中继续编写与黄嘉略合作的《汉语语法》：

> 他把《汉语语法》亲笔写在红格纸上……入狱时还带去了天主经、圣母经、信经、天主十诫以及译成法文的三封信的样本，旁边注有汉语音调。[1]

对这段话需要略加说明：基督教的各种经文由在华传教士翻译后，都有了相对准确和固定的汉语译文，可以用作范文。弗雷莱和黄嘉略认为，将这些经文的法文、拉丁文和中文译文进行对照，既有助于弗雷莱了解汉语，也有助于黄嘉略

1　J. Delort, *Histoire de la détention des philosophes et des gens de lettres à la Bastille et à Vincennes*, 1829, Paris, pp.7-18.

进一步理解法文文法，因而可以认为，这些经文既是他们的课本，也是他们研究法文和中文的样品。黄嘉略在与孟德斯鸠的交谈中，也提及上述三种经文，孟德斯鸠还将汉语经文的读音记录在自己的笔记本上。这是后话，在讲述黄嘉略与孟德斯鸠的友谊时，我们将做较为详细的介绍。三封信则是黄嘉略依据弗雷莱的建议书写的中文应用文样本中的一部分，用作《汉语语法》的附件。上述引文似乎说得不够清楚，弗雷莱带入狱中的应该是这些信的中文本和法文译本两种文本，如果只有法文本，那就不可能有汉语注音。

案件并非弗雷莱所想象的那样简单，由于他还被怀疑撰文为冉森派张目，所以被囚禁了三个多月，1715年3月31日方才获释。黄嘉略与弗雷莱的合作因弗雷莱被捕而中断，却并未因他获释而重新开始。

> 那是在1714年年末，我与黄先生的交往中断了，其原因是你们都记得的一桩众所周知的事件。整整半年以后，我才有可能重新捡起汉语研究工作。大约在1715年年中，正当我准备继续这项工作时，黄先生亲口对我说，在我不在的日子里，比尼昂教士让傅尔蒙先生指导他的研究和写作。我为这个选择感到很高兴，此后我再与黄先生见面的时候，只是就我自己的研究向他请教，至于他在做什么，我根本不再打听。此后我所做的研究不允许我像1713年和1714年那样不间断地关注黄先生的工作。[1]

1　巴黎天文台图书馆：B 2-1,1,4。

关于此后弗雷莱与黄嘉略的交往，再也没有任何文字记载。但是，据我推断，他们并未从此断绝往来，或是弗雷莱向黄嘉略请教，或是黄嘉略向弗雷莱请教，做出这个推断的依据就是如今保存在巴黎天文台图书馆的弗雷莱档案中的黄嘉略手稿。他们两人共事将近两年，黄嘉略的一些手稿被弗雷莱收藏，这是顺理成章的事。然而，弗雷莱档案中的某些黄嘉略手稿，却并非他们共事期间的产物，而是黄嘉略在他们的合作中断之后撰写的文稿。例如，黄嘉略为《汉语语法》所写的序言，也就是我们前面多次引用的他的自述，黄嘉略撰写的介绍中国概况的文稿等。黄嘉略在序言中谈到了女儿的诞生和妻子的去世，而我们知道，这些事都发生在1715年，也就是弗雷莱和黄嘉略中断合作半年以后。介绍中国概况的文稿中有“康熙五十四年”字样，康熙五十四年即公元1715年，可见这也是黄嘉略在他们的合作中断以后撰写的。这些文稿出现在弗雷莱的档案中，唯一的解释只能是1715年乃至更晚，他与黄嘉略依然保持着往来，如同他们合作期间那样，黄嘉略仍然请弗雷莱审阅和修改他的文稿。黄嘉略对弗雷莱的信任以及他们两人的友谊，由此可见一斑。

弗雷莱与多位在华传教士长期保持通信关系，就有关中国的历史、语言等学术问题阐述自己的看法，征询他们的意见。据说，1715年弗雷莱曾计划到中国旅行，因家庭成员的劝阻而未能成行。对中国的浓厚兴趣是他痛快地接受比尼昂的建议，与黄嘉略进行合作的重要原因之一。在与黄嘉略共事的两年中，他虽然付出了许多，却也得到了相应的回报，从黄嘉略身上学到了许多有关中国特别是有关汉语的知识。弗雷莱对于他在与黄嘉略接触中获得的教益从不故意淡化，更不否认，在与他人的谈话或通信中，他常常心怀感激地谈到这些。例如，他在写给在华传教士的信中曾说：

> 事实确实如此，二十年前我与罗萨利先生带到欧洲来的一位中国青年的多次谈话，使我在这些问题上获得了某些概念，其准确度超过欧洲人的普遍看法。[1]

> 我之所以能写出这篇关于汉字的论文，除了从黄先生与我的多次谈话和阅读你们各位神甫的著述中汲取营养之外，再无其他获得教益的途径。[2]

《王家铭文与美文学院学报》在刊登弗雷莱的一篇论述汉语的论文摘要时，表达了同样的意思，我们有理由认为，下面这段话出自弗雷莱本人笔下：

> 弗雷莱先生在与中国人黄嘉略先生的多次谈话中，有机会对汉字和汉语获得了相当深入的了解，他将用两篇论文向

1 Virgile Pinot, *Documents inédits relatifs à la connaissance de la Chine en France*, Paris, 1936, p.81.

2 Virgile Pinot, *Documents inédits relatifs à la connaissance de la Chine en France*, Paris, 1936, p.107.

我们大家汇报他的收获，一篇谈汉字，另一篇谈汉语。……[1]

弗雷莱的汉学著作远远不止这两篇论文，我们将在本书第二部分介绍他的汉学研究成果。从1713年结识黄嘉略直至1749年去世，弗雷莱在从事其他研究的同时，始终没有放弃对中国的关注和研究，而且写出了多篇论述中国的历史、语言和哲学的论文。1716年1月，国务会议决定取消王家铭文与美文学院学生这个等级，弗雷莱随即成为该院的助理院士，数年后成为院士，后来当选为该院终身秘书。他死于1749年，享年61岁。弗雷莱把自己的一生都献给了学术研究事业。接替他担任终身学术秘书的布甘维尔（Bougainville）在谈及弗雷莱的业绩时说："如果一个人的一生全部用来思考，那么，弗雷莱的寿命比任何一个人都更长。"[2]

黄嘉略的另一位主要合作者艾蒂安·傅尔蒙有一位弟弟，名叫米歇尔·傅尔蒙（Michel Fourmont），也是一位学者。为了分清两位傅尔蒙，同时代人习惯地称傅尔蒙为"傅尔蒙老大"（Fourmont l' Aisné），他本人也常常以此自称。他所著的一本小册子《傅尔蒙先生著作目录》（*Catalogue des ouvrages de Monsieur Fourmont l' Aisné*），如果全文照译，本来应该是《傅尔蒙老大先生著作目录》，之所以没有将"老大"两字译出，

---

1 *Mémoire de l'Académie royale des Inscriptions et Belles-Lettres*, Tome V, 1720, p.303.

2 J. Delort, *Histoire de la détention des philosophes et des gens de lettres à la Bastille et à Vincennes*, 1829, Paris, p.18.

图十　傅尔蒙

是因为考虑到米歇尔·傅尔蒙这个名字在本书中出现的频率极低，不会引起将两个傅尔蒙混为一谈的严重后果。在傅尔蒙老大与黄嘉略合作期间，米歇尔·傅尔蒙也一度参与其事，对于编写《汉语语法》有若干贡献，后来因对此项工作兴趣不大，而且缺乏信心而主动退出。

艾蒂安·傅尔蒙于1683年生于巴黎近郊，幼年就显现了强烈的求知欲望，当地的本堂神甫主动挑起了教育他的担子，成为他的启蒙老师。八岁那年，傅尔蒙的父亲病故，舅舅把他带到巴黎，并把他扶养成人。他就读于著名的马札然学校。由于他天资聪慧，记忆力极强，加之勤奋好学，所以学业出众，五年课程只用两年时间就完成了。他主攻希腊文，成绩斐然，年年获奖。1700年傅尔蒙离开舅舅进入一所教会学校，先学哲学，接着学神学。同校的瑟万教士与他成了莫逆之交，两人经常违规秉烛夜读古希腊史学家的著作，第一次被发现时受到警告，再次被发现后，瑟万教士被逐出校门。傅尔蒙在马札然学校时已经开始钻研希伯来文，此时他鼓励同学与他一起研究，令校方大为恼火，指责他给学校造成混乱，遂将他也逐出校门。他无可奈何地转学到蒙塔古学校后，嫌那里的住宿条件不好，又转入纳瓦尔学校，继续钻研希腊文、希伯来文和叙利亚文。1706年，比尼昂教士计划编辑出版一部古籍摘要，傅尔蒙被邀参与此项工作。从事这项工作期间，傅尔蒙经常邀请好友们聚会进行学术交流，瑟万教士当然也在被邀之列。这个学术小圈子里的人不久就发表了一些小型著作，引起了若干学者的注意。1714年3月9日，傅尔蒙被王家铭文与美文学院吸收为学生，比弗雷莱早了11天。1715年，著名学者加朗去世，经有关人士推荐，国王任命傅尔蒙接替加朗，担任法西学院阿拉伯语讲席的首席主持人。这样一个显赫的职务通常由德高望重的知名学者担任，傅尔蒙的王家铭文与美文学院的学生身份显然不配担任这个职务，于是他获得了另一项荣誉，由王家铭文与美文学院的学生变成了该院的助理院士。此后若干年中，他不断有著作问世，名声越来越大。他曾被任命为国王的翻译，后来还担任国王图书馆副馆长等职务。

关于傅尔蒙何时结识黄嘉略，两人何时开始合作编写《汉语语法》和《汉语字典》，至少有两种说法，一种是比尼昂和傅尔蒙本人的说法，另一种是弗雷莱的说法。傅尔蒙在他的《傅尔蒙先生著作目录》中说：

1711年，由于黄先生进展很慢，大家觉得应该找个语言方面的行家对他进行指导。于是，我奉国王之命担起了指导他的任务，只向比尼昂教士报告工作。[1]

傅尔蒙的这个说法与比尼昂的说法完全一致。比尼昂在1729年9月14日签署了一份文书，题为“傅尔蒙先生的汉语语法在国王图书馆存放证书”，此文书的原件和一个抄件[2]都收藏在巴黎国家图书馆抄本部，两件内容基本相同，但原件无题，仅标明“让-保尔·比尼昂致……”。这件文书被傅尔蒙收在他的《汉语论稿》（*Meditationes sinicae*）中，比尼昂在此件中谈到了他派遣傅尔蒙前去协助黄嘉略编写语法和字典一事：

国王图书馆馆长……让-保尔·比尼昂今日收到法兰西学院阿拉伯文教授……傅尔蒙先生交来的书稿一部，计856页。该书稿系傅尔蒙先生编纂的汉语语法，包括口语和书面语，并附有汉字。从1711年开始，他与已故黄先生共同致力于汉语研究，1716年黄先生去世后，奥尔良公爵命令他在我的督导下继续进行研究，此后我看到傅尔蒙先生一直致力于这项工作，从未停歇。

比尼昂既是黄嘉略的顶头上司，也是傅尔蒙的领导，按照常理推论，他对此事的记忆和叙述不致有误，因而应该肯定，

1 *Catalogue des ouvrages de Monsieur Fourmont l'Aîné*, p. 75, Amsterdam, 1731.

2 巴黎国家图书馆抄本部：Fr. Ar. 69, fol. 94-96; Fr. N.A. 8976。

傅尔蒙与黄嘉略的交往开始于1711年。但是，弗雷莱对此提出了质疑，在同一件手稿[1]中，他多次谈及此事：

> 傅尔蒙先生肯定地说，从1711年开始他就奉命指导黄先生的工作，比尼昂教士在1729年9月14日出具的证书中说，他从1711年起就看到傅尔蒙先生和黄先生一起工作。尽管我不应对这个证词提出怀疑，可是我仍然不禁感到惊奇，我曾在1713年和1714年与黄先生一起工作，可是从来不曾听他说起过。我了解傅尔蒙先生在传授语言方面的超群和罕见的才能，但是，1713年我所见到的黄先生的状况却不像接受过他的传授，我不知道如何对此做出解释。我绝对没有想到，黄先生那时已经在傅尔蒙先生这位高水平的老师指导下学习两年了。……

弗雷莱的质疑不是无中生有，而是以他亲身经历为依据的，如果没有足够的把握，他断然不敢对比尼昂这样一位有权有势的高官提出质疑，更何况比尼昂对弗雷莱一向颇多照顾，他完全没有必要为了这样一件小事冒犯比尼昂。在同一件手稿中的另一处，他再次谈及此事：

> 我不知道黄先生从1711年到1712年年底与谁一道工作，我能保证确凿无误的事实是，当比尼昂教士通过瑟万教士让我会见这位年轻的中国人，并要求我指导他的工作时，我发现他的语法概念极差，令人怀疑他从1711年起就在傅尔蒙先

1　巴黎天文台图书馆：B 2-1, 1,4。

生这样杰出的老师指导下工作了两年，而傅尔蒙先生在教授语言方面的特殊天才是世所公认的。

弗雷莱在同一篇手稿中谈到戴默莱时还说：

> 他甚至清晰地记得，黄先生曾对他说过，发生了导致我与黄先生的交往中断的那个事件后，傅尔蒙才参与到他的工作中来。

为了证实傅尔蒙并未从1711年开始与黄嘉略合作，弗雷莱在上面数段引语中讲述了他本人的记忆，并引用黄嘉略和戴默莱的证言。为了进一步证明他的说法符合事实，他认为，傅尔蒙在他的《傅尔蒙先生著作目录》中所说的一段话，可以用来作为旁证。傅尔蒙在书中谈及他帮助黄嘉略编写汉语语法一事时是这样说的：

> 黄先生是中国人，起先是罗萨利主教的秘书，后来担任国王的翻译。路易十四陛下命令他编写一部汉语字典，不久以后我也接到圣谕，投入汉语工作，从句子结构方面而不是从基本内容方面审阅他的文稿。由于我对于语言研究和编写语法和字典比较内行，因而不得不设法改变黄先生的全部语法观念，对他的书稿《汉语语法》进行修改。[1]

1 *Catalogue des ouvrages de Monsieur Fourmont l' Aîné*, Amsterdam, 1731, p. 47.

弗雷莱认为，傅尔蒙的这段话恰好证明他并未从1711年开始与黄嘉略合作。他写道：

> 傅尔蒙先生在他的《目录》第47页上说，1716年即黄先生去世那年，他改变了黄先生的全部语法概念，然后与黄先生一起以他的方法编写了《汉语语法》。他在《目录》第54页上对这些改变做出说明时，对于我灌输给黄先生的语法概念很不满意。傅尔蒙先生这番话等于是承认，黄先生曾经与我一起对汉语进行过研究，既然是需要修改的书稿，那就证明已经写出了书稿。[1]

对弗雷莱的这段话应该做这样的理解：傅尔蒙所修改的黄嘉略的书稿，正是弗雷莱与黄嘉略合作的成果。如果不是他与黄嘉略合作在先，书稿从何而来？这就证明，先有弗雷莱与黄嘉略合作写书，后有傅尔蒙修改书稿。弗雷莱与黄嘉略的合作开始于1713年，傅尔蒙修改书稿自然是在1713年之后，他怎么会从1711年就开始与黄嘉略合作呢？但是，弗雷莱的这段话也有明显的强加于人的成分，傅尔蒙只是说他奉国王之命协助黄嘉略工作以后，并没有明确此事发生在哪年，可是弗雷莱却按自己的意思把此事定在1716年。

当然，弗雷莱的说法并非全无道理，除了他在上面列举的

1 巴黎天文台图书馆：B 2-1, 1,4。

证据外，还有两个事实可以用来支持他的说法。第一，前面已经提到，黄嘉略的巴黎日记始于1713年10月9日，止于1714年10月2日。在这一年中，黄嘉略从未在日记中提及傅尔蒙。相反，前面已经提到，弗雷莱这个名字在这一年的日记中至少出现了13次。这说明，此时协助黄嘉略工作的是弗雷莱，而不是傅尔蒙。当然这个事实尚不足以否定傅尔蒙从1711年开始协助黄嘉略工作，因为，尽管在1713和1714这两年中，我们在黄嘉略身边看不到傅尔蒙的影子，但并不能因此而得出他在此前也不曾与黄嘉略合作的结论。另一个佐证是傅尔蒙本人为我们提供的，他在一份手稿[1]中写道：

> 罗萨利先生去世之后，他的前秘书中国人黄先生在法国失去了依靠。比尼昂教士以其特有的善心和一贯对科学进步的热切关心，收留了黄先生。那时黄先生希望返回中国，比尼昂就把他介绍给蓬夏特兰伯爵，从而为他争得了一份薪金，使他能在法国生活下去。黄先生于是接受了编写一部汉语字典的任务，可是，我们有理由认为，中国人的方法与我们的方法相去太远，黄先生如果得不到某个语言行家的指导，他的成果大概只能是一种残缺不全的东西。我于是奉命对他进行指导。

依照傅尔蒙这段话，黄嘉略投靠比尼昂是在梁弘任去世之后，傅尔蒙结识黄嘉略并与之进行合作，当然更在黄嘉略投靠

1 巴黎国家图书馆抄本部：Fr. N.A. 8974, fol. 174-201。

比尼昂之后。前面已经谈到，梁弘任死于1713年8月5日，因此，黄嘉略投靠比尼昂和傅尔蒙结识黄嘉略这两件事，只能发生在1713年8月5日以后，而不可能是傅尔蒙所说的1711年。我们在前面已经做过介绍，梁弘任去世之前，黄嘉略不仅已经开始为比尼昂工作，而且在他的帮助下准备结婚成家，为此特地征询了梁弘任的意见，梁弘任无可奈何地表示同意。傅尔蒙这段话显然与事实不符，原因不外以下两个：或是傅尔蒙记忆有误，把1711年发生的事错记成1713年发生的事；或是傅尔蒙很晚才认识黄嘉略，因而根本不知道黄嘉略在梁弘任去世之前，已经认识比尼昂并为他服务了。如果是后一个原因，那么，傅尔蒙就不可能从1711年开始与黄嘉略共事。

无独有偶，同样性质的错误出现在同一份手稿的另一段中：

> 他的女儿于1715年3月4日生于巴黎圣苏尔比斯教区，翌日受洗。……女儿出生后不久，他的妻子就死了。……妻子去世后，他很想返回中国。考虑到这个念头肯定会冒犯比尼昂教士和蓬夏特兰伯爵，他便让一个即将派出商船前往中国的公司提出带他回国的要求。这不是一个好主意。蓬夏特兰先生允准他们把他带走，但命令他们一定要把他带回巴黎，因为国王陛下希望他留在这里。他于是放弃了回国的念头，我们尽力安慰他。

我们在前面一节中专门介绍了中国公司商借黄嘉略的来龙去脉，此事发生在1714年年初，黄嘉略的妻子此时身怀六甲，尚未生产。傅尔蒙却说黄嘉略因丧妻而萌发了回国的念头，于是找门路回国，此说显然与事实不符，在时间上又出现了明显的差错。

弗雷莱的质疑和我们所列举的傅尔蒙的两处错误记述，似乎足以证明傅尔蒙在1711年并未结识黄嘉略并与他共同工作。然而，高迪埃先生在《十八世纪汉语研究史片断》中引用的一封信，有力地否定了以上这个推断，为傅尔蒙至迟在1713年就认识黄嘉略并协助他工作提供了无法否定的证据。这封信的作者马松（Philippe Masson，1680—1750）是一位移居荷兰的法国新教徒，曾撰文论述汉语与希伯来语的关系，也是一位关注汉语研究的学者。他在致傅尔蒙的一封信中写道：

> 听说你致力于汉语研究，而且即将完成汉语语法的撰写，不久就可出版；听说你还将向公众贡献一部附有汉字和官话发音的汉语字典。……我怀着巨大的热情希望获得一部汉语语法和一部完整的汉语字典，因为我现在拥有的这部字典只有六千个汉字。语法对于我解决小品词和标点问题将非常有用，字典将帮助我认读复合词，了解中国人的缩写方式。我不知道是否有幸与那位中国人交谈，他正在帮你完成那项艰难的工作，如果我能见到他，我想请他帮我解决一些困难，比如，中国人是否认为官话的历史与他们的帝国一样悠久，各省是否使用方言，当今使用的汉字是何时发明的，史书上是否谈到了这些。[1]

---

1 H. Cordier, *Fragments d' une histoire des études chinoises au XVIIIe siècle*, Paris, 1895, pp. 11-13.

马松的这封信是在1713年6月12日写于荷兰的乌特勒支，这就是说，马松至迟在1713年6月就已经知道，傅尔蒙与黄嘉略不但正在合作编写汉语语法和汉语字典，而且《汉语语法》即将完成。这一消息既然已经传到法国境外，就不可能是空穴来风，试想，如果不知道巴黎有黄嘉略这个人，谁能无中生有地制造出一个中国人正在与一个法国人编写汉语语法这样一条消息？这封信表明，傅尔蒙很可能早在1713年6月之前就开始与黄嘉略合作了。此外还有一个事实为傅尔蒙的说法提供了支持，而这个事实的提供者竟然是弗雷莱。巴黎天文台图书馆的弗雷莱遗稿中有一份《汉语语法》残稿，第一页上留下了弗雷莱的字迹："黄先生手书，但由傅尔蒙先生草拟。"依照弗雷莱本人陈述，他从巴士底狱获释后便不再与黄嘉略合作，据此推断，他不可能收藏黄嘉略和傅尔蒙此后编写的《汉语语法》，因为依照弗雷莱所说，黄嘉略与傅尔蒙的合作开始于他被捕入狱之后。然而，由傅尔蒙草拟、而由黄嘉略手书的《汉语语法》残稿却存放在弗雷莱的遗稿中，这就令人费解。对此只可能做两种解释，其一，弗雷莱出狱之后仍然与黄嘉略保持联系，甚至继续参与《汉语语法》的编写工作；其二，傅尔蒙在弗雷莱入狱之前就与黄嘉略合作，并且已经写出了《汉语语法》的部分初稿。

从上述各种说法和事实推断，我们认为，在傅尔蒙何时开始与黄嘉略合作这个问题上，傅尔蒙和比尼昂两人的说法比较可信，也就是说，傅尔蒙与黄嘉略的合作确实开始于1711年，弗雷莱在这个问题上如果不是记忆有误，便是有意混淆事实，这当然同样是不光彩的做法。

现在的问题是，为什么黄嘉略的日记中看不到傅尔蒙的名字？为什么弗雷莱在与黄嘉略合作期间从未见过傅尔蒙，也不曾听黄嘉略谈起过傅尔蒙？我们只能在兼听双方意见的前提下做一些推测：傅尔蒙确实早在1711年就奉比尼昂之命协助黄嘉略，而且根据比尼昂的意见，把主要目标锁定在《汉语语法》和《汉语字典》上。然而，实际上傅尔蒙很可能并没有与黄嘉略进行过多少讨论，两人甚至很少往来，基本上听凭黄嘉略独自完成。这也许就是黄嘉略在日记中从未提及傅尔蒙，更没有与弗雷莱谈到过他的原因。至于说《汉语语法》早在1713年6月就即将完成，这个消息大概是傅尔蒙说的大话，正像他后来夸口要编六部不同类型的汉语字典一样，不过是说说而已，不必认真对待。也许正因为黄嘉略虽有傅尔蒙的协助，工作进展依然很慢，比尼昂才不得不改派弗雷莱去协助黄嘉略。我们不妨这样猜测：自从弗雷莱开始与黄嘉略合作后，傅尔蒙就中断了与黄嘉略的往来，所以在黄嘉略1713年和1714年的日记上看不到傅尔蒙的名字，而弗雷莱也许既不曾见到也不曾听黄嘉略说起过傅尔蒙。弗雷莱与黄嘉略在合作期间写出了《汉语语法》初稿，弗雷莱与黄嘉略的合作中断后，傅尔蒙再度与黄嘉略合作直到黄嘉略去世，他所修改的《汉语语法》正是黄嘉略与弗雷莱的合作成果。

傅尔蒙何时开始与黄嘉略交往和合作，这个问题本来并不重要，我们之所以用这许多篇幅谈论此事，是因为1731年傅尔蒙和弗雷莱打了一场轰动巴黎学术界的笔墨官司。挑起这场官司的人是傅尔蒙，他为了突出自己在与黄嘉略合作过程中的功劳，在《傅尔蒙先生著作目录》一书中公开指责弗雷莱贪他人之功为己有。弗雷莱认为自己受了委屈，于是奋起反击，写下了洋洋数千言，在为自己辩护的同时，也不忘乘机反唇相讥，斥责傅尔蒙混淆是非，为自己脸上贴金。两位学者此时都已成为王家铭文与美文学院院士，两人的争执在宁静的书院里掀起了轩然大波，由于别人很难就他们的亲身经历辨清是非曲直，这场笔墨官司以不了了之告终。我们将在本书第二部分谈及这场笔墨官司，而这场官司与傅尔蒙何时开始与黄嘉略合作关系甚大，所以不得不提前在这里先说几句。

黄嘉略与傅尔蒙是什么关系？比尼昂是这样说的："我让弗雷莱先生和傅尔蒙先生去当他的学生。"[1]当然，比尼昂在这里是仅就汉语知识而言的，并非就两位法国学者与黄嘉略的全部关系而言。实事求是地说，傅尔蒙如同弗雷莱，是被派去指导黄嘉略编写语法和字典的，从这个意义上说，他不是学生而是老师。然而，他们所要编写的是《汉语语法》和《汉语字典》，傅尔蒙虽是一位杰出的东方语言学家，对汉语却是一窍不通，所以他对黄嘉略的指导"并非关于内容，而是关于表达方法"。[2]傅尔蒙的这个说法大概是比较符合实际的，他能够传授给黄嘉略的知识，首先是语法概念。但由于此时他是一个汉语门外汉，因而，他所传授的当然只能是欧洲语言的语法概

---

1 D. Eliseeff-Poisle, *Nicolas Fréret (1688—1749), Réflexions d' un humaniste du XVIIIe siècle sur la Chine*, Collège de France, 1978, p. 37.

2 *Catalogue des ouvrages de Monsieur Fourmont l' Aîné*, Amsterdam, 1731, p. 47.

念。黄嘉略虽然自幼跟随法国传教士，学了拉丁文，同时也学了一些法文，但是他所学的大约仅限于若干日常口语，并没有接受过系统的语法理论教育，所以，弗雷莱说他语法概念极差，这是可以想见的。傅尔蒙既然要帮助黄嘉略编写《汉语语法》和《汉语字典》，必定要从学习汉语开始，而当时唯一能够教他汉语的人就是黄嘉略。因此，他们两人之间肯定是一种互教互学、取长补短的关系，傅尔蒙帮助黄嘉略掌握法语，修改黄嘉略的文稿，黄嘉略则帮助傅尔蒙学习汉语以及有关中国的其他知识。

在长期共同工作的过程中，两个人彼此有所了解。傅尔蒙对黄嘉略的印象似乎还不错，对他的中文水平也表示赞赏：

> 他如同所有中国人，性格看来有些沉闷，可是在朋友面前却判若两人，他的忧郁消失得无影无踪。令他常常陷入沉思的，是他在这里看到的许许多多让他感到诧异和稀奇的事，他常常与我们谈及这些令他惊异的事，时常对我们说他怀念中国。……他喜爱富有哲理的谈话，而且喜欢把所见所闻记下来，或许是出于习惯，或许因为他想在回到中国后整理成书。有时他还写下自己的看法，若是拜访了某人，听到了什么消息，或是下雨、打雷、结冰、下雪，尤其是与节气相违时，他立即记录下来。他的这种习惯也许是中国的教育使然，不过，这与他个人的性格也不无关系，事无巨细，他一概关心，不过，我并不认为这是一种非常好的习惯。在工作和学习方面，他对普通中文书籍驾轻就熟，由于他的父母都是基

督教徒，加上他是在外方传教会的先生们指导下成长的，所以，他在中国没有取得任何学位，也许他从来没有想过要考个秀才什么的。然而，这并不妨碍一个富有才华的人研读经典著作。[1]

黄嘉略留下的文字中找不到他对傅尔蒙的评论，所以我们不知道他如何看待傅尔蒙。从仅存的他于1716年5月25日写给傅尔蒙的信看，他们之间的关系似乎不像是同事或朋友，倒像是上下级。

> 奉上国王图书馆的中文藏书目录，这是我荣幸地奉您之命编写的。……先生，与您赐予我的荣誉相比，我做的这一切微不足道；我是一个可怜的来自七千里之外的外国人，在这里没有任何依靠。先生，如果您觉得我还能为您效劳，做些更重要的事情，您只管吩咐，我时时准备洗耳恭听，把您的吩咐视为荣耀，愉快地为您效劳。[2]

黄嘉略的谦恭也许出于礼貌，也许是当时的习惯使然，我们似乎不必过于认真。但是，这封信除了“公事公办”之外，字里行间丝毫看不出任何私人感情却是不争的事实。

傅尔蒙与黄嘉略的合作一直持续到黄嘉略去世，如果从

1　巴黎国家图书馆抄本部：Fr. N.A. 8974, fol. 174-201。

2　巴黎国家图书馆抄本部：Fr. .Ar. 68。

1711年算起，他们共事的时间长达6年，即使从1714年年底弗雷莱被投入巴士底狱算起，也有一年又十个月。他们的主要任务是编写《汉语语法》和《汉语字典》，从留存至今的手稿看，傅尔蒙对《汉语语法》一书的编写花了不少心血，但对《汉语字典》则基本上不闻不问。究其原因，作为一个东方语言学家，他在语法上的造诣颇深，因而指导黄嘉略编写语法应该游刃有余，可是他在与黄嘉略合作之前不认识一个汉字，以后虽然有所长进，但对汉字的读音和释义却仍然所知不多，所以对《汉语字典》的编纂实在帮不上忙。除了这两项工作外，傅尔蒙还让黄嘉略帮他写出了国王图书馆的中文藏书目录草稿，后来经他整理，成为该图书馆的有史以来第一份中文藏书目录。根据比尼昂教士的指示，为了帮助法国人了解中国，黄嘉略还编写了一份《中华帝国简述》，傅尔蒙对这份材料的手稿进行了修改和润色。

黄嘉略死后，傅尔蒙继续研究汉学，写出了两部有关汉语的著作，还培养了研究汉学的学生，对法国的汉学研究做出了巨大贡献。如果要问他的成绩与黄嘉略有什么关系，我们觉得弗雷莱的一番话说得非常得体，可以借用来作为答复：

> 无论黄嘉略先生的著述给予傅尔蒙先生的帮助有多大，始终应予肯定的一点是，像傅尔蒙先生所做的那种工作，既需要才干，又需要勇气和恒心，但是很少有人能兼备这些品质。不必担心学界不将公正给予傅尔蒙先生。他的成果和著

作有朝一日是否有助于掌握汉语，此事不应由我来做出判断。不过我相信，凡是不曾有机会与中国人交谈过的人，谁也达不到傅尔蒙先生的水平。[1]

1 "Eloge de M. Fourmont l' Aisné", *Histoire de l'Académie royale des Inscriptions et Belles-Lettres*, tome 18, Paris, 1753, pp. 427-428.

七、客死异乡

黄嘉略肯定患有肺结核，1704年和1705年在罗马逗留时就多次吐血，虽经医治，并未治愈。我们在他的巴黎日记上看到，1713年和1714年他依然经常吐血。与吐血相比，发烧更为频繁，发烧的日子似乎多于不发烧的日子。除此之外，他有时还拉痢。这样一个病魔缠身之躯，理应积极治疗，精心调养，好好休息，然而这一切对于他来说都是可望而不可即的空中楼阁。他极度拮据，有时甚至有断炊之虞，偶尔餐桌上有一点佳肴，便喜不自禁地记录在日记上。身患重病的他最怕寒冷，巴黎多雨的冬季对他来说本来就是难熬的季节，偏偏因为穷而时常为取暖的木柴发愁。妻子在生活上对他还算关心，但异国婚姻毕竟多有隔阂，何况这位巴黎女子脾气古怪，常常无缘无故地生闷气，弄得小家庭里少有温馨。唯一能让黄嘉略忘却烦恼的便是工作。也许他对自己的工作并无多大兴趣，但他的认真和努力却是不容否认的，我们从他的日记看到，即使在发烧的日子里，他也很少卧床休息，只要能坚持，他总是伏案写作，有时甚至写到深夜。他完成的作品数量不多，但留下的手稿却不少。这是因为，他的许多文稿都是写了一遍又一遍，而且无论是法文还是中文，每一遍都写得工工整整，几乎没有因笔迹潦草而难以辨认的字。

尽管家庭少有温馨，但毕竟是可以遮风避雨的地方。妻子的死肯定对他是个不小的打击，何况刚刚出生的女儿需要抚养，这也会给他增加负担。当种种不利因素汇集在一起向他袭来时，他终于倒下了。1716年10月13日，黄嘉略病逝于巴黎卡耐特街寓所，时年36岁。比尼昂教士派人前去整理遗物，并立下文书，为他的女儿做出妥善安排。

> 普通国务参事让–保尔·比尼昂证明如下：已故玛丽–克洛德·雷尼埃之夫、未入籍中国人黄嘉略先生于1716年10月13日去世，国王陛下依据外侨财产处理权，接管原属黄先生的所有物件。陛下昨日传谕让我宣布，他将上述物件所值，在清偿债务后，全部赠与已故黄先生的岳父母路易·雷尼埃先生和路易丝·德·伐鲁瓦女士，其条件是：他们两人为黄先生和已故玛丽–克洛德·雷尼埃的女儿玛丽–克洛德·黄负责食宿和养育，抚养期限待遗物清理结束后确定。如果玛丽–克洛德·黄在此期限终结之前死亡，陛下将届时遗存的一切都赠给他们两人。鉴于已故黄先生奉国王之命所完成的工作，陛下将考虑为上述期限终结后的玛丽–克洛德·黄提供生活和教育所需。……
>
> 1716年11月17日于巴黎[1]

1　巴黎国家图书馆抄本部：Fr. .Ar. 69, fol. 415。

黄嘉略的遗物清理完毕后，家具和装修师傅约瑟夫·亚当应比尼昂教士之请为遗物估价。1716年11月24日，这位师傅将黄嘉略的所有家具和衣物估价为577锂4苏，其中最值钱的是床及其附件，估价为170锂。偿还黄嘉略生前的债务188锂18苏后，剩余的386锂6苏赠与黄嘉略的岳父母。根据这笔馈赠的数额，雷尼埃夫妇抚养外孙女的期限确定为1719年元月一日以前，也就是说，从1716年10月13日黄嘉略去世之日起，雷尼埃夫妇必须全面供养他们的外孙女两年两月零18天。路易十四已于1715年驾崩，路易十五冲龄即位，由奥尔良公爵摄政。两个月以后，奥尔良公爵亲笔签署了这份文件[1]：

> 本件（共七页）全部内容予以批准。
>
> 1717年1月18日于巴黎
>
> 菲利普·奥尔良

第二天，雷尼埃夫妇在这份文件上签字，接受国王的馈赠，同时也接受了国王提出的条件：

> 我们以感激的心情接受亲王殿下的恩赐，并愉快地承担相应的条件。
>
> 1719年1月19日于巴黎
>
> 雷尼埃　路易丝·德·伐鲁瓦[2]

1　巴黎国家图书馆抄本部：Fr. .Ar. 69, fol. 4-10。

2　同上。

平心而论，王室对黄嘉略生前的工作和生活及其身后之事，不能说不关心，不过，王室最关心的还是他的书籍和遗稿。国王财政委员会主席诺阿伊认为，必须尽快将黄嘉略的书籍和文稿交由国王图书馆保存，并命令国王图书馆的管事布瓦万前去整理，以防丢失。布瓦万在黄嘉略去世后第三天前去清理，清理完毕后立即[1]向奥尔良公爵呈文禀报：

先生：　　　　　　　　　　1716年10月18日

前天我准时抵达诺阿伊公爵府。他告诉我，奥尔良公爵大人命令他将已故黄先生的遗稿送交国王图书馆，让我务必尽快前往死者寓所，看看有些什么东西。同一天，我早早就与死者生前好友小德里尔先生进入那位中国人生前居住的卧室。由于不同房门的钥匙分别由三个人保管，必须三个人到齐方可工作，所以，我们直到下午七时方才进入书房。

由于时间很紧，我们将所有的印刷品和手稿打成若干包，先生您可从所附清单获知包内是些什么东西。房东告诉我，书籍和印刷品几乎全部属于比尼昂教士，我觉得有必要进行查点，然后向诺阿伊公爵报告。昨天下午我拜访了比尼昂教士，他已经获悉我前天的行动。他证实说，我在那里看到的书籍大部分是从国王图书馆借来的。他还告诉我，他已选定两三个人处理手稿，以便用于编写汉语语法和汉语字典。比尼昂教士说，他本想立即向殿下报告，但是，既然诺阿伊

1　巴黎国家图书馆抄本部：Fr. .Ar. 69。

公爵已经率先向您做了报告，因而比尼昂教士让我向您报告，他除了与您配合之外，不会做任何其他事情。

我已写信将上述情况向诺阿伊公爵报告，并附有清单一份，现在谨向您呈送此清单的副本。

……

您的谦卑而顺从的仆人

布瓦万

这份清单名叫“1716年10月16日在已故黄先生房间中觅得的书籍和文稿清单”[1]，其中包括中文书籍319册，分装成8包，编号为I至VIII，其余都是手稿，分装成两包，编号为IX和X：

第一包IX号内有黄先生手书在若干大号纸上的文稿，其中大部分是他正在编写的《汉语字典》。

第二包X号内有若干《汉语语法》草稿、若干对话和词汇等，大部分写在四开纸上。

所有的包都留在已故黄先生的房间里，交由其岳父看管，一旦接到通知，他立即交出。

此外还发现了十四卷印制的天象图，上面所印为两半天体，这些图据说属于比尼昂教士。

鉴于有些印刷品是黄先生向别人借来的书籍，所以在取走这些遗物之前，应该分清哪些是黄先生的书，哪些是向他

1 巴黎国家图书馆抄本部：Fr. .Ar. 67, fol. 64-66。

人借用的书。

两包手稿，可以凭条取走，移交给国王图书馆。

诺阿伊公爵

这份清单是在黄嘉略去世刚刚三天之后开列的，当时他的房间中的任何物品均未移走，所以可以肯定是如实反映实际状况的记录。遗憾的是对手稿的描述不够详细。

执行清理任务的布瓦万在他后来所写的“国王图书馆历史回忆”[1]中也简要地记述了黄嘉略之死和对遗物的清理：

1716年黄先生去世后（大约是在10月份），财政委员会主席诺阿伊公爵认为，当务之急是将这个中国人的文稿保管好，并尽快交给国王图书馆。正当我们准备把这些东西搬运到国王图书馆时，我们接到通知，在黄先生的卧室和工作间里清理的所有书籍和文稿都属于比尼昂教士。通知不是误传，于是我们就停止搬运。黄先生的书和文稿能由比尼昂教士保存，那是再好不过了，因为除了他，为促使中国文化在法国获得发展，法国没有第二个人考虑并且采取过措施。

由此可知，黄嘉略的遗物是应比尼昂的要求由他接管的，但他本人并未亲自保管这批文稿，而是让傅尔蒙接收并保管。傅尔蒙后来多次谈及他奉命接受的黄嘉略遗稿一事，一次是

1　巴黎国家图书馆抄本部：Fr. n.a. 1328, fol. 338。

1727年出具的一份清单[1]，名为“在黄先生房间中找到的可能属于他的书籍”，其中开列了12种书籍或文稿。它们是：

1. 一份用中文书写的表示时刻的文稿；

2. 两册祈祷书；

3. 一册教义问答；

4. 一本名为“说明”的小册子，文内有若干汉字；

5. 一册无题小册子，文内的句子均标有数字，好像是罗萨利先生使用过的文稿；[2]

6. 一册截至1709年的日记；

7. 记有“道成肉身”中若干段落的小册子；

8. 合订成一册的若干写有四字、五字、六字和八字短句的小本子；

9. 一部小说译文初稿；

10. 依据傅尔蒙先生所出题目撰写的若干有关中国现状的文稿；

11. 一札中国纸（有些是手稿，有些是印刷品）；

12. 一部按部首排列的字典开头部分。

在这份清单之后，傅尔蒙写了如下文字：

---

1 巴黎国家图书馆抄本部：Fr. .Ar. 68, fol. 132, 133。

2 笔者认为，此件很可能就是黄嘉略的罗马日记。傅尔蒙书写这份清单时已经认识一些汉字，但不多。他所说的“文内的句子都标有数字”，大概是指日记中用汉字书写的月和日。

签字人王家教授兼国王图书馆翻译申明，本人收到了国王图书馆馆长比尼昂教士派人送交的本目录所记全部书籍和文稿，共计八十二页。这些物品全部属于国王，系国王图书馆的藏品。我承诺：一旦接到命令，我立即归还。

1727年4月27于巴黎　傅尔蒙

此后他在不同场合又多次谈及此事，一次是在1731年出版的《傅尔蒙先生著作目录》中：

黄先生于1716年去世后，奥尔良公爵奉路易十五陛下之命，指定我接受和检查他的中文文稿或与汉语有关的文稿。这些文稿包括四或五份小对话，三或四份书信样本，天主经、圣母经和信经，一部中国小说的译文起始部分，一份如同在意大利语、英语和德语中常见的那种小型词汇。所有这些文稿都用法文或中文写成。用中文写成的文稿只有拉丁字母拼音，也就是基尔歇神甫的《中国图说》中的那种。

此外还有一份刚开始编纂的字典草稿，有的按部首排列，有的按中文字母顺序排列。[1]

一次是在《汉语论稿》的草稿中，这次他提到了《汉语字典》：

---

1 *Catalogue des ouvrages de Monsieur Fourmont l' Aîné*, Amsterdam, 1731, pp. 47-48.

黄先生去世后，他的文稿到了我的手中……黄先生的文稿包括以下这些：

1．两部《汉语语法》草稿，一部是他写的，一部是我写的。我写的这部已经署上他的名字呈献给大臣们了；

2．一册关于中国政府的文稿；

3．若干对话；

4．天主经和信经；

5．两三种商用票据的范本；

6．一部刚开头的中国小说的法文译本；

所有这些文稿中的汉字都用拉丁字母书写，因此就像《中国图说》中的教义问答一样，毫无用处。

7．最后，在大纸上用很大的字母写成的一部未完成的字典……这是他所编写的那部辞典的开头部分，共有5210汉字，改动很多，无用之处也很多，因为黄先生用拉丁字母书写例句，因而带来前面提及的那些缺陷。

另一次是在1742 年出版的《中国官话》中。此书附有一份用拉丁文书写的黄嘉略遗稿清单，开列在这份清单上的不但包括1727年清单上的全部12种物品，而且多出了四种：

13．一册天主教经文，包括天主经、圣母经、信经；

14．一册中国和尚与西洋传教士的对话；

15．一册注有音调的汉语字汇；

16．一册《家训》；

这个清单令人费解，1727年的遗物清单成文在先，1742 年的《中国官话》出版在后，可是，不知道为什么列在1727年清单上的物件，反而比1742年的清单少了四种。我们没有充分根据指责傅尔蒙故意隐瞒些什么，但有理由认为，他处理黄嘉略遗稿的态度是不认真的。黄嘉略的遗稿数量并不多，处理和保管并不困难，可是，傅尔蒙始终没有提供一张详尽准确的清单，今天这样说，明天那样说，实在有些不负责任。他不但没有认真整理，更没有精心保管，黄嘉略的遗稿如今并未集中在一起，而是零零星星地分散在多处，有的已经残缺，例如黄嘉略的罗马日记；有的已经丢失，例如1727年清单上所列的黄嘉略截止于1709年的日记。我在巴黎国家图书馆抄本部查遍了所有有关傅尔蒙和黄嘉略的卷宗，始终没有发现这部弥足珍贵的日记，确实感到十分遗憾。黄嘉略从罗马返回巴黎之后直至开始为比尼昂教士效劳，他这几年间的生活情况，我们几乎毫无所知，倘若这部日记能够保存下来，这个空白肯定能得到相当程度的填补。

黄嘉略的女儿在外祖父和外祖母的抚养下长大，并未在国王规定的期限之前夭折。我们不知道此后她是否依旧生活在外祖父母家里，如果是那样，那么依照国王提出的条件，她的一切费用都应该由国王支付。巴黎国家图书馆抄本部有一件文书，是一封写于1735年7月14日的信，[1]写信者和收信者都没有留下名字，信中所谈主要是黄嘉略的女儿之死：

1　巴黎国家图书馆抄本部：Fr. .Ar. 67. fol. 61。

先生：

本月1日您就不久前去世的黄小姐的年金一事曾致函莫尔帕伯爵。鉴于莫尔帕伯爵尚未恢复工作，我荣幸地向您通告有关这份年金的事宜，相信您不会觉得不合适。……

这封信向我们传达了两个信息，其一是黄嘉略的女儿生前享有一份年金，这份年金显然不是凭她自己的力量争来的，而是以黄嘉略的女儿身份所享受的国王的特别恩赐；其二是她死于1735年7月前不久，那年她20岁，没有迹象表明那时她已结婚或已有了后代。

至此，除了遗稿，黄嘉略在法国的一切都消失了，消失得干干净净，无影无踪，甚至连他长眠在何处我们都不知道。

第二部分　业绩

尽管我们对黄嘉略在国内的行迹至今缺乏深入和全面的了解，但可以肯定，除了跟随法国传教士学习和传教以及后来单独四处云游外，他没有更多值得我们关注的活动；在罗马度过的那几年中，他的全部工作就是为梁弘任主教提供文秘以及日常杂务方面的服务，他的那部残缺的罗马日记虽然具有一定的文献价值，但算不得是多大的成就。唯有他在定居巴黎后所完成的工作才担当得起业绩二字。作为“国王的中文翻译”，他的正业应该是翻译，然而，就目前所见的文献记载，他似乎并未为路易十四提供过翻译服务，倒是帮巴黎外方传教会做过一些翻译工作，这在他的日记上有确切的记载。他所翻译的大多是该会的入华传教士寄回法国的信件和汇报之类的文书，从历史角度看，这些文书也许不乏研究价值，但是我们现在无法确切地查明他究竟翻译了哪些信函或文章，所以，这些零星的翻译工作无法纳入他的业绩之中。我们在下面将要讲述的他的业绩，主要由两部分组成，其一是他的著述，其中有的已经完成，有的尚未完成；其二是他对法国学者在汉学方面提供的帮助以及因此而产生的影响，其中有的见诸文字，有的仅见诸彼此交往等行动。

一、编写《汉语语法》

马可波罗虽然在中国逗留了十余年，或许由于当时入主中原的蒙古人不以汉语为官方语言，所以他既不识汉字，也不会讲汉语，在他的《游记》中竟然把汉语说成仅仅是在中国南方流行的一种语言。欧洲人对汉语和汉字的关注开始于西班牙人和葡萄牙人东来之后，来华的商人和使者等为数不多的欧洲人发现，中国的方言极多，不同地区的中国人若不经过学习，彼此难以借助语言沟通。中国的文字不使用字母，一字一音，虽然各地读音不同，但其意义不变，因而在不同地区的中国人之间，书面沟通较口头沟通更容易。这些东来的西人通常在中国逗留时间较短，对汉语和汉字的了解限于皮毛，他们返回欧洲后对汉语和汉字所做的介绍，充其量只是引起欧洲人的好奇而已，算不得是科学意义上的研究。

17世纪下半叶欧洲传教士来到中国后，情况发生了变化。为了传播福音，他们必须学习和掌握汉语，否则便无法与当地人民沟通。为了便于在中国各地传教，他们不但需要掌握一些方言，更要熟悉通行于全国各地的官话。为了与文人学子和官宦士绅打交道，劝说这些精英皈依基督教，传教士们还得学习汉语书面语言，进而钻研中国古代典籍，藉以创造与这些精英对话的必要条件，因为只有精通汉语并熟悉儒家经典，才能获得他们的尊重，进而就基督教教义与儒家思想的异同进行交流。利玛窦等许多传教士经过不懈努力，不但熟悉中国典籍，而且能在中国文人的帮助下用汉语著书立说，从而在中国文人中间赢得了很高的声誉，而通过撰写汉文著作宣扬基督教教义，也就成了他们的一种重要传教手段。与此同时，为了帮助同伴和新来的欧洲传教士学习汉语，一些传教士还着手编写辞书，用拉丁字母为汉字注音，这便是欧洲人研究汉语和汉字的初始阶段。

随着来华传教活动日益扩大，中国与欧洲之间的贸易迅速发展，了解和掌握汉语成了传教士和商人的迫切需求。与此同时，一些学者经由来华西人的介绍对汉语有了粗浅的了解后，对这种与欧洲语言迥异的语言产生了强烈的兴趣。因为根据《圣经》所记，在亚当的后裔试图修建通天的巴别塔之前，世界上所有的人都使用同一种语言，上帝为了阻止人们修建巴别塔，故意把单一的语言搞乱，使人们彼此不能沟通，无法同心协力。从此之后，世界上便有了多种语言，给各地的人们交往时增加了困难。西方的教徒和学者们苦苦思索，巴别塔之前的初始语言是否保留了下来？如果回答是肯定的，那么，哪一种语言是初始语言呢？希伯来语、腓尼基语等曾经被某些人视为初始语言。汉语介绍到欧洲后，汉语表意不表音这一特点，促使一些欧洲人转而认为，汉语可能就是初始语言。英国人约翰·韦伯（John Webb）借助利玛窦等入华传教士提供的材料，于1669年发表《从历史论证中华帝国的语言是初始语言的可能性》（*A Historical Essay Endeavouring a Probability that the Language of the Empire of China is the Primitive Language*）。尽管韦伯这篇论文的研究重点是历史而非语言，但他毕竟率先提出了汉语是否初始语言这个问题。德国的耶稣会士基尔歇（Athanasius Kircher，1602—1680）等人提出汉字起源于埃及象形文字的观点后，欧洲学者展开了热烈的讨论，赞同者有之，质疑者有之，反对者也并非没有，直到18世纪后半叶，这场讨论尚未落下帷幕。

如果说，这些研究和讨论无助于欧洲人学习和掌握汉语，那么，德国学者米勒（A. Müller，1630—1694）等人对汉语的研究则直接服务于学习和掌握汉语。米勒阅读了当时能够读到的几乎所有有关中国的书籍，在研究中国地理和历史的同时，也对汉语进行研究。早在1667年，他就声称从阿拉伯文献中找到了读通汉语的钥匙，但迟迟不予公布，在学者们的一再催促下，他于1674年出版了《汉语奥秘》（*Clavis Sinicae*），文中声称他发现了揭开汉语之谜的钥匙，欧洲人一旦掌握这把钥匙，只需一年时间，就可读通中文和日文。他谈到了汉字的五个声调，但没有公布他的钥匙，所以我们至今不知道米勒对汉语的研究究竟达到了什么水平。著名的德国学者莱布尼茨（G.W.Leibniz，1646—1716）对中国一直怀有巨大兴趣，与几位在华耶稣会传教士长期保持通信联系，当他读到米勒的《汉语奥秘》一书后，于1679年写信向米勒提出了14个问题，除了希望知道他所说的钥匙外，还问中国人是否也知道这些钥匙，掌握了这些钥匙是否就能用中文写作等等。莱布尼茨还希望米勒翻译几页中文文献，用以展示钥匙的效用。但是，莱布尼茨没有得到米勒的回应，所谓打开汉语奥秘的钥匙之说也就不了了之。

在华耶稣会士李明是对汉语较早做出比较详尽介绍的法国人，在他之前谈论汉语和汉字的那几位德国人，都从未到过中国，他们对汉语的了解除了来自与到过中国的传教士的接触外，还利用了一些文字资料。李明与这些德国人不同，他是首批赴华的五名法国耶稣会士之一，在中国逗留将近五年，到过宁波、绛州、北京和广州等不少地方，对汉语和汉字有比较真切的了解。在1697年出版的《中国现状新志》中，他依据自己的亲身体验，对汉语和汉字做了比较详细的介绍。他说：

> 汉语与世界其他语言毫无相似之处，语调、语音和语句的顺序都是如此。两个小时就可学会所有词语，但也许学了多年依然不会讲。一个人可以阅读并准确理解所有书籍，但如果让另一个人朗读，可能一句都听不懂。……下面这一点使得汉语比任何其他语言更加难学：当一个受教育不多的外国人讲法语时，根据他发音比较准的几个词语，我们就可猜到他没有说清楚的其他部分。但是，汉语不是这样，通常只要一个字没有听明白，整个句子就都听不懂。第一句话没有

听清楚，后面再说什么也就都不明白了。[1]

李明不但没有准确和全面地介绍汉语，反而增大了汉语的神秘感，这种神秘感产生了两种相反的后果：一是进一步诱发人们的好奇心和兴趣，从而推动了对汉语的研究；一是吓住了一些有志者，令他们把汉语视为畏途。在18世纪初年，法国人面对汉语如同面对高山，既想登顶览胜，又怕难以攀登，既想学汉语而又不知从何入手。傅尔蒙的一段话比较准确地反映了这种心态：

> 葡萄牙人的东航为欧洲人开辟了一条通向新世界的道路，热情的传教士们希冀将基督教送到那里。为此，他们研究东印度的语言，出版了语法和字典，从而使之成为一种新的学问，可是，学者们仅仅对此感到好奇，却很少下功夫研究。用这些语言撰写的书籍很少，而且题材乏味，以致无人想到要把它们翻译出来。中国的情况不同，欧洲有很多中文书，到过这个国家的传教士和旅行家的报道，既令我们对它产生了好感，也让我们对它有所了解。可是，由于没有语法书和字典，他们的书籍成了图书馆里毫无用处的摆设，传教士们所说的汉语的艰难，使得本来就信心不足的我们几近绝望。少数几位欧洲学者虽然做了一些努力，但因既无后援又没有适当的方法而

---

1 Louis Lecomte, *Nouveaux mémoires sur l'état présent de la Chine*, Phébus, Paris, 1990, pp.226-230.

一事无成。于是乎，如同所有传教士所说的那样，我们更加认为汉语是一种几乎无法猜透的谜，连中国人自己也是一样，耗尽一生认字读书，到头来却依然一知半解。[1]

黄嘉略就在这时来到法国：

就在这种境况下，罗萨利主教因中国传教事务返回欧洲时，带来了他的秘书——中国福建省的文人黄嘉略先生。[2]

既然法国人对汉语几乎一无所知，我们也就不难理解，比尼昂教士为什么把帮助法国人掌握汉语的希望全部寄托在黄嘉略身上。前面已经多次提及，比尼昂交给黄嘉略的主要任务是编写一部《汉语语法》和一部《汉语字典》，他的意图很明确也很实际，他并不打算将汉语作为一门科学进行研究，只是想帮助法国人学习和掌握汉语，使他们能够阅读存放在国王图书馆中的中文书籍，让前往中国的传教士和商人在动身之前学会最基本的汉语会话。但是，由于他不知道汉语与欧洲语言究竟有什么差别，所以，他按照学习欧洲语言的一般规律，以为有了一部语法和一部字典，就可以无师自通。他也许根本不曾想到，从稚气未脱的蒙童到学富五车的学问家，中国不但无人学过语法，甚至不知语法为何物；岂但如此，中国历代学者们的

1　*Histoire de l'Académie royale des Inscriptions et Belles-Lettres*, tome V, 1722, p. 313.

2　同上。

著作虽然汗牛充栋，却没有一本是专门讲授语法的。对于黄嘉略来说，编写汉语语法是一件百分之百的开创性工作，没有任何先例可循，没有任何经验可借鉴，一切都要从头做起，更确切地说，一切都要从头学起，从什么是语法学起。

傅尔蒙和弗雷莱先后受比尼昂教士的派遣，前去协助黄嘉略编写汉语语法，他们虽然都是青年学者中的佼佼者，傅尔蒙更是小有名气的东方语言学家，但是，他们此前都从未接触过汉语，连汉语是什么模样都不知道。所以，我们不难想象，他们与黄嘉略是互为师生的关系，他们向黄嘉略灌输语法概念，黄嘉略向他们传授汉语知识，他们首先帮助黄嘉略制作语法瓶子，然后让他把汉语这种风味特殊的酒装进瓶子里去。黄嘉略、弗雷莱和傅尔蒙对这部《汉语语法》做出了各自的贡献，但大小不等。三个人中只有黄嘉略懂汉语，他是主要作者，这一点毋庸置疑。现存遗稿表明，弗雷莱不但曾向黄嘉略灌输语法概念，而且参与撰写，并精心修改书稿。笔者在巴黎天文台图书馆的弗雷莱遗稿中，发现了两份《汉语语法》残稿[1]，内容基本相同，都是此书的开头部分，从笔迹辨认，一份是黄嘉略书写的，另一份是弗雷莱书写的。两份稿子差异相当大，前者仅7页，讲解极为简单，后者19页，讲解比较详细。两者相比，后者的水平远远高于前者。仔细阅读这两份残稿后的印象是，黄嘉略的稿子成文在先，弗雷莱的稿子是在黄嘉略稿子的基础上修改而成的，修改幅度很大，连许多小标题也更换了。可惜

1　巴黎天文台图书馆：B.1.14。

这份稿子不完整，章节之间的关系比较凌乱，难以完全理清两份残稿的关系。即使如此，这些残稿已足以表明，弗雷莱除了向黄嘉略灌输语法概念之外，还直接参与了《汉语语法》的编写工作，不但如此，此书的语法部分很可能基本上是由弗雷莱执笔写成的。残稿上的笔迹对此提供了证明，内容和文字同样有力地证明了这一点。

巴黎国家图书馆抄本部和巴黎天文台图书馆所藏两种《汉语语法》残稿中，开宗明义的第一段都是这样的：

> La grammaire ou l'art de parler n'est autre chose qu'un système réfléchi sur la manière de communiquer ses idées et ses sentimnets aux autres hommes par le moyen des sons articulés qu'ils ont établis pour signes de leurs idées…（语法或讲话的技艺不是别的，只不过是借助一些表达思想符号的声音，把自己的思想和感情传递给他人的一种纯熟的体系……）[1]

弗雷莱于1718年12月6日在王家铭文与美文学院做了一场学术报告，题为“关于文字一般原则及汉字根基的思考”，报告以下面这句话开篇：

> L'écriture est l'art de communiquer aux autres

1 巴黎国家图书馆抄本部：Fr. n.a. 280; FM 14041，巴黎天文台图书馆：B1.14。

hommes ses pensées et ses sentiments par le secours de certains signes sensibles à la vue...（文字是借助某些视觉符号把自己的思想和感情传递给他人的技艺……）[1]

1746年弗雷莱在奉命为追悼傅尔蒙而撰写的颂词中，谈到汉字时写了如下这样一段话：

Les différantes langues n'ont qu'un seul et même but, celui de communiquer aux autres hommes nos idées, nos affections et nos jugements, par le moyen des sons de la parole...（各种语言都只有一个相同的目标，那就是借助话语的声音将我们的思想、感情和判断传递给他人……）[2]

谁也无法否认，无论是思想内容或语言表达形式，这上述三段文字都如出一辙，基本上可以肯定是出自同一人之手，如果出自不同人的手笔，那就是拙劣的模仿。从时间来看，《汉语语法》完成于黄嘉略去世的1716年，弗雷莱的学术报告做于1718年，颂词写于1746年，这就是说，《汉语语法》是后面两段文字的母本。很显然，以黄嘉略的法语表达水平和语法理论水平，肯定写不出这样的文字，因而可以断定，《汉语语法》中的

1 *Mémoires de l'Académie royale des Inscriptions et Belles-Lettres*, tome IV, 1729, p. 621.

2 *HIstoire de l'Académie royale des Inscriptions et Belles-Lettres*, tome XVIII, 1753, p. 418.

文字如同后面两段文字一样，都出自弗雷莱的手笔。事实上，弗雷莱执笔撰写的远不止这一段。《汉语语法》在论述汉语的发音时，有时将汉语发音与希腊语和希伯来语的发音进行比较，谈及汉字时则与埃及和埃塞俄比亚象形文字进行比较。进行这种比较所需的知识，同样是黄嘉略所不具备的，因而可以断定，这些论述也是弗雷莱撰写的。以上这些事实充分表明，弗雷莱为《汉语语法》付出了巨大劳动，他对此书功不可没。

傅尔蒙曾说：

> 至于两部语法书稿，有三点需要说明。第一，书稿中没有任何汉字；第二，不但内容需要彻底修改，方法也不行。遵照比尼昂教士的指令，我对书稿做了修改，后来呈交给大臣的就是经我修改的书稿。[1]

他在另一处又说，这两部语法书稿，一部为黄嘉略手书，另一部则是他本人手书，而呈送给蓬夏特兰伯爵的正是这一部。这部书稿如今已无从寻找，所以我们无法验证傅尔蒙的话是否属实，也不知道这部书的定稿究竟什么模样，他为此书付出了多少劳动，做出了多大贡献。不过，有一点应该肯定，那就是傅尔蒙确实参与了《汉语语法》的编写和修改。从笔迹判断，现存国立图书馆抄本部的这部书稿中的部分章节，例如“官话和方言”，确是傅尔蒙手书，在其他章节的书稿上，偶

1　巴黎国家图书馆抄本部：Fr. n.a. 8974。

尔也可看到傅尔蒙修改的字迹。在刚才提到的那份现存于巴黎天文台图书馆的《汉语语法》残稿上，弗雷莱在右上角写下了这样一句话："黄先生手书，但起草者是傅尔蒙先生"，稿子中虽然看不到傅尔蒙的笔迹，但想必弗雷莱不会无端把功劳归于傅尔蒙，应该认定是傅尔蒙起草，黄嘉略誊写的，这就进一步证明，傅尔蒙对《汉语语法》的贡献，不仅仅是帮助黄嘉略构思，而且也亲自动笔。

总而言之，《汉语语法》是黄嘉略、弗雷莱和傅尔蒙的共同成果。至于这部书的编写究竟历时几年，现在已经难以查清。依据傅尔蒙所说，这项工作起始于1711年之前，依据弗雷莱所说，这项工作则起始于1713年，从现存书稿来看，开始于1711年的可能性比较大。如果确实如此，那么，《汉语语法》的编写持续了7年之久。自从投靠比尼昂教士并接受他的委托起，黄嘉略始终没有停止《汉语语法》的编写工作，如今在巴黎国家图书馆抄本部、巴黎天文台图书馆和巴黎外方传教会图书馆，都可以找到这部著作的部分手稿，从这些手稿来看，他对这部著作确实是尽心竭力，说不清到底几易其稿。《汉语语法》最终完成于1716年，此时国王路易十四已经驾崩，路易十五冲龄即位，由奥尔良公爵担任摄政王，于是，黄嘉略把凝结着他数年心血的《汉语语法》呈交给了摄政王奥尔良公爵。据傅尔蒙说，书稿呈送给了蓬夏特兰伯爵。我们觉得，这两种说法并不矛盾，事实很可能是黄嘉略把书稿交给傅尔蒙，再转交比尼昂，由他转请蓬夏特兰转呈给奥尔良公爵。黄嘉略随书稿附上一封致奥尔良公爵的信[1]：

中华凤山远臣黄日昇顿首恭献

托孤千岁王爷殿下切念远臣几历九万里航海西来荷蒙

先帝荣赐译言之职远臣日夜勤劳以思报答兹者修成通中语一书

兼夫小录以佐西方志士学习中土言语风俗礼统者也虽章句浅

近远臣赖

王爷海含荣赐鹏羽之庇则览者无不雀踊以仰窥

王爷超太阳之精明洞聪广照周天所四海人民无别大小贵贱

悉仰受

王爷慈仁之化远臣虽尽倾身血不足以报

王爷千岁于万一矣远臣不揣荒陋谨题恭

进以

闻

旨

耶稣降生千七百十有六年冬月　　日　　凤山黄日升恭题

这份珍贵的文献现存法兰西学院（Institut de France）图书馆，除了上面抄录的中文本外，另外还有两个文本，一个是逐字对应翻译的法文本，这个文本虽有语言学价值，但普通读者无法读懂全文，另一个是逐句意译的通顺而流畅的法文译本（见本书附录五）。

1　法兰西学院图书馆：ms.5409。（原件繁体竖写，见图十一。）

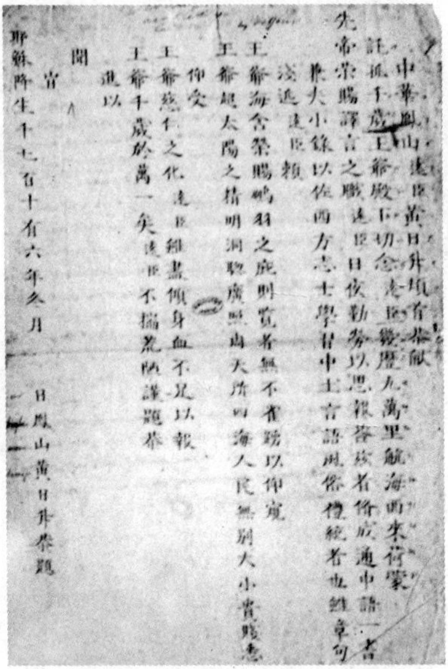
中華興山遠臣黃日升頓首恭獻
託孤千歲王爺殿下切念遠臣繳歷九萬里航海而來荷蒙
先帝崇賜譯言之職遠臣日夜勤務以思報答孩者俗應通中語一書
兼大小條以佐西方志士學習中土言語風俗禮統者也雖章句
淺近遠臣賴
王爺海含榮賜鴻羽之庇則覧者無不雀躍以仰寬
王爺妲太陽之精明洞燭廣照山大洋四海人民無別大小貴賤悉
仰受
王爺慈仁之化遠臣雖盡傾身血不足以報
王爺千歲於萬一矣遠臣不揣荒陋謹題恭
進以
聞
旨
耶穌降生千七百十有六年冬月　日興山黃日升恭題

图十一　黄嘉略呈摄政王信

这封信的落款上写着“千七百十有六年冬月”，即1716年冬季，而我们已经知道，黄嘉略死于1716年10月13日。阳历10月中旬通常被视为秋末，至多只能算是初冬，而黄嘉略的这封信写于“冬月”，由此推断，这封信写于他去世之前不久，或许离他停止呼吸之时仅仅数天。事情难道如此之巧，刚刚写好这封信，他就与世长辞了？这就令我们猜想，沉疴缠身的黄嘉略也许意识到自己来日无多，为了在踏上去往天国之路前完成这部著作，他以顽强的毅力，一边大口吐血，一边坚持写作，当他写完最后一个字时，终于再也支持不住，永远地倒下了。所以，这封信可以说是他的绝笔。当他写这封信时，疾病大概折磨得他万分痛苦，然而他的心境是平静而坦然的，因为，他以自己的勤奋和努力，回报了法国国王对他的“鹏羽之庇”和“慈仁之化”，以实际行动昭示了中国人知恩必报的传统美德。

这部书稿如今下落不明，接管了黄嘉略全部遗物的傅尔蒙从未提及书稿的下落，此事令人费解。按照常理推测，书稿不可能由黄嘉略直接呈送摄政王，而是经由傅尔蒙—比尼昂—蓬夏特兰这一途径，最终送到奥尔良公爵手中。但是，与书稿一并呈送的附函却在汉学家高迪埃（Henri Cordier，1849—1925）的遗物中被发现，这就不免令人感到奇怪。倘若书稿确实已经送达奥尔良公爵，这封附函就应该留在宫中，不大可能成为民间人士高迪埃的收藏品。除非书稿在呈送过程中受阻于某个环节，并没有送达奥尔良公爵，附函因而流失在民间，为有心人所收藏。比尼昂虽然也是一个文人，但完全不懂汉语，蓬夏特兰则是个官员，根本不从事学术活动，所以，书稿被他们卡住的可能性不大。相比之下，傅尔蒙的嫌疑最大，因为书稿对他继续研究汉语具有很现实的参考价值。

黄嘉略着手编写《汉语语法》之时，世界上第一部比较像样的汉语语法已于1703年出版了，这便是西班牙多明我会入华传教士万济国（Francisco Varo，1627—1687）编写的《官话语法》（*Arte de la lengua mandarina*）。万济国是西班牙籍的多明我会士，生于1627年，1643年进教会修院学习，三年后加入传教团前往远东，1648年到达菲律宾，在那里学了一年汉语官话，1649年渡海来到中国，在福建省的福安等地传教。万济国在“礼仪之争”中与耶稣会士对垒，撰写过一些论战文章，小有名气。他很早就学会了汉语，不但帮助新来的西方传教士学习汉语，还编写过葡萄牙语、西班牙语和汉语对照的词汇。1660年去往广州，十余年后回到福建，此后长期停留在福州。《官话语法》一书完成于1682年，手稿在传教士中间广泛流传，1703年在广州刻印出版。

《官话语法》共16章，第1章是几点说明，其余15章中有10章讨论词法，1章论述句法，1章论述语音，3章介绍各种常用语。这部以传教士为对象的汉语论著，是以欧洲语言的语法概念解释汉语的典型，作者不是从汉语的特点和规律出发，而是强行把欧洲语法概念引入汉语。全书基本上分为词法和句法两部分，以汉语中十分模糊甚至根本不存在的语法范畴，诸如态、格、式、时等生硬地讲解汉语的词法。鉴于这种语法体系实际上与汉语格格不入，学习者无法通过这些牵强附会的语法概念学会汉语，所以，作者特地辟出三章介绍中国人的日常用语，从而达到学以致用的目的。全书例句极多，但没有使用汉字，所有例句都以拉丁字母拼写，这样做对于尚不认识汉字的在华传教士当然比较实用。在传教士所编写的多种汉语教材中，万济国的这部书堪称佳作，直到18世纪初期，无论在中国或在欧洲，还没有比此书更好的汉语论著。

此书篇幅不大，基本上也是依照欧洲语言的语法体系讲解汉语，可能由于汉语的句法极为灵活，很难归纳出条理清晰的规则，所以，万济国把主要篇幅用于讲解词法。这情形与黄嘉略的《汉语语法》极为相似。更有意思的是，如同《汉语语法》一样，《官话语法》的后半部分也是汉语中的常用词汇和句子。所以，从总体上看，黄嘉略的《汉语语法》

和万济国的《官话语法》在指导思想上如出一辙，就好像某人拟出了大纲，由两个作者分头编写一样。但是，两者相比，《官话语法》的作者对欧洲语言的语法更熟悉，运用更熟练，他所讲述的汉语语法更系统，条理更清晰。我们有理由认为，黄嘉略在编写《汉语语法》时不知道有这样一部《官话语法》，因而既没有将此书用作参考，更谈不上抄袭。他是在没有多少前人的同类著作可供参考的条件下，完全依靠自己的摸索，在两位法国朋友的帮助下完成《汉语语法》编写任务的。我们将在下文中申述具体理由。

《汉语语法》究竟是一部什么样的著作呢？黄嘉略在前面提及的此书序言中是这样说的：

> 本书分为两部分。第一部分以尽可能好的方式论述汉语语法。……第二部分如同一篇文章，引导读者去认识有关中国的各种事物。第二部分中还有一些语法的补充讲解，供有志于深入钻研汉语者使用。[1]

由此可知，《汉语语法》一书并非语法专著，而是以汉语语法为主要内容兼及其他中国知识的一部综合性著作。既然如此，为什么还把这部著作称作《汉语语法》？对此他是这样说的：

> 本书虽然分为两部分，但我仍然把它题名为《汉语语

1　巴黎外方传教会档案室：AME 19。

法》，因为，我在第二部分撰写的内容，实际上仅仅是蜻蜓点水，与我在下一部著作中将要讲述的内容相比，其分量实在是微不足道。[1]

黄嘉略不但有撰写第二部著作的计划，而且已经拟出了详尽的提纲，这将是一部涵盖面相当广的百科全书式的著作，如果能按提纲撰写并出版，18世纪欧洲人的中国知识将会大大增加。可惜，上帝没有留给他足够的时间，他尚未开篇就永远离开了这个世界。

《汉语语法》的完成稿如今已不知下落，我们所能看到的是这部书的目录和部分草稿。目录如下：

第一部分

论汉语语法

汉语词汇

汉字起源

官话与方言

中国礼仪用语

对亲属的称谓

对对话者的称谓

对第三者的称谓

各种交往场合的礼仪用语

1　巴黎外方传教会档案室：AME 19。

旅客到客栈

法国绅士拜访中国文人

一位法国绅士和一位中国绅士见面时的寒暄

两个年轻文人的交谈

夏小姐与三位年轻文人的寒暄和谈话

三位年轻文人告辞夏小姐后的谈话

文人与巡抚的谈话

一位中国商人与一位法国商人的交谈

各种商品杂说

丝绸、瓷器、茶

中文收条

一位传教士与一位和尚的交谈

天主教祷词

天使拯救、圣徒象征、天主十诫

朋友间问安信函

欧洲商人致中国商人的问候和介绍信函

一位欧洲商人因遭辱骂而向中国法官呈递的申诉状

第二部分

中华帝国简述

中国政府现状

中国十五省概况

科举

童试、乡试、会试

官廷和守边文武官员

阁老、六部官员、吏部、户部、礼部、兵部、刑部、工部、翰林院、宗人府、都察院、詹事府、通政使司、大理寺、太常寺、太仆寺、光禄寺、苑马寺、鸿胪寺、上林苑、国子监、中书阁、太医院、京府、都督、锦衣卫

守边武将

都堂、三边都堂、漕运都堂

官员饷银

孔子、文人及其感情

中国人食用的几种谷物及其种植方法[1]

很显然，这是一部综合性的中国常识读本，只不过语法在其中占有一半分量而已。诚如黄嘉略在序言中所说，此书只有第一部分才是真正意义上的汉语语法。我们今天看到的这部书稿只是一些零散而凌乱的草稿，相比较而言，如今保存在国家图书馆抄本部的草稿最为完整，可是，在这份总共二百余页的草稿中，具体论述语法的两章，即“汉语语法”（*Grammaire chinoise*）和“论汉语语法”（*Essay de grammaire sur la langue chinoise*），只有18页，而且改动甚多，无法探知全貌。前面提到，巴黎天文台图书馆的弗雷莱卷宗中也有两份不完整的《汉语语法》残稿，与国立图书馆抄本部的那份大同小异。

既然无法找到完整的书稿，那就只能综合这三份残稿，对

1 巴黎外方传教会档案室：AME 19。

《汉语语法》作一些介绍。天文台图书馆的《汉语语法》残稿在开篇处，首先就什么是语法发表了一大通议论：

> 语法不是别的东西，只是说话或与他人交流情感和思想的技艺，用以交流的手段是彼此认可的符号。……语法仅仅是对语言的现状以及符号与符号所表示的事物之间关系的认识。因此，语法就是对于作为符号的语音以及符号所表示的事物的认识。语法的这两个对象也就是本书论述的对象。[1]

毫无疑问，如此抽象的理论阐述只可能出自弗雷莱之手笔。残稿接下去谈的是汉语的特点：

> 汉语根本没有用以表音的字，它所使用的字如同古代埃及人或埃塞俄比亚人的象形文字一样，都是表示事物或意念本身的符号，而不是表示语音或词的符号。所以，汉语完全不受语法学家的约束。……[2]

国立图书馆抄本部的《汉语语法》残稿对汉语的特征作了相似的论述，但更进了一步：

> 中国文字中的每一个字都是一个表意或表物的符号，这

1　巴黎天文台图书馆：B1. 14。

2　同上。

> 些字独立于人们说话时发出的声音。汉字类同于欧洲各国人民所使用的数字，这些数字虽然到处含义一样，但在各种语言中发音却各不相同。汉字与此极为相似，操不同方言的中国人都认识并懂得这些汉字，不但如此，一些邻国人民也懂得并使用汉字。……所以，汉字成了一种与口语分离并独立于口语的语言。……[1]

《汉语语法》所述的汉字的特点和优点以及汉字与汉语的关系，重复了欧洲人此前对汉语的认识，了无新意。这些认识虽然基本上是正确的，但也不尽然，例如，把汉语的书面语言说成是与口语无关的一种独立的语言，显然是不确切的。这种看法留下了后患，对傅尔蒙等人的汉语研究产生了负面的影响，以至于他后来一再声称，汉语分为各自独立的书面语和口语两种，两者之间几乎没有任何联系。按常理推测，作为一个以汉语为母语的中国文人，黄嘉略对于汉语的口语与书面语的关系应该十分清楚，不会把它们视为毫不相干的两种语言，因而我们猜测，这段话所反映的也许是傅尔蒙或弗雷莱的看法，并非黄嘉略的本意。

弗雷莱执笔的《汉语语法》残稿和黄嘉略执笔的《汉语语法》残稿不尽相同，它们的差异甚至反映在书名和章节安排中。弗雷莱执笔的《汉语语法》书名为*Essay d' une grammaire de la langue chinoise*，语法部分的目次如下：

1　巴黎国家图书馆抄本部: Fr. n.a. 280。

开场白

第一部分　汉语的发音

1．汉语的元音

2．汉语的辅音

第2节　语音

第二部分　作为符号的语音

第2段　汉语句法中表示关系的方法及其变化，或词尾变化、动词变位

名词

动词

汉语词汇

第1节　代名词

第2节　汉语中的副词、连词及其他用于表示关系的小品词

地点副词

数量副词[1]

很显然，这是一份十分凌乱的残稿，并未准确地揭示该书原貌，不过，我们依然可以从中看到弗雷莱对全书结构的想法。

黄嘉略执笔的《汉语语法》书名为*Grammaire chinoise*，其目次如下：

1　巴黎天文台图书馆：B.1. 14。

第一节　字母与发音

1．元音

2．辅音

3．多个字母相拼

元音

辅音

第二节　汉字的特性及其声调

第三节

1．汉语普通名词

2．名词的数、格、性

格

性

第四节　汉语动词

1．现在时

2．未完成时

3．祈愿式

4．虚拟式

5．被动态

6．s'aimer、s'armer之类的自反动词

7．助动词[1]

很明显，这份残稿也是编写过程中的半成品，体例虽然比

1　巴黎天文台图书馆：B.1. 14。

弗雷莱执笔的那一份稍微规整些，但依然有不少问题，例如，第二节没有标题，第四节把动词的时、式、态混作一团，而且极不完整。凡此种种都表明，这是一份不成熟的书稿。

这两份残稿虽然不完整，但仍然对汉语语法做了一些阐述。下面是我们对这两份残稿以及巴黎国家图书馆抄本部那份残稿的综述。

《汉语语法》将语法分为词法和句法两部分，在词法中谈的主要是汉语的音素：

> 汉语与其他语言一样，也由元音和辅音组成。汉语元音有5个，它们是a、e、i、o、u、e分为e、E和é三种，某些元音可与n组合，所以元音共有14个。它们是a、e、i、o、u、an、en、in、on、un、e、E、é、eull……

《汉语语法》在讲解汉语音素时，都以法语音素作为参照系，每个字母所代表的音素也以法语为准。这样做的原因大概是当时没有国际音标，况且这种做法对于法国读者来说也很方便。汉语元音的数量在两份残稿中略有出入，这说明作者们对此没有固定和一致的看法，而是处在一边研究一边编写的过程中。黄嘉略和弗雷莱认为，汉语的元音与法语的元音基本相同，唯有eull为其他语言所没有，弗雷莱执笔的残稿就此写道:

> 除了与法语相同的12个元音外，我觉得还应加上被葡萄牙传教士写作eull的元音。这个音由字母l和元音eu构成，为

汉语所特有。如果只用眼睛而不用耳朵，那就很难把握这个音。这个音或多或少有点像牛哞或狗吠。发这个音时，要把气从胸底呼出，嘴的张开度与发Eu相似，舌头悬起，舌前部呈凹形，舌尖稍稍向上腭抬起，与牙龈保持适当距离，结束时应将舌尖抬高，犹如发L那样。但是，由于舌头不与上腭接触，所以这个音很低沉，几乎不大听得清。发这个音时，发音部位保持不动，无需其他音与之配合，所以我觉得应该把它视为元音。此外，由于这个音不太好发，中国人总是将它单独使用，从不把它与任何辅音相拼，他们觉得这个音特别悦耳，因而在谈话时常常使用。

黄嘉略执笔的《汉语语法》对这个音也做了相似的介绍，连文字也基本相同，可见此稿也经过弗雷莱润色。其实，这个音便是“儿”，“儿”怎么会像狗叫呢？实在令人不解。问题大概出在黄嘉略身上，他的官话看来不大过硬，发“儿”音时用的是闽南方言。我们知道，在闽南方言中，“儿”的发音类似法语音素[æ]，如果把这个音拖得很长，倒是有点像狗或狼之类的动物低声呜咽时发出的声音。

关于辅音，黄嘉略一共写了9条：

1. 汉语的辅音通常是b、c、d、f、g、h、j、k、l、m、n、p、q、r、s、t、v、z；

2. 汉语的辅音没有D、R和gn（如同法语中的accompagné）；

3．B和g仅见于福建方言；

4．K有时送气，变为kh；

5．汉语有两种p，一种是单个的p，另一个是双pp，也可写作p'；

6．s 也有单s和双ss之分；

7．t有6种：t、tch、th、ths、ts、ttch；

8．汉语中v的发音介于v和w之间；

9．z从不单独存在，总是与t组合成tz。

弗雷莱执笔的残稿对汉语辅音的介绍比较详细，而且做了分类，例如把p、pp、m、f、v、w称作唇音，把t、th、l、n、s、ss、ch、j、ts、tch称作上腭音，把h、kh、k称作喉音，并简要地讲解发音方法，如ch的发音与法语相同，tch和ts的发音则与意大利语相同。但是，这些说明和讲解似乎稍嫌不足，根据这些简略的文字说明，法国人恐怕很难学会汉语的发音。尤其是多个字母组成的辅音，如t、tch、th、ths、ts、ttch，即使是当代中国人，大概也不明白究竟是哪几个音素。

《汉语语法》指出，汉语的元音音素可以单独成为音节，更多的则由元音和辅音相拼成为一个音节，每一个音节都是语义单位，一个音节由一个汉字表示，例如马、麻、骂都读作ma。同一个字有时可读作不同的音，同一个字可以有多种不同意义。汉语的元音和辅音双拼后，只有五六十个音节，加上三音相拼后产生的音节，总数依然不多。但是，汉语的一个特点是每个音节都有不同的调，同一个音节用不同的调读出来，其意义不同。每一个音有五种调，即阴平、阳平、上、去、入。调的应用使汉语的音节总量大大增加。不过，即使如此，对于一种语言来讲，汉语的音节数量仍然嫌少，所以，汉语中的同音字非常多。

尽管黄嘉略很明白，用欧洲语言的语法讲不清汉语，但是，由于没有现成的汉语语法可资借鉴，他只能明知不可而为之，生硬地把汉语装进欧洲语法的模子里去。他首先介绍了汉语的一些特点，诸如汉语没有词尾变化，没有动词变位，不分名词和动词，不分现在时、过去时和未来时，不分主动态和被动态，也不分命令式、直陈式和虚拟式，没有性和数，甚至没有欧洲语言那样的句子结构等等。尽管如此，他依然尽力按照法语语法的模子讲解汉语语法。他写道：

> 关于多数，汉语中有下列几种情况：1．有些事物在自然状态中就是多数，因而无需特殊标记，如手、眼、手指等；2．一个名词与百、许多、几个等词组合可表示多数，例如几人、众人；3．人称代词后面的“们”字，如我、我们，你、你们，他、他们。
>
> 关于格，汉语中的所有格，在口语中以“的”字表示，在书面语中以“之”字表示。与格在汉语通常以“与”字表示，但往往可以略去而不言自明。

他指出，汉语通过自己独特的表示方法，主要是借助小品词和词序，同样可以把所有意思表达得十分清晰。例如，上面所说的关于数的表示手段便是如此，除了“们”字比较常用外，“辈”字也可用来表示多数的概念，如“吾辈”、“余辈”、“尔辈”等等；北京话里的“咱”字也往往用来表示第一人称的多数。八万个左右汉字个个都是词，既是名词也是动词，它们的语法作用取决于该词在句子中的位置和发音方法。

他指出，汉语虽然也有许多人称代词，但作为主语的人称代词使用频率较低，在法文中使用人称代词的场合，汉语往往直接使用人名或物名。汉语中的谦辞极多，这是中文与法文的一大差异。说到自己的家乡时称“敝乡”，说到自己的国家时称“敝国”，说到自己的家庭时称“茅庐”，如此等等。

他指出，按照欧洲语言的语法来分析，汉语没有性、态、时、格、词尾变化等等，但是，汉语有其独特的表示方式。例如，法语以able 结尾的形容词，在汉语中用“可”表示，如“可爱”、“可吃”等。为了表示人或动物的性，汉语采用将一个类别词附加在主词上的办法来表示，如“人”字加上“男”字或“女”字后，就分别成为“男人”和“女人”，“鸡”和“鸭”字加上“雌”或“雄”字后，就分别成为“雌鸡”、“雌鸭”和“雄鸡”、“雄鸭”，表示同一意义的还有“公”和“母”，如“公马”、“母马”，“公牛”、“母牛”，“公、母”和“雌、雄”可以互换。此外，还有“牡”和“牝”两字专门用于指称动物的雌性和雄性。但是，没有生命的物品在汉语中没有性的范畴，例如房屋、花园等，这些词既不是阴性，也不是阳性或中性。

他指出，汉语动词都是不定式，不分时态和人称，词尾永远不变。为了表明时态，需要在句子中使用一些小品词或短语。例如，表示现在时可用“今”；表示过去时可用“那时候”；表示过去完成时可用“了”，如“我读了此书”；表示未完成过去时可用“已过了”；表示将来时可用“将”，也可用“会”，如“我的妻子会爱我”，等等。汉语中主要使用主动态，如“保罗爱彼德罗”，但也可以添加“被”字，用以表示被动态，如“他被保罗打了”，“这书都被虫吃了”。法语中的自反动词在汉语中通过添加“自”来表示，如“我自爱”，“他自爱”等。动词的祈使形式在汉语中可借助“愿”或“巴不得”等表示，如“我愿爱”，“我巴不得今在中国”。表示虚拟式则可使用“如”、“怕”等词，如“如我不知”、“我恐怕爱”、“如他来”，等等。

他指出，汉语表示比较级的方法也是添加小品词，如“佛朗西亚国比意大里亚国大”。

他指出，汉语中的常用叹词是“哉”，相当法语的ô，不过，ô通常置于句首，而“哉”字则从不置于句首，大多置于句末，如“我何无福哉”，有时也可置于句中，如“大哉天主之慈”。

《汉语语法》残稿中严格意义上的语法部分，大体上就是上述这些。不难看出，黄嘉略已经接受了弗雷莱和傅尔蒙传授给他的欧洲语言的语法概念，并套用这种概念来分析汉语了。现在来看他的这番论述，当然是正误参半，但是，我们没有理由对他苛求，因为那时即使是在中国，也尚无一人研究过汉语语法，黄嘉略是在几乎没有任何同类著作可供参考的条件下进行工作的，既然是开山之作，就难免不成熟。

《汉语语法》中的“汉字起源”文稿保存完整，左上角有弗雷莱的附注："黄先生手笔"字样，系黄嘉略执笔无疑。他指出，公元前2600年黄帝在位期间，中国尚无文字，人们以结绳记事。黄帝的大臣仓颉依据鸟兽的足迹发明了汉字。一些文人认为，在尧舜时期，汉字数量只有七八百。孔子之后400年，汉字依然有多种字体，有的字体用于篆刻，有的字体用于书写。汉字其实并不难学，因为汉字与其所表示的意义有着外在或内在联系，简单的意思用简单的字表示，复杂的意思用复杂的字表示，用以表达复杂意思的字往往由多个表达简单意思的简单字组合而成。例如，"林"、"男"都是用表示不同意义的简单字组合而成的复杂字，这样组合的好处是用已知字组成未知字，因而无需创造新字，使字数不致过多。汉字的组字方法共有六种，它们是：象形、指事、会意、形声、转注、假借。象形是对于自然状态的模拟，如"丫"字，它的意义是叉子，"田"的意义是耕作过的土地。指事表意，例如，"見"字由"目"和"人"两个部件合成，"泪"字由眼睛和水组合而成。会意是将两个字合成一个意思，例如"搧"字由一只手和一把扇子组合而成，意思是手在摇动扇子。形声是用一个字的读音和另一个表示意思的字组合成为一个新字，如"鲤"字，其中的"鱼"表意，"里"表音。转注是指同一个字可读不同的音，如"行"字，如读作hin，意思是走、可，如读作han，意思则是商店、行列；"数"字的意思是数量，如读作第三声，意思就是计数。假借有两种，一种是借音，另一种是借意；"能"的本意是一种强悍的野兽，借用后表示强和能的意思，这便是借意。借音是指一个字可以表示多种意思，如"伯"字既可指兄弟中的长者，也可指五爵中的为首者；“恶”字即既可表示坏、凶，也可表示讨厌、仇恨等意思。

《汉语语法》中的“中国的方言”文稿保存也相当完整。黄嘉略在文中指出，中国不但各省有不同的方言，各个较大的城市甚至一些小城市也有各自的方言。不但如此，在某些距离城市仅数里的乡村或集镇，居民们的口音也与城里人不一样。有人认为，方言的形成由来已久，至迟在孔子时代，不同的方言就已经存在了，至今变化不大。原因是今日的省份当年曾是诸侯国，例如，如今的福建当年是闽国，如今的广东和广西当年是粤国，各国居民所操不同语言后来就变成了方言。另外一种说法认为，方言是标准语言演变的结果。标准语言指的是每个省的省城居民的语言。以福建为例，“我”即第一人称单数在福州是ngoûaï，在泉州变为ngûane，在兴化变成coùa，而在兴化乡间则变成了nà。不过，方言区别虽大，文字却丝毫不变，各省的不同仅在于读音，字义到处都完全相同。例如，表示数字10的汉字是一个叉即“十”，各地读音不一，有的读作chi，有的读作ssi，但字形不变，含义也不变。中国的某些省城如北京、南京、山东等没有方言，居民都讲官话。

《汉语语法》中的“关于官话”也是黄嘉略撰写的。他指出，官话又称正音，是一种全国通用的口头语言。官话的“官”字可理解为官方、共同、普遍、公众等义，官话的意思就是普通话。欧洲人以为官话的“官”字仅指官员，把官话说成是官员、文人和有较高身份者使用的语言，这是错误的。其实，这里的“官”字是共同和普遍的意思，比如，大路也可叫作“官路”，就是同样的道理。实际上，使用官话的人相当广泛，一些商人和平民需要在各地奔走，所以往往也讲官话。中国的官员通常不能在自己的出生地任职，因而同在一地任职的官员往往来自不同省份，如果各讲各的方言，他们就无法彼此沟通，所以必须使用官话。当然，官话使用较多的是大城市，因为那里有来自各地的各种身份的人。最佳的官话发音是南京，北京也还可以，但两地的发音略有差异。黄嘉略认为，官话起源于孔子之前的四五百年间，那时中国北方已经比较发达，特别是中州地区，所以官话是以中州音为基础逐渐形成的。官话那时就已经通用于北方，只是各地口音略有差异而已，这种官话实际上就是初始汉语，是真正意义上的中国话。南方当时还是蛮荒之地，居民的语言比较粗俗，只是在开化之后才开始学讲官话。需要指出的一点是，黄嘉略关于官话的看法与许多在华传教士不同，他们认为，中国的官话形成于明朝之后，由于南京曾是明朝的首都，所以，官话是以南京话为基础，吸收其他北方方言而形成的。

《汉语语法》的第一部分中，分量最重的是各种实用对话和应用文。之所以做这种安排，原因有二,一是比尼昂教士让黄嘉略编写汉语语法和汉语字典的出发点，主要不在于学术研究，而是为前往中国传教或经商的法国人提供学习汉语的实用教材，使他们抵达中国之时能听懂汉语，最好还能说几句简单的日常汉语；二是黄嘉略出于对汉语的理解，认为汉语本来就无所谓语法，按照欧洲语言的语法生硬拼凑的汉语语法，对于欧洲人学习和掌握汉语起不到多少积极作用，欧洲人想要学会汉语，仅仅通过语法是远远不够的，只有多读、多听和多讲，才能掌握。应该说，这个看法是有道理的，许多在华传教士也持同样看法，例如，法国传教士宋君荣曾说：

> 很显然，欧洲学者如果不在中国并生活在中国人中间，他们肯定无法学会讲汉语，即使是凑合的水平也达不到。至于中文书籍，由于汉字的性质使然，欧洲学者借助从中国带到欧洲的书籍，可以懂得汉字的结构和使用字书的方法，从拉丁文、法文或其他文字的字典中查找汉字的发音及与其对应的欧洲字或词，长期专心研究后，欧洲学者能够认识许多汉字，并且勉强读通教义问答和历史地理等简单的书籍，至于诗词和文体讲究的文章，欧洲学者想要读懂和翻译，那不啻是白费功夫。[1]

因此，黄嘉略用在对话和应用文上的功夫远比语法部分大，这一点单从篇幅就可看出。对话以汉法对照方式编写，在版面上表现为平行的三栏，左边是用拉丁字母拼写的汉语词句，中间一栏是逐字对译的法文，右边一栏是准确和完整的法文译文。比如，“这是白老爷的家”这句话就以以下形式出现[2]：

thsè chií pe laòu yê te kià

1　Gaubil, *Correspondance de Pékin*（1722—1759）, Genève, 1970, p. 771.

2　此处因版面所限，改栏为行。

ce être blanc vieux seigneur de maison

C'est la résidence du Seigneur Pe

用现代眼光来看，汉语不是印欧语系那样的分析性语言，单纯依靠语法确实难以学会，黄嘉略所说绝非没有道理。弗雷莱大概也同意黄嘉略的这一看法，因而建议黄嘉略使用汉法逐字对照的方法，作为理解和掌握汉语语法的一种辅助手段。首先逐字对照，然后再给出完整的译文，这样不但有助于学习者了解和掌握每一个汉字的读音和意义，而且可以通过两种语言文字的对照，体会汉语的表述规律和习惯，在一定程度上弥补语法关系不清楚的缺陷。从另一个角度看，这些对话既是学习汉语的教材，也是实用的工具书，赴华的法国人如果有了这部书，就可以根据场合的不同分别查阅与之相对应的对话。

黄嘉略在两位法国学者的帮助下编写的《汉语语法》，与西班牙传教士万济国的汉语法著作《官话语法》相比，无论章节安排、具体论述都有不少相近或相同之处。由此产生的问题是：黄嘉略是否借用或借鉴了万济国的？从时间上看，黄嘉略读到此书的可能性是存在的。《官话语法》于1703年在广州刊刻出版，黄嘉略编写《汉语语法》是在1710年之后，《官话语法》从中国传入法国，十余年时间绰绰有余。再则，据吴蕙仪博士研究，此书早在1682年便已写成，成书后即以手抄本形式流传。为了适应来自各国的在华传教士的母语习惯，此书曾有过多种欧洲语言并采用不同汉语拼音体系的多种版本，1703年在广州刊刻的西班牙裔传教士的版本，未必是当年流布最广泛的版本。

梵蒂冈图书馆藏有傅圣泽1699—1700年之间手抄的一份拉丁文版《官话语法》，这份抄本使用的是法国传教士的汉语拼音体系，与黄嘉略使用的汉语拼音体系相同。傅圣泽1699年曾在厦门颜珰的住院小住，所以不能排除他在此时抄录这份《官话语法》的可能性。如是，黄嘉略就有可能接触到《官话语法》，因为颜珰与黄嘉略的师傅梁弘任一样，都是巴黎外方传教会成员，颜珰手中的这份《官话语法》有可能为梁弘任和外方传教会的其他成员所知，甚至可能通过某种途径带到巴黎，倘若如此，黄嘉略接触到此书的可能性就更大。[1]然而，从现在读到的《汉语语法》遗稿来看，黄嘉略以及他的两位合作者在编写《汉语语法》过程中似乎并未利用万济国的《官话语法》，理由至少有以下这几条：首先，黄嘉略去世后，法国官方立即派人整理他的全部遗物和遗稿，包括生前使用的参考书，并当场做了详细的记录，其中并无《官话语法》。其次，先后参与编写《汉语语法》的三个人都留下了一些遗稿，就笔者所见，其中无一提及万济国的《官话语法》。再次，黄嘉略编写《汉语语法》是奉命撰书，用现在的说法，是职业行为而不是个人创作，他以此换取的是工薪，而不是名声，因而他无需故意隐匿参考书；何况在18世纪初，著作权远非今天这样受到重视，不少作者对于是否需要在自己的著作上署名，抱着无所谓的态度。最后，如果真有《汉语官话》作为蓝本，黄嘉略就无需苦心孤诣，一稿又一稿地反复修改，反复誊抄，区区数十页书稿竟然费时五六年

1　与此相关的信息系吴蕙仪博士在私人通信中提供。谨致谢意。

之久。不应否认,《汉语语法》语法部分的体系确实与《官话语法》有不少相似之处。之所以如此，原因在于那时汉语还没有自己的语法理论，万济国和黄嘉略在讲解汉语语法时，都以欧洲语言为模子，套用欧洲语言的语法概念来解释汉语语法，于是不约而同地采用了大体相同的结构；而黄嘉略的两位合作者，在这一点上丝毫不比他高明，他们的思路离汉语语法特点之远，与万济国相比有过之而无不及。

但是，未曾利用万济国的《汉语官话》不等于没有参考过任何汉语语法资料。我们知道，在华传教士出于传教所需，初到中国时的第一要务便是学习汉语，尤其是口语；于是就有了多种大同小异的汉语教材在国籍和所属修会不同的传教士之间广为传抄的情况。这类汉语教材除了装进欧洲语言的筐子的所谓汉语语法外，更多是宗教仪式上使用的汉语和日常会话。无论在中国或在巴黎，黄嘉略都有可能接触到此类资料，进而应用在他的《汉语语法》中。

二、编写《汉语字典》

鉴于汉字的特殊性，它在整个汉语体系中的重要性是任何欧洲语言所无法比拟的。欧洲文字大同小异，基本上都由20多个字母构成，汉字则不然，数量多达数万，形状各异，笔画多寡不一，在欧洲人眼中简直就是天书。正因为如此，欧洲人谈及汉语时，几乎无一例外地从汉字说起。

最早在出版物中提及汉字的欧洲人可能是葡萄牙人克路士（Gaspar da Cruz），他在1569年出版的《中国志》中写道：

> 中国人的书写没有字母，他们写的都是字，用字组成词，因此他们有大量的字，以一个字表示一件事物，以致只用一个字表示"天"，另一个表示"地"，另一个表示"人"。[1]

1585年出版的门多萨（J.G. Mendoça，1545—1614）所著

1 博克舍编注：《十六世纪中国南部行记》，何高济译，中华书局1990年版，第112页。

《中华大帝国史》也提及汉字：

> 他们没有跟我们一样的字，只有用图形书写，同时他们要长时间，很困难地学会它，因为几乎每一词都有一个字。……他们一共有六千多彼此不同的字……每个字表示的含义肯定不同……他们书写的顺序和我们截然相反，因为他们是从上往下写，但很整齐：他们同样从右边开始朝左边写，跟我们的相反。……一个图形或一个字，对他们来说都表示一件事物，尽管读音不同。[1]

门多萨不但述说了他对汉字的印象，而且给出了三个写得不很准确的汉字，这也许就是有史以来首次出现在欧洲出版物上的汉字。

西方传教士进入中国以后遇到的第一个难题便是语言，语言不通就无法传教，这是最浅显的道理，所以，入华的西方传教士无不以学习汉语为第一要务。在华若干年后，他们大多能够流利地使用汉语会话，不少人甚至能用汉语撰写文章。由于有了切实的亲身体会，他们笔下对汉字的介绍，一般说来比较接近事实。葡萄牙传教士曾德昭（Alvaro Semedo，1585—1658）的《大中国志》（*Imperio de la China*）对汉字的介绍更加详细：

> 所有的字几乎都以母音结尾……他们使用的字看来跟他

1 门多萨：《中华大帝国史》，何高济译，中华书局1998年版，第112页。

们民族本身一样古老，因为据他们史书的记载，迄至1640年我写本书时，已有3700年之久。……字的创造者，据说是他们最早的一位帝王伏羲。开始字数很少，很简单，从某种意义说，像他们要表达的事物。他们的字共有六万……对于读书和理解文字而言，有八千到一万字就够了，而他们遇到所谓的冷字时，便去查字典……谁认字最多，谁就最有学问。[1]

利玛窦对汉字的介绍更进一步：

他们使用的字很像古埃及人的象形文字。……所有中国的字词无一例外都是单音字。我从未遇到过双音字或多音字，虽然有些字可能包含三个元音，其中有些是双元音。……中国人不习惯说元音和辅音，因为每个字正好像每个对象一样，都是用它自己的汉字或符号来表示的，用于代表一个意思。因此汉字符号的数目就等于字的数目。……虽然每个对象都有它自己的符号，但由于许多符号所组成的方式，所以总数不超过七万或八万。一个人掌握了大约一万个这样的符号，他受的教育就达到了可以写作的阶段。这大概是写作通顺所要求的最低数目。在整个国家或许没有一个人掌握了所有的符号，或者可以说对于中国语文有了完全的文字知识。有很多符号发音相同，写出来却很不一样，意思也很不同。所以

1　曾德昭：《大中国志》，上海古籍出版社1998年版，第39—41页。

结果是，中文也许是所有语言中最模棱两可的了。[1]

法国传教士李明在中国住了两年，回到法国后讲述了他对汉字的感受：

……同一个词常常用来表达完全相反的意义，从一个人嘴里说出来是恭维，从另一个嘴里说出来可能是辱骂。……这种语言只有330个字，个个都是单音节……这样少的字不足以表达所有事物……于是便在不增加字数的条件下增加每个字的意义，这种艺术就是声调，一个字的声调或高或低，便有了不同意义，因此，汉语听起来就像是音乐。……声调读错可能造成意义相反的结果，例如“牲”是动物，而“生”则是先生，两个字音同调不同……所以可以说，汉语的声调决定一切。……字数太多可能是中国人愚昧无知的原因，因为他们把一生时间都用在识字上了，再也没有时间顾及其他科学，学会了认字便沾沾自喜，自以为是个大学问家了。然而，即使如此，他们依然远远没有认识所有的汉字，经过几年艰难的学习，如能认识一万五千到两万个字，就已经相当了不起了。一般文人恐怕还达不到这个数目。我相信，任何一个举人都不可能认识所有字的一半，因为总共有八万多个。[2]

---

1 利玛窦等：《利玛窦中国札记》，何高济等译，第27—28页。

2 Louis Lecomte, *Nouveaux mémoires sur l'état présent de la Chine*, Phébus, Paris, 1990, pp.226-233.

汉字的数量之多，认读和记忆之难，欧洲人众口一词，当他们谈及汉语时，首先想到的是汉字，当他们学习汉语时，首先想到的依然是汉字。在华传教士基于自身需要，同时也为了方便后来者，先后编写过多种辅导汉语学习的工具书，西班牙奥斯定会士拉达（Martin de Rada，1533—1592）早在1575年就编写了《华语韵编》，这是一本西班牙语与闽南话对照的词汇书。1605年，利玛窦在意大利传教士郭居静（Lazare Cattaneo，1560—1640）和中国教徒钟鸣礼修士的协助下编成一份词汇表，题名《西字奇迹》；他和罗明坚（Michel Ruggieri，1543—1607）合作编写的《葡汉词典》则与词典比较接近。金尼阁的《西儒耳目资》在此类工具书中最为中国人所知，此书共分三编，第一编是总论，第二编是从拼音查汉字，第三编是从汉字查拼音。此书虽然在汉语语音学上颇有建树，但对于欧洲人学习汉语依然帮助不大。阿伯儿-雷慕莎谈及此书时写道：

> 这部书只不过是一部由三部分组成的拉丁文和汉语对照语音书……此书仅对想学拉丁文的中国人有用，而且我相信，用处也不会很大。[1]

这就是说，在18世纪初年，法国乃至整个欧洲尚无一部可以帮助西人学习汉语的字典，怪不得比尼昂教士让黄嘉略除

1 Abel-Rémusat, *Mélanges asiatiques*, p.62.

了编写一部《汉语语法》外，一定要再编写一部《汉语字典》，否则，法国人单靠语法无法学会汉语。他的这个想法是一贯的，黄嘉略死后多年，他依然不改初衷。1729年，傅尔蒙编写的《汉语论稿》已经脱稿，准备付梓，但比尼昂建议暂缓出版，理由之一便是：

> 这部语法即使已经臻于完善，如果没有一部字典与之配套，依然不会有多大效用。没有字典而单有语法规则，中文书仍然无法读通。[1]

由此可见，比尼昂把《汉语字典》放在与《汉语语法》同等重要的地位。事实上，这并非他独有的想法，而是包括傅尔蒙在内的多数法国人的想法。黄嘉略接受比尼昂交待的任务后，立即开始编写字典，而此时语法编写工作尚无头绪。原因很简单，国王图书馆和巴黎外方传教会都收藏着若干中国字书，可用作编写字典的母本，选字和释义都不会有太多困难；而当时黄嘉略尚未与傅尔蒙和弗雷莱接触，他的语法知识还几乎处于零的状态，没有条件开始编写《汉语语法》。结识弗雷莱和傅尔蒙后，语法编写工作随即展开，但编写字典的工作也并未因此而放弃。从弗雷莱和傅尔蒙的遗稿来看，他们二位对黄嘉略的帮助侧重于向他灌输语法知识，对于字典编写工作较少过问，原因可能是他们不识汉字。不过，弗雷莱虽然没有来得及直接

1 E.Fourmont, *Meditationes sinicae*, Paris, 1737, p. 135.

参与字典的编写工作，却为此出过主意，对此他有如下记述：

> 关于我与黄先生在书面语言或汉字方面的合作，我无法提供任何证据，因为直到1714年年底，黄先生的这项工作进展甚微，他曾着手翻译一部字典，当我正准备过问这项工作时，我们的关系因故中断了。黄先生起初翻译的那部字典是依照口语发音排列的，因而是供会说汉语而想从字典中查找某个字的人使用的。这项翻译工作在我结识黄先生之前就已开始。结束了口语方面的工作之后，我开始翻阅这部字典，我在与他的对答中渐渐明白了汉语文字体系，这就是我后来在1718年的论文中所陈述的。这一发现让我察觉了字与字之间有着某种同类关系，我觉得，这些同类字的排列应该有一个自然顺序，就像按词根顺序排列的那种字典一样。听说中国也有按照类别排列的字典后，我就建议黄先生放弃已经开始的那部字典的翻译工作，转而翻译按照类别或者说词根或部首排列的字典。我将自己对汉语文字体系的看法报告给了比尼昂教士，他下令黄先生按照我的意见去做。此时已是1714年年末，我们的关系很快就中断了，由于翻译工作刚刚开始，我对此没来得及做什么工作。[1]

傅尔蒙的遗稿中有关黄嘉略编写字典的记述，几乎都是关于他在黄嘉略死后如何处理黄的遗稿，以及对这部未完成的字

1　巴黎天文台图书馆：B 2-1, 1,4。

典遗稿的评论，至于他曾经如何协助或指导字典编写工作，遗稿中没有记载。但是，在黄嘉略的字典遗稿的扉页上，有这样几句话：

注：我曾让黄先生为他的字典排一个字母表，下面就是这份字母表的抄件，不过，他添加了几个字母和汉字。

这段话显然不是黄嘉略所写，从笔迹辨认是傅尔蒙手书无疑。由此证明，傅尔蒙虽未直接参与字典编写工作，但也为此出过主意。

正如弗雷莱所说，黄嘉略先后编写过两部汉语字典，起初编的是按照音序检索的字典（同音字典），后来根据弗雷莱的建议，转而编写按部首检索的字典。这两部字典的遗稿如今收藏在巴黎国家图书馆东方部[1]。遗稿中的同音字典部分仅42页，按部首检索的字典部分998页，两部分相加共1140页，合订为一册。同音字典刚刚起头，按部首检索的字典也尚未完成一半，事未竟而人已去，黄嘉略没能编成一部字典便撒手人寰了。

同音字典的头几页一份是字母表（Table alphabétique）：C、E、F、G、H、J、I、Kh、L、M、N、O、P、Pp、Qu、S、T、Tch、Ts、Tt。这个字母表其实就是这部字典的目录，每一个（组）字母为一单元，由这个（组）字母与其他辅音和元音拼成不同的单音节，然后给出汉字。以C部为例：chaua沙、

1 巴黎国家图书馆东方部：chinois 9234。

chai筛、chane山、chang伤、chao烧、che舌、chene膻、chi诗、chine身、ching声、chiou收、cho烁、choau霜、choui谁、chou叔、chu述、chue说、chune纯、choai衰、chu书。F部共有14个字，G部共有8字，H部共有36字，J部共有14字，I部共有16字，K部共有21字，Kh部共有24字，L部共有28字，M部共有23字，N部共有20字，O部共有5字，P部共有20字，Pp部共有20字，Qu部（后改作K部）共有21字，S部共有28字，T部共有23字，Tch部共有20字，Ts部共有25字，Th部共有22字；此外还有零星的eull儿、uon用、cai丐、tse子、coo个、vou伍。以上总共394字，这394字就是黄嘉略所归纳的汉语的全部音节。汉语究竟有多少音节，各家说法不尽相同，李明认为有“330个字节”，西班牙人万济国的《官话语法》认为不超过364个，利玛窦的罗马化汉字表列出的汉字音节共计394个，曾德昭则认为不超过328个。黄嘉略的音节表将“叔”、“述”、“书”三个读音完全相同的字视为三个不同的音节，显然是错误的，这说明他的体系很不完善。此外，他将Qu部全部改为K部一事，说明他的汉字拉丁化方案尚未定型，在使用过程中继续改进，以臻完善。在这份字母表中，他用P和Pp分别表示当今汉语拼音方案中的B和P，用T和Th分别表示当今汉语拼音方案中的D和T，但是，送气辅音和不送气辅音以及翘舌辅音和齿尖辅音并未全然区分，例如，当今汉语拼音方案中的Z、C、CH和ZH，在他的字母表中都以Ts表示：Tsa杂、擦，Tsai哉、猜，Tsane簪、参，Tsang臧、仓，Tsao遭、操，Tse则、测，Tseng争、撑，等等，这显然也是不妥当的。此外，他的汉字拉丁标音体系具有较大的随意性，同一个汉字在他笔下常常出现不同的拼法。这种情况在他的巴黎日记中就已经有所反映，例如，“月经”二字，他时而写作hue kin，时而写作hue king，时而写作hue quin。“山”字时而写作chan，时而写作chane。以上这些情况说明，黄嘉略对汉字音素缺乏深入细致的研究，他的拉丁标音体系尚未成熟，而且也不精确。但是，这些情况同时却也传递给我们一个信息，那就是，他的汉字拉丁标音体系既不同于利玛窦的汉字拉丁化方案，也不是早期在华传教士惯用的葡萄牙方案，虽然与由法国在华传教士创建的法国方案比较接近，但也不尽相同，而是在已有的多种方案基础上改进和完善的。例如，当今汉语拼音方案中的SH在葡萄牙传教士的汉字拼音方案中是X，在利玛窦的汉语拼音方案中则是SC，而黄嘉略使用的却是CH。当然，他的拼音方案并非全然由他自己创制，而只是在前人的基础上作了修改而已，所以，与他以前使用的各种汉语拼音方案常有许多相同之处，例如，当今汉语拼音方案中的T，在利玛窦的方案中是Tt，黄嘉略使用的也是Tt。

音序字典中已经编妥的字有以下这些：cha、chi、chin、ching、ching、chiou、cho、choau、choai、choa、choui、fa、fan，同一音节大多有若干单字，例如chiou下就有chiou收、chiou首、chióu受等三个字。第一个字母即C已经编完，共收389个汉字，加上异体字8个，共397个；F已经开始编写，fa字下面已有13个汉字，两部相加共计410个汉字。

从黄嘉略的遗物和当时国王图书馆的中文藏书推断，黄嘉略编写同音字典时，把《海篇心镜》用作主要参考资料。这本是一部韵书，而不是字典，由于它把同音或同韵的字归在一起，所以被黄嘉略拿来当作编写同音字典的母本。对照表明，黄嘉略的同音字典与《海篇心镜》区别相当大，首先，由于黄嘉略的同音字典不是按照汉语的韵部编排，而是以拉丁字母表为序，所以同一个汉字在《海篇心镜》和黄嘉略的字典中出现的位置完全不一样。其次，《海篇心镜》是供中国人作诗时选字用的，没有也无需释义，黄嘉略的字典则是帮助法国人学习汉字用的，所以，他不但对每个字进行释义，而且充分考虑到了法国人的实际需要，在解释字义的同时，适当地介绍一些有关中国的常识。例如他为“山”写的释义是这样的：

> chan，山，中国有五座名山，分别位于中国四方，最著名的是泰山，位于东部。泰山用来称呼岳父，也就是说，当一个人在与别人谈话中提到对方的岳父时，法国人通常礼貌地说“Votre beau-père”，中国人则说“令泰山”，意思是说，岳父如同五岳之首泰山一样崇高。泰山还用在一句谚语中：“有眼不识泰山”，这是指一个人不知道一个非常有名的人，意思是说，一座高山就在你眼前，而你居然视而不见。

从语义角度来说，用法文的montagne和colline为“山”释义也就足够了，但是，黄嘉略却写了上面这许多常识性的文字，实际上已经远远超出严格意义上的释义，很显然，他考虑的不只是帮助法国人认识汉字，还要尽可能让他们多知道一些有关中国的常识。

前面已经提及，弗雷莱发现，这部同音字典即使编成，不认识汉字的法国人也根本无法使用，所以，他建议改用部首检索法编写汉语字典。这个建议上报给比尼昂教士后，很快获得批准，同音字典的编写工作当即中止，黄嘉略转而编写按部首检索的《汉语字典》。

按部首检索的字典遗稿将近一千页，收字5210个。根据黄嘉略的遗物和国王图书馆的中文藏书推断，黄嘉略用作母本的是《字类（汇）》和《正字通》。《字类（汇）》如今通称《字汇》，由梅膺祚编于明朝万历年间，全书十四卷，收字33,179个。根据巴黎国家图书馆东方部的藏书情况推测，黄嘉略当年使用的《字类（汇）》是康熙二十五年（公元1678年）刻印的版本。这部字书在中国字典史上具有重要地位，它所开创的体例沿用至今。具体地说，它有两大贡献：第一，简化了自《说文解字》以来各种字典所使用的部首，把部首数目缩减为214个；第二，部首按笔画多寡排序，各部所收的字也按笔画多寡为序，从而改变了以往各种字书中排序无一定之规的混乱局面。《正字通》也是明人的作品，关于作者有两种说法，或称张自烈撰，或称廖文英撰。这部字书袭用《字类（汇）》的体例，内容大体相同，只是对前者的缺漏和错误做了补正。巴黎国家图书馆东方部的藏书显示，黄嘉略当年使用的是通用的题名廖文英撰本。《字类（汇）》和《正字通》问世以后，受到普遍好评，康熙朝张玉书主持编纂的《康熙字典》也以这两部字书为蓝本。黄嘉略选用这两部字书作为他编写汉语字典的主要参考书，说明他虽然没有受过正规教育，但在治学方面具有一定水平。除了这两部字书外，黄嘉略所编写的王家图书馆中文藏书目录中，还有《字类补》等中国字书，估计他在编写字典时也曾用作参考。

弗雷莱和傅尔蒙在谈及字典时，总是异口同声地说黄嘉略翻译字典，而不是编写字典，连黄嘉略本人有时也这样说。然而，事实却并非如此，黄嘉略绝不是简单地翻译现成的中文字典，而是根据法国人的需要编写汉语字典，他在每个汉字的释义中，不仅仅标明读音和与之相对应的法文词，而且想方设法把与这个汉字有关的中国知识写进释义，以致有时令人觉得超越了字典的范围。他这样做的用意，与他在《汉语语法》中编写大量对话和应用文一样，因为他非常清楚比尼昂教士让他编写语法和字典的目的，是让将要前往中国的法国人不但能认识汉字，用汉语进行简单的会话，还要尽可能多掌握一些有关中国的知识。黄嘉略一丝不苟地执行比尼昂的指令，在他编写的所有书稿中都充分体现了这一精神。弗雷莱和傅尔蒙之所以说黄嘉略是翻译字典而不是编写字典，很可能是出于误会。弗雷莱只见到过黄嘉略的同音字典稿，傅尔蒙虽有机会见到黄嘉略的两部字典稿，但限于他当时的汉语水平，不可能细读，因而不知道黄嘉略编写的字典和他所采用的母本差异相当大，绝不是简单的翻译。再则，他们大概看到黄嘉略在编写字典时经常翻阅《字类（汇）》和《正字通》等中国字书，况且黄嘉略本人也认同他们的说法，不否认自己是在翻译字典。因此，这两位法国学者都以为黄嘉略是在翻译字典而不是在编写字典。本来，我们没有必要为了究竟是翻译还是编写费这么多口舌，何况在黄嘉略看来，重要的是把字典编出来，至于究竟是编写还是翻译，对他来说并不是一个问题。可是，法国历代汉学家也许受到傅尔蒙太多的影响，在谈及黄嘉略时大多带着某种鄙夷或不屑的口气，在他们看来，黄嘉略连翻译字典都相当困难，怎么可能编写字典呢！正是为了替黄嘉略讨个公道，还历史事实以本来面目，我才不厌其烦地说了上面这一番本来可以不说的话，否则难以辨明究竟是翻译还是编写。

黄嘉略的字典是用法文编写的，每个字首先给出楷体汉字，接着写出拉丁字母拼音，然后用法文释义。除了对本字进行释义外，还列出若干含有此字的词即词条逐一释义。词条数量多寡不等，多的可达十余条，少者仅三四条。本字在词条中的位置一般处于词首，但也有在词中乃至词尾的，比如在“伦”字下面所列释义最长的词条就是“五伦”。从检索的角度来看，这样编排不甚合理，而应该把“五伦”这个词放在“五”字下面比较妥当，但是，他所据的母本《字类（汇）》也不考虑本字是否位于词首，凡是包含本字的词条，不管位于词首或词尾，一律选入。例如，《字类（汇）》中的“井”字下面就列有井田、市井、井井、藻井等词条，其中的“井”字时而在词首，时而在词尾，并无一定之规。由此可见，这个缺陷并非黄嘉略独有，而是中国历代字书的通例。

黄嘉略这部按部首检索的字典采用了《字类（汇）》和《正字通》的部首分类，共214部，编完的5210字分布在85个部首。单从字数看，5210字仅占《字类（汇）》所收33,179字的六分之一，离编完还相当遥远。仔细阅读遗稿后就不难发现，事实并非如此，因为，黄嘉略在选字时不求多求全，而是从法国人的实际需要出发，对《字类（汇）》和《正字通》中的一些生僻字和非常用字弃而不收，异体字则不论是一个、两个乃至更多，都不单独列条，而是附在习用字下。他在选字时相当认真地考虑法国人的实际需要，基本上不收那些对于初学者用处不大的字，以至于被傅尔蒙指责将母本所收之字几乎舍弃了四分之三。我们将他的遗稿与上述两部字书进行了对比后，发现傅尔蒙所说虽然有些夸大，但舍弃量确实较大。因此可以断定，他的字典如能编成，绝对不可能如《字类（汇）》或《正字通》那样收字三万余。他的字典遗稿止于水部的“涚”字，所收水部字约占母本该部的五分之二。水部列214个部首的第85位，即所有部首的五分之二处。我们知道，部首的笔画越多，该部的字数就越少，如最后三个部首“龍”、“龜”、“龠”，每部都不超过十字。部首的先后是以笔画多寡为序的，也就是说，排在前面的部首通常都收字较多。因此，黄嘉略编完的5210字虽然仅为《字类（汇）》33,179字的约六分之一，但考虑到上述各种因素，我们推算，他的字典大体上已完成一半左右，也就是说，他的这部字典如果能够完成，将收字一万左右，而不是《字类（汇）》的三万余字。

黄嘉略死后，遗稿全由傅尔蒙接收保管，这份字典遗稿也在其中。由此可以推知，在傅尔蒙去世之前，大概唯有他读过这部字典遗稿，因而也唯有他有资格对它做出评论。他多次谈及黄嘉略的字典遗稿，简繁不等。一件题为“傅尔蒙先生著作目录摘要”的档案写道：

奥尔良公爵大人很想知道，利用黄先生所留下的那些已经有了释义的汉字，汉语字典的编写工作是否可以继续进行。……傅尔蒙在先后呈递给比尼昂教士和奥尔良亲王的报告中声称，黄先生开始编写的那部字典，对任何一个想要继续此项工作的人，都没有什么用处。[1]

在另一份手稿中，傅尔蒙在提及黄嘉略的遗稿时对这部字典做了较为详细的介绍和评论：

……一部写在大开本纸上的字典，也就是他奉国王之命编写的字典。我在前面已经说过，这部字典共有5210个汉字。对于此稿我想做以下几点说明：1．这部字典是按部首检索编排的，查阅比较方便，借助此字典可以从中文译成法文。黄先生依据这一方法编完了83个部首[2]中的5210字。2．在这部字典的各个部首中，他舍弃了大量汉字，可以说几乎舍弃了四分之三[3]。……3．在已经编完的83个部首中，他仅仅解释了其中10个部首的性质和意义，其原因显然是想留待以后补足，而不是就这样付梓。4．他在每个汉字下面写了些例句，这些

1 巴黎国家图书馆抄本部：Ar. 69, fol. 100-102。

2 傅尔蒙的统计有误，黄嘉略的遗稿已编至“水”部，即第85个部首，请参阅《康熙字典》。

3 傅尔蒙的统计再次与我的统计不符，据我估算，被黄嘉略舍弃的字可能将会达到三分之二左右。

例句全都用拉丁字母拼出，因此对于我们没有任何用处。……所以，黄先生留给我们的遗稿实际上没有多大用处。[1]

傅尔蒙的这段话表明，他不但读了黄嘉略的遗稿，而且对照《字类（汇）》或《正字通》做了字数统计，得出了黄嘉略舍弃母本字数多达四分之三的结论。他认为这部字典没有价值，其理由可以归纳为三，一是没有编完，二是对部首本身没有逐一做解释，三是例句不以汉字写出，而是用拉丁字母拼写。傅尔蒙的这三条理由不但不足以否定黄嘉略的字典，而且包含着明显的错误。首先，没有编完确是事实，但不能由此得出已编部分没有价值的结论，因为，有能力的人可以在已有的基础上继续编写，把这部字典编完。其次，傅尔蒙指责黄嘉略没有对部首逐一做出解释，其实是他对部首的错误理解使然。我们知道，部首只是根据汉字形体偏旁所分的门类，有的部首本身就是完整的字，因而有意义，有的只是用以组字的某些笔画组合，而并非完整的字，因而没有独立的意义。黄嘉略对那些本身是字的部首加以释义，而对那些本身并不是字的部首不予释义，这样做是完全正确的。但是，傅尔蒙出于他错误的部首概念，以为汉字的部首是汉字的基础字，个个都有独立的意义，这些基础字依据其意义不同，以不同的组合方式构成所有其余汉字，所以，只要掌握这些基础字，便等于掌握了所有汉字。换句话说，只要彻底了解并熟悉部首，认识任何一个汉字

1　巴黎国家图书馆抄本部：F.n. N.A. 8974, fol. 174-201。

都易如反掌。正因为如此，傅尔蒙极端重视部首，尤其重视每个部首的读音和意义。殊不知，部首并非如他所想象的那样重要，因而他对黄嘉略的指责是站不住脚的。再则，黄嘉略对每个字进行释义时使用的是法文，只是某些例句用汉字拼音写出，这是为了方便不认识汉字的法国人，试想，如果用汉字书写例句，有几个法国读者能够读懂？何况，当时的法国并没有印刷汉字的条件，如果每个例句都用汉字书写，这部字典如何印刷出版？不言而喻，对于黄嘉略来说，用汉字书写例句，显然比用拼音书写例句更为方便，他之所以舍易求难，完全是从当时法国的实际条件和实际需要出发。傅尔蒙不但不领情，反而加以批评，实在是颠倒是非，以怨报德。当然，从另一个角度看，通过汉字拼音至多只能学会说汉语，却不可能学会汉字，而想要真正学会汉字，只能把汉字拼音当作一种认字的工具或过渡。就此而言，傅尔蒙的意见有一定道理。然而，傅尔蒙在对黄嘉略的字典做出上述评论时，法国已经具备了印刷汉字的条件，他完全可以把黄嘉略的例句从拼音转换为汉字，这并不很困难，况且在黄嘉略的字典中，例句的比例原本就不大，何况有些例句是用法文书写的，根本无需转换。如果傅尔蒙能继续黄嘉略未竟之业，把余下部分编完，这是最理想也是最省事的办法。可惜，傅尔蒙不具备这种能力，他的汉语远未达到这个水平，所以他不可能承担这个任务。但是，他不愿意承认这个事实，为了掩饰自己的无能和无奈，进而让人们相信他的能力，他采用了压低他人从而抬高自己的手段，以黄嘉略在例句中使用拼音为借口，扼杀了这部相当不错的字典未完成稿，致使它没能发挥应有的作用。不但如此，由于只有他有机会接触这部遗稿，他对这部遗稿的评价也就成了唯一有依据的评价，因而，受他影响的历代法国汉学家，也异口同声地声称，黄嘉略的遗稿没有什么价值。

其实，从选字、设置词条和释义这三个方面来看，黄嘉略的字典编得相当不错，水平高于《汉语语法》，即使在三百年后的今天阅读这部字典，依然令人受益匪浅。

首先在选字方面，他从法国人的实际需要出发，以少而精为原则，断然将大量生僻字排除在外。以“一”部为例，《字类（汇）》收字31，《正字通》收字32，黄嘉略收字21。字数较多的部差异更大，如“手”部，《字类（汇）》收字1012，《正字通》收字1031，而黄嘉略却仅收447字，为前者的一半弱。在“人”部中，《字类（汇）》收字729，《正字通》收字751，黄嘉略收字607，被他舍弃的字包括亼、仌、仈、仉、仏、仚、仢、仯、仸、仺、伶等，这些显然都是生僻字。黄嘉略的字典如能编成，估计全书收字一万余，字数虽少，却必然个个都是使用频率较高的常用字，因而是一部实用性较强的汉语字典。

其次，在词条的设置上，除了合理选用母本原有的词条外，他还根据所了解的法国人的实际需要和接受能力，增添了许多母本所没有的词条，致使词条与母本差异较大，数量有所增加。以“井”字为例，《字类（汇）》仅列井、井田、市井、井井、藻井五个词条，而在黄嘉略的字典中，“井”字下面所列词条多达十一个：井、井田、市井、市井之言、坐井观天、井井、古井、冰井、沸井、焚井、火井。但是，正如他选字有所取舍一样，他在设置词条时也充分考虑到法国人的实际需要，对于母本中某些过于深奥的典故之类的词条，他毫不犹豫地予以舍弃，而使用频率较高的常用词条则多于《字类（汇）》和《正字通》。例如，“中”字的词条就超过十个：

中tchon。中央、里面、内部、普通，引申为能、可，如：不中用，谓某人或某事毫无用处，即全然不能为我所用。

中字在诗歌中作一半、同等、完善、隐匿解。

中中，犹言一般，介乎优与劣之间。问及某人美否而答以中中，意即此人不美不丑。

中国、中华、中州，中国即中央之国，中华即中央之花，中州即中央之土。此三词均系中国人对中国的不同称谓，盖中国人谓地乃四方，其国居中故也。

中旬，中与旬二字合成。旬，月之三分之一。中国人将一月分为三旬，故称每月之十日至二十日为中旬，前十日为上旬，次十日为中旬，后十日为下旬。

中人，居中斡旋者。

中浣，此二字亦指每月之第二旬。浣即洗、净。此词源于公元618年唐朝之习俗。太宗皇帝准宫内百官每月外出沐浴三次（即以沐浴为名准假三日）。第一假日在前十日内；第二假日在此十日内，第三假日在后十日内。此习俗沿袭至今，中华民族乐于保存旧习也。

中用，此词用意表示可用、能干之意。如：这衣也还中用，意为此衣尚可穿着。又如：油盐柴米中用家里，米即面包，意为油盐柴米为家庭之所需。

人中，唇上部，鼻与唇之间。

中，读第四声，意为连接、需要、赞同、正确；犹如法语之tenir juste au but，devenir juste等。科举乡试成功者称中进士。

“中用”这个词条是一个相当通俗的词，而“中浣”则是一个使用频率较低的词，黄嘉略兼收并蓄的目的，是让这部字典既能帮助法国人阅读中文书籍，又能与普通中国百姓进行对话。

他所增添的词条除了普通常用词外，还包括一些与中国的历史、地理或民情风俗有关的专用名词，这些词对于中国人来说大多属于普通常识，因而无需列为词条，但对于法国人来说，则是他们与中国人打交道时必须知道的。例如，他在“井”字下添列了“市井之言”和“市井之交”词条，并作如下释义：

市井之言，用以斥责食言之人、谎言之人。如逐字翻译，则是“市场上的话”，“言”即语言、话，“之”表示所有格，“市井”即市场、商人。

市井之交，商人之间极为短暂的友谊，集市散去，友谊即告终结。

释义相当详细，这是这部字典的又一个特点。以刚才列举的“中国”这个词为例，任何一位汉法字典编纂家只要注明

Chine，就可以说已经完成任务了。但是，黄嘉略不满足于这种简单的对译，他不但要让法国人知道中国就是Chine，而且要让他们进一步弄明白，为什么中国人把自己的国家叫作中国，为此他列举了中国、中华、中州等词，并加以解释，这就不但把中国这个名词的由来说清楚了，而且还让法国人知道了中国还可称作中华和中州。又如上面列举的“中浣”这个词，他不仅介绍了此词的历史渊源，还说中国人珍视传统，乐于保存旧有的习俗，这就不但有助于法国人了解中国的历史，还能对中国人的心态有所体验。

类似做法在他的字典中比比皆是，为了帮助法国人从他的字典中获得有关中国的知识，他不厌其烦，不惜篇幅，几乎不放过任何一个机会，用心可谓良苦。例如，他为“丁”字释义时就介绍了干支记年法，而且为了法国人便于理解，在解释时用A、B、C、D和1、2、3、4取代甲乙丙丁和子丑寅卯：

> 丁ting，丁是十个地支中的第四个字，中国人将十个地支与十二个天干相配合，构成以六十年为一个周期的干支纪年法，这也就是常说的甲子纪年法。中国人使用阴阳历法，每年或十二个月或十三个月。每隔三年和五年就有一个闰年，闰年有十三个月，每十九年中有七个闰年。干支的组成方法可以用字母和数字作比：A、B、C、D、E、F、G、H、I、K十个字母和1、2、3、4、5、6、7、8、9、10、11、12十二个数字相配，第一对是A1，第二对是B2，第三对是C3，第四对是D4，第五对是E5，第六对是F6，第七对是G7，第八对是H8，

第九对是I9，第十对是K10，然后，字母应从头开始，所以第十一对是A11，第十二对是B12，以此类推，直到K与12相遇组对，一个周期方才终结。

又如，他在为“蜜”字释义时，介绍了中国字书所使用的反切注音法：

蜜mi，蜜字由一个辅音和一个元音合成。为了给蜜字注音，需要找到一般商人都认识的两个字，其中一个以m为辅音，而不必考虑跟随在这个辅音后面的是什么元音，另一个以i为元音，而不必考虑在它前面的是什么辅音。比如为了给“蜜”字注音，就可利用“木”字和“十”字。“木”念mou，“十”念chi，取mou中的m和chi中的i相拼，就得出mi这个音，而这就是“蜜”字的读音。

又如，他在为“一”字释义时介绍了八卦和汉字的起源：

一，此字是伏羲用以组成八卦的三条平行线之一。这三条平行线可以是完整的，即☰，可以是中间断开的，即☷，也可以是由两条完整的和一条中断的组成的，即☱、☲、☴，或由一条完整的和两条中断的组成，即☳、☵、☶，由此可获得八种不同的组合即八卦。可是，八卦远远不足以表示世间所有的变化，所以，伏羲将单卦扩充为双卦，每卦由六条线组成，从而获得六十四卦。想要表示世间一切事物，六十四卦依然不敷所需，但是，如果再增加平行线条，就会感到很不方便，于是采用竖的和斜的线条来增加图形的数量。汉字就是由此而产生，发明者是伏羲以后255年的中国君主黄帝的臣下，此人名叫仓颉，据说他根据天上的星星和地上鸟兽的踪迹发明了汉字。

为了减少法国人理解中国事物的困难，他还常常将中国的事物与法国的同类事物进行比较，例如，在他为“伯”释义时就借助法国的贵族头衔解释中国古代的五爵：

伯pe，此字原系古代一位乐师之名，其弟名仲，参见仲字，如今此字用于指称兄弟中之长者，如兄、伯，伯即父之兄，父之弟则称叔。

伯为古代五爵之一，在公元前1125年的周朝，伯为五爵之第三等。周朝的开国君主武王征服中华帝国全境，废黜商朝末代君主，创立世袭的五爵制，沿用达八百年之久。被周武王授予爵位的有被推翻的商朝遗族、本家子弟及其父周文王的庶出王子，以及曾为他出生入死的文臣武将。臣下在获得爵位的同时，还被赐予封地。五爵的第一等为公，犹如以往勃艮第和诺曼底的Duc。第二等为侯，侯也相当于Duc，但在公众场合，公的位置先于侯。第三等为伯，相等于法国的Comte。第四等为子，即marquis。第五等为男，即Baron。在五爵之下，有许多较小的爵位，他们没有资格每隔五年随同五爵前去宫中朝见国王，依照当时的律法向国王发誓表示忠心，他们只能把礼物和表文请公和伯转呈。公的地位虽然高于侯和伯，但有些侯、伯或男的领地却比公的领地更大，他们后来不但变成了强大的君主，其中有些人更当上了国王。

虽然法国的贵族与中国的五爵有许多不同之处，但是把公比作Duc，把伯比作Comte，从总体上看是贴切的，因而这种对译关系至今仍然沿用。

汉语中的有些字和词条在法文中找不到对应的词或词条，无法简单地对译，在这种情况下，黄嘉略就用较多的文字加以阐释。例如，在中国的道德体系中，"五伦"具有相当重要的地位，可是对于法国人来说，却是一个完全陌生的概念，为了让法国人对此有所了解，他便借用为"伦"字释义的机会，逐一解释"五伦"的含义：

> 伦luen，类，伦，性，种，相似，选择，比较。中国文人认为，人与人之间存在着五种关系，人人都应严格遵守和践行五伦或五种基本原则：君臣、父子、夫妇、兄弟、朋友。
>
> 与这五种关系相对应的是五种道德，人人都应视为不可背弃的义务，并付诸实践。
>
> 一、君和臣都应公正行事，君主应以公正和公平对待臣属，臣下应以公正和理智效忠君主。
>
> 二、父子应互相施爱和报恩，为父者应以父爱对待其子，尽力为其谋福；为子者应以孝心侍奉其父，须臾不忘父恩。
>
> 三、夫妇相待应有所不同，丈夫应为妻子提供富足的生

活，妻子则应在一切场合服从丈夫。

四、兄弟相处应长幼有序，兄应善待弟，弟应尊敬兄，兄弟应互爱。

五、朋友之间彼此应以信、义、诚和真相待，互相告知对方的短处。

用这么大的篇幅解释一个词条，在一般字书中极为罕见。反过来说，倘若这部字典不是供法国人使用，而是为中国人编写的，他绝对不会解释得如此详细，可见黄嘉略编写这部字典的指导思想就是在传授语言知识的同时，尽可能帮助欧洲人多了解中国。出于同样的考虑，他还收了一些熟语、俗语或成语作为词条，例如出现在“井”字下面的“坐井观天”，出现在“三”字下面的“不三不四”和“不管三七二十一”等等。这些成语和俗语有的见于中国的书面语言，有的虽不见于书面语言，却常见于普通百姓的日常口语，对于准备前往中国的法国人来说，懂得这些俗语有助于他们与中国普通百姓进行交流。

黄嘉略的字典所编写的不是一部仅仅传授汉语知识的字典，从某种意义上说，这是一部小型中国百科词典，不但可以用作工具书查阅，还可以当作一般读物阅读。这既是这部字典的最大特点，也是它的最大优点。然而，世界上的事物往往具有两重性，优点和缺点难以截然分开，从一个角度看是优点，从另一个角度看便是缺点。黄嘉略的字典也就是这样，从传播有关中国的知识角度看，黄嘉略考虑得十分周到，简直可以说是现代《辞海》型工具书的先驱。可是，若从纯语言角度看，这部字典显然有很多不足，例如，对字义本身的解释似乎不够重视，更没有从语法角度讲解每个字的用法。在词条的设置方面，存在着一定程度的随意性，有的词条很雅，有的词条很俗，有些该设的词条没有设，有些无需设的词条却设了。在释义方面，有的过于详尽，不符字书的体例；有的却又过于简略，没有把字义说清楚。这些都表明这样一个事实：全书缺乏清晰的总体策划，选字、设条和释义都没有前后一致的标准；所以从学术上看，这部字典不是一部成熟的作品。

尽管这是一部瑕瑜互见的作品，但从总体上看，依然不失为体现了当时最高水平的汉语字典；岂但在当时，即使在一百年后的19世纪初期，依然没有能与之匹敌的汉语字典。中国有句俗话："不怕不识货，就怕货比货"，我们不妨把黄嘉略的字典与此前此后的西文释义汉语字典做一个简略的比较。

欧洲传教士进入中国后，出于学习汉语的实际需要，陆陆续续编写了一些汉语与欧洲语言对照的词汇手册。最早的此类著作是西班牙人拉达的《华语韵编》，这是一本闽南话与西班牙语对照的词汇手册，此后又有了意大利传教士利玛窦和罗明坚的《葡华字典》。这些小册子通常都是篇幅不大的词汇对照，对汉字注音，但对字和词条或词汇基本上不作释义，其主要用途是帮助入华传教士学习汉语。在汉语罗马化注音史和汉语音韵学上，它们都有程度不同的贡献，但是，作为字典来看，它们都还处于雏形阶段，与黄嘉略的字典相比，存在着相当大的差距。对于已经来到中国并与汉语有实际接触的传教士，这些词汇手册确有辅助功效；但对于从未到过中国，从未接触汉语的欧洲人来说，它们则很难发挥作用。

随着中国与法国之间经济和文化关系的进一步发展，法国人对于编出一部汉语字典的期望日益炽烈；然而，没有中国人的直接参与，编写汉语字典谈何容易，所以直到1813年，法国第一部真正意义上的汉语字典才在巴黎出版，这便是奉法国皇帝拿破仑一世之命编撰的《汉—法—拉丁字典》（*Dictionnaire chinois-français et latin*）。严格地说，这部字典并非原创，而是在已有作品基础上增补的结果。曾任陕西宗座代牧的方济各会在华传教士叶宗贤（Basile de Glemona，1648—1704），参考了在华传教士们所编写的各种中西词汇对照的书，编成了一部以拉丁文释义的《汉字西译》，收字近一万，并附有量词表，受到各界欢迎，成为在华传教士的模仿对象。传教士们根据各自的需要增添一些新的内容，转译成西班牙文、葡萄牙文和俄文，并将抄本传入欧洲。1800年，以拿破仑为第一执政官的执政府决定尽快编印汉语字典。由于法国无人能担此重任，只得从英国聘请一位专家到巴黎主持此事。这位英国先生仅摘译过一些中国古书，并不是汉语专家。四年之后，他的字典毫无进展，法国政府遂将他辞退。1808年，有人向内政部长推荐一位意大利人主持编纂汉语字典，内政部长认为，请外国人编写汉语字典有损法国的声望，主张在法国物色一位合适的人选。被选中的是小德经（L. J. de Guignes，1759—1845）。此人曾在广州居住多年，写过一些有关中国的游记，学者们对他的汉语造诣有些放心不下，但苦于没有更佳人选，也就只能如此了。顺便说一下，这位小德经便是傅尔蒙的学生、著名的汉学家德经之子。已经当上了皇帝的拿破仑于1808年发布敕令，指定小德经主修汉语字典。其实，小德经并不打算重起炉灶，他只是把叶宗贤的字典略加补充，兼用法文和拉丁文释义，仍以《汉字西译》为新字典的中文书名，1813年刻印出版。此时离黄嘉略开始编写《汉语字典》已经整整一百年了。这部字典颇有些气派，开本很大，书中的每个汉字二厘米见方，它的出版在东西文化交流史上是一件盛事。

《汉字西译》是奉皇帝之命由法国官方出版的汉语字典，其水平应该到达当时的第一流。然而，如果将它与黄嘉略此前一百年所编写的字典相比，我们不得不遗憾地说，在词条设置和释义方面，它都比不上黄嘉略的字典。前面我们曾经介绍了黄嘉略字典里的“中”字，与之相对照，请看《汉字西译》里的“中”字：

> 中Tchong，半、内、中间。
>
> 人中、不中用、中人、中风、郎中、中意。

黄嘉略笔下的丰富内容，在《汉字西译》中变成了干瘪的寥寥数语。从词条来看，《汉字西译》的数量比黄嘉略的《汉语字典》少，尽管《汉字西译》所选用的某些词条，如“中风”、“郎中”等不见于《汉语字典》。更重要的是，《汉字西译》依然如同当年传教士们编写的各种各样的“词汇表”那样，几乎对所有词条都不做释义。两相比较，《汉语字典》的水平远远高于《汉字西译》。

由此可见，在黄嘉略编写《汉语字典》时，世界上还没有一部严格意义上的西文释义汉语字典，遑论能达到黄嘉略的水平了，因而，说黄嘉略的工作堪称创举绝不为过。最大的遗憾是黄嘉略没有来得及把它编完，否则它肯定能为法国人乃至欧洲人学习汉语发挥极大作用。

黄嘉略死后，摄政王奥尔良公爵希望傅尔蒙接过黄嘉略未竟之业，把字典编完，因而下令将黄嘉略的遗稿交由傅尔蒙接管。如果这位教授是一个德艺双馨的学者，在黄嘉略的遗稿基础上编完全书，应该说并非没有可能。但是，傅尔蒙在这两方面都有所欠缺。首先，从能力上看实在有些勉为其难。我们知道，他在认识黄嘉略之前从未接触过汉语，即使如他自己所说，他们的共事始于1711年，从那时起到1716年黄嘉略去世，他学习汉语的全部时间也只有五年，而在此期间，他还从事其他研究，并未把全部心思和时间放在汉语上，所以，要求他独立完成这部字典的编写任务，确实不大可能。然而，他不可能独立完成续编任务，不等于完成黄嘉略的未竟事业就没有任何希望。假如他能将黄嘉略遗稿的状况如实向比尼昂教士报告，并表示愿意与弗雷莱等其他学者携手协作，把未完成部分继续编完，比尼昂教士肯定求之不得，必然全力支持他这样做。弗雷莱的汉语水平虽然不比傅尔蒙高多少，但是，两人如能通力合作，必要时争取在华传教士的帮助，大概还不至于造成狗尾续貂的结局。可惜傅尔蒙不但丝毫没有这种愿望，而且恣意贬低黄嘉略的遗稿，把这份遗稿说成毫无价值可言。他的目的果然达到了，黄嘉略的遗稿从此被束之高阁，再也无人问津。傅尔蒙为了证明自己并非没有足够的能力把黄嘉略的字典编完，而是可以比黄嘉略做得更好，夸下海口要编若干部汉语字典。巴黎国家图书馆抄本部的一件档案[1]谈及此事：

奥尔良公爵大人亟盼获知，利用黄先生所留下的为数不多的已经释义的汉字，编写汉语字典的工作是否可以继续进行。傅尔蒙先生于是全力投入汉语研究，数月后……他先后向比尼昂教士和奥尔良公爵呈递了一份报告，他指出，黄先生业已开始编写的字典对于任何一个愿意继续此项工作的人，都不会有多大帮助；但他同时又表示，在不借助黄先生遗稿的情况下，依然有可能编成一部汉语字典，此事似乎可以说相当困难，但如果指导得当，时间充裕，并非不可能。此外，既然中国有各种字书，诸如按部首编排的字典、历史和地理词典、各种同音字典等等，我们也应该编写多种汉语字典。

1. 一部按部首检索的汉语字典，用法文或拉丁文解释；
2. 一部（中国）历史和地理词典；
3. 一部或两部同音汉语字典；
4. 一部从拉丁文转译为法文的汉语字典。

奥尔良公爵获知上述情况后表示，希望上面提到的第四种是双语解释字典，傅尔蒙先生应该先编一部汉—拉字典，然后再编一部法—汉字典，供国王陛下的臣民经商使用。他

1　巴黎国家图书馆抄本部：Ar. 69, fol. 100-106。

指出了这样做的理由：既然是法国国王让欧洲获得了有关汉语和汉字的知识，那么，陛下的子民都应与外国人一样，能够从这些字典中获益。

汉字至今被所有文人视为畏途，为了使欧洲学者学会汉语，从而能够阅读和理解数量众多的中国古今图书，为了使他们有朝一日能认识汉字的图形、读音、字义和字与字的相互关系，令傅尔蒙先生为之付出几度视力减退代价的著作，将包括五部字典和一部语法。

上述五部字典中的四部已经编纂完毕，尽管字典是一种需要不断增添的书籍。第五部是按部首检索的字典，也是已编妥的四部字典的总汇，傅尔蒙先生目前正在整理加工，大概需要两三年时间方能完成。语法已经编就，可以付梓。

这件档案不知出于何人手笔，或许是傅尔蒙本人以第三人称写成，或是在他授意下由他人写成，其内容反映了傅尔蒙本人的意思，因为类似的内容也见于他的《傅尔蒙先生著作目录》：

我证明，黄先生未能编完的字典，对于任何试图继续此项工作的人都帮助不大，但是，没有黄先生的字典，也可以独立编出一部汉语字典。[1]

1 E. Fourmont, *Catalogue des ouvrages de Monsieur Fourmont l'Aîné*, Amsterdam, 1731, p. 56.

存于德国慕尼黑图书馆的一件傅尔蒙致莫尔帕伯爵（Comte de Maurepas，1701—1781）的亲笔信[1]，对于他计划编写的字典说得更加清楚：

> 1．拉—汉字典，给出汉字，然后用拉丁字母注音。
>
> 2．法—汉字典。
>
> 3．汉语字典，先按字母顺序给出中文词，然后是汉字和意义。
>
> 4．汉字同音字典，给出同音的汉字，随后便是它们的不同意义。
>
> 5．地理和历史词典，帝王、大臣和武将、著作家的名字、历史和年代，各省和政府简介，河流和湖泊简介。
>
> 6．按部首排列的字典，也就是黄嘉略已经编写了5200个字的那部字典。

傅尔蒙雄心勃勃的计划并没有付诸实施。我们所知道的事实是，直到他去世，计划中的字典没有一部问世。这倒并不是说他根本没有编写任何一部汉语字典，巴黎国家图书馆东方部藏有一部中国的历史和地理词典手稿，篇幅多达上千页，字迹表明这是傅尔蒙的手稿，也就是他计划中的五部字典之一。这

1 H.Cordier, *Fragments d'une Histoire des études chinoises au XVIIIe siècle*, Paris, 1895, pp.16-17.

说明，他曾依照原定计划编写汉语字典，但是，我们不知道他是否编成了计划中的五部字典，也不知道为什么这部已经编成的历史和地理词典没能出版。

傅尔蒙的雄心未能兑现，致使法国人又等了将近一个世纪，直到1813年才总算有了一部勉强可用的汉语字典，即刚才提到的《汉字西译》。

三、介绍中国

脱离巴黎外方传教会以后，黄嘉略遵照比尼昂教士的指令，将主要精力和时间用在两部汉语书籍的编纂上面。在两位法国合作者的帮助下，他最终做出了令人称道的成绩。值得指出的是，无论在《汉语语法》或《汉语字典》中，黄嘉略不放过任何机会向未来的读者介绍他的祖国。究其原因，不外两个。其一，他对比尼昂教士的指令有深刻的理解。比尼昂虽是当时法国文化界的一位重要领导人，却并非在某一领域颇有建树的学者，他的主要贡献在于组织领导，而非著书立说。他之所以执意要黄嘉略编写语法和字典，虽然不排除有为法国在欧洲的汉语研究方面争得荣誉的考虑，但最主要的是从实用的角度着眼，为准备去往中国的旅人在踏上旅途之前提供学习汉语的条件，为学者学习汉语进而研究中国开启一扇门户。既然如此，汉语就不是这些法国人应该掌握的全部知识，他们还应该知道中国的历史、地理、政治、宗教、哲学、民情、风俗，等等，总而言之，凡是有关中国的事和物，都在他们应该努力掌握的范围之内。黄嘉略对此心领神会，他总是抓住每一个可以利用的机会，例如在讲解语法的例句中，在解释汉字的词条中，尽可能多地向法国人介绍中国和中国人，以致在某些场合，令人感到有些主次颠倒或喧宾夺主。其二，黄嘉略不是一个“专家”，对任何一门有关中国的学问都不曾做过专门研究，要他编写有关汉语的专著，用当代北京俗语说，就是赶鸭子上架。但是，他认真地执行比尼昂教士的指令，虚心求教，边干边学，为编写《汉语语法》和《汉语字典》付出了辛勤的劳动，获得了不凡的成绩，从而既表明他具有一定的文化功底，也体现了他很强的适应环境的能力。然而，作为一个受过教育并具有比较丰富经历的中国人，他是一位某种意义上的“通家”，对中国的一切都不陌生，大凡法国人希望了解的有关中国的事和物，似乎没有一样能难倒他，相对于当时的法国人来说，他所掌握的有关中国的知识尽管算不得精深，但称得上广博。不放弃任何机会介绍中国，对于他来说是扬长避短，这比讲解发音部位或语法规则轻松多了。

今天的普通法国人对于中国的了解，也许在某些方面比当年黄嘉略所介绍的更多、更准确，然而这绝不意味着他当年所做的介绍没有价值。在“中国热”方兴未艾的18世纪初期，法国人渴望了解中国的心情是我们今天难以体验的，上自达官贵人，下至平民百姓，几乎无人能够置身于这个热潮之外。在这种背景下，对中国的任何如实的介绍，都会受到法国人的由衷欢迎。黄嘉略从1706年定居巴黎之后，多年的切身体验促使他更加努力地工作，为帮助法国人了解自己的祖国多做贡献。

在黄嘉略的计划中，他还要为《汉语语法》撰写一部续编，这将是一部介绍中国的专著，题为《中华帝国通论》（*Relation universelle de l'Empire de la Chine*），书虽然因他早逝而未能写成，提纲却幸运地留了下来，我们在巴黎外方传教会档案室里找到了它[1]。这份提纲原本是分行书写的，即一行一个题目，为了节省篇幅，我们不再分行，以逗点取代原件上的移行：

> 中国的国名及其缘起，中国的幅员和边界，中国的品质，中国古代区划，中国的省份、城市、河流、山脉等，政府，中国简史，中央各部，各级官员，中国的长城以及其他雄伟的公共工程，房屋，服饰，中国人的家具和器皿，食品，待人接物方式，饮料，中国人的礼节，习俗，中国人家庭的特殊管理，各种头衔，贵族，族徽，中国人口众多的原因，中国的度量衡，货币，赋税及其征收，中国的旅行方式，中国农业，游戏，舞蹈，音乐，诗歌，制作，机械，天文，算术，印刷与书籍，绘画，纸、墨和笔，瓷器，蚕，各种茶及其种植方法，染色，珍珠捕捞方法，养蚕方法，主要的丝、棉、麻产品，团练，水师现状，陆战与海战，兵器，战船，中国的死刑，不见于欧洲的兽、鸟、树、花等，治安，政治，中国人的细腻感情，婚姻，庙宇的构造，中国人的节日，中国人的凶日和吉日，晦气的日子，宗教习俗和迷信，丧事，坟墓，追思亡人的仪礼，中国人对世界的看法，孔子，敬孔礼

1　巴黎外方传教会档案室：AME 19, fol. 369-372。

仪，文人的宗教感情，文人的伦理道德，佛与和尚，道教与道士，基督教在中国的进展，罗萨利主教筹划在空白地区建立基督教的良好方法，主要商埠，在对华贸易中获利的方法，来华经商的外国人，中国人的国外居住地，鞑靼人对中国的入侵，这两个民族的习俗，鞑靼人给中国政治和习俗带来的变化，在皇帝统治下由葡萄牙人居住的澳门，台湾岛及其历次变故，东京和交趾（过去是中国的省份，如今是中国的朝贡国），中国的盟友与敌人，皇帝，皇室，如何成为太监，皇帝的住所和仆役，皇帝的后宫，皇帝的卫队，皇帝本人的各种祭祀仪式，皇位承嗣，中国旅行必备，适合于中国人的欧洲货物，妓院，做客礼节用语，中国谚语，全书总结。

上述题目林林总总，包罗万象，总数恰好一百，其中每一个题目都可写成一篇长文，所有题目一旦全部写成，那就是一部小型中国百科全书。这个计划不但表明黄嘉略以介绍中国为己任，而且充分显示出他对自己实力的信心，因为，如果没有广博的知识和长期的积累，谁也不敢贸然制订如此庞大的写作计划。提纲中的个别题目与已经完成的《汉语语法》第二部分重合，如中国的幅员、省份、皇帝、政府以及某些礼仪和习俗等，但这并非疏忽所致，而是按照原定计划行事的结果，对此他在《汉语语法》的序言中有过交待：

我撰写本书为的是让公众高兴，满足他们正当的好奇心而不留下一点遗憾。倘若果真如此，我将把与本书有关却未

> 能充分展开的那些事物，补写在第二部著作中。在我的诺言兑现之前，我请读者参阅本书所附的一份目录，其中涉及中华帝国的各种准确知识。

可见这不是一份漫不经心、随手写下的提纲，而是一个相当周全的写作计划。黄嘉略虽然尚未动笔就英年早逝了，但他的雄心依然让我们赞叹不已，更让我们深深地感到惋惜，这部著作若能及时完成，对于扩大中国文化在欧洲的影响，必定会起到积极的作用。

《中华帝国通论》未能完成给后人留下了深深的遗憾，不过，此书并非黄嘉略为介绍中国而做的唯一努力，在策划此书之前他已经向法国人对中国做了多方位的介绍。这种介绍主要借助两种途径，其一是他所撰写的各种文稿，包括奉比尼昂教士之命编著的两部书稿和应傅尔蒙和弗雷莱之请而撰写的一些零星文稿，此外还有少量信函。其二是与法国人的谈话。前面我们曾提到傅尔蒙说过的话："一个中国人在欧洲，是一件人人关注的事"，黄嘉略在巴黎的消息传开后，他经常受到各界名人的邀请，也有人登门拜访，这些法国人结识黄嘉略的目的都是为了听他讲述有关中国的事情。可惜这些谈话大多没有保存下来。如今我们能够看到的此类谈话记录，唯有孟德斯鸠整理的他与黄嘉略的谈话。

黄嘉略所写的介绍中国的文稿，最主要的是《汉语语法》的第二部分"中华帝国简述"。编写完毕后呈交奥尔良公爵的《汉语语法》如今不知下落，但在弗雷莱的遗稿中存有一份

“中华帝国简述”草稿，估计这份草稿与最终的完成稿相去不会太远，据此可以获知黄嘉略在此书中对中国的介绍。此外还有一些零星的文稿和信件等。这些资料比较零散，缺乏系统性，为了便于叙述，我们把搜寻到的黄嘉略介绍中国的文稿集中起来加以综合，依据其内容分成若干类别，逐一向读者介绍。出于尽可能保持原貌的考虑，黄嘉略的叙述无论正确与否，我们都不做更改，文字也基本不做改动，仅做一些必要的删节，但是，由于原文是法文，所以译成中文后不可能与黄嘉略的原作丝毫不差。

关于中国的地理

黄嘉略对中国地理的介绍相当简略，与意大利传教士卫匡国在1655年出版的《中国新图》（*Novus atlas sinensis*）相比，详尽的程度相去甚远。当然，卫匡国的著作是厚厚的一部书，而黄嘉略的文稿仅仅是寥寥几页，两者的简繁不能相提并论。黄嘉略在介绍中国地理时，大概有比较权威的参考资料，否则他无法给出各省的人口数字。尽管他的这些介绍学术价值不高，但对于当时的法国一般公众来说，这种简略的介绍仍不失为一种比较实用的资料。

> 中国的名字很多，如华夏、中夏、诸夏、中华、中国。中国人认为，地呈四方形，中国居其中，所以叫中国，中国的四周都是蛮夷。

中国有十五个省：一、北京，人口418,789户。又称幽州、幽燕、北燕、燕国、燕都，北京又叫北直隶，马可波罗也是这样称呼北京的，因为此省直属皇帝。二、南京，人口1,962,816户。古代南京隶属扬州，孔子时代则是越国，三国时代是吴国。前朝和本朝把南京叫作金陵、江南、南直隶。周朝时南京有一些王陵，周朝末年，楚威王命臣下将黄金埋在王陵，南京因此而得名金陵。之所以又叫江南，则是因为此城在扬子江的南岸。前朝洪武皇帝建都南京，因此又叫南直隶，原因与北直隶相同。三、山东，人口207,356户。古代的齐国和鲁国都在山东境内，孔子就是鲁国人。四、山西，人口589,959户。孔子时代的晋国在山西。五、陕西，人口323,077户。陕西是历史上多个朝代的都城，那时叫作长安，是周文王的故乡。六、河南，人口589,396户。河南位于中国中心，孔子时代是郑国，以后也曾是几个朝代的都城，那时叫作汴京或大梁。七、浙江，人口1,242,135户。孔子时代是越国，汉朝末年的三国时代是吴国。金华出产的火腿闻名于世，宁波是欧洲商人往来的海港，湖州出产的塔夫绸称作湖绸。八、江西，人口1,583,097户。江西在周朝是越国的一部分，饶州出产的瓷器品质上乘。九、湖广，人口531,686户。孔子时代的湖广是楚国。十、四川，人口164,169户。汉末三国时代，刘备的都城设在四川。十一、福建，人口509,100户。古代隶属闽王。福建有三个军事重镇，一个驻有满洲兵员三千，由一位将军指挥；另外两个驻有五千满洲兵员，由两位提督指挥，一位指挥陆军，陆军的一半是步兵，另一半是骑兵，另一位是水师提督，他的驻所在厦门，葡萄牙人称之为Emoui，这是一个港口，是欧洲商人出入中国之地。泉州曾是省城，所以泉州城比福州大，不过如今人口比福州少，因为泉州人个个胆量过人，勇敢、强悍，倘若到了30岁尚未发财，就会另谋出路，或是去当海盗，或是去当兵为皇上打仗，或是出洋经商。所以如今在很多地方都有原籍泉州的中国人，诸如暹罗、巴达维亚、马尼拉、菲律宾、交趾、东京、孟加拉等。大约35年前福摩萨岛被收回，归属福建省。十二、广东，人口483,880户。孔子时代的广东居民是被称作东粤的蛮人。欧洲称作Macao的是澳门或香山澳，水路不足一天便可抵达省城。十三、广西，与广东一样，孔子时代的居民是蛮人，称西粤。除了普通官员外，还有不少官员驻在山区管理蛮人，维持那里的秩序。十四、云南，云南至今依然是蛮人居住的省份。十五、贵州，也是蛮人居住的地方。有些文武官员是从蛮人中选任的，专门处理蛮人事务。

黄嘉略在跟随李岱和梁弘任生活的几年中，到过不少地方，后来他独自游历，又到过许多省份，据他自己称，他走遍了大半个中国。按理说，在他对中国地理的介绍中，应该有许多他亲眼所见和亲耳所闻的细节，可惜并非如此，除了对他的故乡福建省做了较多非官方资料的介绍外，只有浙江省的土特产和云贵等省的少数民族，稍稍带有他的个人特色，其余基本上都取自某种现成的参考书，简略而枯燥。关于各省户口的记述，他肯定不会信口开河，而是有所依据，但是，我们不知道他所据的是官方资料还是私人著作。查阅卫匡国的《中国新图》后发现，黄嘉略记述各省的户口数字，与卫匡国提供的数字，有的完全一样，有的相去甚远。黄嘉略在撰写介绍中国地理的文稿时，《中国新图》出版已经半个多世纪，中国各省的人口状况肯定有了变化，所以他们两人笔下的数字不应该相同。此事提醒我们，黄嘉略提供的数字也许并不可靠。此次修订时，承吴蕙仪博士告知，在东京大学所藏一部刊刻年月不详的《万宝全书》中，北京的人口数字与黄嘉略所说完全一致。由此推测，黄嘉略的资料来源或许不限于某一部书。不过，黄嘉略的记述并非毫无特点，比如，他在讲述地理时，不但描述现状，有时还讲述该地的历史。另外，尽管分量不重，他毕竟还是用自己的一些见闻充实了取自书本的资料。例如，他在介绍福建省时，用小字在正文旁边加了一个注："福摩萨岛于大约35年前被收回。"康熙收复台湾一事，在黄嘉略写书之时尚不见于史书记载，而是他据实添加的内容。不过，康熙皇帝收复台湾是在1683年，35年后应是1718年，而黄嘉略死于1716年，即使他在去世当年写下这个注，距收复台湾也只有33年，可见"35年"之说恐怕不准确。不过，一两年的计算错误，相对于中国政府收复台湾这个重大史实而言，只不过是一个无伤大雅的瑕疵。

关于中国的历史

欧洲人虽然早就听说中国的历史悠久，但往往只有笼统而模糊的概念，并无确切的认识。传教士在他们记述中国的著述中总要谈及中国的历史，但大多是一些零星的片断，难以连接成为完整的数千年中国史。所以，欧洲人在很长时间中对中国的悠久历史抱着一种将信将疑的态度，也许正因为如此，他们对于了解中国历史更具强烈的愿望。意大利传教士卫匡国在1658年出版的《中国上古史》（*Sinicae historiae decas prima*）堪称西方出版的第一部中国信史，不过，此书所记述的中国历史止于公元前1年（汉哀帝元寿二年）。1686年，比利时传教士柏应理发表《中国历史年表》（*Tabula chronologia monarchia sinicae*），这部书尽管比较简略，却把中国历史贯穿始终了，但是，由于这部著作的对象不是一般民众，因而在欧洲的影响并不很大。葡萄牙传教士安文思（Gabriel de Magalhães，1609—1677）的《中国新志》（*Nouvelle relation de la Chine*）在一定程度上弥补了《中国历史年表》的不足，这部相当通俗的著作流传较广，在帮助欧洲人认识中国和中国历史方面，发挥了良好的作用。

下面是黄嘉略对于中国历史的叙述。

> 中国史学家对于从伏羲到黄帝的历史不大确定，从黄帝到禹则比较连贯，但在年代上众说纷纭。伏羲是中国的第一位皇帝，他确立了婚姻制度；据史籍记载，在他之前，人们不受婚姻制度约束，完全生活在自然状态中。黄帝在位期间，一个名叫仓颉的官员从鸟兽的脚印得到启发，发明了文字。中国人仅仅对尧以后的历史给予肯定。尧活了118岁，在位

98年，晚于黄帝413年。

黄帝只领有六个州，尽管四周有一些小国承认他的权威。经过262年之后，黄帝的孙子扩大疆域，将中国分为九州，帝喾的兄弟尧（公元前2355年）改为十二省。尧在位第72年即公元前2299年，野兽为害中国，由于洪水尚未退尽，植物、小麦和家畜都受到损失。此后洪水长期为害，直到帝喾的第二个继位者即尧的大臣禹挖河引流，花费了十余年时间，才将洪水制服。从尧到禹，王位采用禅让制，但尧没有让儿子继位，而是出于对能力的考虑，让位于农夫出身的舜，舜的儿子也没有继承王位，而是让位于他的大臣禹，因为禹从洪水中解救了全国。禹临死时留下遗言，让舜的儿子继位，但是大批百姓却成群结队前来请愿，要求禹的儿子启继承王位，启不得不听从民意，继承王位。禹的子孙统治中国四百多年，前后共有17位君主，史称夏朝（第一朝）。成汤家族继夏而立，统治中国600余年，国号为商（第二朝）。商朝最后一位君主纣是个暴君，文王家族取而代之，是为周朝（第三朝）。周朝延续八百余年，共有36位君主。王公们分而治之，中国被分成30多个封建小国，最后兼并为7个。周王只有名义上的权威，其属地仅有一小块。孔子是在周朝中期出生的。七国中的秦庄襄王夺取了全国政权，建立秦朝（第四朝）。秦朝只存在了42年，共有四位君主，庄襄王的非婚生子政自命为始皇帝，对文人施行暴政，对百姓狂征暴敛，强迫人民修筑长城，烧毁大部分书籍。他的儿子子婴只当了46天皇帝，就被刘邦推翻。刘邦建立的是汉朝（第五朝），汉朝分为两段，第一段共213年，有皇帝十二位和皇后一位，其间出了一位篡位者王莽，当了15年皇帝。王莽被汉朝的一个后裔推翻，此人就是光武帝，从此开始汉朝的第二段，共有12位皇帝，延续198年。汉朝第二段末年，中国分为三个国家，共存约50年。最后司马家族取得胜利。大约在汉朝第一段的后期，即哀帝在位期间，救世主耶稣诞生。大约在汉朝第二段的第二个皇帝明帝在位时期，佛教传入中国。司马家族建立的是晋朝（第六朝），延续155年，共有16位皇帝。晋朝被五个家族取代，这五个家族是五个篡位者，你上我下，先后统治中国。史学家们不把这五个家族视为正统的皇帝，而把他们在位期间统称为五代。中国历史上共有两个五代，一个在唐朝之前，称前五代，一个在唐朝之后，称后五代。

前五代。刘裕弑君称帝，是五代之一南宋的开国皇帝，南宋共有八位皇帝，延续60年。南宋的大臣萧道成篡位后建立南齐，延续24年，先后有五位皇帝。萧衍篡位建立南梁，共55年，先后有四位皇帝。陈霸先篡位建立南陈，经历44年，先后有四位皇帝。杨坚弑君篡位，建立隋朝，帝位传给他的儿子，又传给儿子的儿子。杨坚的孙子在位时，李渊夺得政权。

后五代。朱温夺得政权，称后梁，是为后五代之第一代。朱温在位六年，死于其子之手，其子在位十年，被迫自杀。亚子[1]为第二代开国之君，建后唐，传至第四位皇帝，在女婿石敬瑭的逼迫下自焚而死。石敬瑭建后晋，九年后死，因无

1 即李存勖，黄嘉略在这里使用的亚子是他的小名，又称亚次。

子传位于其侄石重贵，三年后被刘知远废黜。刘知远建后汉，传至其子刘承祐，被郭威篡位，称后周。郭威的养子柴荣继位，六年后柴荣的幼子宗训六岁继位，六个月后赵匡胤篡位，建立宋朝。

宋朝（第八朝）分为两段。前段共168年，九位皇帝，最后一位皇帝被鞑靼人虏走，其兄弟继立，由此开始宋朝的第二段，延续154年，共有九位皇帝，第九位皇帝继位两年后，投海而死，时年六岁。鞑靼军队进入中原，大臣陆秀夫怀抱幼主投海而死。随后建立的是第一次鞑靼政权（第九朝），称元。元朝最后一位皇帝被朱家的洪武赶下台。朱姓创建的政权称明（第十朝），延续300年，前后有17位皇帝。最后一位皇帝被一个阉臣出卖给了一个名叫李闯的强盗。李闯坐天下刚刚几天，便被前来支援明朝皇帝的鞑靼人赶走。鞑靼人见无人抵抗，而且皇帝再也没有力量把他们赶走，于是便把中国视为他们的战利品，夺取了他们前来保卫的皇位。当今皇帝康熙的父亲顺治在位18年，国号为清。康熙七岁继位，如今在位已54年。

鞑靼人在中国历史上的不同时期称呼不一：周朝称夷狄、绲戎；汉朝称匈奴；唐朝称契丹；宋朝称大辽或金人；明朝称鞑子或鞑靼；本朝称满洲或鞑子。

中国历史虽然很长，但并非始终统一，曾有过无数次的分裂。有一个时期竟然同时有三个国王。它曾两度遭受鞑靼人入侵，至今仍在鞑靼人的统治下呻吟，汉人的政府虽然没有被彻底废除，却已面目全非，最圣洁的律法也已被践踏。

皇帝在各个时期拥有的权力不尽相同，他们的权威经历了逐渐发展的过程，一步步达到了今天的程度。没有一个帝国的内战比中国更多。一个又一个家族走马灯似的你上我下，先后夺取帝位，新的篡位者把在位的皇帝赶下台，全国到处是不和与混乱。

黄嘉略对中国历史的记述始于黄帝，止于康熙，绵延数千年，堪称完整。但是，从晋至宋这一段，他的记述与众不同，他把南北朝时期的南朝四国和隋朝称为前五代，而且对中国历史上极为重要的唐朝，几乎不做任何介绍，这一点实在令人费解。从原稿上的笔迹分辨，每个朝代后面的“第X朝”字样是傅尔蒙添加的，依照他的编排，清朝应是第十一朝。由此可以断定，这种编排只代表傅尔蒙的看法，而不是黄嘉略的意见。需要指出的是，这种纪年法与当时欧洲人习用的中国历代纪年法不同。自安文思的《中国新志》以来，欧洲人通常把中国历史分为二十二个朝代：夏、商、周、秦、西汉、东汉、晋、南宋、南齐、南梁、南陈、隋、唐、后梁、后唐、后晋、后汉、后周、宋、元、明、清。法国传教士冯秉正将《通鉴纲目》译为法文，并据商辂的《续通鉴纲目》等其他史书补上了元、明、清三朝，编成12册在1785年出版，此书采用的中国历代纪年也是上述二十二朝代。笔者在巴黎国家图书馆发现一件藏品，题为《中华帝国纪年》(*Chronologie de l'Empire de la Chine*)[1]，笔迹表明，这件用法文书写的藏品肯定出于黄嘉略

1 巴黎国家图书馆抄本部：Bréq. 22。

的手笔；此外，正文之外的一句附言也可做佐证：“自中华帝国的始祖伏羲至今即1716年……”我们知道，黄嘉略死于1716年，这一年也是他写作最多的时期，这份纪年表可能是应傅尔蒙之请编写的，它表明，黄嘉略对中国历史还有另外一种分期法，那就是商以前分为九位君主：1. 伏羲，2. 神农，3. 黄帝，4. 少昊，5. 颛顼，6. 帝喾，7. 帝挚，8. 尧，9. 舜；商以后分为22朝：第一朝、夏，第二朝、商，第三朝、周，第四朝、秦，第五朝、汉（两支），第六朝、后汉（三国），第七朝、晋，第八朝、南宋，第九朝、南齐，第十朝、南梁，第十一朝、南晋，第十二朝、隋，第十三朝、唐，第十四朝、后梁，第十五朝、后唐，第十六朝、后晋，第十七朝、后汉，第十八朝、周，第十九朝、宋，第二十朝、元，第二十一朝、明，第二十二朝、清。黄嘉略的这个历代纪年表与欧洲人通用的二十二朝代纪年表基本相同，唯一的区别是他把三国单独列为一个朝代。

关于中国的文字和语言

17世纪初的法国学者和主管文化的官员对中国的语言文字表现出了异乎寻常的关注，一方面是因为他们希望尽快掌握汉语，以便更多地了解中国或直接与中国人交往，另一方面则是因为汉语与欧洲语言截然不同，引起了他们的极大兴趣。当然，还有第三个原因，那就是对“初始语言”的追寻。因此之故，比尼昂教士交给黄嘉略的主要任务就是编写《汉语语法》

和《汉语字典》。我们在前面介绍《汉语语法》和《汉语字典》时，已经把黄嘉略对于汉语的论述做了较为详细的介绍，本节介绍的是他与孟德斯鸠等法国朋友交谈中提及的有关汉语的一些看法。他在《汉语语法》中对汉语的论述虽然更加全面和系统，但是，《汉语语法》写成并呈交奥尔良公爵后，便石沉大海，渺无踪影，因而除了对傅尔蒙有过帮助外，实际上没有发挥应有的作用，倒是他在与法国朋友的交谈中对汉语所做的介绍，使孟德斯鸠等人获得了若干有关汉语的知识。所以，尽管内容多有重复，我觉得还是应该予以介绍。至于黄嘉略向傅尔蒙和弗雷莱所传授的汉语知识，将在下一章中另做介绍。

汉语非常容易学，动词只有原型一个形态。汉语的发音对于法国人来说比较困难，尤其是其中的一个音，发音时气从胃部出来，就像法国马车夫让马匹站住时的吆喝声一样。在谈话中不时地使用这个音节，在中国人看来是一桩非常时髦的事。

汉字表意而不表音，总数大概有八万个，学会认读这些字十分困难。汉语中的音不多，一个音可以表达若干不同的意思，只有声调才能将它们分清。耶稣会士在他们的记述中说，汉语有将近400个音，这个说法不对，实际上汉语有1200多个音，加上声调变化，一共就有6000个。其余的字靠上下文和前后字辨别意思。实际上，只要认识18,000到20,000个字就够了，因为，其余大多是各种行业的专门术语用字，例如航海、砌墙等；这些字出现频率很低，借助字典就可认得。

一个欧洲人经过三年学习，就可流利地阅读中文书籍。汉字在法国人看来虽然很可笑，却有其优越性。中国的近邻，如日本等国，尽管语言不同，却也使用汉字，日本人只要认识汉字，也可阅读各种用汉字书写的书籍，因为在日语中表示“马”的字，也就是表示“马”的那个汉字。这情形就像欧洲人使用的数字，无论是德国人、西班牙人或法国人，都能认得。

汉字由偏旁和笔画组成，认字时首先看偏旁，接着数笔画，这样做相当困难，因为除了习惯，没有别的规则。任何字都不超过32笔或33笔。汉字共有214个偏旁，立人旁的字包括行为、信仰、品德、善良、狡诈等等。齿部的字包括啮咬、咀嚼等。

鞑靼人的文字与汉人的文字不同，鞑靼人的文字数量没有那么多，原因大概在于鞑靼人相当野蛮，没有大量的事物需要表示。

1713年，一位旅居荷兰的法国学者马松（Philippe Masson）出版了一部论述汉语的著作，题为《汉语评述——论汉语与希伯来语的关系》（*Dissertation critique sur la langue chinoise où l'on fait voir autant que possible les divers rapports de cette langue avec l'hébraïque*）。作者认为，汉语与希伯来语有许多相似之处，由此推测，这两种语言可能同根同源。马松于当年6月12日致信比尼昂教士，向他请教若干与汉语有关的问题。比尼昂教士于当年11月1日的复信[1]中写道：

---

1 *Histoire Critique de la République des lettres tant anciennes que modernes*, Tome V, Amsterdam, 1714, pp. 140-147。

我没能将你的信及时转告我们的中国人，因为他在巴黎，而我的假期大部分是在乡间度过的。……我从乡间回来后，派人找来了我们的中国人……

“我们的中国人”当然就是黄嘉略，由此由见，比尼昂教士在这封信中表述的关于汉语的看法，基本上就是黄嘉略的意见。这些意见虽然并不陌生，但依然可以作为他对汉语的见解略做介绍。比尼昂在信中首先谈了他本人对于希伯来语与汉语是否相似或相同的看法：

想要证明汉语与希伯来语完全一致，仅仅举出这两种语言中一些极为相似的句式和表达方式是不够的，必须证明你在汉语中发现的希伯来语是这两种语言所独有的表达方式，而与事物的本性和思维顺序毫无干系。否则人们就有理由说，两种语言某些表达方式之所以相同，根源在于思维联系，而就某些事物而言，所有人的思维联系都是相同的。

接着他就介绍了黄嘉略的意见：

首先，我们的中国人……仔细阅读了大作后对我说，文中所引的译文不完全正确；其次，他认为注音方法很不好，与传教士所使用的没有什么区别，你使用的是葡萄牙拼法，与中国通用的注音方法相去甚远。比如，以Sem结尾的音节事实上应该发Seng的音，因为G在汉语中是一个从鼻子发出的特殊音。他还指出，汉语中的词都是简单词，你作为不同意见所列举的那些词，都是由若干简单词组合而成的复合词，在汉语中必须用若干个汉字才能表示。这情形就如同法语中的homme de guerre一样，由若干单词相加而成，与意义相同的形容词guerrier完全不是一回事。

我们的中国人还指出，如今中国人使用的文字是黄帝在位时创造的，时间是在公元前2712年，据史书记载，造字的那位官员名叫仓颉，在鸟兽足迹的启发下，他萌生了如此美好的念头，创造出了不可或缺的文字。官话远远比不上中华帝国历史那么久远，官话只是方言中的一种，仅仅在若干省份流行。

关于中国的宗教和中国人的迷信

作为一个虔诚的基督教徒，对于基督教以外的各种宗教，黄嘉略不但不可能有好感，而且事实上并不真正了解。所以，他对中国的宗教所做的介绍只有寥寥几句话。

中国有三种教派，传播最广的是孔教；道教又称老君，道士可以结婚；佛教的和尚和尼姑都不结婚。诸多的佛中有一位叫观音，这是一个处女，怀里抱着一个孩子，就像是马利亚。她是诸佛中的第二号人物，那个孩子就是经她劝说后皈依佛教的。

佛教徒不食用任何有生命的东西，他们相信，在西方某处有一个惩治恶人的地方，倘若他们杀生，就会得到报应，以同样方式被杀。地狱有18层，地狱里面有各种各样的刑罚，另外还有36个地方分发不同的奖赏。佛教徒以慈悲为怀，他们从市场上买来畜牲豢养，让它们自然老死。

中国人不看风水就不敢建屋修坟，他们对黄历深信不疑，不管做什么事都要查黄历。对于文人来说，受命编制黄历是个了不起的职务。

文人祭祀先人，他们相信，祭品的气能聚集死者灵魂的气，因此，死者灵魂在祭祀时高高兴兴地复活了。

科农主教颜珰在福建省首府福州买了一所房子，准备改建成教堂。为了与另一所非教徒的房子有所区别，他把大门扩大，使之大体上像我们这里的教堂大门那样，并漆成红色（红色被认为具有避火的功能），可是，红色是中国皇帝和庙宇专用的颜色。不久就发生了骚乱。居民们聚集起来大声叫嚷，说整条街的福气都让这几扇大门吞噬了。他们朝这所房子扔垃圾，高声咒骂，闹得不可开交，改建工程不得不停下来。此时有一位耶稣会士受皇帝派遣途经此地，科农先生请他在自己的住所下榻，趁他在此居住期间，终于把这所房子改建完成。科农先生做得并不很聪明。中国的基督教徒总共不超过十万人，其中大多数是偶像崇拜者，他们只不过是换个偶像而已，把佛和老子的偶像换成圣沙勿略、圣方济各和圣母。

这段文字内容不多，最值得注意的是最后几句话。黄嘉略在这里说出了中国多数基督教徒对于基督教的真实感情。在他们看来，耶稣与观音、太上老君以及其他崇拜对象没有实质性的区别，都只是寄托祛病消灾、避祸趋福乃至升官发财等期望的偶像而已。其实，不只基督教徒是这样，佛教徒和道教徒大体上也是如此。寥寥数语，道出了普遍见诸中国人的宗教观念。

关于中国的文人和孔教

黄嘉略虽然自幼跟随法国传教士，没有接受过系统而正规的教育，但是，他的师傅曾经让他师从皈依基督教的中国文人，接受中国的传统教育。我们不知道他究竟学了多久，学了多少，但从他留下的文稿来看，他具有相当的中国文史哲知识，大概读过四书五经，称得上是一个小知识分子。他的特点是知识面比较广博，但不精深，事无巨细，他都能说上几句，但通常都比较肤浅，而且偶尔还会犯一些常识性的错误，这说明他的根底不深，学问不够扎实。尽管如此，我们认为，他的处世为人、举止言谈和思维方式，处处体现出一个中国文人特有的气质，应该承认他是一个中国文人。

他对孔子的介绍侧重于对孔子在中国所受景仰的描述，对于孔子的学说却几乎没有涉及，对于儒家思想及其对中国的深远而广泛的影响，更是一字未提。由此可以推断，尽管黄嘉略也许读过《论语》等儒家经典，但恐怕是浅尝辄止，缺乏深入的钻研，以致无法将孔子学说加以概括，然后介绍给法国人。尤其令人吃惊的是他居然把孔子说成是一个伪善者，这种言论已经远远超出了学术范畴，是任何一个中国文人不可能有的想法，在这一点上，他已经不像中国文人了。对此，我们只能认为，这是他受梁弘任等外方传教会的传教士们影响的结果，因为，同样是传教士，耶稣会士对孔子的看法就全然不同。

> 最伟大、最有名、最受尊敬的中国文人是孔夫子。欧洲人把他叫作Confucius。孔是他的姓，因为中国人有好几个名字。第一是姓，第二是父母起的名，第三是成年后的名字，叫作号或字，通常在20岁时才有，第四是别人根据他的身份、才能或功绩给予他的荣誉称号，如同法国人的做法一样。比如，先王路易被称作路易大王（Louis le Grand）就是他战功卓著的缘故。孔子姓孔，他的名是丘，他的字是仲尼，夫子则是人们对他的尊称。不过，为了说清楚他的名字的含义，必须讲一下有关他出生时的情况。孔子的父亲叔梁纥与其妻颜氏在尼丘上向老天爷求子，以延续孔氏香火。他们的请求被接受，生了个儿子便是后来的孔子。孔子出生时，父母为他起名丘，因为这个儿子是他们在尼丘山上求来的。孔子成年时，起名仲尼。仲是一种乐器的名字，在家庙祭祖时使用。尼是他父母求子的那座山丘的名字。仲尼这个名字首先意味着孔子是一种神圣的乐器，用来增加祭祀的庄严气氛，其次，尼意味着他如同一座高山，是天下人的榜样。果然，这位伟大的哲学家和立法者成了著名的先知，他的一生就是中国人所说的木铎。他带着十二弟子和七十二贤人周游列国，追随

他的人有时多达3000人。孔子以惊人的勇气和坚强的毅力教导国王、王子和官员，但有时他十分痛苦。由于他品德高尚，人们称他为夫子。夫子是一个荣耀的称呼，只有品德出众、学问渊博的人才能获得。由于他姓孔，所以他被叫作孔夫子。传教士们把他的名字叫作Confucius。其他伟大的学者也被赋予夫子的称号，所以就有了孔夫子、孟夫子，欧洲人则把他们分别称为Sentius和Mencius。中国人出于对孔子的格外尊敬，不再称呼他的姓，只称他为夫子，在一些书中，甚至以子一个字来称呼他；在许多书中有“子曰”这样的字样，意思是孔夫子在说话。中国人对孔子的景仰达到了无以复加的境地，不但认为他拥有一切美德，甚至把他当作神来礼拜，中国的基督教徒甚至把他与耶稣相提并论。我在这里只能简单地说一下中国人对他的景仰。无论在大小城市里，自古以来都有一座孔庙，每月的初一和十五要祭拜孔子，每年的春分和秋分要举行隆重的祭祀。我虽然得到上帝的佑护成了基督教徒，但依然有机会作为一个旁观者与我的近亲一起参加祭祀孔子的仪式。中国人把参与此类祭祀视为一种极大的荣誉。我甚至还吃了涂上红色的供品，这是献给孔夫子的，涂上红色表示对他的景仰。所有孔庙都刷上红色，匾牌上写着“圣庙”二字。庙门两侧有两块大石头，上面写着“文武官员军民人等至此下马”，这就是说，不管你是什么身份，官员也好，百姓也好，经过孔庙门前时，不准骑马，也不准坐轿或坐车，只能步行通过。这个规定在所有朝代都得到遵守，执行非常严格。我在中国时，有一次，一个年轻的举人由于少年得志和家庭富有而受人嫉妒，几个不怀好意的人花钱请轿夫抬着他经过孔庙，刚刚走了一半，这几个不怀好意的人就像狮子一样冲过来，把他从轿子里拽出来，狠狠打了一顿，还撕破了他的衣服。事情被报告给了本省总督，幸好这位举人十分有钱，况且在总督身边有许多好朋友，结果只被罚款修葺孔庙，举行一次祭祀，请求孔子宽恕，而没有受其他处罚。倘若他是个穷人，又没有后台，他就会受到严厉的惩罚，甚至被流放，被剥夺举人资格，他的财产也会被没收。中国人对孔子的景仰又表现在对他的著作的敬重上，这情形就像我们对待《圣经》那样，甚至有过之而无不及。我们有些基督教信众有名无实，既不读圣经，也不知道耶稣的教诲。中国人则不同，无论男女老少、农工士商，对孔子的每一句话都怀着一种盲目的敬意，几乎无人例外。在争论中，只要有人引述孔子著作中的某一句话，对方立即哑口无言，不再辩解。中国人对孔子的景仰表现在对他的教诲绝对服从，如果有人踩踏了写有孔子语录的字纸，就会被认为亵渎圣人。我们基督教徒应该脸红，因为我们对《圣经》的敬意远远达不到这个程度。不光是普通百姓和一般文人如此景仰孔子，即使是皇帝本人和王公国戚，也都以自己是孔子的弟子为荣。他们甚至在孔庙中安放牌位，上面写着“至圣先师孔子神位”。关于此事，我要多说几句。中国人有两类圣人，一类包括尧、舜、禹、武王、文王和周公，这些圣人虽然有一些与生俱来的优良品德，但仍然需要后天努力，才能彻底清除身上的污点。另一类圣人只有孔子一人，中国人认为，孔子是“生知安行”，也就是说，他生来就具备各种优秀品德，无需后天学习和修养，尽管孔子本人在他的著作中说他不是圣人，但中国人依旧把他视为不会犯任何错误的圣人，并说“自生民以来无有圣如夫子者也”，也就是说，自从有人类以来，从来没有一个人能与孔子相提并论。由此可见，中国人对孔子是何等崇敬。中国人崇敬孔子有许多原因，其中之一是文人们都以孔子为师，而在中国掌权的总是这些文人。其实，中国的优秀哲学家不止孔子一个，比他更优秀的也有，但是那些当上了大官的儒生总在皇帝耳边吹风，说孔子如何如何了不起，以至于孔子成了最伟大的先师。事实上，孔子只不过是一个要嘴皮子的伪善者，有朝一日，我把中国历史翻译出来，就能向公众提供这方面的证据。两千年来，中国一直在深受孔子影响的皇帝们的统治下，孔子的说教已经深入人心，除非出现奇迹，否则这种情况是无法改变的。因此，在中国建立基督教十分困难，即使是已经入教的那些人，也依然难以摆脱对孔子的崇敬，可见孔子思想在中国人心中确实根深蒂固。中国人尤其是中国文人的禀性非常骄傲，把外族都看作蛮人，以至于我无法把中国书籍带出来。有人在港口看到我带着许多书时，就很严肃地对我说，圣人的书不许带给蛮人，我于是不得不引述孔子的话:“乘桴浮于海”。这句话来自四书，说的是，有一天孔子对他的弟子们说，我要到国外去讲道，因为这里的人不听我传授的道理。

中国人把文人叫作儒者，“懂天地人谓儒，懂天地而不懂人谓技”。这就是说，只懂得天地的人算不得儒者，而只是工匠，只有既懂得天地又懂得人的人才是儒者。中国的儒者都是学者或哲学家，都是孔子的门徒。如今中国真正的文人并不多，因为他们中的许多人既信佛教又信道教，所以说今天中国的文人与其说是无神论者，莫如说是偶像崇拜者。真正的文人认为，世界上只有两种东西，一是气，一是理。理是最高理性、正义、规律和智慧，气是物质。他们认为理和气都是永恒的，理不能离开物质而独立存在，是散发在物质中的一种形态或品质。理既不聪明，也无智慧，而且并不自由，它只能因应自然的需要而行动，既无意志，也无欲望，但是，理却能使人变得聪明、智慧、正直，一句话，中国文人的理是一种难以捉摸的物质，是一种至高无上的东西，也就是中国人通常所说的上帝，上帝主宰一切，使人变得聪明、智慧、公正，善于思考，厉行美德。儒者的道德原则有四：穷理、正心、修己、治人，这也是儒者的职责所在。穷理就要学习，了解事物的本质；正心就是要去除欲念，拨开翳云，分辨善恶；修己就是要修身养性，以行善为乐，令肉体听从精神支配；治人就是以身作则，为属下的民众做出榜样。儒者要学的有三种东西：一在明明德，二在新民，三在至于至善。第一是说，理本来是十分清晰的，但因人有欲，理就变得模糊，因此必须驱除欲念，通过自己的努力，使理回复原来的清晰状态；第二是说，要使民众与他们处于同一状态，第三是说，不应满足于平庸的道德水平，要力争达到圣人那样的境界。

孔子认为，灵魂绝非不灭，灵魂只不过是一股气，从所有死后的肉体中散发出来。所以，处死贵人用绞刑，处死贱民时则不管他们的灵魂将会如何，一律砍头。

关于中国的科举制度

中国的科举制度为欧洲各国所无，早就引起入华欧洲人士的关注。葡萄牙人克路士在1569年出版的《中国志》中提到了中国文人的考试，西班牙传教士门多萨在1585年出版的《中华大帝国史》中，对中国的科举做了一些直观的记述，西班牙传教士庞迪我（Diego de Pantoja，1571—1661）在1602年3月9日写给古斯曼（Luis de Gusman）主教的信中，简略地提到了中国的科举取士制度，意大利传教士利玛窦在1615年出版的《基督教远征中国记》中，对科举做了较多的介绍，葡萄牙传教士曾德昭在1643年出版的《大中国志》中，以三章篇幅介绍中国的科举，详尽的程度远远超过此前西洋人的描述。上述著作大多先后译成法文，在法国拥有一定数量的读者。所以，在黄嘉略定居法国以前，对于法国人来说，中国的科举并非闻所未闻，只是并不了解详情而已。黄嘉略对于中国科举的介绍，虽然缺少引人入胜的细节，但从头到尾讲述了科举的全过程，系统性比较强，对于醉心于异国情调的一般读者或许缺乏吸引力，对于有志于了解和研究中国的学者或政治家却具有较大的价值。需要指出的是，黄嘉略本人从未参加科举考试，因而没有任何亲身经历，加之他并未接受过系统而正规的传统教育，所以，他对科举制度的介绍中也有一些道听途说的不确切成分。

> 不管家庭条件如何，所有读书人均可参加考试，取得功名。考试共进行六次，三次小考，三次大考，大考比小考更难、更严格。第一次考试称作县试，这次考试在所有大小城市举行，不论是府、州，还是县，主持考试的是知县。考生就座后，考官出示考题，考题取自经籍，用大字写在白漆涂过的木板上，顺序向考生展示，考生抄题后开始作文。被考官评为优秀者可参加下一轮考试，即府试。府试与县试相同，唯一的差异便是主持考试的是知府。第三次小考也在府城进行，但主持考试的是提学道。提学道是官廷派到每个省的官员，管理所有生员。前两次小考是为第三次更为严格的考试作准备的。提学道用两年时间依次巡视所在省的各府，第三年是大比之年，也是提学道的休息年，因为大比之年考的是进士，与提学道无关。提学道抵达后，先把已经获得秀才称号的书生召集到孔庙旁的儒学署内，进行两项考试。第一项是背诵指定的典籍，接受考试的生员由抽签确定，抽中者背诵指定的篇名和段落，背诵得好的受到考官褒扬，背得不好的当众受辱。第二项考试根据考官给出的题目撰写文章，优秀者被列位一等，尚可者被列为二等，平庸者列为三等；其余列为四等、五等和六等。被列为四、五、六等者不但失去了参加下一轮考试的资格，而且还要受到其他处理。列为四等者被罚捐资修缮孔庙，列为五等者被夺去秀才资格，如想

再参加考试，必须从头考起，列为六等者除夺去秀才资格外，还要受其它处罚。列为一等第一名者称为案首。列为第一等和第二等者称为廪生，每年可领取若干银子，他们从此享受荣誉，不但受一般百姓敬重，还常常被官宦和富人聘为家庭教师。秀才如不能在若干年内考取举人，就成为贡生，贡生比秀才更显贵，如果再向朝廷捐一笔钱，他们就有可能获得学官的头衔，这是一个九品官，每月的薪俸是白银五两。秀才的考试结束后，考官接着主持未获秀才头衔者的考试。考试的内容是写三篇文章，第一篇的题目选自《四书》，其余两篇的题目选自《五经》。《五经》的第一部是《诗经》，论述古代贤人的品德，第二部是《书经》，这是古代王公的书信集，论述个人品行和国家治理等，第三部是《易经》，中国人说此书的编者是伏羲，论述预卜未来的学问，第四部是《礼记》，论述礼仪和侍奉双亲的礼节等，第五部是《春秋》，这是一部史书，据说是周朝时编写的，后来由孔子作了修改。文章写得好的就可获得秀才称号，同时获得参加下一轮考试的资格，称为进学。每个城市的秀才数量是固定的，府25名，州20名，县15名。当上了秀才，就免除了某些税赋和惩罚，当地官员也不敢等闲视之。秀才如果犯罪，地方官不能随便处罚，必须由提学道剥夺其秀才资格后，方可处理。

第一大考就是乡试，也就是省级考试。朝廷每隔三年向各省派遣一位主考，主考是皇上派遣的官员，通常都是翰林出身。为了避嫌，他们到达一地后谢绝宾客，完成任务后才接待来访。开考之前，主考在贡院前面举行祭祀仪式。贡院里面有大厅和客房，供主考和随同来的其他审卷官住宿和工作之用。主考请当地的某些官员前来协助，受到邀请的官员都非常高兴，因为只有凭真才实学获得功名的官员才有可能受到邀请，捐官者从来不被邀请。两边是许多小间，如同教堂里听忏悔的小间一样，每一百小间为一排。小间内有两块板，一块是凳子，另一块是桌子。第一次考试在八月初九举行，考生进入考场时，必须穿着没有摺边的衣服和草鞋，借以防备有人夹带，每个考生进门时都要接受搜身。然而，尽管如此，依然有人借助金钱或名望，在考官的帮助下把事先作好的文章带进考场。考生全部进入小间后，敲梆子三下，关闭大门。主考宣布考题，考生开始作文。名列前三等者获得参加下一轮考试资格。八月十二举行第二轮考试，方法与第一轮相同，只是考题换了，文章要作三篇，一篇是呈递给皇帝的奏折，一篇是审判词，另一篇是部署军队的论文。凡列为前三等者获得参加下一轮考试的资格。八月十五举行第三场考试，考试方法与前两场一样，此番要作的文章共两篇，一篇论述如何攻击敌军，另一篇论述五伦，即君臣、父子、夫妇、兄弟和朋友之间的关系。

这三次考试期间的饮食由皇帝提供。放榜之日，有专人前来向中试者报喜，中试者为表示感谢，要送报喜者若干银子。所有中试者集中到省城参加鹿鸣宴，费用由皇帝支付。次日，举人们一同前去谢主考，主考则勉励举人们继续努力，争取不久后在京城的会试获得成功。接着举人们还要去感谢房师，也就是主考请来协助主持考试的其他官员。回家后，还要拜访当地官员表示感谢，亲朋好友则纷纷前来祝贺。这一切结束后，举人们马上就要准备翌年前去京城参加会试。举人的人数在前朝是固定的，大省260名，小省220名，本朝大省仅为200名，小省仅为180名。第一名举人称解元，解元之后的三人称金魁，再往后六人称亚魁，其余称文魁。举人若在十年之内不能考中进士，可授予县官之职。不过，如今这一规定已经不复有效，除非花钱，否则只能当一辈子举人，做不了任何官。

第二大考称作会考，这是一次全国性的考试，所有举人不论新旧，都要在二月到京城去赴试。考试依然分为三场，作文依然要写十四页，但题目更难。第一场在初九举行，第二场在十二举行，第三场在十五举行。进入考场前，也要搜身，也不许穿有褶子的衣服，然后还要填写姓名、城市名、省名、家庭情况等等。进士的数量与从前一样，依旧是360个，只是由于当今皇帝是鞑靼人，他从汉人的名额中拨出60个给了他的鞑靼臣民。第一名进士称会元，会元后面的九人称会魁，其余均称进士。需要指出的是，第360名进士也就是最后一名，与第一名不相上下，因为360名进士好比是一支队伍，队伍的首尾一样重要，所以第一名和最后一名都应该出类拔萃。发榜后，所有中试者穿上进士服，前去参加琼林宴。琼林宴始于宋朝，因此宴在名为琼林的树林里举行而得名。第三场考试称殿试，皇帝亲临考场，考试结果完全取决于皇帝本人。考生只需写半页纸的文章即可，但一定要让皇帝看了高兴。在这场考试中，与其说是靠本事，不如说是靠运气。

据说历史上有这样的事，有的考生相貌长得俊美，有的考生诗做得好，皇帝就把自己的女儿或其他亲王的女儿嫁给他们。一个书生考中进士，一生的名利就全都有了，只要等着升官就是了。进士分为三甲，排名一甲最前面的三人分别称作状元、榜眼、探花。放榜那一天，皇帝亲自用金杯为他们斟酒三杯，让他们骑着白马在皇宫里玩三天，他们常常被皇帝招为驸马，或担任皇子的侍读，或到各部任职，或进入翰林院。二甲有17名，其余都归入三甲。一甲和二甲的全体以及三甲的第一名，全都是进士，进士则组成翰林院，大部分高官，如阁老、各部首脑以及主考官等，都出自翰林。三甲进士可获得省级职位，但在任职之前需要等待三年。不过，如能向大臣送礼，中试后立即就可获得任命。没有能力送礼的进士不但必须等待三年，而且还不得不向各部交付一笔费用，否则他们就像不送礼的解元一样，一辈子当不上官，永远是进士。第三甲的进士们首次获得的职务是州官或县官，三年后到官中述职，等待分派给更高的职位。如果他的政绩令人满意，又送了厚礼，他就可以得到一个肥差。中国与世界各国一样，有钱能使鬼推磨。

武科的选试程序与文科大体相同，通常以论述堡垒或其它作战题材为试题。值得注意的是，武官不如文官显赫。

汉人皇帝当朝时，仅从进士中挑选官员，如今不是文人也能当官。1700年，中国有六个传教士在朝中当官，他们是闵明我、徐日升和另外四人。

关于中国的政治制度

黄嘉略对于中国的政治制度的介绍侧重于行政机构，其中包括中央机构和地方机构，他虽然从未担任任何公职，但对这些机构的组成和职责似乎并不陌生。他的介绍完全是客观描述，既没有评论，也没有褒贬。只是由于他对各个机构的了解程度不尽相同，所以他的介绍也就简繁不等。

中国的君主享有无限的权力，集教权与俗权于一身，不但如此，皇帝还是文人教派的首领。所以，臣民的财产和性命都捏在皇帝手中，可以随心所欲地加以处置。

皇帝手下共有六大部，协助皇帝管理全国的各类事务。

吏部是管理官员的部门。任命每个官员之前，吏部负责考察其能力和业绩；然后颁发任命书和官印。吏部接受卸任官员交回的官印和报告，有权免去除阁老以外的各级官员的职务。处置低级官员无需奏报皇帝，处置高级官员则需事先征得皇帝的首肯，但一般情况下，皇帝对于吏部的申报总是批准的，除非该官员有强硬的后台。吏部的首席官员是吏部尚书，通常是正二品，位列九卿，如果是阁老，那就是正一品。尚书的两位副手叫侍郎，一位左侍郎，一位右侍郎。吏部设文宣司、验封司、稽勋司和考功司。文选司负责审查拟予升擢的官员，验封司负责管理任命书和官印以及官员任职期满时的述职报告，稽勋司负责调查已故官员的政绩，以便褒奖其子孙，考功司负责考察官员的功过，以便给予相应的奖惩。

户部管理财政，支付官员的薪俸以及皇家和国家的开支等等。所有税务官员都由户部派遣，各省的布政使均应向户部报告工作。户部首长与吏部和其他各部一样，也叫尚书，此外还有两位侍郎。

礼部管理治安、仪礼、祭祀、学术、法律、规章和习俗等，负责向皇帝推荐翰林中的佼佼者派往外省或担任主考，接待属国使臣和贡品，管理来华的外国人。

兵部尚书管理所有武将和兵丁，但御林军的两位都督不归兵部管辖。兵部管理军队的饷银和粮草以及各省的军费。

刑部管理所有司法事务，任命各级司法官员，审批判决。

工部负责各种公共工程，审查和管理营建事务。

除了中央六部外，黄嘉略还介绍了设在北京的各个职能部门，诸如翰林院、宗人府、都察院、詹事府、大理寺、太常寺、太仆寺、光禄寺、鸿胪寺、国子监等。在这些职能部门中居然也有锦衣卫，而我们知道，锦衣卫是明朝的机构，到了清朝已不复存在，黄嘉略虽然对此特地做了说明，但依然把它作为重要部门加以介绍，由此可知，他所介绍的中国行政机构，实际上综合了明朝和清朝初期的设置情况。考虑到他对中央各机构的介绍极为简略，而且并无多少新意，故而略去不录。唯一的例外是钦天监，他的介绍略为详细，而且掺入了他的个人看法，所以照录如下：

若用欧洲语言来解释，钦天监就是数学部。钦天监虽然也算一个重要部门，但无法与其他各部相比，监正只是一个正五品官，监副则是个六品官，他们以下有春正、夏正、秋正和冬正四位官员，各自负责一个季节的天象观察任务。他们以下还有许多官员，有的负责观察天象，有的负责编制历书。钦天监的首要任务是观察并记录天象，预测未来，发现异常天象时，立即禀告皇上，并回答皇帝有关天象的各种询问。钦天监受到皇帝重视的原因有三，首先，中国皇帝都相信这种预卜未来的学问，吉兆令皇帝高兴，凶兆令皇帝恐惧。其次，中国是个迷信的民族，百姓都相信这些所谓的凶兆或吉兆。第三，皇帝由于相信这些兆头，常常与钦天监的官员谈话，询问关于他本人的健康或国家的兴衰等。

我们知道，明末清初有不少欧洲传教士任职于钦天监，而且往往担任重要职务，他们对于在中国传播西方科学发挥了重要的作用。按理说，黄嘉略应该对此有较多的介绍，但是，他根本就没有提及此事。究其原因，可能由于他所属的巴黎外方传教会从来没有一人任职于钦天监，他的师傅梁弘任很少跟他提及此机构，因此黄嘉略对钦天监不太熟悉。

下面是对中国各级官员的介绍：

文官的最高职务是大学士，每个大学士的头衔前面都要冠以皇宫中某个宫殿的名字，如“武英殿大学士”。翰林是中国最有学问的一群文人。翰林从不在地方任职，他们总是留在京城做官，并根据资历、能力和功绩升迁。翰林的级别并不高，最高也不过正五品，但是他们却如同一品官一样受人尊敬。首先因为他们是最有学问的人，其次因为他们的同窗身踞阁老、尚书等高位，再则，他们自己很快也会当上大官。一个普通进士想要爬上总督位置，至少需要30年，除了不断送礼之外，还要有强大的后台，否则根本办不到。翰林则不同，他们有可能被皇帝选中，负责编写或注释供公众或王子们学习的书籍，皇帝为了奖赏他们，就赐予他们以高位，他们于是就当上了大官，然后还可能成为大学士。他们往往还被任命为阁老或王子的侍读，或在文章学问方面把持最重要的位置，诸如主考官、户部尚书、通政使、大理寺卿、太常寺卿等等。翰林名声最高，闲暇最多，他们的任务是替皇帝草拟文书，如同皇帝的秘书一般。皇帝如果想学习，翰林就为他讲解四书五经，并为这些书作注释。如果没有别的事，翰林还可以写写小说或诗词。

每季开始时，官员们在宫中把一块土地整好，准备好犁其他各种农具，皇帝亲自前来扶犁耕地，一方面是为了给所有农夫作出榜样，另一方面也是为了食用自己亲手耕种的果实。每个城市也举行同样的仪式，由当地的最高长官扶犁，不同的是皇帝一年四次，而地方长官仅在春季一次。

黄嘉略在这里所介绍的籍田，似乎与事实不完全相符。皇帝籍田于每年春耕前举行，而不是一年四次扶犁，清朝籍田仪式在先农坛举行，而不是在宫中。类似的细节失误在黄嘉略的

文稿中时常可见

城市分为三等：府、州、县。除了城市外，还有卫、寨、镇，这是一些用于防卫的堡垒或围城，位于边境或干道旁。全国有160府、234州、1116县。府通常下设若干州、县，但府的规模不一定比州、县大。有的县其实是府的一部分，如同巴黎的圣日耳曼郊区，它虽然和巴黎连成一片，但在行政上却是一个独立的单位。每个省的省城都是该省首屈一指的大城市。府的行政首长称知府，两位副手分别称同知和通判。他们的下面还有两位官员，一位称经历，主管文书，另一位称照磨，主持罪犯的死刑执行事宜。每个知府有五个辅助官员：保管税金和管理财务的库房、管理公文的书房、管理祭祀和民事的礼房、管理税务的粮房，管理罪犯的刑房。此外还有一位管理秀才和文人的学官，这个职务通常由秀才中的领袖人物担任。武官数量不定，视实际需要而定，在靠近边境、海港或重要关隘的城市里设提督或总兵。提督的地位相当于一个省的军事首长，总兵的地位通常低于提督，但驻守长城、边境和重要关隘的总兵与提督的地位大体相同。总兵辖五营，即中营、左营、右营、前营、后营。每营一千兵员，由一名游击指挥，游击下属两名千总，各领500人，千总下面是把总，各领250人，把总下面是百总。总兵的辅助官员是副将和参将，副将和参将通常不与总兵同驻一地。

州和县的官员设置大体上与府相同，即一个主官，两个副官，五个辅助官，一个学官，等等。

上面所说的各级城市，都是筑有城墙的城市，此外还有许多没有城墙的集镇和村庄，这些地方叫作乡、村、镇。这些乡、村、镇其实并不都是小地方，有时甚至比府、州、县更大，人口更多。

城市和集镇中的街道转弯处或十字路口都设有栅栏，每晚九时至十时之间，栅栏全都关闭，关闭之前敲梆子三响。此时人人都应回家，如有人继续停留在街上，就会被拘留。如有急事，比如找接生婆或医生之类，可以手持一盏灯笼，巡夜人见到后问明事由，就会陪同前往，以便查明所说是否属实。在某些城市里，规定比较宽松，有地位的人即使没有急事，夜间外出也不受限制。灯笼上往往写有大字，表明主人身份，当官的人可以把写有大字的灯笼送给亲朋，供他们夜间外出时使用。每个栅栏都由居民中选出的一个人看守，或者由一个穷人值夜，领取少许酬金。书生和未满18岁的人不必担当值守栅栏的任务。当地官员有时会带领若干下级官员检查值夜情况，若发现瞌睡等失职现象，就会给予惩罚。

在大路和江河沿岸，每隔若干里设一个递铺，递铺包括一间小屋和一座塔楼，驻守三四个士兵，称作铺兵，铺兵的任务有二，其一，战时需备好马匹，供皇家信使传送命令使用；其二，时刻备好柴草，一旦发生意外事件需要紧急支援时，立即在塔楼上点火求援，相邻的塔楼见到烽火后，立即点火传递消息。平时则可起到防备盗匪的作用。

中国的法律规定，文官不得在本城乃至本省任职，但武官不受此规定约束。理由是文官可以利用职权为亲友谋利，而武官却由于熟悉和热爱家乡而更适宜于在家乡任职，他们在保卫家乡时更加勇敢，更有荣誉感。

总督主管两个省，通常由满人担任，任期一般为三年，但如能通过送礼求阁老向皇帝求情，就有可能延长任期，理由是为了当地百姓的福祉，但事实上都是为了保住官位，以便多多敲骨吸髓。总督下面有一位布政使，管理财政，另一位是按察使，主管刑法，同时又是御史。此外还有四位官员，他们是主管军事的兵道、主管文人的学道、主管财政的粮道、主管海上事务的海道。总督府中有一位总管，叫作大厅，此人负责总督府的一切杂务，如保证供应、收取礼物、准备条陈、处理仆役的纠纷乃至统领直属总督的兵员等。

宫廷每年派御史到各省巡视，这个官员的身份虽低于总督，但权力却在总督之上，他检查各级官员的所作所为，甚至有权处理皇亲国戚。御史如果是位有名的清官，不收礼，不吃请，当地官员听说此人将要到来的消息，便会忧心忡忡。御史经常微服私访，或是装扮成穷人，或是装扮成书生，悄悄到百姓中间去了解当地官员的优劣，为鳏寡孤独排忧解难。了解到真实情况后，他把自己到来的消息突然通知当地官员，下榻宾馆后，派兵守卫馆舍，不接受任何礼物，也不接见任何人。这样的御史往往把贪官吓得心惊肉跳。次日或第三天，御史放告，接见民众的控告，受当地官员不公处理的人都可前来申冤。对此应负责任的官员因此就会受到革职等严厉处分。

北京和南京两省的官员数量比其他省份多一倍，原因在于前朝的洪武皇帝定都南京，他的儿子永乐皇帝把首都迁到北京，为了尊重父皇，便在南京保留与北京相同数量的官员。

官廷每半年向沿海各省派遣一个官员，负责收取商品关税，但是，纸张笔墨等文人所需物品一律免税。

文武官员各分九品，每品又分正和从两等。官员的薪饷原则上根据其官衔大小而定，但是，他们的非正当收入之多令人难以置信。官员的薪饷之所以定得低，原因是法律规定，官员应该给百姓作出榜样，过俭朴的生活，身教重于言教。所罗门说过，他不向上帝要求财富，只要能活下去就可以了。中国的官员们把这类话只当作门面，嘴上说说而已，实际上不放过任何一个发财机会，我在下面慢慢道来。先说他们的薪俸，然后再说他们来路不明的钱。正一品月薪84石，中国的官员领取的薪俸都以米计算，石是米的计算单位。但是，官员也可以不领米而领银子，一石米大约相当于法国的4法郎。从一品每月72石，正二品每月48石，正三品每月35石，从三品每月30石，正四品每月24石，从四品每月20石，正五品每月16石，从五品每月14石，正六品每月10石，从六品每月8石，正七品每月7石5斗，从七品每月7石，正八品每月6石5斗，从八品每月6石，正九品每月5石5斗，从九品每月5石。九品以下的官员每月3石。

每个中国城市里都有一个称作木铎的小官，木铎原本是一种用木槌敲击的金属制成的钟。过去用敲钟来通告百姓，到某处去参加仪礼等等。负责敲钟的人就叫木铎。这种习惯保存至今，每逢初一和十五，木铎敲钟并高声喊叫：“孝敬父母”、“尊敬长上”、“和睦乡里”、“友爱兄弟”。“申训子孙”等等。

黄嘉略虽然没有当过官，对为官之道却似乎相当熟悉。他对官员们贪赃枉法、营私舞弊的揭露，堪称痛快淋漓。这种文字在当时欧洲传教士的有关中国报道中很难读到，因而可以说，在18世纪初期欧洲人对中国的一片颂扬声中，黄嘉略向欧洲人展示了中国的另一面。这一面尽管不光彩，却是真实的。我们不能基于狭隘的民族感情而指责黄嘉略，何况他并非恣意诋毁中国的形象，而是褒贬兼而有之。例如，他对御史显然给予了充分肯定，而中国独有的这种监察制度连同科举取士制度，当时获得了欧洲人的交口赞誉。很显然，黄嘉略是在如实地将他所知道的真实的中国介绍给欧洲人，并不像某些欧洲传教士那样，让介绍中国服务于他们各自在“礼仪之争”中的立场。

关于中国的若干谷物

黄嘉略是文人而不是农民，可是他对农事似乎并不陌生，说到插秧施肥时头头是道，俨然是个行家里手。原因可能在于他本来就不是一个传统意义上的中国文人，既没有经历十年寒窗之苦，也不想一朝金榜题名，而且似乎也没有“万般皆下品，唯有读书高”的思想，这就使他有兴趣观察和了解农民的生活。其次，他多年在外漂流，走过许多城市和乡村，可以说是见多识广，与那些皓首穷经的书呆子不可同日而语。中国农业的精耕细作在欧洲享有盛誉，黄嘉略对于水稻种植的描述，也许能加深欧洲人对于中国人优秀耕作技术的了解。

中国十分之七的地方以稻米为主食，其他地方以小麦为主食。米有多种，不黏的米供食用，黏米可酿酒，不甚黏的可煮成稀饭。有些品种的米两端有须，有的短，有的长。米的品种很多，有的米白色，有的米黄色，有的米红色，有的米浅红色。播种稻子的最早时间是春分，但此时有可能降霜，最晚则在春分之后三周。播种之前将稻种放在草袋中用水浸泡，使之发芽。然後播撒在小块秧田里，撒种时不能有风，否则稻种会因风吹而撒不匀。撒种30天后，稻苗长至两三指高，此时将秧苗拔起，移栽到田里，1亩秧田的稻秧可插25亩稻田。插秧较早的稻子70天后可收获。稻田如缺水10天以上，就会对稻子的生长产生不良影响。湖边的稻田需漫过水后方能插秧，但夏初就可开始育秧。南方一年可种两季稻子。有一种稻子名叫过山香，香气扑鼻，但产量很低，只有富人才吃得起。稻子如种在旱地或薄地上，就只长稻草和瘪壳。为了提高地力，需要给稻田施肥，人或动物的粪尿、磨成粉末并在地里腐烂后的芝麻油渣、豆饼和棉籽壳等，都可用作肥料。在冷田里种稻，插秧前要把稻秧的根部在骨灰中沾一沾，插好后，秧的根部还要用石灰盖上。收获后可将稻草留在田里腐烂，这相当于给田上了一次粪肥。犁田三遍后，用牛拉木制滚筒碾压一遍，不但平整了地面，同时还能使撒下的肥料分布均匀。中国通常使用黄牛和水牛耕田，水牛比黄牛强壮，但水牛更需精心喂养，夏天要让它经常下水洗澡。牛在耕作后会大量出汗，此时若淋雨就会生病，所以下雨前要把牛牵到牛棚里去。不过，只有在春天需要如此小心，牛在其他季节里不怕雨淋。穷人无牛，有的农夫虽有牛但怕牛生病或被偷，不得已只好用人力耕田。如果因田亩太多而无法都种水稻，就在秋天里种一些豆子、小麦、芝麻或草。插秧若干天后，要除草和松土，否则稻子就会因窒息而生长不好。秧田怕鸟吃稻种，为此要用稻草札成假人或老鹰之类猛禽，把鸟吓走。每当雨水过多或发生虫害时，中国人就祈求老天爷消灾。

中国人把大麦、小麦、燕麦和荞麦都叫作麦，可能因为这些作物的播种季节大致相同。在北京、山东、河南、陕西和山西，一半人口以小麦为主食，另一半以稻米为主食。在四川、云南、福建、浙江、江西、湖广和南京，只有二十分之一的人种小麦，五十分之一的人种植其他麦类，主要不是为了当主食，而是为了做糕点，他们的主食是稻米。有一种燕麦是喂养牲口的，人通常不吃，但遇到灾年，也不得不吃。还有一种大麦有黏性，可酿酒。在中国北方，秋季播种小麦，来年夏季才收获。麦子种下后，无需更多照料，只要除草松土即可。北方种麦子的方法各不相同，工具也不一样。有一种播种器具可同时耕地和播种。这是一种犁，但没有犁铧，只有两块尖铁，固定在犁头两侧，用毛驴牵引，上面有一个筛子状的容器，开四五个孔，尖铁开沟后，种子沿孔落入沟中，用土覆盖种子后，再用一个石碌碡压碾一遍。南方人为预防害虫，在播种前将种子拌灰。用手将麦种撒下去，然後用脚踩实。无论在南方和北方，都要除草松土，有时多达四遍。水稻施肥在插秧之后，小麦施肥在下种之前。在南方，有时种麦不是为了收麦子，而是为了将麦苗当作青肥，当麦苗长到一定高度时，用犁将麦苗翻入土中，稻谷产量能因此而增加一半。麦子收获后，还可以再种一季稻子、蔬菜或其他作物，只要肥料上足即可。麦子不怕霜、雪，用工较少，在南方最怕的是淫雨不停，俗话说：“寸麦不怕尺水，尺麦只怕寸水。”北方有一种害虫，形状像蚕，人们一见这种虫，就说来年要闹饥荒了。中国有一种作物叫芝麻，芝麻有许多优点，一、只要吃一点点芝麻，很长时间不会饿；二、作点心时放一点芝麻，味道特别好；三、涂抹芝麻油可以使头发变得光亮；四、芝麻油可以去除肉的腥味；五、吃芝麻能长得丰满。芝麻播种前，地要整得干净，没有土块和杂草，下种时把芝麻与湿草灰拌和，播种期最早是春分，最晚是夏初，除草松土与小麦相同。芝麻有白、黑、红等多种颜色。芝麻壳与豆壳相似。每一百斤芝麻可榨油四十斤。油渣可肥田，在灾年时也可果腹。中国人把各种豆子叫作菽，各个季节都可种豆，穷苦人家把豆当菜吃，巧妙地做成各种各样的菜肴，用以替代肉类。豆有黄色的和黑色的多种，黄豆在二月播种，夏季收获，但南京人在水稻收获后种黄豆，产量较高，九月可收获。北方有人种黑豆，黑豆在二月播种，秋季收获。北方多使用马和驴，人们常用黑豆喂养马和驴，据说能长力气。

关于中国的古籍

黄嘉略曾应傅尔蒙之请为国王图书馆编写馆藏中文图书，关于此事，巴黎国家图书馆东方部前主任柯恩女士有如下记述：

> 1739年首次印制了“国王图书馆书目”。……在该书目中题为“国王图书馆原有的中文书籍（可能是柏应理等耶稣会士从中国带来）”的第一部分中，共列出了66种539册中文图书。……实际上，这是一份从未公开发表过的法文目录的拉丁文译本。如今在国立图书馆抄本部中藏有两个抄本，一个编号为Bréq. 22，另一个编号为Ar. 68，附有黄嘉略的一封亲笔信件……说明系用法文写成，字迹很工整，开头处用的是红墨水……[1]

在黄嘉略所编写的目录[2]上，共有75 种中文书籍，其中包括许多古代经典和各类名著，诸如《书经》、《礼记》、《易经》、《性理大全》、《本草纲目》、《农政全书》、《说文解字》、《广舆图》等。他所编写的目录，不是一份简单的书籍清单，而是一篇介绍这些图书的文章。在每种书籍下面，他都用法文简明扼要地介绍此书的作者、出版年代和内容以及与此书有关的各

1　Monique Cohen, “A point of History: The chinese books presented to the National Library in Paris by Joachim Bouvet S.J. in 1697”, in *Chinese Culture*, Dec. 1990, pp. 39-48.

2　巴黎国家图书馆抄本部：Ar. 68, fol. 85, 169-171。

种知识。为介绍一种书籍而写下的说明往往多达数百字，内容相当丰富，对于不懂中文的法国读者显然帮助极大。这份书目编成后交给了傅尔蒙，若干年后国王图书馆的中文馆藏有所扩大，傅尔蒙于是将黄嘉略的书目加以扩充，编入目录的藏书增加至92种，最终成为国王图书馆（巴黎国家图书馆的前身）的第一份馆藏中文书目。回到法国的入华法国传教士吴君（Pierre Fourreau, 1700—1749）读了这份书目后写道：

> 这份书目包含许多中国的名著……附有扼要的评论或分析。读过之后，我只能对傅尔蒙先生表示钦佩。即使再仔细读一遍，依然找不出任何需要更改的错误，因为我很清楚，这份书目出自中国人黄先生之手……[1]

吴君多少有些言过其实，黄嘉略并非无懈可击，他的国学水平其实不是很高，与他的其他著述一样，这份介绍中也掺杂着一些错误，例如把朱熹的《资治通鉴纲目》与金履祥的《资治通鉴前编》以及商辂的《续通鉴纲目》等书说成是同一部书，如此等等。当然，我们对他不应苛求，这项工作其实也是他为介绍中国而做出的一份贡献，应该给予充分的肯定。鉴于这份书目篇幅较大，不可能全文照录，所以仅译出其中三条，从中不难窥见全貌。

---

1 巴黎国家图书馆抄本部：Fr. 12403, fol. 234。

《春秋》　此书作者孔子，作于公元前492年，时年63岁，刚刚辞去官职。此书所记为鲁国（今山东省）的二百年历史。此书以纪年体写成，作者试图以此书为鉴，讲述了明君的德行和昏君的暴行。由于此书记述了发生在各个季节的事件，故而称作《春秋》。中国人高度评价此书，极为推崇，认为它是所有经典的精髓。此书被中国人列为六经之一，排位第五，不过，这并非因为它的地位低于前面的四部书，而是因为排列顺序的依据是成书年代，《春秋》成书晚于前面四部书，所以排在第五。此书的前言中写道，公元前250年秦始皇焚书之后，孔子的一位后裔将此书连同另外一些古籍藏于夹墙中，汉初被重新发现。汉和帝下令重印，散发全国。此书先后由多位名家注释，最后一位是明朝第16位皇帝天启年间的冯梦龙。此书共两函12册。

《资治通鉴纲目》　此书由不同朝代的五位作者陆续完成。第一位是10世纪宋朝的司马光，他将此书定名为《资治通鉴》，以周朝的威烈王（公元前430年）作为开端，截止于后周的末代皇帝世宗（公元964年），所记述的中国历史长达1304年。第二位作者是著名的朱文公，他生活在司马光之后三百年的宋朝。朱文公对原著作了增补，并且增加了注释、道德说教和多种引文，将此书题名为《资治通鉴纲目》。第三位作者是14世纪元朝的金仁山，他增补了从公元前2365年尧在位期间到原著开篇之间的历史，共计1935年。但是，他所增补的篇幅少于此前的原著。第四位作者是明朝第九位皇帝成化年间的商辂，他奉皇帝之命续写到元朝的末代皇帝顺帝末年，即公元1372年，从而把此书所记载的历史延长了408年。在这四位作者之后，16世纪中叶明朝的南轩在第三位作者金仁山的基础上，又前推了596年，从而使中国的历史肇始于伏羲。经历上述多次增补后，此书所讲述的中国历史长达4333年，即从公元前2961年到公元1372年。此书在60年前印刷，当时在位的是清朝即第二个鞑靼人朝代的顺治皇帝，他是当今中国皇帝康熙的父亲。

《诗经》　此书是中国人的第三部经书，收有大量古诗，其作者都是著名学者和国王等人，其中包括公元前1113年创建周朝的武王、其子文王、次子周公、孙子成王等人，成书后经孔子审改。此书所收的诗歌分为两大类六小类。第一大类中的第一小类是“国风”，即各国风尚，收入书中的共有十五国国风。国风都是抒情诗或描写个人情感的诗篇。这些诗不加掩饰地描述了民间风尚，也记述了国家的各类事务，多少有些类似古代希腊的喜剧那样，揭示个人和国家的弊病。第二小类是“雅”，这是一些赞颂杰出人物的美德和才能的诗篇，其中也有一些是昭示教诲的。“雅”分为“大雅”和“小雅”。“大雅”不配音乐，只在王公们宴饮时诵读，“小雅”则在民众集会和私人宴饮时歌唱。第三小类是“颂”，这是一些不加修饰的简洁而流畅的四言诗，每逢葬礼或在节日里举行隆重的仪式时，人们就高唱这些诗篇，祭祀鬼神或祖先。第二大类中的第一小类是“赋”，也就是说，直叙其事，不使用比喻。国王和达官贵人们的行止，不论是优是劣，都如实描述。诗中涉及商和周两个朝代，即从公元前1757年到公元前

611年，共计1146年。第二小类是“比”，即由某种崇高而奇异的事物破题，然后进入实际主题。[1]后两种诗篇描述了周朝几位王后的高尚品德，其中大多数诗篇的作者是文王的妻子和武王的妻子。

1 此处疑有遗漏。

四、对弗雷莱和傅尔蒙的影响

在合作编写《汉语语法》的过程中，弗雷莱和傅尔蒙通过与黄嘉略的接触，在获得许多有关中国的知识的同时，极大地提高了他们对中国的兴趣和关注，进而影响了他们的学术生涯。结识黄嘉略以后，傅尔蒙把主要精力投向汉语研究，弗雷莱的研究领域虽然不如傅尔蒙那样集中，但中国的语言和历史却始终是他的重要研究对象。

弗雷莱与黄嘉略合作的时间并不长，但他勤学好问，学到了许多无法从别处获得的有关中国的知识，这些知识大多反映在他在铭文与美文学院宣读的学术论文中。早在他与黄嘉略的合作中止之前的1714年9月7日，弗雷莱就在该学院宣读了一篇题为“关于中国人的诗”的学术论文：

> 汉语是我们所知的最富有音乐性和最和谐的语言，因为汉语发音时不仅有长短之分，还有音调变化，有的高，有的低，抑扬顿挫，就像我们的音乐一样。但是，中国诗歌的规则从来不是音调的高低，而是音节的多寡和韵脚。

中国早期的诗都是四言诗，下面就是一首来自《诗经》的四言诗：

稳口善面，龙蛇难辨，只做一声，丑态尽现。

如今，中国诗的音节都是单数，大体上可分为五言诗、七言诗和九言诗，四言诗已不再流行。中国诗虽然不像法文诗那样有阴韵和阳韵之分，但也讲究押韵。中国诗人的押韵技巧很高，有些诗虽然很长，却能一韵到底，这种诗被视为上品。每首诗都由双数的句子构成，或是四句、六句、八句，或是十句、十二句。韵脚的配置因句子的数量而异，但无论句数多少，第一句和最后一句必须同韵。在四句诗中，一、四句同押一韵，二、三句同押另一个韵。在六句诗中，一、四、六句同押一韵，二、三句同押另一韵，第五句不押韵。一般规律是倒数第二句不必押韵，而倒数第三句则必须与前一句押韵。在八句诗中，一、四、五、八句同押一韵，二、三句同押一韵，六、七句同押一韵。下面是一首七言八句诗：

绿里黄衣正得时，

夭淫羞杀杏桃枝。

已添深恨犹闲挂，

拼断柔魂不乱垂。

嫩色陌头应有悔，

画眉窗下岂无私？

如何不待春蚕死，

枝枝叶叶自吐丝？

需要说明的一点是，上面所引的两首诗是以拼音书写的，为了让听众了解诗的内容，弗雷莱在每首诗后面用法文做了解释，而这对于中国读者来说是完全不必要的，所以在上面引文中把它删去了。弗雷莱的学术报告虽作于1714年，但上面这段文字却迟至1720年才刊登在《铭文与美文学院院报》[1]上。报告肯定不会这样简短，这段文字显然只是报告的摘要。简短归归简短，这段文字却具有相当重要的历史意义，它是中国诗歌与欧洲人的首次见面，在此之前，在西文文献中找不到关于中国诗歌的记载。通过这段文字，法国人得以约略地了解中文诗歌的特点及其与法文诗歌的主要区别。值得一提的是，弗雷莱在做报告的过程中，当场用汉语朗读了文中所引的两首中文诗歌，毋庸置疑，在场的法国人肯定是首次听到中国诗歌，他们的惊奇和欣喜不难想见，弗雷莱的汉语发音也许非常糟糕，但一个字念一个音节，这一点他肯定已经从黄嘉略那里学会了。当然，这段文字对中国古诗的介绍过于简单，很不全面，例如没有把词和曲看作诗，也没有区分乐府、律诗和古诗，更没有谈及平仄；如果细细推敲，还有许多错误，例如关于押韵规则的介绍就不大准确，弗雷莱介绍四言诗时说，一、四句同韵，二、三句同韵，然而，他当众朗读的那首四言诗的第二句落在“辨”上，第三句却落在“声”上，显然并不同韵。此外，经我们查对，文中所引的四言诗并非出自《诗经》，而是摘自清

1 "De la poésie chinoise", *Histoire de l' Académie royale des Inscriptions et Belles-lettres*, t.III, 1720, pp. 289-291.

初小说《玉娇梨》。无论年代还是体裁，《诗经》与《玉娇梨》相去何止万里，这个差错是怎样造成的呢？《玉娇梨》第二回提供了答案。

明英宗正统年间，太常正卿白玄无子，仅有一女，名红玉，才貌双全，尤擅诗文。杨御史为与白太常攀亲，一日携子杨芳往访。小酌之余，同游后花园。园中有一小轩，横挂一匾额，上书"弗告轩"三字。杨芳学识浅薄，却偏爱卖弄，随口说道："这'轩'字也还平常，这'弗告'二字，写得入神。"他哪里知道，这一念不要紧，却把他的老底兜了出来。原来这"弗告"二字取自《诗经·卫风·考槃》第三节："考槃在陆，硕人之轴，独寐寤宿，永矢弗告。"此处"告"字不应读作gao，而应读作gu，杨芳不知，于是当场出丑。《玉娇梨》的作者写了上面这首四言诗，讥笑杨芳"丑态尽现"。我们完全有理由做这样的推想：黄嘉略在向弗雷莱介绍中国诗歌时，举了这首四言诗为例，谈及出处时讲述了上面这则故事，于是也就提到了《诗经》。或是黄嘉略讲得不够清楚，或是弗雷莱听得不够明白，总之，是弗雷莱错把这首诗说成取自《诗经》。

另一首七言诗摘自此书第六回。我们在前面已经提及，弗雷莱发现黄嘉略在闲暇时常常捧读一本中文小说，读到精彩处常常忍俊不禁，他想此书必定相当精彩，于是建议黄嘉略译为法文。《玉娇梨》是一部才子佳人小说，书中的男女才子们经常相互唱和，或以诗展示才华，或以诗会友，更多的时候则纯粹是一种娱乐，所以书中有许多诗。翻译过程中需要反复揣摸，黄嘉略因而对这部小说相当熟悉。当他向弗雷莱介绍中国诗歌时，便顺手牵羊把《玉娇梨》一书中的诗作为实例介绍给弗雷莱了。这实在是历史的误会，《玉娇梨》中的诗委实算不得上品，根本不能体现中国诗歌的水平，却被当作中国诗歌的代表作最早介绍给法国人了。不过也没有关系，因为，弗雷莱所介绍的主要是中文诗的格式规范，即每首诗的句数和每行诗的字数，而不是诗的思想内容和艺术境界。弗雷莱虽然热心于中国研究，虚心向黄嘉略求教，而且据说曾计划前往中国，后因担心旅途危险，加之家庭反对而未能成行，但在1714年，他的汉语水平并未达到能够阅读中文书籍的程度，所以毫无疑问，这篇学术报告的全部内容都来自他与黄嘉略的交谈，夸张一点说，是黄嘉略借用弗雷莱的嘴向法国学者介绍了有关中国诗歌最粗浅的知识。

弗雷莱与黄嘉略的合作既然是为了编写《汉语语法》，不言而喻，他们相互交流的主要内容当然就是汉语。从现存文献来看，弗雷莱在汉语研究上着实下了一番功夫。尽管我们不知道他的汉语实际应用能力如何，但是在黄嘉略的帮助下，他对汉语的理论研究确实已经达到了一定的高度，最终由黄嘉略完成的《汉语语法》中，包含着弗雷莱的一份心血，其中许多论述所反映的是他的看法和意见。除了《汉语语法》外，弗雷莱的汉语研究成果主要反映在他的两篇论文中，其中一篇题为“关于文字一般原则及汉字根基的思考”（*Réflexions sur les principes généraux et en particulier sur les fondements de l'écriture chinoise*），1718年12月2日和6日分两次在铭文与美文学院宣读，1729年刊登在该院的院报上；另一篇题为“论汉语”

(*Dissertation sur la langue chinoise*)，1720年4月19日和9月3日分两次在铭文与美文学院宣读，刊登在1729年该院的院报上。此外，他奉命为傅尔蒙去世而撰写的“颂词”[1]，也包含有他对汉语的一些看法。把这三篇文章的内容加以综合和归纳，我们可以将他对汉语的论述概括如下：

世界上的文字有多种。一种用图象表示事物，这种文字由于绘画困难，能学会者寥寥，再则，动作、品质和感情难以用图象表示。另一种在图象的基础上增加一些符号，象征性地表示事物和意思，例如埃及人以棍棒顶端一只圆睁的眼睛表示上天对于国事的关注。第三种是任意创制的文字，这种文字与其所表示的意义之间没有自然的联系，只有人为确定的关联。埃及人似乎喜欢前两种文字，即象形文字和表意文字，而中国人则采用第三种。欧洲人把中国人的汉字称为象形文字，与埃及的象形文字相提并论，这是非常不确切的。其实，两者的相似之处仅仅在于它们都不表音。中国人不使用表音文字，而采用抽象的象征表示法，这种文字独立于语音，是思维的直接体现，直接表示意义。我们甚至可以说，他们的文字是为聋哑人创制的，就像我们在数学中使用的数字一样。比方说，我们将一个几何公式展示给来自不同国家的十位数学家看，尽管他们操不同的语言，彼此不能用语言

1 *Histoire de l' Académie royale des Inscriptions et Belles-lettres*, t. XVIII, 1746, pp.413-431.

沟通，但他们的理解完全一样。中国的汉字就是这样，汉字不仅通用于广泛流行方言的中国各地，而且通用于日本、东京[1]和交趾，这些地方的人若没有翻译就不能交谈，但当他们阅读汉字时，他们的理解是一样的。所以说，汉字是一种特别的文字，它只供眼睛看，与听觉和发音器官都没有关系。

如果依据汉语口语去猜测汉语书面语，可能以为不需要很多字就可以了，其实并非如此。中国的字典收字七万至十万不等，有人听到这个数字就惊诧不已，这么多字怎么学得会，记得住，恐怕一辈子的时间都不够用。其实用不着担心，问题没有那么严重。这些字并非完全独立，互相毫无关系，它们是彼此混合组成的，若干简单字可以组成一个复杂字，即使是复杂字，还可以与其他简单或复杂字组合成另一个字。也就是说，中国的文字由许许多多相当于字母的字组成，即由一些数量有限的简单部件组合而成。汉字的笔画共有三种[2]，一是直线，二是弧线，三是点，每一种笔画单独使用时也是一个字。这三种笔画搭配成214个简单字即基本字，我们称之为钥匙（clef）。在字典里，所有的字都分别归类在214个基本字之下。每个基本字表示一种简单的或普遍的意思，这些基本字通过不同组合构成复合字。当我们懂得了这些基本字的含义后，也就懂得了分别由这些基本字组合而成的那些字的意义。人的初级思维并不多，而所有的判断和感

1 此处指越南北部。

2 弗雷莱在另一处说共有五种笔画，但未具体列出。

情等等，都是由若干初级思维以不同方式组合而成的。随着人的知识日益增多，初级思维的组合也日趋复杂。语言也一样，表示初级思维的基本字可以组成复杂的字，用以表示复杂的意思。一种真正的哲学语言应该是这样的：简单的思维用简单的部件表示，复杂的思维用部件和基本字的组合表示，汉语就是这样一种语言。汉字共有八万个左右，其中一半以上是同义字或冷僻字，余下的三万字中，有三分之二是科学或艺术的专用词，中国文人能认一万或一万一千字就够用了。

中国人在伏羲之前以结绳记事，一根绳子上数量不等的结相当于字，若干根绳子就相当于一本书，可用来帮助记忆。中国的始祖伏羲用若干连续或中断的平行横线取代结绳，他的这一发明如今以八卦的形式保存在《易经》中。随着中国人日趋开化，伏羲以前的结绳记事方法显得不敷所需了，神农的一个臣子仓颉赋予文字一种新的形式，汉字从此发生了很大变化。新事物不断出现，新字也不断创造出来，汉字的数量因而逐渐增多。到了周武王时期，汉字已经达到了相当完善的程度。数百年后的秦始皇对当时的百家争鸣很是恼火，下令焚毁所有书籍，只有关于医药、星象和占卜的书籍准予保留。他喜欢士兵和瓦匠，却把令他讨厌的文人都赶去修筑长城。由于那时纸尚未发明，字都写在木牍或竹简上，所以书籍体积较大，藏匿困难，幸免于火的书籍数量很少。汉字因书籍的消失而遭到毁灭性的打击。53年以后的汉文帝停止了迫害，下令找寻幸存的书籍。一位离群索居的老者在女儿的帮助下，借助背诵记下了许多部书，汉字因而得以保留了一部分。汉武帝对于发展文化更加热心，不但大量复制已经发现的古籍，而且鼓励著书立说。许多文人于是纷纷写书。由于旧有的汉字不敷所需，于是创造了许多新的汉字，藉以弥补在焚书坑儒中丢失的汉字。造字本来应该是个长期的过程，但当时由于急需新字，造出来的字就不那么规范，有些甚至乱七八糟。汉字这种表意文字由于日趋复杂而出现混乱，与其原意逐渐分离，现在已经难以追溯每个字的字源，致使汉语不再是真正的哲学语言，何况创造哲学文字需要一套高超的形而上学和哲学体系，但中国人没有。汉语是一种仅供眼睛看的语言，起初使用的文字都与文字所表示的事物或意义有直接关系，但后来为了追求文采，使用了许多与具体事物没有多少关系的字和词以及各种比喻，致使文字与其所表示的意思越离越远，与口头语言的距离也就越拉越大，从而造成了我们今天学习汉语的极大困难。所以说，汉语口语虽然很难学，但与汉语书面语相比就算不得很困难了。

弗雷莱在论文中还谈到了汉语语法，其内容与黄嘉略在《汉语语法》中的论述大同小异，原因不言自明，《汉语语法》本来就是他们两人互教互学、取长补短的结果。

我们在这里所说的汉语就是传教士所说的官话，官话并不是官员的专用语言，而是人们普遍使用的语言。北方人从农夫到官员大多讲官话，南方六省被北方人占领后，南方人也开始讲官话，但是由于受方言的影响，南方官话不纯，事实上是一种混合语。官话的中心是南京，北京宫廷里的人虽然逐渐习惯了北京话，但是文人们认为北京话有较多的粗鲁成分，因而不予好评。

有一切理由认为，汉语与遥远的西方国家的语言没有任何关系，与毗邻国家的语言是否有关系也值得怀疑。四周无法逾越的高山、大海和沙漠把中国与其他国家隔开了，所以汉语似乎始终封闭在中国的边界之内。这个说法如果成立，那就必须承认，汉语与我们所知的其他语言很不相同，世界各种语言中与我们的语言关系最少的就是汉语。汉语由一些没有任何语法变化的单音节组成，这些音节以顺序表明，它们是作用于其他音节还是受其他音节制约，究竟哪些音节是名词，哪些音节是动词。这些音节数量很少，即使加上音调变化也依然不多，所以同一个音节往往表达许多不同的意义，只有依据说话者的语调和上下文，才能断定究竟是什么意义。任何一种语言都有这个问题，但以汉语为最，如果只听说话，难免产生歧义，很难准确无误地译成另一种语言，幸好中国人写字多于说话。

汉语语法由两部分组成，一是发音方法，一是表述方法即词序。汉语的词序与自然次序不一定相符，所以比较困难，但因此也就很重要。

汉语使用法语的全部12个元音，但鼻音比法语重。汉语独有的一个元音很难描述，葡萄牙人写作usto[1]，永远不与任何

1　即“儿”。

辅音或元音结合。汉语的辅音共有12个，由于其中有的重合，有的送气，因而辅音的总数为22个。每个元音只配一个辅音，元音与辅音相拼后，共有56个不同的音节。

我们通过词的形态变化表示时、数、态等，汉语没有任何词形变化，唯一办法是加词。词序在汉语中非常重要，往往对句子的意义起决定作用，但是，词序不一定与自然次序相同，这一点不容易说清楚。

中国是一个文明的民族，汉语的书面语言相当文雅，但口语贫乏而粗俗，这一点令人难以置信。

弗雷莱对汉语的研究或许可以说是一种哲学研究，他在写给在华传教士宋君荣的一封信中说，他于1718年宣读的那篇论文是“对汉语的几点哲学思考”[1]。对汉语的哲学研究也就是研究汉语是不是哲学语言。哲学语言这个术语并非弗雷莱首创，很可能是从德国的莱布尼茨那里借用的。莱布尼茨笔下的哲学语言是指一种无需借助语音而仅用逻辑符号表示的语言，就像数学符号那样对任何人都表示同样的意思。人类的各种知识首先被简化为许许多多小单元，简单的意义用简单的符号表示，复杂的意义用复杂的符号表示，而复杂的符号往往就是简单符号的不同组合。这种语言实际上就是世界通用语，无论居住在世界的哪个角落，无论操何种方言的人，都可通过这种语言与

---

1 Virgile Pinot, *Documents inédits relatifs à la connaissanse de la Chine en France*, Paris, 1933, p.81.

他人沟通。弗雷莱开始了解到汉字的一些特点时曾认为，汉字与思维直接挂钩，无需经由语音的中介，是一种极佳的分析工具，因而汉语是一种哲学语言。但是，当他对汉字和汉语有了更多的了解后，终于认识到，从宏观上看，汉字和汉语确实具有某些哲学语言的特点，但是从微观上看，汉字在发展过程中逐渐脱离了以形表意的原则，而且许多发音相近的字，意义相距甚远，所以，汉字和汉语并不完全具备哲学语言的必要条件，因而不是哲学语言。

对汉语的这种哲学思考与他对中国哲学的思考有着内在的联系，并促使他在论述汉语时论述中国哲学。他在1718年宣读的那篇论文中写道：

> 中国哲学家对于组成宇宙的一切事物不做真正的区分，他们认为所有东西的存在都同样是无穷的和不可损害的，既不会增多，也不会减少，既不能产生，也不会毁灭，一切都是永恒的，既没有开始，也没有终结。我们所说的繁衍和毁灭，在中国哲学家看来只不过是变化或关系的改变而已，换句话说，是事物固有的性质的显现或发展，因为我们过去没有发现这些性质，所以才说它们是新产生的，其实它们早已存在，只是我们过去没有注意而已。所以说，事物本身并无任何实质性改变，不同的仅仅是我们是否看到它。由此可见，中国哲学既不承认创造也不承认上帝，汉语中甚至根本就不存在表示上帝的词。他们所说的天或天主都是物质的，各种事件的原因存在于天的作用之中，而天是没有知觉也没有意

志的，就像我们的占星家把事件的原因归之于星星的变化一样。偶像崇拜者则认为天是有知觉的，而且能像人一样行动，因为这种东西不同于物质的天，而是天的灵魂，它能思想、有感情也能运动。但这些想法都受到中国哲学家的谴责。

从这段论述可以看出，弗雷莱对于中国哲学的看法深受某些在华耶稣会士的影响。简而言之，某些耶稣会士和弗雷莱都认为，包括文人和官员在内的中国知识分子都是无神论者，既不承认上帝，也不承认上帝的创造，认为事物变化的原因和动力是物质的天，而天既没有知觉也没有意志。与之相反，没有受过教育的中国民众都是偶像崇拜者，相信天是有知觉的，能分辨人间的是非善恶，所以要敬天、敬神、拜菩萨。

弗雷莱在逐渐深化对汉语的认识之后，不仅放弃了在汉语中寻找哲学语言的努力，而且深切地体会到，法国缺乏学习和研究汉语的客观条件，研究汉语困难太大，他在1735年写给宋君荣的信中写道："只有在中国，才能学会汉语，才能借助语法和字典达到教授汉语的程度。"[1]从此以后，他把对中国的关注转向历史领域，因为他在欧洲历史和哲学研究中发现，中国是解决他所遇到的历史问题和哲学问题的关键。为了研究中国历史，他与一些在华法国传教士建立了长期和卓有成效的联系，在通信中交换资料和观点，探讨双方都感兴趣的问题，其

1 Virgile Pinot, *Documents inédits relatifs à la connaissanse de la Chine en France*, Paris, 1933, p.82.

中主要是中国的上古史与《圣经》中所叙述的世界历史的关系问题。在这个领域中，他先后在铭文与美文学院宣读过两篇论文，其一是1733年的《论中国编年史的悠久性和可信度》("De l'antiquité et de la certitude de la chronologie chinoise")，刊登在该院院报第10卷上；其二是1739年《关于中国编年史的悠久性和可信度的若干说明》("Eclaircissement sur le mémoire lu au mois de novembre 1733 touchant l'antiquité et la certitude de la chronologie chinoise")，此文分两次刊登在该院院报第15卷和第18卷上。

弗雷莱作为法国的第一代世俗汉学家的地位，主要是以他在中国历史（其中包括天文史）研究领域中取得的成果确立的，他的汉语研究成果并未得到普遍赞许。在中国史研究方面，弗雷莱主张，为了证明中国历史的真实可靠性，必须从中国文献中寻找证据，而不能像有些人那样总是企图弥合中国历史和《圣经》的不一致。他认为，必须把中国纪年和《圣经》纪年独立地进行清理，然后加以比较，找出两者之间的问题和共同点。他为证明中国历史真实可靠所做的努力，旨在反对两种错误倾向，一是如同索隐派那样，力图将中国上古帝王视为诺亚及其祖先，二是由于无法调和中国历史和《圣经》的矛盾而声称中国上古史是史学家胡乱拼凑的一团乱麻。黄嘉略虽然把弗雷莱引入了汉学殿堂，但是，他对弗雷莱的影响主要是在对中国概况和汉语的了解方面，在中国历史方面，他并没有传授给弗雷莱多少知识，更没有在研究方向上给予他以具体的指导。有鉴于此，我们不打算介绍和评论弗雷莱对中国历史所做的研究。

傅尔蒙的人品一直为一些法国学者所不屑，其中以高迪埃对他的贬斥最为尖刻：

> 他成长在教会学校中，胸襟怎么可能开阔，他是一心追求名利的学究典型，钻营于一个大而无当的圈子里，把一个庸人的种种毛病暴露无遗，他是他头号马屁精昂丹公爵的马屁精，生性喜好嫉妒，为了实现野心而无所不用其极。[1]

我们不但无意贬损这位三百年前的先辈学者，而且充分肯定他为法国汉学的建立和发展所做出的贡献。不过，他的为人确实有不少让人难以恭维之处，仅就他与黄嘉略的关系而言，他的许多言论就远非实事求是。前面我们说过，傅尔蒙原本是个研究希伯来语和阿拉伯语等东方语言的专家，在认识黄嘉略之前从未接触过汉语，从与黄嘉略合作编写《汉语语法》开始，直至生命终了，他虽然没有彻底放弃其他领域的研究，但汉语却始终是他的主要研究项目，他的主要著作也都以汉语语法为论述对象。可以毫不夸张地说，与黄嘉略的交往和合作改变了傅尔蒙的人生道路，使他最终被誉为法国第一代汉学大师，不仅在法国名气很大，而且因其汉学研究成就而于1738年成为伦敦皇家学会会员，1742年成为柏林科学院院士，在欧

---

1 H. Cordier, *Fragments d' une histoire des études chinoises au XVIIIe siècle*, Paris, 1895, p. 15.

洲各国享有盛名。今人香港学者梁凤清（Cécile Leung）认为，"中国热"虽然在18世纪的法国热火朝天，但汉学研究却相对滞后，是傅尔蒙和弗雷莱把汉学研究带进了科学院，他们两位是法国18世纪初期汉学的领军人物。她写道：

> 毫无疑问，傅尔蒙是法国汉学的创立者，尽管这门学问在1801年至1815年间才站稳脚跟。[1]

中国著名的前辈中西交通史专家方豪先生对傅尔蒙的评价更高：

> 然汉学之发扬光大时期，应始于法人傅尔蒙之刊出《中国文典》……法国初期汉学者，皆出其门，称近代汉学之始祖。[2]

即使是严厉批评傅尔蒙人品的高迪埃，也对他的学术地位给予一定程度的肯定："傅尔蒙和德经在18世纪开启了法国的正规汉语教学"，[3]而我们知道，德经（Joseph de Guigne，1721—1800）就是傅尔蒙的两位入门弟子之一。

1 Cecile Leung, "Etienne Fourmont（1683—1745）:The Birth of Sinology in the context of the institutions of learning in eighteenth-century France", in *Sino-Western Cultural Relations Journal*, XVII, 1995, p. 38.

2 方豪：《中西交通史》，第一册，（台湾）华冈出版有限公司1977年版，第13页。

3 H. Cordier, *Les études chinoises（1895—1898）*, Leide, 1898, p.44.

与弗雷莱相比，傅尔蒙与黄嘉略共事的时间更长，合作的项目更多，黄嘉略给予他的影响也更大。然而，傅尔蒙却不止一次断然否认黄嘉略给予他的启示和帮助，大言不惭地声称，他的著述与黄嘉略的遗稿毫无关系，完全是他独立研究的结果。当然，事实并非如此，在他的有关汉语的著作中，处处都可发现黄嘉略对他的影响。

作为铭文与美文学院的成员，傅尔蒙和弗雷莱一样，经常在该院的学术例会上宣读自己的论文。1722年4月4日，傅尔蒙宣读了题为“关于中国文学”（Sur la littérature chinoise）的论文报告，刊登在该院院报第1718—1725号第312—319页上。这里的“文学”一词当作广义理解，实际上更多是指文字和语言。这篇论文相当长，继4月4日之后，他又于4月28日、4月30日和5月8日连续三次宣读。论文分为两部分，第一部分概括地谈论欧洲对中国文字和语言的研究历史和现状，第二部分论述汉语的特征，并介绍他本人有关汉语和汉字的著作。

> 葡萄牙人航海到东方之后，开辟了一条通往新世界的航路。传教士们到了那里之后，熟悉并研究当地文化，编写了一些语法和字典，但欧洲的学者们对此兴趣不大，即便偶尔看看，也纯粹出于好奇。但是，他们对于中国的态度却不一样，我们有许多中文书，传教士带回来的都是对中国的赞扬。少量翻译作品和中国的简史更增加了欧洲人对中国的兴趣。但是由于没有语法和字典，中文图书只是图书馆里的摆设，据传教士们说，汉语十分难学，这更增加了我们的畏惧心理。

少数几位欧洲学者的努力，由于缺乏正确的方法和必要的帮助，先后都以失败告终。传教士们说，汉语简直就是无法解开的谜，即使是中国人，他们用一辈子时间学汉语，最后也只不过是一知半解。正在此时，罗萨利主教带来了黄嘉略。

中国人对于语言的看法与其他民族不同。汉语只有360个单音节。他们觉得这些音节已经足以表达他们的一切思想。ti这个音节是“地”的意思，但换一个音调就成了“帝”。“猪”和“主”也一样，差别就在于发音的轻或重。尽管在口语中没有任何一个词超过一个音节，但在书面语言中却不是如此，有的字往往由许多表示简单意义的字组合而成。同样的意思，口语要用一个长长的句子才能说清楚，书面则只要寥寥几个字就可以了。所以说，书面汉语是一种哲学语言，完全独立于口语。汉语实际上只有两样东西，一是单音节，一是与发音没有关系的字。一个字如果不标音，可能有三四千个同音字，即使标了音，还可能有30个同音字。汉语中的单音节字有三种，一种以五个元音之一结尾，如la、le、li、lo、lu，另一种以m结尾，如同法语中的nom、surnom等，第三种以n结尾，如同拉丁语中的Titan、lan等。在单音节字中，元音可以是单元音，也可以是双元音乃至三元音，如tao、tiao，但任何字永远是单音节。在所有单音节字中，辅音永远不出现在元音后面。汉字大概有八万之多，别的民族主要是听语言，中国人则主要是看语言。传教士说，没有一个中国人认识所有汉字。伏羲时代的中国人用图形当字，黄帝时代的仓颉开始造字，这项工作一直延续到公元前837年，汉代的太史公最终使仓颉的体系臻于完善。今天使用的文字与那时基本一样，除了少数几个字被废弃之外，其他都依然如故。八万汉字既然是由214个基本字组成的，要了解汉字只要了解214基本字即可。基本字有各种意义，如男人、女人、父亲、母亲、儿子、女儿、王公、臣属、天、地、气、水、木、足、手、心、马、虫等等。在每个基本字下面都可以找到相关的字，比如，喊叫、叹气、说话等都在口部，表示感情的思想、愚蠢、欢快、爱情、仇恨等都在心部，与马有关的词，例如快、凶等都在马部。

与弗雷莱1718年宣读的那篇论述汉语的论文相比，傅尔蒙的这篇论文并无多少新鲜的内容，可以说是大同小异。由此可以推断，两篇论文是同源之水，而源头便是黄嘉略的传授。必须指出的是，从上面的引述可以发现，傅尔蒙对汉语至少有两点重要的误解，而这两点误解此后长期未能得到纠正，严重影响了他对汉语的研究。第一，他把汉语的口语与书面语视为截然不同的两种语言，把汉语的书面语言说成是独立于口语的另一种语言。众所周知，由于汉字不是表音文字，它所表示的意义可以独立于发音而存在，所以，尽管书面语言当初与口语完全吻合，但在漫长的岁月中却渐渐拉开了与口语的距离。这是因为，口语具有较大的活力和可变性，随着事物的发展以及人们习俗的改变而适时发生变化；书面语言则相对固定，不能及时跟上口语的变化，以致两者之间产生并拉大了距离。在白话文产生之前，书面语日益脱离口语，以至于没有经过相当时间学习的人，不但难以读懂书面语，更无法听懂书面语。在华传教士早就发现了汉语的这一特点，并在他们的著述中予以介绍。黄嘉略在《汉语语法》中也指出了这一点，他在与傅尔蒙交谈时，肯定也谈到了这一点。但是，作为一个中国人，黄嘉略无论如何也不可能把汉语的口语与书面语看成是两种截然不同的语言。他的过错首先在于没有强调它们是同一种语言，其次则在于没有把它们之间的区别说清楚。傅尔蒙对汉语没有任何感性知识，以他所掌握的欧洲语言和若干近东地区语言的知识，无法准确理解和正确把握汉语的口语与书面语之间的异同，把复杂的事物做了简单化处理，把本是同一种语言的两种形式误解为两种不同的语言。然而，他对自己这种说法显然也没有把握，所以时隔十余年后，他还在向人请教：

> 中国人的语言是否是一种双重语言，即一种口语和一种书面语或由表意文字组成的语言？听得懂口语的人听得懂书面语吗？中国人是否需要专门学习书面语即文字，是否需要专门学习口语？[1]

第二，傅尔蒙对214个基本字的理解严重错误。这里需要说明，所谓“基本字”（caractères radicaux）其实就是汉字的部首，当时的法国学者对部首的称谓至少还有另外两种：clef和

1　H. Cordier, *Fragments d' une histoire des études chinoises au XVIIIe siècle*, Paris, 1895, p. 33.

tribunaux，clef可直译为关键或钥匙，tribubaux可直译为部类。clef一词可能起源于德国学者米勒，此人在1674年出版的《汉语奥秘》中声称发现了揭开汉语之谜的钥匙，这里所说的“奥秘”和“钥匙”都是拉丁文clavis的汉译，而与拉丁文的clavis相对应的法文便是clef。米勒居为奇货的奥秘或钥匙，其实很可能就是部首，他声称，必须得到高额报酬，否则拒不公开汉语的“钥匙”，结果由于条件始终没有谈妥，他所掌握的奥秘至死没有公之于众。黄嘉略在与傅尔蒙和弗雷莱合作的过程中谈到了部首，这个在中国文人眼里熟视无睹的东西，却被不懂汉语的傅尔蒙当作重大发现，以为找到了解开汉字“奥秘”的“钥匙”。他把汉字的部首视同欧洲文字的字母，并把它叫作基本字，以为这些基本字如同字母一样，可以通过随意拼合组成所有汉字。果真如此，学习和掌握汉字的一切困难当然就统统迎刃而解，任何人只要学会214个“基本字”，就可以无师自通，不费吹灰之力地学会八万乃至十二万个汉字！作为一个中国文人，黄嘉略对部首绝不可能作如是观，但是，我们真想不出黄嘉略是如何向傅尔蒙介绍和讲解的，竟然造成如此严重的后果。傅尔蒙协助黄嘉略编写了《汉语语法》，或多或少也参与了黄嘉略编写字典的工作，他本人此后还撰写了两种有关汉语的专著，然而，他却依然不明白部首究竟是什么。直到1733年他还在问：

> 这些表示统属关系的字是否共有214个？214个表示统属关系的字是否通常位于按“钥匙”顺序编排的字典的第一卷

> 中？这些“钥匙”是否有两三种写法？汉字中有被视为并当作元音和辅音使用的字吗？[1]

这些问题表明，傅尔蒙对汉字部首的误解始终没有得到纠正。很不幸，弗雷莱对于部首的认识与傅尔蒙一模一样，而更为令人遗憾的是，214个部首后来成了两位学者失和的重要原因，为了争得发现214个部首的头功，两人打了一场震动巴黎学界的笔墨官司。

黄嘉略去世后，傅尔蒙奉命接管他的全部遗稿和资料，以便继续完成《汉语语法》和《汉语字典》的编撰任务。我们在前面已经提及，黄嘉略去世之前已经编成了《汉语语法》，并附函呈送给当时的摄政王奥尔良公爵，这就是说，《汉语语法》的编撰任务已经完成，傅尔蒙需要做的只是继续编撰《汉语字典》。但是，傅尔蒙接管黄嘉略的遗稿后多次声称，这些遗稿仅仅刚开了个头，数量既少，质量也不如人意，基本上没有什么利用价值，一切都必须从头开始。对于黄嘉略已经完成的《汉语语法》，傅尔蒙既不交待下落，也不评说其优劣，就好像根本没有这样一部书稿似的。

傅尔蒙并未食言，他确实全身心地投入汉语研究，为了早出成果，他还动员弟弟米歇尔协助他工作，这位通常被称作傅尔蒙教士的米歇尔·傅尔蒙协助其兄数年后，深感在法国研究

1　H. Cordier, *Fragments d' une histoire des études chinoises au XVIIIe siècle*, Paris, 1895, p. 33.

汉语无异于瞎子摸象，对这项工作的前景失去信心，于1726年完全放弃了汉语研究。傅尔蒙单枪匹马，信心弥坚，继续编写汉语语法。为了克服黄嘉略著述中用拉丁字母拼汉字的缺陷，他向有关部门申请了一笔数额巨大的经费，用来刻制数万个木质汉字，以便在自己未来的著作中使用。

1728年8月，傅尔蒙的《汉语语法》编写完毕。这部用法文撰写的书稿汇集了各种有助于汉语学习的材料，论述了汉语的特征和优越性，依次讲解了汉语的词法和句法，并附有大量实用例句和一些应用文。比尼昂教士和负责住房、工艺和制造的大臣昂丹公爵（Duc d' Antin，1711—1736）都给予傅尔蒙以全力支持，为他筹措到了印刷此书所需的资金。傅尔蒙当然更想立即排版，力争早日出书，但是他所监制的木刻汉字此时并未全部完工，尚需等待一些时日。铭文与美文学院常任秘书德博兹（Gros de Boze）和弗雷莱得知傅尔蒙编出《汉语语法》的消息后，出于对傅尔蒙学识的怀疑，致函该院院士兼国王印刷局巡视员封斯马涅（Foncemagne），明确表示反对匆忙出版傅尔蒙的汉语著作。鉴于法国无人懂得汉语，因而无法判断此书质量，两位学者建议在出版之前，把书稿送到中国或罗马，请一位懂汉语的传教士仔细审阅和鉴定。正在有关负责人考虑做出抉择之际，1729年9月2日，傅尔蒙收到了在华传教士马若瑟的来信。数年前结识的这位耶稣会朋友在信中告诉傅尔蒙，他新近编写了一部汉语语法，取名《汉语札记》（*Notitia linguae sinicae*），已经托付一条商船带往法国，不日即可送到傅尔蒙手中。傅尔蒙立即将此信转呈比尼昂教士，比尼昂表示，既然不久就能收到马若瑟的语法，与其匆匆将傅尔蒙的语法付印，莫若先将两部汉语语法做一比较，以便从中发现问题。考虑到将来两部性质相同的书出版后，万一有雷同之处，傅尔蒙可能被人指责为抄袭，为了避免日后引起不必要的麻烦，比尼昂向傅尔蒙建议，抢在马若瑟的书稿寄到巴黎之前，把傅尔蒙的汉语语法书稿送交给他代为保管，藉以证明傅尔蒙没有也不可能抄袭马若瑟的书稿。傅尔蒙接受比尼昂教士的建议，把书稿送交比尼昂教士。比尼昂于1729年9月14日为此出具一份“傅尔蒙先生的汉语语法存放于国王图书馆证明书”[1]：

> 国王图书馆馆长……比尼昂教士证明如下：……傅尔蒙先生今日交来书稿一包，计856页，系傅尔蒙先生所著汉语语法，我们已在每页上盖了国王图书馆的印记。……他为此书付出了艰辛劳动，自认为已臻完备，可以出版。我虽然深知傅尔蒙先生的工作热情，也知道他的语言天才，却依然不能断然做出准其立即出版此书的决定。目前我只能将书稿存放于国王图书馆，理由有三：
>
> 1．即使这部语法已臻完善，但倘若没有一部字典与之配合，这部语法依然不能发挥作用，单凭语法规则，仍然无法阅读中文书籍……傅尔蒙先生正在编写汉语字典，四五年之内可望完成，所以我觉得以耐心等待为宜。
>
> 2．这部语法只有配上汉字，才能真正发挥效用。汉字的

1　巴黎国家图书馆抄本部：Fr. n.a. 8974, fol. 855, 856。

刻制虽然不断得到国王陛下的资助，但全部完成所需时间不会少于编写字典所需时间。

3．本月2日，傅尔蒙先生收到马若瑟神甫1728年12月10日寄自广州的一封信函，许诺将要寄给他一部汉语语法书稿，傅尔蒙先生或许能据此进一步完善他的著作，使读者从中获得更大裨益，而傅尔蒙先生的声誉也不致因此而受到损失。

1730年1月11日，马若瑟的书稿随同几包中文书籍一并寄到巴黎。傅尔蒙立即向比尼昂报告，并希望指定专人对两部汉语语法进行对比和鉴定。比尼昂自己不懂汉语，也找不到合适的人选承担此项任务，无奈之下只得要求傅尔蒙本人进行对比和鉴定。傅尔蒙很快就完成了这项任务，1730年2月4 日写信[1]给比尼昂教士，随信送上一份52页的审稿报告。傅尔蒙在报告中告诉比尼昂，1725年他在信中告诉马若瑟，他计划先编好字典，然后才考虑编写语法。几周后他改变计划，决定将字典推后，并用18个月时间编出了语法。他在信中强调指出，马若瑟的语法是1728年在广东获得认可的，他自己编写汉语语法的时间则是1727和1728这两年间。马若瑟的语法是用拉丁文写成的，而他的语法是用法文写成的，凡是马若瑟书中谈及的汉语语法现象，诸如名词、代名词、动词、小品词以及礼貌用语等，他在自己的书中也都谈到了，但是他的介绍比马若瑟的解释更为详

1 巴黎国家图书馆抄本部：Fr. n.a. 8974, fol. 53-55。

尽，原因是马若瑟在中国居住多年，对很多汉语特有的语言现象已经习以为常，因而认为无需详加解释，而他本人从未到过中国，对欧洲人的心理和接受能力了解得更加真切，马若瑟以为很简单的东西，对于很多欧洲人来说未必就能不言而喻，所以他依然花费很多精力仔细讲解。比方说，马若瑟对部首只字未提，也没有传授认字方法，对如何使用字典更未作任何讲解。所以，他的结论是，马若瑟的这部书稿与其说是传授语法，不如说是传授小品词。两周后，比尼昂教士给傅尔蒙写了一封回信[1]：

> ……你一定记得，前些日子几位学者对你的著作提出异议，他们的意见是否有理也牵扯到我的名声。最早是我让你与黄先生一起工作，黄先生去世后，又是我建议你继续完成他刚刚开始的工作，所以，我有责任自始至终密切关注你所编写的这类著作，对于这些著作是否能获得公众认可，是否有助于了解一种迄今不为欧洲所知的语言，我不可能漠不关心。
>
> ……起初你对我的谨慎感到吃惊，经我解释后，你表示满意……你可能觉得我对你不够信任，而你认为自己的著作无懈可击，不怕被人指控为剽窃了那位耶稣会士的书。
>
> 为了对付那些成见……我决定亲自对你和马若瑟的两部书进行一番对比……我和萨里耶教士（Abbé Sallier）花费了许多时间仔细审阅了你的对比报告。这些功夫没有白费……

1　巴黎国家图书馆抄本部：Fr. n.a. 8974, fol. 56-58。

你的语法不但精确，而且观念先进……你与马若瑟神甫的最大区别，就在于他认为在中国任人皆知的常识，你认为对欧洲人来说都是闻所未闻的新知识，因而作了解释。两部书中的其余部分，如名词、代名词等等，都完全一样，当初如果没有事先采取提防措施，你就可能受到剽窃的指控。我很愿意为你出具这份书面证明，当你面对那些肆无忌惮的审稿人时，它不会毫无用处。

马若瑟的书稿从此下落不明，直到19世纪初年被阿伯儿–雷慕莎在国王图书馆发现后，才由一位英国新教传教士马礼逊（Robert Morrisson，1782—1834）于1831年在马六甲出版。

傅尔蒙对两部书所作的比较报告虽然获得了比尼昂教士的首肯，然而，主管此事的昂丹公爵却依然不放心，于1731年8月30日致函傅尔蒙，重提三年前的一段旧事。原来，早在1728年，他就曾经要求傅尔蒙将一篇汉语文献译为法文，以此证明自己的汉语水平。昂丹公爵还说，他同时还请别的汉语学者翻译同一篇文献，以便与傅尔蒙的译文进行对比。傅尔蒙当时接受了这项建议，却迟迟未能交出译稿。对于昂丹公爵的催促，他回答说，由于没有适用的字典，无法翻译，至于何时能有适用的字典，他说要等他自己编写出来方可。昂丹公爵大为不悦，让他必须在两三个月内翻译完毕，否则就收回以前的承诺。不但如此，昂丹公爵还命令他立即辞退正在刻制汉字的工人，待他翻译完毕后再考虑是否重新开始刻制工作。傅尔蒙对此十分不满，在他的《傅尔蒙先生著作目录》中大发牢骚：

> 他们难道不知道不能以弱势判断强势、用翻译来判断语法吗？他们难道不知道只能依据语法对任何有关语言的著作作出判断吗？……二十位从事过翻译的传教士中，找不出四个人能编写语法，因为语法囊括了一种语言的所有困难，而翻译往往只不过是雕虫小技而已。[1]

万般无奈之下，傅尔蒙转而请1731年从中国回到法国的传教士龚当信（Cyr Contancin，1670—1732）审阅他的书稿。龚当信拿到傅尔蒙的书稿后，转身就交给从中国返回法国的另一位传教士戈维理（Pierre de Goville，1688—1758）。傅尔蒙获悉此事后甚为恼火，致函昂丹公爵说，龚当信和其他耶稣会士一样，竭力阻挠出版欧洲学者的汉语著作，因为他们不愿意欧洲学者懂得汉语。傅尔蒙还说自己犯了一个大错，当初不应该请龚当信审稿，因为这位神甫根本不懂汉语；至于戈维理，傅尔蒙说，此人在中国期间长期卧床，从来不知道汉语语法为何物。傅尔蒙接着推荐巴黎外方传教会的孟尼（François de Montigny，？—1742）审阅他的书稿。孟尼审阅书稿后于1732年6月5日写信给昂丹公爵，对书稿给以一定程度的肯定，但并未做出详细的审读报告。昂丹公爵于是又指定巴黎外方传教会传教士纪有纲（Antoine Guigue，？—1741）审阅傅尔蒙的书稿，此人在中国传教长达30年，汉语造诣较深。1733年3月5日，

1　E.Fourmont,*Catalogue des ouvrages de Monsieur Fourmont l' Aîné*, Amsterdam, 1731, pp. 89-90.

傅尔蒙派弟弟米歇尔把书稿第三部分送给纪有纲，纪有纲于6月27日交出审读报告。这位传教士在审读报告[1]中以教训的口吻数落傅尔蒙：

> 傅尔蒙先生从未到过中国，不享有学习汉语的便利，黄先生是他与之交谈过的唯一中国人，可是他并未充分利用与黄先生的谈话。他本应像学生那样向黄先生学汉语，学用毛笔写字，一笔一笔写，一个字一个字认，他还应该学习《三字经》或者《千字文》……学会这些小书后，还应学习《四书》，花几年工夫学懂、会背。……他若按照中国人的方法学，无需花费近二十年时间，只要三四年就可以了。……他若按我刚才所说的方法跟黄先生学，他本应早就会讲汉语了。……可是，他不但不走这条先易后难的路，反而想要不当学生就当老师。他刚从黄先生那里学得一点东西，立即就想编写语法……一句话，他把终点当成了起点。……我知道，以他这把年纪，学好发音和声调是不可能了，但学好句子还是可以的，我希望他好好读几本中文书，真正懂了以后再做别的事。

纪有纲直言不讳的话听起来刺耳，其实句句在理。这位传教士大概真是个好人，不但不想把傅尔蒙一棍子打死，还有意放他一马，狠狠地教训了一通以后，出人意料地峰回路转，给

1 巴黎国家图书馆抄本部：Fr. 12404。

予书稿以相当不错的评价：

> 认真阅读这部书稿的人肯定会承认，作者付出了巨大的心血。长期在中国居住的经验告诉我，即使是那些久居中国的传教士，也常常在一些容易混淆的问题上出现疏漏。从未到中国的傅尔蒙先生能编写出这部著作，谬误不比传教士多，原因何在？我只能表示钦佩。

经过这样一番周折之后，铭文与美文学院奉命负责审阅傅尔蒙书稿的两位学者瑟万和朗斯洛，于1737年1月21日向该院提交审读报告，认为可以付印，常任秘书德博兹在该院当天的议事录上签字以示负责。这个意见上报后，昂丹公爵终于同意傅尔蒙出书。傅尔蒙的书稿是用法文写成的，手稿多达八百多页，他觉得这样大的篇幅可能有碍于迅速出版，同时又考虑到用法文出版不利于在整个欧洲产生影响，于是决定把它译成拉丁文，并将书稿拆整为零，分割成三部分，把第一部分和第二部分编成一部书，第三部分编成另一部书。1737年终于出版了他的第一部汉语论著《汉语论稿》（*Meditationes sinicae*），内容以论述汉语词法为主，主要由经过压缩的原稿第一部分和第二部分组成。书中收录了时任巴黎外方传教会会长的孟尼1733年2月对此书所做肯定性的评价[1]：

1　E. Fourmont, *Meditationes sinicae*, 1737, Paris, p.139.

> 一个法国人在没有任何帮助的情况下，仅仅依靠他本人的智慧和勤奋，竟然能够读通中文书，认得数量惊人的汉字，此事确实让我觉得难以相信。可是，我无法拒绝给予公正的证明，他确实已经做到这一切。起初我很难相信别人的话，然而，当我仔细审读他有关汉语的所有著述后，我与许多人一样，对他的巨大成就表示钦佩。

与傅尔蒙的预料不尽相同，这部书出版后并未引起多大反响。傅尔蒙的第二部汉语论述的出版问题随之提上日程，铭文与美文学院的负责人指定萨里耶教士和梅洛（Mellot）审阅傅尔蒙的第二部汉语论著。审阅结束后，该学院于1742年8月3日行文，准予印行出版。此书书名《中国官话》（*Linguae Sinarum Mandarinicae hieroglyphicae Grammatica duplex*），主要成分是傅尔蒙《汉语语法》书稿的第三部分，内容包括：一、介绍撰写过汉语论著的欧洲人和黄嘉略；二、介绍欧洲收藏的中文书籍；三、分五部分论述汉语语法。书后附有一份书目，收录了138种中文图书。笔者在阅读巴黎国家图书馆东方部所藏《正字通》时发现，该书附录中的每一种书名上端，都有傅尔蒙手书的序号，此序号与《中国官话》所附书目中的每一种图书的序号基本一致，由此可见，《正字通》的附录是《中国官话》中文书目的母本。

《中国官话》出版后，引起了许多议论，其中以不久前从中国回到法国的传教士吴君的评论[1]篇幅最长，不但评论了语法正

---

1 巴黎国家图书馆抄本部：Fr. 12403；另一抄本见于巴黎国家图书馆东方部：chimois 3422。

文，也评论了此书所附的中文书目。吴君肯定了傅尔蒙的成绩，认为他对汉字的认识有很大进步，没有机会到中国去的学者，可以从这部著作中获得教益。吴君知道傅尔蒙曾得益于黄嘉略，因而对傅尔蒙否认黄嘉略的帮助很不满意，他以揶揄的口气写道：

> 不必为此感到惊奇，傅尔蒙先生说了，他的某些发现中有着神授的成分……其实根本用不着惊奇，他为我们复活了因黄先生故去而湮没的知识，如此而已。

他批评傅尔蒙夸大汉语的难度，指责他片面地声称汉字共有12万，却不说明实际上掌握五六千个汉字就可以从容阅读中文书籍，他说，傅尔蒙在书中使用的汉字至少有四分之一是冷僻和罕见字，还有许多例句不伦不类，既不见于汉语口语，也不见于书面语。他严厉地批评傅尔蒙，说这样做是有意要吓退想学汉语的人，傅尔蒙的弟弟米歇尔就是被他吓退的一个。吴君指出，傅尔蒙声称此书的论述对象是汉语口语，但实际上他并不清楚口语与书面语的异同，如果汉语果真像他所说的那样，中国人就不是说话，而是唱歌了。吴君还指责傅尔蒙出尔反尔，以前声称马若瑟的语法书稿与他自己的书稿几乎完全一样，可是在《中国官话》序言中却说马若瑟的书稿非常糟糕，杂乱无章，根本不是语法规则，而是一部汉语对话集子。

傅尔蒙的两部汉语论著在18世纪并未引起多大正面反响，到了19世纪却受到阿伯儿-雷慕莎等著名法国汉学家的严厉斥责。阿伯儿-雷慕莎不但斥责《汉语论稿》“是一部晦涩而无法读懂的书，满篇都是空泛、不确切乃至完全错误的概念”[1]，而且指控他的《中国官话》大量剽窃西班牙人万济国的《官话语法》：

> 相似之处不只是章节的标题，还包括例句以及条目的安排。在这两部语法书中所看到的，是以同样的字和同样的顺序写成的句子。因而简直可以说，傅尔蒙的语法无非就是万济国语法的拉丁文译本而已……傅尔蒙最应受到谴责的行径，是他竭力贬低那位西班牙语法学家的成就，为了防备被指责为剽窃，他信誓旦旦地说，他的语法完成后方才读到万济国的书。[2]

阿伯儿-雷慕莎的指控获得了高迪埃的热烈响应，他不仅在《万济国神甫》（*Le P. Francisco Varo*）一书中以完全赞同的口吻转述了阿伯儿-雷慕莎对傅尔蒙的指责，而且在他的另一部著作中指责傅尔蒙“肆无忌惮地劫掠当时不为欧洲所知的万济国的语法”[3]。

阿伯儿-雷慕莎指出，傅尔蒙之所以声称他的《中国官话》只研究汉语口语，不研究汉语的书面语，原因是万济国的《官话语法》只讲口语，不讲书面语，如果傅尔蒙以书面语为研究对象，那就不是抄袭了，既然是抄袭，只能是万济国怎么写，

---

1 Abel-Rémusat, *Eléments de la grammaire chinoise*, Paris ,1857, p.XII.

2 Abel-Rémusat, *Eléments de la grammaire chinoise,* Paris ,1857, p.XIV.

3 H. Cordier, *Fragments d' une histoire des études chinoises au XVIIIe siècle*, Paris, 1895, p.6.

傅尔蒙怎么抄。高迪埃认为，傅尔蒙的汉语水平不高，没有足够的能力将《官话语法》中用拉丁字母拼写的例句转换为汉字，所以，在《中国官话》的例句中，错字和别字特别多。

在《中国官话》的正文前面，傅尔蒙写有长篇序言，用相当多的篇幅谈论万济国的《官话语法》。他说，万济国的书在中国很有名气，但他手边没有万济国的这部著作，只有一个节本，删节者的信誉很好，人品不容怀疑，这个节本由方济各会中国省省长石铎禄（Pedro de la Pinuela）增补和浓缩，并增添了一份对初到中国的传教士非常有用的神工常用语。笔者发现，傅尔蒙的这番介绍基本上都来自《官话语法》的封面，由此推断，他所谓的节本其实就是全本，也许因为此书只有74页，前面的序言和后面的神工常用语占13 页，语法部分仅有50页，其中语音部分20页，真正讲解语法的仅仅30 页，刻印在中国毛边纸上，既小又薄，致使他误以为这是一个节本。他还说，他是用自己的语法书作为交换，从罗马的一位神甫手中得到《官话语法》的。此书在18世纪就极为罕见，如今存世的更是凤毛麟角。据我们所知，如今法国收藏的《官话语法》只有一本，那就是巴黎国家图书馆1884年从莱比锡购入的那一本。从入藏年代和来源判断，这不是傅尔蒙曾经拥有的那一本，而他的那一本为何下落不明，至今依然是个谜。傅尔蒙接着对《官话语法》做了简短的评论，他认为万济国的书在语法方面比较有条理，但此书有一个致命的缺点，那就是全书没有一个汉字，论述汉语官话而不使用汉字，实在是匪夷所思，谈论汉字而不说清楚汉字的性质和阅读中文书籍的方法，简直就是笑话。所以，万济国的书即使不是无用，至少也是毛病很大，对于学者很不合适，如果不与他的《汉语初稿》配合阅读，就毫无用处。

前辈汉学家阿伯儿-雷慕莎和高迪埃斥责傅尔蒙剽窃万济国的《官话语法》，当代学者梁凤清也认为傅尔蒙的书与万济国的《官话语法》有相似乃至雷同之处，但她不认为傅尔蒙从头到尾抄袭了《官话语法》。她就此写道[1]：

> 阿伯儿-雷慕莎发现万济国的语法著作与傅尔蒙的《中国官话》有某些相似之处后，《中国官话》在19世纪成了争论对象。他确实从万济国的语法中借用了许多。傅尔蒙为自己辩护说，除了马若瑟，没有一个传教士在汉语语法中使用汉字。很明显，傅尔蒙不赞成马若瑟的语法体系，所以没有从他的书稿中借用什么。万济国以拉丁语结构分析汉语，这对傅尔蒙很有吸引力，他借用了万济国的解释，但代之以汉字，这就使他不至于被指控为完全抄袭。

傅尔蒙的《中国官话》和万济国的《官话语法》之间看来确有某些相似之处，出现这些相似之处的原因何在？傅尔蒙是否原封不动地全盘照抄《官话语法》？

---

1 Cecile Leung, “Etienne Fourmont（1683—1745）: The Birth of Sinology in the context of the institutions of learning in eighteenth-century France”, in *Sino-Western Cultural Relations Journal*, XVII, 1995, p. 53.

按照一般规律，为了掩人耳目，抄袭者总是千方百计避免谈论被抄袭者，甚至装出一副无辜的样子，声称从来不知道更没有读到过被抄袭的著作，如果有某些相似之处，那纯属巧合。然而，傅尔蒙却不是这样，他在自己的序言中用好几页的篇幅谈论万济国的《官话语法》，如果他肆无忌惮地对此书进行了剽窃，符合常理的做法就是避而不谈此书，否则就无异于把自己不光彩的抄袭行为主动告诉读者，这就有悖常理。以傅尔蒙的阅历和智慧，他不至于愚蠢到主动提醒读者他有抄袭嫌疑的地步。何况，万济国的《官话语法》当时在欧洲几乎无人知晓，傅尔蒙如果不谈论此书，或许不会有人知道在他的《中国官话》之前，已经有了一部同类著作《官话语法》，因而更不会有人怀疑他是个剽窃者。傅尔蒙既然不但谈论《官话语法》，而且毫不隐讳地告诉大家，他手中就有一部此书，从逻辑推理来看，这说明他一点也不心虚，完全不怕有人查对两部书的异同。

直到18世纪，还没有人对汉语进行过科学的语法研究，万济国的《官话语法》堪称汉语语法第一书。此书虽然是汉语语法的专著，但作者并没有从汉语自身的特点中去发现和归纳汉语的语法规律，而是把以拉丁语为代表的欧洲语言的语法体系生硬地套在汉语头上，因而给人以“拉郎配”的感觉。作为一个熟悉多种欧洲语言的学者，傅尔蒙的《中国官话》同样用以拉丁语为代表的欧洲语言的语法体系阐述汉语，因而，《中国官话》和《官话语法》在体例上的雷同，不但无法避免，而且是必然的。外国人如此，中国人亦如此。《马氏文通》被公认为中国第一部真正意义上的语法专著，其作者是中国人马建忠，可是，出版于19世纪末年的这部书也没能脱离以拉丁语为代表的欧洲语言的语法体系。作者在“后序”中写道：

> 斯书也，因西文已有之规矩，于经籍中求其所不同者，曲证繁引以确知华文义例之所在。[1]

说得直白一些，就是用西文文法套在古代汉语上面，怪不得后人往往指责此书“简单模仿”或“生搬硬套”拉丁文法。黄嘉略奉命编写汉语语法，比马建忠早了将近二百年，他虽然是地地道道的中国人，但他同样不知道汉语语法为何物。正如我们在前面所说，他的语法概念全部来自弗雷莱和傅尔蒙的灌输，而这两位学者向他灌输的当然也是以拉丁语为代表的欧洲语言的语法体系。由此可见，傅尔蒙的《中国官话》和《官话语法》在体例上的雷同毫不足怪，其真正的原因是以欧洲语言的语法体系阐述汉语，而不是谁抄袭谁的问题。万济国的语法以在华传教士为主要服务对象，着重于实用，所以不但例句多为常用口语，而且提供了许多日常交往中使用的对话。傅尔蒙声称，他的著作也以汉语口语为研究对象，原因何在？很简单，他的汉语启蒙老师黄嘉略向他传授的就是口语，因为黄嘉略奉命编写的是汉语口语语法，其服务对象是将要前往中国经商或传教的法国人。这就是说，黄嘉略的《汉语语法》、傅尔

---

1 马建忠：《马氏文通》，商务印书馆2002年版，第13页。

蒙的《中国官话》和万济国的《官话语法》，基于同样的目的，依据同样的理论体系，都以汉语口语为主要素材，都有不少相似之处，不但章节安排基本相同，有些例句甚至大同小异，彼此相似乃至雷同之处就不难理解了。前面提及，阿伯儿-雷慕莎曾严厉斥责傅尔蒙文人无行，以剽窃他人为能事。可是，这位著名汉学家过世仅仅两年，他的学生纽曼（Carl Friedrich Neumann）便撰文声称，先师阿伯儿-雷慕莎的《汉文启蒙》（*Eléments de la grammaire chinoise*）与马若瑟的《汉语札记》如出一辙。[1]经傅尔蒙之手后便下落不明的马若瑟的书稿，是阿伯儿-雷慕莎重新发现的，并且在他的努力下付梓出版，他在自己的书稿中当然并未抄袭马若瑟，但这两部同类著作确实也有一些相似之处，原因依旧是同一个，那就是他和马若瑟都用同一体系来论述汉语，相似处因而难以完全避免。基于同一理由，指责傅尔蒙肆无忌惮地剽窃万济国，看来并不公正。批评者如果能够查阅一下黄嘉略的遗稿，也许就会发现，被傅尔蒙抄袭的不只是万济国，还有黄嘉略。傅尔蒙的两部汉语语法论著，在编写和修改的过程中参考并利用了黄嘉略的遗稿和万济国的《官话语法》，这只能说是程度不同地有所“借用”或抄袭，但并非肆无忌惮地剽窃。阿伯儿-雷慕莎和高迪埃指出，傅尔蒙把万济国书中用拼音书写的汉语例句和对话改写为汉字时，写错了许多字。黄嘉略遗稿中的例句和对话也是用拼音书写的，因而不能由于这些错字而断定傅尔蒙抄袭的对象是万济

1　参阅Kund Lundbaek, *Joseph de Prémare（1666—1736）*, Aarhus, 1991, p.181.

国而不是黄嘉略。这两位法国著名汉学家当年如果发现并仔细阅读了黄嘉略的遗稿，他们对傅尔蒙的著作也许会做作出另一种判断。说句公道话，傅尔蒙在汉语研究方面确实下了不少功夫，只是由于他对汉语没有任何感性认识，对汉语特点的理解比较片面，研究方法不当，加上他自负和虚荣，因而没有更多的建树。

1731年，傅尔蒙出版了他的《傅尔蒙先生著作目录》(以下简称《目录》)，版权页上写明的出版地点是阿姆斯特丹，实际上是偷偷在巴黎印制出版的，既没有标明出版商，也没有提及审批者。此书出版后引起学界广泛注意，原因并非此书的学术价值，而是书中对弗雷莱指名道姓的公开攻击。傅尔蒙对弗雷莱的指控可以归纳为四点。第一点针对弗雷莱的一篇论文。前面已经提及，弗雷莱于1718年12月2日和6日分两次在铭文与美文学院宣读了一篇题为“关于文字一般原则及汉字根基的思考”的论文，这篇论文迟至1729年才在该院院报上刊出。傅尔蒙在《目录》中指责弗雷莱在这篇论文刊出前做了重要的修改，添入了有关汉字214个钥匙（即部首）的内容。傅尔蒙说，214个钥匙是他发现的，当年弗雷莱宣读这篇论文时，欧洲无人知晓，因此，弗雷莱修改论文的目的在于据他人之功为己有。第二点指控针对弗雷莱与黄嘉略的合作。傅尔蒙说，弗雷莱在刊登于1729年铭文与美文学院的院报上题为“论汉语”的论文中，谎称他在傅尔蒙与黄嘉略开始合作之前，就与黄嘉略合作编写《汉语语法》，言外之意就是傅尔蒙于1722年宣读的题为“关于中国文学”的论文剽窃了他和黄嘉略的研究成果。第三点指控针对弗雷莱对傅尔蒙论文摘要的修改。傅尔蒙说，弗雷莱滥用他作为该院院报编辑的职权，擅自、恣意修改傅尔蒙于1722年宣读的论文，致使该文面目全非，学术价值大大降低，其真实目的是压低此文的学术值价，从而提高弗雷莱自己同类论文的学术价值。第四点指控涉及弗雷莱阻挠傅尔蒙著作的出版。傅尔蒙说，弗雷莱出于私人意气，纠集若干学者，散布对傅尔蒙汉语水平的怀疑，从而达到阻挠他的著作出版的目的。

弗雷莱读了傅尔蒙的《目录》后，感到自己的人品无端受到攻击，在傅尔蒙笔下，他被描绘成了一个不知正直为何物的小人，因而大为恼火，立即向学院提交了长篇申辩，要求为他主持公道，还他以清白。他在申辩书中逐一反驳了傅尔蒙对他的指控。关于214个部首的第一点指控，由于问题比较重要，需要花费较多笔墨细说，留待后面单独讨论。关于第二点指控，弗雷莱答辩说，1713年，瑟万教士应比尼昂教士之请，介绍他结识黄嘉略，随之开始关于汉语研究的合作。他放弃此项研究虽然已有16年之久，但他手头至今仍保留着不少当时写下的关于汉语的一些手稿，其中包括《汉语语法》的草稿，完全可以证明他曾与黄嘉略进行过有效合作。此外，比尼昂教士以及本院的德博兹先生和瑟万教士都了解这段往事，他们可以为此做证。关于第三点指控，弗雷莱答辩说，他是应德博兹的要求负责院报编辑工作的，哪篇论文可以发表全文，哪篇论文只能刊出摘要，决定者不是他，而是学院的出版委员会。傅尔蒙的论文只刊出了一份简短的摘要，这不是弗雷莱的决定。至于摘要是否忠实于原著，弗雷莱请大家把他所做的摘要与傅尔蒙

1728年提供的全文做一番比较，不难发现，摘要不但准确反映了论文的学术观点，而且有所增色。更为重要的一点是，摘要在付印前，曾送交傅尔蒙亲自审阅，如果他觉得有问题，理应立即提出异议，但他当时并无任何不满，刊出之后他却责怪编辑窜改了他的论文，实在令人难以理解他的居心。关于第四点指控，弗雷莱答辩说，他不但不想直接回答，而且为被傅尔蒙先生指责是那些学者的同伙而感到荣幸。

学院当局收到弗雷莱的申辩后，为妥善解决这两位著名学者之间的龃龉，特地任命德尚蓬（de Chambon）、瑟库斯（Secousse）和德拉诺兹（de la Nauze）组成学者委员会，负责调解和处理此事。从1732年1月到6月，铭文与美文学院多次召开会议，请当事人弗雷莱和傅尔蒙陈述各自的意见，随后在请他们退场的情况下进行讨论。与会者认为，鉴于傅尔蒙在他秘密出版的著作中谈及弗雷莱时的言辞，弗雷莱有理由提出申诉，而傅尔蒙向学院提出的书面辩解，不足以为他的不当行为开脱。在6月13日的会议上，傅尔蒙的口头答辩持续了整整两小时，弗雷莱随后给予反驳。与会者认为，弗雷莱的反驳证明了他的无辜，尽管傅尔蒙可能没有任何诋毁弗雷莱的名誉和正直的意图，但他在谈及弗雷莱时所使用的言辞，有损弗雷莱的名誉，如果傅尔蒙不正式予以否认，如果弗雷莱不为自己的清白做出令人信服的辩解，这种损害不但将始终存在，而且必将越传越广。1732年6月27日，铭文与美文学院依照该院章程第二十四条的规定做出裁决，禁止弗雷莱和傅尔蒙今后再就此事发表任何言论，刊印任何有关材料。此外，鉴于傅尔蒙在他的

《傅尔蒙先生著作目录》中的不当言论，责令他今后必须谨言慎行。1732年7月1日，学院常任秘书德博兹向两位当时人宣读学院的裁决，傅尔蒙和弗雷莱均表示尊重学院的决定，并表示“满意”，一场历时半年的风波方告平息。

傅尔蒙和弗雷莱的笔墨官司中，最为激烈的争执集中在谁是214个部首的第一位发现者。傅尔蒙在《目录》中说，是他在1719年发现并首次向欧洲宣布了汉字的214个部首，此前整个欧洲无人知晓。这个说法后来得到了阿伯儿–雷慕莎的认同，他就此写道：

> 早在1719年，他宣布了214个基本字，这在欧洲是第一次。他把这些基本字称作“钥匙”，因为在传播最广的中国文字体系中，这些基本字构成了汉字的基础，相当于拼音文字中的字母。[1]

据我们所知，傅尔蒙确实在1719年介绍了214个部首，但不是在公开场合，而是在写给摄政王奥尔良公爵的呈文中。[2]而他首次公开谈及214个部首，则是在他1722年宣读的论文《关于中国文学》中：

> 汉字总共只有五种笔画，五种笔画及其各种不同的组合

1 Abel-Rémusat, *Nouveaux Mélanges asiatiques* ,vol. II, Paris ,1829, p.295.

2 E. Fourmont, *Catalogue des ouvrages de Monsieur Fourmont l' Aîné*, Amsterdam, 1731, p.78.

> 构成214个基本字，这214个基本字反映了人们想要表示的普遍概念。214个基本字的不同组合构成八万汉字。组成这些字的笔画和基本字表明这些字所指的事物，不但如此，这些字的每个组成部分还能表明同一事物的不同特性，甚至包括抽象和思辨的特性，通过这些特性，人们可以了解这些字所包含的复杂概念。[1]

今人梁凤清指出，由于这篇论文提到了汉字的214个部首，所以傅尔蒙宣读这篇论文后，他作为汉学家的声名鹊起。[2]英国皇家学会的秘书莫蒂默（Cromwell Mortimer）曾托人多次向傅尔蒙索要汉语钥匙。[3]由此可见，欧洲学者当时把214个部首看得多么重要。傅尔蒙本人更是如此，他在一份手稿中写道：

> 由五种图形的不同组合构成214个部首，汉字的组成令人觉得不可思议，我敢说，这是人类最了不起的努力，没有任何体系能与之媲美。[4]

很显然，傅尔蒙和弗雷莱都以为，214个部首的作用与欧洲文字中的字母相似，掌握了汉字的部首，认读汉字就易如反

---

1 "Dissertation sur la littérature chinoise", *Mémoire de l'Académie royale des Inscriptions et Belles-lettres*, V（1729）, p.318.

2 Cecile Leung Hang-King, *The language of the "Other", Etienne Fourmont（1683—1745）, Chinese, Hebrew and Arabic in Pre-Enlightenment France*, Chiocago, Illinois, 1993, p.455.

3 H. Cordier, *Les études chinoises（1895—1898）*, Leide, 1898, p.60.

4 巴黎国家图书馆抄本部：N.a.f. 8977. fol. 38。

掌了。正是出于这种错误观念，他们在虚荣心的驱使下，为了争得发现214个部首的头功，不惜大打笔墨和口水官司。

其实，早在17世纪，在华传教士已经向欧洲学者介绍了汉字的部首，德国人巴耶（Gottfried Siegfried Bayer，1694—1738）从卫匡国和柏应理的著述中获得了有关214个部首的知识，柏应理在致德国人米勒的信中也谈到了部首，并说已经把214个部首寄给了法国的一位图书馆馆长。[1]米勒后来在他的著作中谈到了汉字的部首，并称之为Clavis，只是由于他认为奇货可居，得不到他索要的高价，就不公布这个奥秘。所以214个部首未能为更多的学者所知，以致连阿伯儿-雷慕莎这样的著名汉学家也被蒙在鼓里，到了19世纪还以为，在1719年之前没有一个欧洲人知道汉字的214个部首。

进入18世纪后，第一个在法国公开场合谈论214个部首的人，绝对不是傅尔蒙，而是弗雷莱。前面已经说到，弗雷莱1718年宣读的那篇题为“关于文字一般原则及汉字根基的思考”的论文中谈到了214个部首。但是傅尔蒙说，弗雷莱在1718年宣读论文时并未谈及214个部首，只是在1729年论文出版时才添入这方面的内容。针对傅尔蒙的这一指责，弗雷莱答辩道，他于1718年12月6日宣读论文时有现场记录，只要查对一下这份记录与1729年发表的论文是否一致，就可弄清真相，他还说，当年他宣读论文时，傅尔蒙作为听众之一也在会场，如果214个部首

1　Kund Lundbaek, *T.S. Bayer（1694—1738）*, *Pioneer Sinoligist*, London and Molmo，1986，p. 120.

是傅尔蒙发现的，而弗雷莱抢了他的头功，傅尔蒙为何当时不提抗议，却要在十余年之后才翻老账？对于弗雷莱的答辩和质问，傅尔蒙无言以对。

弗雷莱确实是在公开场合介绍汉字214个部首的第一人，然而，在非公开场合向弗雷莱和傅尔蒙介绍214个部首的却是黄嘉略。无论弗雷莱或傅尔蒙，他们有关214个部首的全部知识都来自黄嘉略的传授。即使没有任何实据，从逻辑上来推论，这个结论也完全站得住。试想，两位"目不识丁"的法国人怎么能够"发现"214个部首？事实是，黄嘉略在筹划编撰汉语字典的过程中，遇到了是按音序排列还是按部首排列的问题。起初，他采用按音序排列的方法编写，但很快就被弗雷莱否定了，随后改为按部首排列。黄嘉略转而使用《字类（汇）》和《正字通》作为母本，而这两部字书都采用214个部首，于是，两位法国学者就"发现"了214个汉字的"钥匙"或"基本字"。黄嘉略不但在书稿中谈到汉字的特点时提到了部首，而且亲笔写下了214个部首，此件如今仍存于巴黎国家图书馆。[1]黄嘉略除了向傅尔蒙和弗雷莱介绍部首外，在与孟德斯鸠的谈话中也说到了214个部首，孟德斯鸠在笔记中记录了此事[2]：

老百姓若想创造文字，本应像西印度的某些民族那样画

1 巴黎国家图书馆抄本部：Fr. N.A. 280; FM 14041。

2 *Montesquieu*, *Oeuvres complètes*, Seuil, Paris,1964, p.369.

画，而不是写字。为了表示男人，他们就画一个人，为了表示围城，他们就画一个圈圈，把城围在当中；围城如果持续三个月，他们就画三个圈；为了表示一场在山边进行的战斗，他们就画一座山，再在山边画两把剑。可是，汉字却不是这样，它与它所表示的东西没有任何联系，只有"人"字例外，这个字看过去，多少有点像人，尽管不很像。汉字有214个偏旁，草头字最多，共有1423个。立人旁的字包括行为、信仰、品德、善良、狡诈等等。齿部的字包括啮咬、咀嚼等。

在这一点上，傅尔蒙缺乏实事求是的精神，在虚荣心的驱使下，矢口否认他是从黄嘉略口中获悉214 个部首的。他写道："当时法国没有一个人知道汉字的214个部首。黄先生从未教过。"[1]事实胜于雄辩，是中国人黄嘉略让法国人知道了汉字的214个部首。其实，黄嘉略既没有"发现"部首，也没有把部首视为汉字的"钥匙"，是法国人误解了部首的性质和用途，才引发了这场可笑又可悲的笔墨和口水官司。傅尔蒙的虚荣心实在太强了，否则他不会公然撒谎，无端指控弗雷莱企图抢夺他的"发现"。弗雷莱为自己的名誉和清白抗争当然是无可非议的，但他同样不甚了解部首的性质和用途，否则他也不会如此认真计较。两位学者的激烈争论虽然平息了，但这场争论却误

---

1 E. Fourmont, *Catalogue des ouvrages de Monsieur Fourmont l' Aîné*, Amsterdam, 1731, p.78.

导了许多法国人，令他们以为部首真的是汉字的“钥匙”，只要掌握这些“钥匙”，认读汉字便是举手之劳了。

铭文与美文学院采取息事宁人的态度，没有为两位学者的争论做出谁是谁非的判断，但是，傅尔蒙被要求今后谨言慎行一事，表明他实际上输掉了这场笔墨和口水官司。不过，傅尔蒙并未因此而放弃努力，依然顽强地在汉字部首问题上为自己挽回名誉。1732年7月、1728年5月和1728年12月，他先后多次在铭文与美文学院宣读论文，论述汉字部首的历史意义及其在编年史上的意义，他甚至断言，中文的技巧与汉字部首的顺序和意义之间存在着联系。鉴于他误解和夸大了部首的性质和用途，他的论文因而没有多少科学价值可言，然而，也许因为他的论文给人以深奥和难懂的印象，听众向他提出了不少问题，这当然也说明，汉字的部首此时依然为许多法国学者所关注。在傅尔蒙心目中，214 个部首始终是研究汉语的一把钥匙，此后在1737年出版的《汉语论稿》中，他用了两章的篇幅谈论214个部首，一章做一般性介绍，另一章逐一讲解每个部首的意义。

直到19世纪初，法国人才对汉字的部首有了正确的认识。阿伯儿–雷慕莎对傅尔蒙有关部首的论述提出了批评：

> 根据一些似是而非的过于笼统的说法，人们普遍以为，汉字是一种象形文字，由214个部首或基本字按照固定的规则和巧妙的原理组成。
>
> ……
>
> 一些人对汉字钦佩得无以复加，傅尔蒙便是其中之一。

据他说，214个部首组成了一个完整而连贯的象形字或表象字体系，用以表达人类的一切基本概念。[1]

接着，他对部首的性质和用途做了比较正确的介绍：

> 214个部首并非中国人普遍使用的体系，还有另外一些不同的体系。《康熙字典》虽然基本上采用了214个部首，但也提到了另一个包括494部首的体系。蒙杜齐博士（Montucci）在伦敦介绍了一个包括312个部首的体系。……一部名为《玉篇》的字典总共收入了260,899个汉字，分别列为445个部首。……尽管汉语字典多种多样，但由于三部最佳的汉语字典《字汇》、《正字通》和《康熙字典》都采用214个部首，所以自傅尔蒙以来，这个体系最为欧洲人所知。[2]

傅尔蒙的人品虽然受到许多学者的批评，但我们认为，他并不是一个不学无术之辈，恰恰相反，他确实为研究汉语而付出了艰辛的劳动，并且取得了一些成就。尽管他一再声称没有从黄嘉略那里学到什么有用的知识，但黄嘉略是他启蒙老师却是不争的事实。黄嘉略去世后，傅尔蒙与一些在华传教士建立了通信联系，从他们那里获得了不少扎实的汉语知识。他既没有老师面授，又不会熟练地使用中文字典，为了掌

1　Abel-Rémusat, *Essai sur la langue et la littérature chinoises*, Paris, 1811, pp. 9, 10.

2　Abel-Rémusat, *Essai sur la langue et la littérature chinoises*, Paris, 1811, pp. 51-53.

握汉字读音，他苦心孤诣地对照中文《大明一统志》中用中文书写的中国地名和卫匡国的《中国新图》中用西文拼写的中国地名，用这种效率极低的“笨”办法学认汉字。他不但撰写并出版了《汉语论稿》和《中国官话》两部汉语论著，而且还编撰了一部《历史和地理词典》（*Dictionnaire historique et géographique*），手稿现存巴黎国家图书馆东方部[1]，共三大卷，每卷千余页。这部词典大概就是他夸口要编撰的六部字典之一。可是篇幅虽大，体例却极乱，条目的选定似乎毫无章法，既有大量重复，又收入了许多与历史地理毫无关系的词。例如，仅在第105—107页上，“泉州”一词就先后三次被列为词条，“桓公”一词作为条目在第272—273页上也连续出现三次。此外，许多词条与历史和地理没有关系，例如，如果说，“论语”、“通政使”、“通判”等词勉强与历史沾边，“谁是谁”、“自八岁时”等条目则不但与历史地理风马牛不相及，而且根本不是词，而是词组或句子。

傅尔蒙确实很勤奋，读了不少书，写了不少文稿，而且也并非一无是处，在华耶稣会士宋君荣读了傅尔蒙的《中国官话》后，给予他一定程度的好评[2]：

> 如果这位先生仅仅受惠于他的自学，从黄先生的字典或书籍中获得了某些启示，并从曾经在中国传教的各个修会的

1 巴黎国家图书馆东方部：chinois 9301。

2 A.Gaubil, *Correspondance de Pékin*, Genève ,1970, pp. 1722—1759.

传教士那里获得了启发，那我就觉得他相当不容易。

宋君荣赞扬的是在那样的条件下写出《中国官话》不容易，并不是对此书质量的肯定。实际上，他的研究成果令人不敢恭维。客观原因是他仅与黄嘉略有过数年的接触，此外便再没有机会向任何中国人请教，更没有机会到中国实地学习。主观原因则是他的心态不正，以为黄嘉略既然已经过世，欧洲再也无人懂得汉语，凭他向黄嘉略学得的点滴汉语知识，加上他自己的钻研，尽可在欧洲汉学界称霸。为此，他不惜贬低黄嘉略，声称黄的遗稿毫无价值，他在《中国官话》的序言中说，黄嘉略的遗稿虽然都由他接收和保管，但这些遗稿对他没有什么用处，他只得在没有任何模本的情况下从头摸索。针对傅尔蒙的这番表白，弗雷莱借用傅尔蒙谈论黄嘉略字典时说过的话反问道：

> 傅尔蒙先生在他的《目录》第56页上说，我在论文中犯了一个错误，因为黄先生已经动笔的字典翻译工作，对于任何一个愿意继续此项工作的欧洲人，都没有多大用处。我承认，各位先生，如果说这是一个错误，那么我现在尚未改正。倘若黄先生已经翻译和解释的《汉语字典》中的五千余字没有多大用处，很难帮助傅尔蒙先生进而弄懂字典中的其余字，那么我想问一句，既然他从未到过中国，而且只认识黄先生，再也没有见过别的中国文人，难道他的工作成果全

然是神授的吗？[1]

不但如此，傅尔蒙还攻击其他懂汉语的人，谁奉命审阅他的书稿，他就诋毁谁，把那几位从中国返回法国的传教士贬得一无是处，说他们只会讲几句中国话，却根本不懂汉语语法，证据之一便是他们竟然连214个部首都不知道！例如，针对一位为他审稿的传教士的批评，傅尔蒙在1737年2月28日的一封信[2]中写道：

> 中国人的口语他可能讲得很好，但是，他对书面汉语一窍不通……我不得不对您说，他的评语没有多少权威性，因为他就像是一个商人，虽然当地的语言讲得很流利，但要他教两个汉字都不可能。……我从事汉语研究已经20年，我不像生活在中国的人那样有机会使用汉语，但是，我敢向您保证，在汉语语法和教学方面，我比任何一个中国状元都强。

傅尔蒙说大话的勇气确实令人叹服，他居然敢说自己超过中国的所有状元，果真如此，任何一位欧洲学者当然都不在话下了。此外，为了取得和巩固他在汉语领域中的独尊地位，傅尔蒙竭力强调汉语极其困难，一般人很难学会。马若瑟神父在与他长期通信联系中发现了他的这一心态，在写于1733的一封

---

1 巴黎天文台图书馆：B 2-1,1.4。

2 转引自*Revue de l' Extreme-Orient*, 1813。

信[1]中一针见血地指出：

> 你和我的目的迥然不同，我尽一切努力让汉语学习变得容易和愉快，而你似乎存心要让人们泄气，让他们害怕。

尽管如此，傅尔蒙毕竟培养出了两位汉学家，他们都是国王图书馆的工作人员，一位名叫戴索特莱（Michel Le Roux Deshauterayes，1724—1795），此人是傅尔蒙的外甥，从小跟随他学习中文，后来成为有名的汉学家；另一位是前面已经提到的德经，他不但自己成了汉学家，连他的儿子L. J. de Guignes也继承父业，成了有名的汉学家，人称小德经，后来被法国政府任命为驻广州代表，并发表过不少汉学著作，主持了1813年《汉—法—拉丁字典》的编撰。

在黄嘉略的启蒙和影响下，傅尔蒙和弗雷莱虽然没能精诚合作，但总起来说，在推进汉学研究方面，这两位法国学者相辅相成，对汉学发展分别做出了各自的贡献。从他们开始，法国人对汉语和对中国的研究不再是传教士的专利了。

1　转引自Kund Lundbaek, *Joseph de Prémare（1666—1736）*，Aarhus, 1991，p.60.

五、对孟德斯鸠的影响

孟德斯鸠（Charles-Louis Secondat de Montesquieu，1689—1755）是18世纪的法国思想家和哲学家，被后人列为著名启蒙学者之一，他的学说和政治见解对1789年法国大革命酝酿和爆发产生过重要的影响，他的传世名著《论法的精神》是人类思想宝库的中的一枝奇葩，至今依然受到人们的普遍赞誉和研读。

黄嘉略与孟德斯鸠的交往发生在1713年，那年孟德斯鸠24岁，遵照乃父之命正在巴黎接受司法职业培训。虽然四年前他已在波尔多获得了法学学士学位，并任职于波尔多高等法院，但他并不喜欢这项职业。前去巴黎师从一位杰出的律师接受司法职业培训，并非他本人的愿望，而是父亲的安排，所以，在巴黎逗留期间，他的心思并未放在司法学业上，倒是充分利用机会广泛涉猎，多方结交，既扩大了知识面，又认识了许多社会名流和各界朋友。

孟德斯鸠究竟何时和如何结识黄嘉略，如今已无法确证，

图十二　孟德斯鸠像

我们只能做些推测。戴格拉夫在《孟德斯鸠传》[1]中说，孟德斯鸠早在1700年就读于朱伊公学时，就与年长他一岁的弗雷莱相识。朱伊公学是奥拉托利会属下的一所学校，作为奥拉托利会的一位神甫，戴默莱与这所学校常有联系，因而认识孟德斯鸠和弗雷莱。戴默莱比孟德斯鸠大11岁，比弗雷莱大10岁，既是他们的朋友，也可以说是他们的老师。英国的孟德斯鸠专家夏克尔顿说，1709 年孟德斯鸠再次从波尔多来到巴黎后，是戴默莱把他引入巴黎社会。[2]据弗莱雷自述，他认识黄嘉略是在1713

1　Louis Desgraves, *Montesquieu*, Paris, 1986, p.44.

2　Robert Shackleton, *Montesquieu, Biographie critique*, Grenoble ,1977, p. 16.

年年初[1]，起因是瑟万教士受比尼昂教士之托，请他帮助黄嘉略编写《汉语语法》和《汉语字典》，此时孟德斯鸠依然在巴黎。弗雷莱在与傅尔蒙打笔墨官司的申诉书中说，戴默莱是由他介绍给黄嘉略的。由此推断，孟德斯鸠很可能也是由他介绍给黄嘉略的，黄嘉略的巴黎日记中有关弗雷莱与孟德斯鸠同访黄嘉略的记载，为我们的推断增添了一些分量。既然弗雷莱是在1713年年初结识黄嘉略的，孟德斯鸠开始与黄嘉略交往的时间当然不可能在此之前。

在黄嘉略的巴黎日记中，有关黄嘉略与孟德斯鸠交往的记载始于1713年9月22日，止于同年12月5日，总共不到三个月。然而，就在这短短的70余天中，孟德斯鸠至少七次往访黄嘉略（其中六次单独往访，一次与弗莱雷等人同行）。1713年10月26日这一天，黄嘉略在日记中写道："弗莱雷等人来访"，鉴于孟德斯鸠与弗莱雷曾于前一天（10月25日）结伴往访黄嘉略，所以，孟德斯鸠很可能也是此次的"等人"之一。如果算上这一次，孟德斯鸠在这段时间中对黄嘉略的拜访就多达八次，也就是说，他们平均八九天见面一次。对于两个非亲非故的异国朋友来说，这个频率不能不说是相当高了。尤其值得注意的是，黄嘉略似乎对孟德斯鸠怀有胜过其他朋友的特殊感情。我们知道，孟德斯鸠的父亲于1713年11月15日突然去世，孟德斯鸠得悉噩耗后，决定立即返乡为父亲奔丧。12月4日这一天，黄嘉略在日记中写道："拉布莱德先生前来向我道别，其父过世令他

1 巴黎天文台图书馆：B 2-1, 1,4. folio 17。

十分伤心。”次日，他又在日记中写道：“拉布莱德先生今天动身前往波尔多。”这里需要说明一下，拉布莱德就是孟德斯鸠。那时法国人的姓氏比较复杂，孟德斯鸠是他作为继承人于1716年从其伯父那里获得的姓氏，此前他不叫孟德斯鸠，而叫拉布莱德。前面我们已经提及，黄嘉略的这部日记十分简略，比如说，人名和地名大多使用缩写，语句不但十分短促，而且往往不完整，除了记录求见比尼昂教士、前去巴黎外方传教会、上教堂望弥撒、亲友来访以及家庭琐事外，极少提及他人的行踪。这次却有些例外，头天孟德斯鸠前来道别，他用一个完整的长句记述这件与他本人并无直接关系的事情，次日他并未前去送行，却又用一个完整的句子记下了孟德斯鸠的离去，这说明他心中记挂着此事。由此不难想见，他必定十分珍惜与孟德斯鸠的友谊，否则不会在日记中流露出在他身上极少见到的依依惜别之情。

孟德斯鸠频繁地会见黄嘉略，除了增进友谊之外，主要是为了听他讲述有关中国的一切。孟德斯鸠是个笔头十分勤快的人，读书看报要做笔记，所见所闻乃至所思，也都及时记录在册。幸亏他有这个良好的习惯，否则我们也许根本就不知道他曾与黄嘉略有过几个月的交往，更无从得知这些交往对他产生了深刻的影响。

孟德斯鸠的笔记中指名道姓提及黄嘉略的有两份，一短一长。短的那份全文只有几句话，见于他的笔记《随想》：

我听黄先生说，他刚到巴黎时曾把帽子留在教堂里，因为他在中国时曾听说，欧洲的民风淳朴，人们相互关爱，偷盗和行刑都是闻所未闻的事；所以，当他听说一个杀人犯将被处以绞刑时，深感震惊。[1]

长的那份笔记题为《我与黄先生的谈话中关于中国的几点评述》(以下简称《评述》)。这份笔记迄今已发现大同小异的两份手稿，其一见于孟德斯鸠的笔记《地理》(*Geographica*)，1950年收入Nagel版《孟德斯鸠全集》，1964年再度收入Seuil版《孟德斯鸠全集》。这份笔记的另一份手稿如今收藏在波尔多市立图书馆[2]，与这份手稿同在一册的，还有一份孟德斯鸠阅读柏应理的《西文四书直解》和基尔歇的《中国图说》的读书笔记，《评述》在先（第1—27页），读书笔记在后（第28—90页）。读书笔记中有这样一句话："从尧到今年1713年，共计4073年。"由此可知，这份读书笔记成文于1713年，既然如此，抄录在先的《评述》自然不可能成文于1713年以后。我们知道，孟德斯鸠与黄嘉略的相识和交往发生在1713年，因而可以断定，这份《评述》手稿是孟德斯鸠在他们谈话之后不久整理的。孟德斯鸠研究专家戴格拉夫对照两份手稿后发现，与波尔多图书馆所藏手稿相比，《地理》所收《评述》手稿文字略少。他对笔迹进行研究后得出的结论是：《地理》手稿成文于1734—1738年之间。由此可以肯定：波尔多图书馆所藏手稿为第一稿，《地理》

1 *Montesquieu*, *Oeuvres complètes*, Paris, Seuil, 1964, p.392.

2 波尔多市立图书馆：ms. 1696, t.XXXII, No.10。

所收《评述》手稿是在此基础上删改誊录而成的。[1]很显然，孟德斯鸠对这份手稿相当重视，否则不会在二十余年后再整理誊抄一遍。

手稿显示，这份《评述》所记录的虽然是黄嘉略的谈话，却都经过孟德斯鸠的咀嚼和消化，因而在相当程度上反映的是孟德斯鸠的看法，这大概就是这份手稿的标题中“评述”（remarques）一词的含义。我们不妨将这份文献看作黄嘉略和孟德斯鸠合作的成果，前者提供素材，后者评述。“评述”一词在孟德斯鸠的手稿中写作复数，可见是多次谈话的记录，既然是多次谈话，就不可能只讨论一两个问题。手稿显示，他们在交谈中海阔天空，天文地理、历史政治，民情风俗，几乎无所不谈，手稿全文长达27页，条理虽然不很清晰，但并非杂乱无章。法国学者弗朗索瓦丝·维尔（Françoise Weil）以孟德斯鸠的视角把全文归纳为13个问题[2]：

1. 中国人有哪些宗教和信仰？

2. 听说对罪犯施行酷刑，究竟有哪些酷刑？

3. 应该如何看待中国人的迷信？颜珰因此而遇到什么麻烦？

4. 中国人特有的习俗，诸如坟墓和衣着等。

---

1 Louis Desgraves, “Notes de Montesquieu sur la Chine”, in *Revue historique de Bordeaux et du Département de la Gironde*, 1958, p.200.

2 Françoise Weil, “Comment peut-on être Chinois? ”, in *Technique, art et science*, Janvier, 1957, pp.6-7.

5. 家产分割。

6. 汉语。

7. 汉字。

8. 等级：官员和文人。

9. 中华帝国的历史为何如此悠久？过去与现在是同一个帝国吗？

10. 如何看待（中国的）政制？

11. 中国人真的懂得一切科学吗？

12. 中国人的礼仪。

13. 从中国的典籍看中华文明和中华民族的古老，这些典籍中记述的洪水、日食等事件与西方世界对同类事件的记述是否一致？

这13个问题虽然未能囊括《评述》的全部内容，但大体上反映出了它的基本面貌。孟德斯鸠在与黄嘉略交往时年仅24岁，是个涉世不深、兴趣广泛、志向未定的青年，与黄嘉略的交往不但增强了他对中国的浓厚兴趣，而且使他获得了宝贵的第一手资料，这对于他日后的学术研究具有重大影响。在他的名著《波斯人信札》和《论法的精神》中，我们都看到了黄嘉略以及《评述》对他的影响。

孟德斯鸠在《波斯人信札》序言中说：

书中那些写信的波斯人，曾经跟我住在一起，朝夕相处。他们把我视为另一世界的人，所以对我什么也不隐瞒。

> 事实上，从那么遥远的地方移居来的人是无需再保守秘密的。……一个亚洲人花一年时间了解法国人的风俗，要比法国人用四年间了解亚洲人的风俗更容易，因为法国人喜欢敞开心扉，倾心吐胆；而亚洲人则很少沥胆披肝，交流思想。[1]

孟德斯鸠从未与波斯人交游，倒是与中国人黄嘉略有过亲密接触，虽不曾“住在一起”，但“朝夕相共”不算过于夸张。黄嘉略确实来自“遥远的地方”，而且据傅尔蒙说，他性格比较“沉闷”，常常陷入“沉思”。凡此种种，都令人觉得，孟德斯鸠在这里说的波斯人其实就是黄嘉略。

笔者不是有此想法的第一人，更不是唯一的人。法国学者马松早在半个多世纪以前就认为，黄嘉略不仅为孟德斯鸠的成名之作《波斯人信札》提供了创作灵感，而且是此书主人公的原型，两位波斯青年郁斯贝克和里加实际上是身穿波斯长袍的黄嘉略[2]。他的看法无疑是正确的，黄嘉略的影子的确频繁地出现在《波斯人信札》中。在该书的第一封信中，波斯青年郁斯贝克谈到他自己时说：“由于渴望知识，离乡背井……辛辛苦苦出来寻求智慧。”[3]黄嘉略跟随他的师傅梁弘任，远涉重洋，来到欧洲，何尝不是为了增进宗教知识，他日返国献身教务呢？在该书第27封信中，郁斯贝克写道：“我的健康状况不太好，

1　孟德斯鸠：《波斯人信札》，罗大冈译，人民文学出版社1984年版，第25—26页。

2　André Masson, “Un Chinois inspirateur des Lettres persanes”, *Revue des deux mondes*, le 15, Mai, 1951.

3　孟德斯鸠：《波斯人信札》，罗大冈译，第1页 。

身体虚弱，精神委顿，忧思积郁，日甚一日，令我思念故国，更觉身处异国他乡，举目无亲。”[1]这不正是黄嘉略的真实心声吗？我们在前面说过，黄嘉略早在1703年居留罗马时，就经常发烧和咯血，定居巴黎并结婚后，病势日益沉重，加以因薪俸低微而生活拮据，性情乖僻的妻子经常无端发怒，家庭温馨无从谈起，乡愁难免不时涌上心头。孟德斯鸠在与黄嘉略的交往中，想必对他的郁闷心境、对故国的思念有所体察。在第48封信中郁斯贝克写道：“我的生活就是观察，晚上我把白天所见、所闻、所注意到的事记录下来。”[2]这更是黄嘉略的真实写照，我们在前面提到，黄嘉略素有将所见所闻及时记录下来的习惯，他的罗马日记和巴黎日记便是明证，傅尔蒙也曾说过，黄嘉略经常将见闻记录下来，有时还添上自己的看法，看来，在与黄嘉略接触过程中，孟德斯鸠对他的这一习惯有所了解。马松还发现了《波斯人信札》中的里加与黄嘉略极为相似的一件事。在第30封信中，里加写道：

> 巴黎居民好奇到荒诞不经的程度。我初到巴黎时，被视为天外来客：男女老幼无不以目睹为快。我一出门，所有人都趴在窗户上看我；我到杜伊勒里宫，四周立刻围上一圈人……总之，从来没有一个人像我这样被那么多人观看过。……如此的殊荣不免成为一个负担，我不认为自己是如

1 孟德斯鸠：《波斯人信札》，罗大冈译，第48页。

2 同上书，第80页。

此稀奇、古怪的人……于是我决定脱下波斯服，穿上欧洲服装……[1]

这大概就是黄嘉略刚到巴黎时受路人围观的状况，与里加相比，或许有过之而无不及。巴黎国家图书馆抄本部的一份档案[2]是黄嘉略1712年购买衣物等日常生活用品的账单，其中包括鞋袜、假发、帽子等，据此推断，他很可能是在1712某月脱去中国袍，穿上欧洲装的。《波斯人信札》中的这封信落款1712年闪鲁瓦月6日，即1712年12月，与黄嘉略换装同一年。难道这仅仅是一种巧合，而不是孟德斯鸠用移花接木之法把黄嘉略的故事写在波斯青年身上？我们认为，两位波斯青年与黄嘉略上述种种相似之处足以说明，这不应是巧合，而是孟德斯鸠以黄嘉略为原型塑造波斯青年的结果。当然，诚如马松所说，这种相似仅限于外表，而就此书的内容而言，两位波斯青年在很大程度上则是身着波斯袍的孟德斯鸠本人。《波斯人信札》从第133封到第136封信对巴黎的一所大型图书馆做了详细的描写，马松认为，这些描写与黄嘉略不无关系，因为他就工作在国王图书馆，对图书馆的内部陈设和布置当然了如指掌。马松还指出，在第119封信中，孟德斯鸠借郁斯贝克之口就中国人口问题发表的一段宏论，其实也是来自黄嘉略：

1　孟德斯鸠：《波斯人信札》，罗大冈译，第55页。

2　巴黎国家图书馆抄本部：Ar. 69，fol. 4-11。

> 中国之所以人口奇多，只是由于某种思想方式：即儿女把把父亲视为神祇，终其一生像敬奉神祇那样敬奉父亲，而在父亲死后则以牺牲祭献，并认为父亲的灵魂虽已消亡于天上，却又托生于人世，因此每个人都自然而然地要使家庭添丁加口，因为这些家口在现世既如此恭顺，而在来世也是必不可少的。[1]

曾经参与《孟德斯鸠全集》编辑工作的维尔对于黄嘉略与《波斯人信札》的关系也持同一看法。她把自己阐述这一观点的文章题名为“Comment peut-on être Chinois? ”[2]，这句法文通常可以理解和翻译为“如何做中国人”，可是文章的内容却是讲述黄嘉略与《波斯人信札》的渊源关系，这个题目因而就有些令人费解。不过，仔细读一遍《波斯人信札》原文就明白了，原来“Comment peut-on être Chinois? ”是套用了《波斯人信札》中第30封信的最后一句话，这两句话完全一样，唯一的不同是把Persan（波斯人）换成了Chinois（中国人）。刚才提到，波斯青年里加在第30封信中说，为了避免被巴黎民众围观，他脱去本国服饰，穿上欧洲衣衫，换装之举果然奏效，当他重新走上街头时，巴黎人不但不再视他为异国人，而且获知他是波斯人后，反而大惑不解地连声问道：“啊！啊！先生是

1 孟德斯鸠：《波斯人信札》，罗大冈译，第204页。

2 Françoise Weil, “Comment peut-on être Chinois? ”, in *Technique*, *Art*, *Science*, *Janvier*, 1957.

波斯人吗？这真是不可思议！怎么会是波斯人呢（Comment peut-on être Persan）？”在维尔看来，书中的波斯人其实就是现实生活中的中国人黄嘉略，因而把原文中的“波斯人”换成“中国人”，并以此作为文章的题目。所以，这个题目应该理解并翻译为“怎么会是中国人呢？”《波斯人信札》是一部书信体文学作品，其内容和思想与中国基本上没有关系，作者以犀利的笔触讨论宗教、历史、经济和社会问题，等等，但没有贯穿全书的情节，所以很难说是小说，但是由于此书嘲弄教会、针砭时政，甫一问世就大受欢迎，作者也因此而一举成名。马松之所以把他的文章题名为“‘波斯人信札’的中国启示者”（Un Chinois inspirateur des ‘Lettres persanes’），显然因为书中主要人物的东方人身份和思维模式，以及他们在巴黎的遭遇和见闻，都与黄嘉略非常相似。

无独有偶，黄嘉略可能还充当了另一部文学作品的主角，这次他不再以波斯人面目出现，而是不折不扣的中国人，不过，此事如今仅仅是一种揣测，尚无定论。事情是这样的：一位名叫维克鲁伊斯（Vercruysse）的学者在布鲁塞尔图书馆发现了一部文学作品《中国高官康蒂信札》（Lettres de Cang-Ti, grand mandarin de la ching）[1]的手稿，作者名叫库比·德·卡马戈（Cupis de Camargo）。这部书稿由三部分组成，共有47封信，虚拟的写信人名叫康蒂，收信人是一个住在伦敦的英国人B老爷，由莎夫茨伯里伯爵汇编，题献给伏尔泰。这位编者在手稿

1　布鲁塞尔图书馆：B.R. 5716。

上写道："我自作主张为这位中国人的著作添加了一些注"，由此可见，这位虚拟的康蒂是个中国人。维克鲁伊兹在1971年撰文披露了他的发现，但并未引起多少反响。几年前一位名叫米盖尔 · 贝尼泰兹的西班牙学者在波尔多市立图书馆在查阅孟德斯鸠的手稿时发现，其中一件手稿[1]提到了《康蒂信札》，这就使他想到了布鲁塞尔图书馆的《中国高官康蒂信札》。两相对比，波尔多的康蒂与布鲁塞尔的康蒂略有差别，前者是Kanti，后者是Canti；但是，字母虽不同，读音却一样，这个小小的差异无关宏旨，很可能是誊抄过程中出现的变异，或者是作者故意为之。贝尼泰兹对两件手稿进行研究后，撰写了《寻找孟德斯鸠佚稿"康蒂信札"》[2]一文，阐述了他对这两件手稿的关系的看法。孟德斯鸠的《康蒂信札》已佚，无人知道究竟是一件什么样的作品，他在手稿中谈到康蒂时仅有寥寥几句：

> 未能写进《康蒂信札》的材料：
>
> 如果有谁能够滥用他的权力，那就是天。由于天是永恒的，所以天能看到所有的人一个个从他面前走过，但是，天循规蹈矩地行事，就好像他的权力不能独立行使一样。
>
> 权力根本不属于我，我只能使用权力，而且只能短暂使用。……显示我的权力时一定要像天那样宽容；天雷击罪人，

---

1 波尔多市立图书馆：1866,t.I.f.455。

2 Miguel Benitez, "A la recherche d' un manuscrit perdu de Montesquieu: les Lettres de Kanti", *Montesquieu, les années de formation*, Napoli, Paris, Oxford, 1999, pp. 187-203.

仅仅是为了警告更多的罪人。

这段文字确实有些像中国人的观念和口气，康蒂把天与上帝混为一谈，因而基本上可以断定他是个中国人。贝尼泰兹认为有几种可能，其一，库比·德·卡马戈或者以此为笔名的那位作者见到过孟德斯鸠的《康蒂信札》，后来借用康蒂这个名字撰写了自己的《康蒂信札》。其二，库比·德·卡马戈不仅借用了康蒂这个名字，还可能借用了孟德斯鸠的《康蒂信札》中的少量或大量材料。其三，库比·德·卡马戈是孟德斯鸠的化名，此《康蒂信札》即彼《康蒂信札》，也就是说，布鲁塞尔的《中国高官康蒂信札》是孟德斯鸠的一部佚稿。遗憾的是，贝尼泰兹不但没有在黄嘉略的巴黎日记中发现黄嘉略与孟德斯鸠的交往，而且认为这部日记的主人不是黄嘉略，他由此推论得出的结论是，《评述》所记录的不可能是孟德斯鸠与黄嘉略的谈话。这种看法显然对他就《康蒂信札》做出正确判断形成了某种障碍，然而，即便如此，他依然认为，康蒂的背后很可能就是黄嘉略。笔者于2009年从布鲁塞尔公共图书馆购得这份手稿的复印件，限于精力和时间，迄未通读篇幅长达527页的全稿。粗粗浏览所获得的印象是：从此稿的内容判断，孟德斯鸠不大可能是此稿的作者。当然，这只是初步判断，需经深入的研究后方能辨明究竟。

1998年，贝尼泰兹教授在纪念《论法的精神》初版二百五十周年的研讨会上，宣读了题为《孟德斯鸠、弗雷莱和"与黄谈话的评述"》的论文，此文表述的主要内容是：《我与黄先生的谈话中关于中国的若干评述》的作者应是弗雷莱，而非孟德斯鸠。2007年在英国出版的《孟德斯鸠全集》第16卷的主编完全认同贝尼泰兹的意见，因而在刊出《评述》的同时，把贝尼泰兹的上述论文以附录形式刊出，作为从孟德斯鸠著作中剔除《评述》的依据。笔者认为，贝尼泰兹教授做出这个推断的理由难以成立，在电信中与他多次交换意见，但始终不能求得共识。2011年，贝尼泰兹教授应邀来华访问，与笔者就《评述》的作者问题进行面对面的认真讨论，数度交锋后，双方分歧依然如故。鉴于这个问题与黄嘉略关系密切，因而趁本书出版修订版之际，将贝尼泰兹教授的论文和笔者的反驳一并作为附件刊出，请读者自行做出判断。

孟德斯鸠与黄嘉略的多次交谈内容广泛，《评述》显然并未囊括无遗。发表在《文雅信使》（*Mercure galant*）1713年10月号上的一篇介绍中国音乐（确切地说是中国的民谣和戏曲唱词）的文章，值得介绍。文章很短，题目却长得吓人："逐字解释并分成段落的中国谜语或若干中国歌曲的歌词，据此可以了解汉语的奥妙，由M. P. 先生供稿。"[1]供稿人当然也就是文章的作者，所以我们在下面按照习惯把他称为作者。文中介绍了广义的中国诗歌，其中包括一首曲子、一首戏曲唱词、一首民谣和一首译成中文的"天主经"。前三首都以同样方法处理：首先将中文逐字用拉丁字母拼出，然后逐字注以对应的法文，最后翻译成顺畅的法文。经过一番努力，这些唱词和歌词终于被

1 *Mercure galant*, octobre 1713, Paris, pp.40-50.

笔者还原为中文，但愿没有大的错误。其一是一首曲子：

改妆聊自悦，吊影忽悲咽。十二重门深深设，是谁遣红线，红绡来盗妾？

经查找，这首曲子取自《玉娇梨》第九回。小说中才貌双全的男主角苏友白，此日在百花亭游春，试图趁机一睹才女白红玉的芳容，却被同来的几位朋友逼着作曲子，遂借曲寄情，一口气作了一套时曲，共七首。第七首便是上面所引这首，曲牌名叫"双声子"。

《文雅信使》所载第二首是戏曲唱词：

宋朝中，一大臣，
执掌开封管万民，
左张龙，右赵虎。

这段唱词显然取自一出包公戏，但不知何剧种、何剧目。

其三是一首民谣：

正月的采茶是新年，
抱石的投江钱玉莲。
绣鞋的脱在江边口，
大喊的三声王状元。

我们之所以肯定这首是民谣，主要依据有两点，第一是每句中间都有衬词“的”字；第二是讲述的故事十分完整，因而不可能是戏曲某个角色的唱词。这首民谣唱的是南戏《荆钗记》的男女主人公的悲喜故事。《荆钗记》全称《王十朋荆钗记》，相传为元朝柯丹邱所作，当时与《白兔记》、《拜月记》和《杀狗记》并称四大传奇。故事写的是温州书生王十朋聘钱玉莲为妻，以母亲的荆钗作为聘礼。王十朋婚后赴京参加会试，高中状元。丞相万俟卨想招王十朋为婿，被王十朋婉言谢绝。万俟卨恼羞成怒，把王十朋贬至潮阳。王十朋在京时，托人捎信将自己的遭遇告知钱玉莲，不料捎信人被富豪孙汝权买通，将书信内容篡改成王十朋已入赘丞相万俟卨府中。孙汝权早就企图霸占钱玉莲，窜改书信的目的就是逼迫她改嫁。钱玉莲矢志不从，万般无奈之下投江自尽，为温州太守钱载和所救，遂认钱太守为义父，滞留吉安。王十朋迎母亲至任所，方知妻子已死，悲恸万分。数年后，王十朋奉调任职吉安，与钱玉莲同处一城。一日在玄妙观不期而遇，夫妇竟然不敢贸然相认，幸得有荆钗为证，夫妻方得以团圆。这部戏在福建和浙江南部相当流行，莆仙戏和梨园戏都有这个剧目。一部演出时间长达三四个小时的戏，四句唱词就把主要情节讲得清清楚楚，实属不易。

其四是中文“天主经”：

> 在天我等父者，我等愿汝名见圣，汝国临格，尔旨承行于地如于天焉。我等望尔，今日予我日用粮，而免我债，如我亦免负我债者，又不许我陷于诱惑，乃救我于凶恶。亚孟！

这首“天主经”除了与上面三首歌一样用拼音写出，并逐字译成法文外，还附有音阶唱名，即ut、re、mi、fa、sol、la、si，之所以仅注音阶唱名而不写乐谱，是否因为黄嘉略和孟德斯鸠都不识谱?

这篇鲜为人知的奇文长期无人问津，1970年代引起了亚裔作者陈依霞（音译，Ysia Tchen）的注意，他（她？）在《中国音乐在18世纪的法国》一书中，对此文做了详细的介绍，称此文“令法国人第一次见到了中国音乐样品”。[1]作者还表示，尽管缺少依据，但依然可以做出推测，此文材料提供者M. P. 大概就是在华耶稣会士马若瑟神甫。笔者经深入研究后确信，M. P. 不是马若瑟，也不是任何一位在华传教士，而是孟德斯鸠。做出这个判断的理由有如下几点。

第一、材料提供者M. P. 在文章的末尾写道：

> 这四首歌足以让我们懂得，想要仅仅借助字典就听懂中国人说话，会有多大困难，（汉语）由于缺少其他语言中的联系词，很容易产生歧义。

这段文字表明，M. P. 介绍中国歌曲的目的不在中国的诗歌或音乐，而在中国的语言。无独有偶，前面提到的孟德斯鸠与黄嘉略的《评述》中有这样一段文字：“为了对汉语的结构有所了解，我举黄先生教我的一首歌词为例……”紧接在这首用

1　Ysai Tchen, *La Musique chinoise en France au XVIIIe siècle*, Paris, 1974, p.13.

拉丁字母记录的歌词之后，孟德斯鸠又写道："下面是中文'天主经'。"[1]笔者在将这两首歌词还原为中文后发现，前者就是刚才提到的咏唱《荆钗记》的那首民谣，而"天主经"则与发表在《文雅信使》上的完全一样。上述两段介绍中国歌词的文字表明，M. P. 和孟德斯鸠引用这些中国歌词都是为了帮助读者了解汉语的特点，而不是介绍中国音乐。出于同一个目的，引用同样的中国歌词作为例证，这绝不可能是巧合。毫无疑问，它们的作者一定是同一个人，也就是说，M. P. 就是孟德斯鸠，至于孟德斯鸠为什么署名M. P.，至今弄不明白。

第二、从时间上来看，此文刊登在《文雅信使》1713年10月号上，而我们知道，1713年10月正是孟德斯鸠与黄嘉略来往十分频繁的时期，他完全有条件将黄嘉略刚刚教给他的中国歌词介绍给法国公众。我们由此还可做出进一步的推论：考虑到撰文、投稿、编辑、印刷所必需的时间，黄先生向孟德斯鸠介绍这几首中国歌曲的时间肯定在当年10月以前，因而他们的相识也就必定更早。

第三、我们在弗雷莱的遗稿中发现了若干首采自《玉娇梨》的诗，其中有他在1714年宣读的论文中所介绍的七言诗，以及该书第二回的一首五言诗：

客有两双手，主有四只目，

掩虽掩得神，看亦看得毒。

---

1 *Montesquieu*, *Oeuvres complètes*, Paris, Seuil, 1964, p.370.

此外还有刚才提到的曲牌为“双声子”的那首曲子，内容和拼写方法与刊登在《文雅信使》的完全一样。这说明，黄嘉略在向孟德斯鸠和弗雷莱等法国朋友介绍汉语时，有以诗歌为例说明汉语的语音和声调等特点的习惯。那么，M. P. 会不会是弗雷莱呢？我们的回答是否定的。因为，1713年弗雷莱已经在学术上崭露头角，被巴黎大学校长介绍给比尼昂教士，他虽然同样有机会从黄嘉略那里获得这些材料，但我们觉得，以他的名声和性格，恐怕不屑于发表此类谈不上有什么学术价值的小文章。相反，此时的孟德斯鸠只是一个“混”在巴黎的外省小青年，虽然也在上流社会的一些沙龙里露面，但基本上是个边缘人物，没有任何名气可言，以致世界各国研究孟德斯鸠的学者，迄今没有一人能说清这段时间他在巴黎究竟干什么。弗雷莱在世之日，除了在铭文与美文学院的院报上刊登他在该院学术会议上宣读的论文外，没有出版过任何著作。以他这样的禀性，显然不会屈尊撰写“豆腐块”短文投寄《文雅信使》。《文雅信使》上以M. P. 署名的远不止这篇介绍中国音乐和诗歌的短文，笔者翻阅了若干期该刊后得出的印象是，此人常为该刊供稿。像孟德斯鸠这样既没有职业又没有名气但不乏才气的小青年，投寄“豆腐块”正是投石问路，藉以日后跻身文坛的途径之一。果真如此，那就可以把他撰写此类小文章视为《波斯人信札》的练兵阶段。

第四、“双声子”引自小说《玉娇梨》，而我们知道，在弗雷莱的建议下，黄嘉略将此书的前三回译成法文，后来又根据弗雷莱的意见中途辍笔。且不说当时法国是否还有第二部《玉娇梨》，即使有，除了黄嘉略，谁能读懂？谁能把书中的诗译成法文？毫无疑问，唯有黄嘉略一人。

这篇短文的信息量虽然不大，却是中国音乐被介绍到法国的已知第一件文字资料，因而弥足珍贵。署名为M. P. 的作者无论是孟德斯鸠或是另外一个人，这并不十分重要，因为提供材料的人只可能是黄嘉略。试想，那时在巴黎，在法国乃至在整个欧洲，还有谁能提供这些材料？

说到黄嘉略所介绍的中国诗歌，还要再次提及讲述《荆钗记》的那首民谣。这首民谣除了与另外三首歌词一同刊登在《文雅信使》上，还出现在上面提及的孟德斯鸠的手稿《评述》中，四句唱词与《文雅信使》中的同一首民谣完全一样。不同的是孟德斯鸠就这首民谣写下了一段说明文字：

> 为了让大家正确理解汉语的结构，我把黄先生教我的一首歌转录在下面。曲调一点也不陌生，我早就听我们乡下的女子唱过，那是在收获季节和采摘葡萄时。奇怪的是，同一首歌也在中国唱，而且在同一场合唱，也就是说，每逢五月姑娘们采花时唱这首歌。

孟德斯鸠接着以黄嘉略惯用的方法，抄录了前面已经转录的这四句民谣。从孟德斯鸠的这几句话看，黄嘉略肯定为他吟唱了这首民谣，可惜孟德斯鸠没有把谱子记录下来，否则该有多高的历史价值啊！不过，他这几句话却也令人百思不得其解：将近300年前一首中国民谣（很可能是福建某地的民谣）的曲调，法国波尔多乡间的女子居然也唱，而且在同一场合唱，这怎么可能呢？是孟德斯鸠“五音不全”，听不出黄嘉略唱的调子和波尔多乡间女子唱的调子完全不同？是中国的民谣通过某个至今不为人知的途径传到了法国？需要说明的是，上面这段话仅见于波尔多市立图书馆的《评述》手稿，而不见于《地理》中的《评述》手稿，也就是说，孟德斯鸠在整理誊抄这份记于20余年前的手稿时，删去了这段话。是他发觉20余年前的感觉有误还是出于别的原因？且将这个谜留给孟德斯鸠研究专家们和中法两国的音乐史家们去研究，有朝一日若能破解，当是东西音乐交流史上的一项有意义的成果。

孟德斯鸠接着记述了这首民谣所讲述的故事梗概：

> 中国的歌通常只是讲述故事，很少有深层的发挥。上面这首歌讲的是一个官员之妻的故事。她的丈夫在朝中做官，她独自留在乡下；丈夫的一个亲眷殷勤地向她求婚，步步紧逼，为了保持贞节，她只得投江自尽。纵身跃入江中之前，她大喊了三声丈夫的名字。

这说明，黄嘉略不但唱了小曲，还向孟德斯鸠讲述了《荆钗记》这出戏。可能出于技术或认知原因，各种版本的《孟德斯鸠全集》都删去了这首中国民谣和出现在《评述》中的中文“天主经”，若不查阅手稿，我们永远也不会知道黄嘉略唱给孟德斯鸠听的是什么曲子。我们知道，中国的戏曲首次为欧洲人所知，公认是在1735年。那年出版了杜赫德编辑的《中华帝国全志》(*Description…de l' Empire de la Chine*),此书的第三卷中发表了马若瑟翻译的《赵氏孤儿》节本,伏尔泰据此改编为悲剧《中国孤儿》,久演不衰。《评述》表明,第一位向法国人介绍中国戏曲的不是马若瑟,而是在《赵氏孤儿》发表二十余年前的黄嘉略。

孟德斯鸠后来成了名扬全球的思想家,他的《波斯人信札》在法国文学史上享有崇高地位,他在《论法的精神》中阐明的三权分立学说至今影响着许多国家的政治体制,这些已经超出本书研究的范围,略而不议。但是,反映在他的各种著作中的中国观,却是我们必须细细论说的重要话题。我们知道,在18世纪法国的"中国热"中,伏尔泰等著名思想家对中国和儒家思想极表钦羡,在他们的著作中对中国佩服得五体投地,主张以中国为榜样改造欧洲,因而被称为"颂华派"。孟德斯鸠有别于这股舆论主流,在看待中国的态度和评价上独树一帜,严厉斥责中国政体为专制主义,揭露皇帝和官员们草菅人命,百姓毫无自由可言,成为当时赞颂中国大合唱中的"不合谐音",因而被称为"贬华派"。孟德斯鸠何以对中国持负面看法?主观原因和客观原因各是什么?美国学者罗柏森认为,孟德斯鸠关于东方的知识主要来自他所阅读的书籍,但他接着又说:"对孟德斯鸠中国观发生影响的,显然不是他自己引用的那些资料。"[1]那么是谁影响了孟德斯鸠的中国观呢?他认为是傅

1 Arnold H. Rowbothan," China in the Esprit des lois: Montesquieu and Mgr. Foucquet", in *Comparative Literature*, II(1950), p.358.

圣泽（Jean-François Foucquet，1665—1741）。傅圣泽曾在中国传教多年，虽然是耶稣会一员，对中国的评价却与其同会者意见相左，而与在“礼仪之争”中一贯反对耶稣会的巴黎外方传教会立场相近，以至于为耶稣会所不容，不得不离开中国返回欧洲。法国著名汉学家艾田蒲先生也十分重视这位前耶稣会士对孟德斯鸠的影响，他甚至断言：

> 我只想说，孟德斯鸠在会见前耶稣会士傅圣泽之前，对中国政制给予好评；是傅圣泽苦口婆心地规劝孟德斯鸠，不要相信他昔日同事们撰写的报导。[1]

不错，傅圣泽确实为孟德斯鸠提供了不少贬斥中国的材料。孟德斯鸠在他的欧洲之旅中，于1729年在罗马会见傅圣泽，多次与之叙谈。在《随笔》（*Spicilège*）中，孟德斯鸠记述了那年2月1日他与傅圣泽的一次谈话[2]，主要内容如下：

> 皇帝建造长城之前，七国纷争，互不相让，恰如欧洲各国君主一样。
>
> 每当国力衰弱、管理不善时，中国经常受到侵扰。
>
> 中国人口众多，妇女生育力强。自然灾害一旦发生，便出现粮食匮乏，灾民啸聚，集群造反，最终将皇帝推翻。

1　René Etiemble, *l' Europe chinoise*, tome II, Paris, 1989, p. 65.

2　*Montesquieu,Oeuvres complètes*, Paris, Seuil, 1964, p. 404.

> 中国的皇廷就像一个大蜘蛛网，皇帝便是网中央的蜘蛛。
>
> 每当事关皇帝的尊严和威望时，皇帝杀人如同捏死一只苍蝇。在其他场合，皇帝则喜欢显示宽容和仁慈。每个皇帝都竭力让老百姓相信："帝国是个大家庭，皇帝是父亲。"
>
> 中国人认为无后即不孝，中国的人口众多与此有关。
>
> 中国以保护居民为由不许开发矿业，其实是皇帝害怕聚众暴乱。

毋庸置疑，傅圣泽的谈话肯定对孟德斯鸠的中国观不无影响，但绝对不是具有决定性的影响。美国学者魏若望的看法更符合事实：

> 孟德斯鸠在会见傅圣泽之前对中国的专制主义就有看法，傅圣泽只是强化了他的这一看法而已。……总之，傅圣泽对学者们的影响不在于向他们提供了什么新东西，而是加强了他们对中国文明的看法。[1]

意大利学者法蒂卡在他的论文《孟德斯鸠贬华情结的口头来源》[2]中指出，在这方面曾经影响过孟德斯鸠的有三人：傅圣泽、马国贤（Matteo Ripa，1682—1745）和黄嘉略。傅圣泽和

---

1 John Witek, *Controversial Ideas in China and in Europe: A Biography of Jean-François Foucquet*, Rome, 1982, p. 324.

2 Michele Fatica, " Le fonti orali della sinofobia di Ch.-L. Secondat de Montesquieu ",in *l'Europe de Montesquieu*, Napoli, Paris, Oxford, 1995, pp.395-409.

黄嘉略我们都已认识，马国贤则需要稍做介绍。此人是罗马教廷传信部直接派往中国的传教士，1710年抵达北京，1723年返回罗马。在“礼仪之争”中，他是耶稣会的死对头。1729年4月26日，孟德斯鸠在罗马会见马国贤，但并未记述谈话内容。从马国贤在“礼仪之争”中的立场来推测，他在孟德斯鸠面前大概不会大力颂扬中国，而是讲述一些负面的见闻。孟德斯鸠是个笔头勤快之人，他与马国贤的谈话如果内容丰富，一定会留下笔记，既然没有留下笔记，大概由于内容比较平淡。

其实，孟德斯鸠在会见傅圣泽和马国贤16年以前，就已经在整理他与黄嘉略的谈话记录时，明显地流露了他对中国的反感，有《评述》中的两句话为证：

> 我相信，想要对中国皇帝有所认识的人，必须首先摆脱先入为主的成见，摆脱通常对中国政制的仰慕，这种仰慕使我们产生了错误观念，以为中国是世界上最伟大的帝国。

孟德斯鸠要求人们摒弃对中国的成见，把人们对中国的仰慕视为错误观念，这表明，他相当了解当时在中国问题上法国的主流舆论，而且已经初步形成了他自己的看法。可是，他在整理誊抄这份手稿时删去了这两句话，以致在已版的任何一种孟德斯鸠全集中，都无法读到。是不是因为他的看法在20余年后有了变化，觉得这些话不那么妥当？其实，这两句话除了它所表达的对中国的厌恶外，重要意义在于它所透露的信息，即孟德斯鸠对中国的关注始于认识黄嘉略之前，这有助于我们正确估价黄嘉略对孟德斯鸠的影响。对孟德斯鸠的生平有着精到研究的戴格拉夫，认为孟德斯鸠是在弗雷莱的影响下开始关注中国的：

> 在弗雷莱的影响下，孟德斯鸠开始对中国发生兴趣，中国的政制、中国人的习俗吸引着他去探索这个国家的文明的奥秘。[1]

这种看法似乎难以成立，首先，弗雷莱认识黄嘉略并不比孟德斯鸠早多少，没有证据表明他在认识黄嘉略以前已经关注中国，并且影响了孟德斯鸠。其次，弗雷莱对中国的研究侧重于历史和语言，不像孟德斯鸠那样关注政治，在弗雷莱笔下几乎看不到对中国的热烈赞扬或严厉批判，他纵然对孟德斯鸠的中国观有所影响，也不可能是明显的褒扬或贬抑。从孟德斯鸠反映在《评述》中的观点和语气来看，他对中国的关注应该开始于弗雷莱和他本人认识黄嘉略之前。

其实，在欧洲17、18世纪“中国热”的大背景下，作为一个思想非常活跃的青年，孟德斯鸠不但早就注意到了耶稣会士与他们的论敌有关中国的激烈争论，并且出于我们至今尚不清楚的原因，对热烈颂扬中国的言论抱有反感，对耶稣会士的中国报道不予置信。对于他来说，认识黄嘉的重要意义在于打开了一扇了解中国的窗口，经由这个窗口获得的信息可以纠正或补充耶稣会士关于中国的报道。因为在他看来，黄嘉略既然是

1 Louis Desgraves, *Montesquieu*, Paris, 1986, p.44.

中国人，他所讲述的有关中国的情况必定比较真实、具体和深刻。何况，书本只能一个人读，是单向的接受；谈话则是两个人谈，是双向的交流，可以询问、回答和讨论。从他与黄嘉略会见和交谈的频率上，我们似乎触摸到了他了解中国的急切心情。在这种强烈愿望的驱使下，他如饥似渴地向黄嘉略提出一系列有关中国的问题，并将黄嘉略的回答认真整理成笔记。黄嘉略的谈话似乎证明，耶稣会士确实不值得信任，中国并非如他们所描绘的那么美好。大概是在黄嘉略的建议下，他认真地阅读了一些有关中国的重要著述。戴格拉夫就此写道：

> 大概就在1713那年，在对话者的建议下，孟德斯鸠阅读、摘录并评注了柏应理的《中国编年》(*Tabula chronologica*)和《西文四书直解》(*Confucius Sinarum philosophus*)以及基尔歇的《中国图说》(*China illustrata*)。[1]

毋庸置疑，戴格拉夫在这里所说的这位对话者当然就是黄嘉略。这三部书虽然都出自耶稣会士的笔下，但并未改变孟德斯鸠对耶稣会士的不信任，且不说他们关于中国的报道和发自中国的信件，连他们的翻译是否准确，孟德斯鸠也表示怀疑。例如，他在阅读《西文四书直解》的笔记中写道：

---

1 Louis Desgraves, " Notes de Montesquieu sur la Chine ", in *Revue historique de Bordeaux et du Département de la Gironde*, 1958, p.201.

> 柏应理的译文不一定可靠，因为他依据成见解释中国术语，并以此作为自己的论据，我多次发现他并不正确。[1]

于是，孟德斯鸠有异于主流舆论的中国观渐渐由感性变成理性，随着时间的推移，这种中国观不但没有削弱，反而日益得到加强，并且在他的著作中得到充分的体现。这样的推论如果可以成立，那么，我们就有理由认为，黄嘉略对于孟德斯鸠的中国观并没有起到决定性的影响，而只是在这种中国观的形成过程中，为他提供了有说服力的实例；同时，由于黄嘉略是中国人，在孟德斯鸠眼中，他当然远比耶稣会士可信，由此带来的后果便是，孟德斯鸠对耶稣会士有关中国的报道更加不予置信。然而，在当时的历史条件下，不读耶稣会士的著述便不可能研究中国，所以孟德斯鸠不但读了风靡欧洲的《中华帝国全志》和《耶稣会士书信集》等书，而且精心做了笔记。对于耶稣会士在这些著述中对中国的钦慕，孟德斯鸠很不以为然。他问道：

> 耶稣会神甫们谈到中国时，一个个兴奋之情溢于言表。在杜赫德神甫的书中介绍中国的八个省份那一段中，我所看到的是一切都妙不可言，既美又好，所有一切都那么神奇，那么瑰丽。大自然难道真的完美无缺吗？[2]

---

1 波尔多市立图书馆：ms. 1696,t..XXXII, No 10, p.76。

2 *Montesquieu*, *Oeuvres complètes*, Seuil, Paris, 1964，p.371.

在另一类有关中国的著述中，孟德斯鸠找到了他所需要的材料，那就是外交官和商人们在游历中国后撰写的报告或游记，诸如郎克（Lorenz Lange）的《北方游记》（*Recueil de voyages au Nord*）、唐皮埃（William Dampier）的《新游记》（*Nouveau voyage*）、安逊（George Anson）的《环球游记》（*A Voyage round the world in the Year MDCCXL*）等。他读了这些书，也做了笔记。反映在这类游记中的中国形象，与耶稣会士笔下的中国相去甚远，作者们不但不美化中国，而且着力讲述中国政府的腐败无能以及中国人的愚昧狡诈。也许在孟德斯鸠看来，这些材料的可信度更高。孟德斯鸠阅读有关中国的著述，大多在认识黄嘉略之后，这些著述给予他的影响，不能记在黄嘉略账上，如果非要这样算不可，那也只能说孟德斯鸠之所以会去读这些著述，其中或许也有黄嘉略对他的影响，如此而已。

孟德斯鸠究竟从哪一年开始关注并研究中国，我们现在还说不清楚，但至迟是在1713年，此后直到1755年去世，40余年间他始终如一，从未放弃过对中国的关注。从他1755年给老友古阿斯戈（Octavien de Guasgo）的一封信[1]中获知，不久前在与他的好友、铭文与美文学院终身秘书德梅朗（Dortous de Mairan，1678—1771）讨论中国问题时，两人因意见相左而激烈争论，孟德斯鸠可能不够冷静，为此他深感不安，在信中请古阿斯戈代他向德梅朗致歉，不要因为这次争论而影响他们

1　*Ouevres complètes de Montesquieu*, tome 3, Nagel, Paris, 1955, p. 1532.

的友谊。这封信只署年份而没有署月日，可是我们知道，孟德斯鸠猝死于当年2月10日，即使此信写于当年1月1日，离去世之日也只不过40天。由此可见，中国不但是他倾注毕生心血的研究对象之一，而且他捍卫自己的中国观的热情和决心至死不曾稍减。可是，孟德斯鸠终其一生，并未撰写过一部有关中国的专著，有关中国的论述，散见于他生前出版的《波斯人信札》、《论法的精神》，以及19世纪末和20世纪初先后发现的笔记《随想录》、《随笔》、《地理》以及《真诚赞》（Eloge de la sincérité）、《论西班牙的财富》（Considérations sur les richesses de l' Espagne）、《论哥特式》（De la manière gothique）、《论影响精神和性格的原因》（Essai sur les causes qui affectent les esprits et les caractères）等论文中。

论述中国最多最全面的是《论法的精神》，这部书总共31章，论及中国的有21章53节之多，其中完全以中国为论述对象的共有10节，它们是：第6章第20节："子罪父坐"、第7章第6节："中国的奢侈"、第7章第7节："中国因奢侈而必然产生的后果"、第8章第21节："中华帝国"、第14章第8节："中国的良好风俗"、第19章第13节："中国人的礼仪"、第19章第17节："中国政体的特征"、第19章第18节："推论"、第19章第19节："中国人如何实现宗教、法律、风俗、礼仪的这种结合"、第19章第20节："为中国人的一种矛盾现象进一解"。

翻检《论法的精神》中论述中国的章节，不难发现黄嘉略与孟德斯鸠谈话中涉及的内容或思想。例如，《论法的精神》第12章第7节写道：

中国的法律规定，任何人对皇帝不敬就要处以死刑。因为法律没有明确规定什么叫不敬，所以任何事情都可拿来做借口去剥夺任何人的生命，去灭绝任何家族。[1]

请对比《评述》中的这一段记述：

君主享有无限的权力，集教权与俗权于一身，因为皇帝是文人教派的首领。所以，臣民的财产和性命都捏在皇帝手中，反复无常的暴君可以随心所欲地加以处置。

又如，《论法的精神》第6章第20节和第12章第30节写道：

在中国，子罪父坐，父亲是受处罚的……子罪父坐这一事实说明，"荣誉"在中国是不存在的。[2]

父亲获罪要连坐儿女妻子，这是出自专制狂暴的一项法条。[3]

请对比《评述》中的类似记述：

中国刑庭的不公和血腥在世界上无出其右者……我只想指出一点，那就是无辜者与罪犯同样受到惩罚。某人若犯了

1　孟德斯鸠：《论法的精神》上册，张雁深译，商务印书馆1987年版，第104页。

2　同上书，第94—95页。

3　同上书，第211页。

大逆罪，他的所有亲戚就得与他一起受戮，不管关系多远，不管是上代还是下代，统统问斩，哪怕已经出了百服，母系亲戚同样不能幸免。

再如，《论法的精神》第24章第19节写道：

孔教否认灵魂不死，……道教和佛教相信灵魂不死。[1]

请对比《评述》中的类似记述：

孔子认为，灵魂绝非不灭，灵魂只不过是一口气，从所有的肉体中散发出来。

上面这三组对比不仅思想相同，连文字也相似，它们之间的内在和外在联系是显而易见的。除此以外，还有不少实例可以列举，只是由于这些实例在文字上并不相似，需要花费较多的笔墨才能充分揭示它们之间的内在联系，所以，这里就不再赘述。其实，上面这几组对比已经有力地证明，黄嘉略的谈话对孟德斯鸠的中国观确实发生了重大影响。这一点从时间上也可找到佐证。前面提及，《评述》手稿曾在1734—1738年间整理誊抄一次，而此时恰恰就是孟德斯鸠为撰写《论法的精神》做准备的时期。这就让人有理由认为，《评述》的这次整理和誊抄，极有可能是出于准备撰写《论法的精神》的需要。

1　孟德斯鸠：《论法的精神》下册，张雁深译，商务印书馆1987年版，第152页。

结束语

2002年底，应法国远东学院北京中心之邀，我在北京举行的“法国读书节”上做了一次学术报告，谈的就是黄嘉略。在讨论阶段，一位听众问，黄嘉略的文化水平究竟有多高？另一位听众说，他从日文著作中读到过有关黄嘉略的著述，此人并非如我所说的那样重要，是我人为地把黄嘉略拔高了；他其实没做什么，从黄嘉略的日记看，他丝毫没有文人气质，整天只关心柴米油盐等琐事。我回答说，就我所知，黄嘉略的文化水平大概相当于现今的高中毕业或者大学本科一二年级。要说我是否把他拔高了，那是一个见仁见智的问题，我不想做是或否的回答。至于说由于他关心柴米油盐就认为他缺乏文人气质，那我倒想反问一句：难道文人就不食人间烟火吗？

由此我想到，应该依据20年来我对黄嘉略的了解和研究，尝试着对他的各个方面做一个“鉴定”，包括他的受教育程度、学术水平、处世为人以及宗教虔诚等等。

弗雷莱谈及黄嘉略的语言能力时说：

> 他讲的法语实在不大好懂，尽管他因使用欧洲语言而对此多少有点了解，但从他的母语中找不到任何与欧洲语言相似之处。我建议他用作样板的法语语法，对他来说完全不能理解。[1]

说黄嘉略一点不懂法语语法，说他对欧洲语言不大了解，我绝对相信。说他讲的法语听不懂，我却以为有夸大之嫌。就在弗雷莱认识黄嘉略不久之后，孟德斯鸠经他介绍与黄嘉略亲密交往，多次交谈，而且留下了一份长长的谈话记录。他们交谈的范围相当广泛，可以说是海阔天空，无所不谈，倘若黄嘉略的法语差得连弗雷莱也听不懂，孟德斯鸠如何与他交谈？岂不是两个聋子对话吗？黄嘉略从七岁开始，先后接受两位法国传教士的监护和教养。这两位法国人都会讲中国话，在华期间肯定用汉语与中国人对话，但是，在法国同胞之间难道也讲汉语？不可能，绝对是讲法语。黄嘉略跟了他们那么多年，即使没有专门学习，耳濡目染，总该多少学会几句吧。再说，两位师傅都很重视黄嘉略的学业，教他拉丁文，请中国文人教他传统的中国课程，是不是也教了他一点法语呢？没有足够的证据，既不能肯定，也不能否定。但是，黄嘉略肯定会讲拉丁语，巴黎外方传教会的档案（AME 16）对此有确凿的记载：1703年3月26日，梁弘任带领黄嘉略等随从晋见教皇，教皇为两位中国人能讲拉丁语而十分高兴。

1 巴黎天文台图书馆：B 2-1,1,4。

会讲拉丁语当然不等于会讲法语，但两者有相同之处，学起来应该比较容易。依我看，黄嘉略在罗马时很可能就讲法语。我们知道，与他一同在罗马随扈梁弘任的有一位法国人聂先生，此人肯定不会讲汉语，他们之间用什么语言交流？当然也可能用拉丁语。然而，黄嘉略的罗马日记表明，他在罗马期间肯定或多或少地使用法语。证据是他在日记中称呼客人时，名字前面往往加上"蒙雪"两字。"蒙雪"是什么？就是法文Monsieur（先生）的汉语音译。会不会用法语称呼而用拉丁语交谈？当然不能说绝对不可能，但可能性毕竟太小了。绕了这么大一个圈，为的就是证明，黄嘉略在定居法国之前就会讲法语。从1706年3月定居巴黎到认识弗雷莱，他在巴黎至少已经生活了五六年，倘若他的法语果真让人不知所云，那么这几年他是怎么过的？他难道笨到这步田地，五六年间连法语日常会话都没有学会？我不相信。我这样说绝非出于对黄嘉略的偏爱，而是有德里尔先生为证。在前面已经引用过的一封信中，他写道：

> 幸运的是，我在此时结识了一位姓黄的中国人，他受过很好的中文和中国文化教育，法文也相当不错。他住在巴黎，与我是邻居。……我与他一同查阅了外方传教会、国王图书馆和他本人的藏书后，他向我讲解其中的一些书以及注释。[1]

1 巴黎耶稣会档案馆藏品：Correspondance Delisle 1737-1738 – T. VI – No.99 a。

德里尔说得很清楚，黄嘉略的法语相当不错，他们一起查阅资料，由黄嘉略向他讲解。如果黄嘉略的法语糟得令法国人也听不懂，他与德里尔如何交流？如何向他讲解查到的资料？

从黄嘉略的遗稿来看，他的法语写作水平有一个明显的提高过程。在他的巴黎日记中，语法和拼写错误都比较多，句型也相当简单。然而，在他为《汉语语法》所写的序言以及这部书稿的第二部分即“中华帝国简述”中，他运用法文已经比较纯熟，不但语法和拼写错误几乎已经找不到，而且句型往往比较复杂，从句多且长。从留存至今的手稿上看到，弗雷莱或傅尔蒙在审读他的书稿时，改动已经很少了。他用法语撰写的这些书稿表明，不但提高了自己的语言表达能力，而且改变了中国人喜欢使用简单句的表达习惯。为了让读者了解黄嘉略的法文写作水平，我们特地把他致奥尔良公爵函的法文本纳入本书附录，请大家共同鉴定。他写这封信是在去世前不久，此时弗雷莱早已停止了与他的合作，傅尔蒙则对于《汉语语法》已经完成并呈送奥尔良公爵一事讳莫如深，所以基本上可以肯定，这封信未经法国人修改，可以代表黄嘉略的法文写作水平。

艾丹妮认为，黄嘉略认识的汉字不多，字也写得不好：

> 当然，黄嘉略大概不是文人，他在日记中常常用拉丁字母拼写汉字，却不直接写汉字，也许对他来说，前者比后者容易。他写的汉字也很差，这恐怕不能单单归咎于鹅毛笔或

毛笔的质量吧。[1]

这显然是误会。可以肯定，用拉丁字母拼写汉字绝非因为他不会写这些字，而是习惯使然。首先，这些字都不是冷僻字，如“tchi tièn sine”（吃点心）、“maï joù”（买肉）、“siào keoù”（小狗）、“où chéne”（午膳）等等。其次，更重要的原因是每当涉及个人隐私时，他特别喜欢用拉丁字母拼写汉字。前面说过，他记载其妻例假时，总是用拼音写下hue kin、hue king或hue quin（月经）。再举一例，1713年10月19日他写道：“今夜黄‘那个话儿’（nà cò hòa ûl）”。夫妻行房这类绝对隐秘的私事在中国人看来，本来是不应说也不应记的，实在要记，就绝对不能直白。其实，对于那些在他看来应该隐讳的事，他不但用拉丁字母拼写汉字，有时还直接使用拉丁文。前面提到，他手头十分拮据，夫妇二人常去比尼昂府上要钱，黄嘉略可能觉得这是一件不光彩的事，所以在日记上时而用拼音把钱字写作In tse（银子），时而用拉丁文写作plata，却几乎从不使用法文的argent。再说，1704年他在罗马能用中文写日记，而且几乎没有错别字，九年以后他难道把中文忘得差不多了，连上面提到的银子、月经这些最普通的汉字都不会写了？不会吧！

艾丹妮女士撰写《弗雷莱》一书时并不知道黄嘉略还有一

---

1 D. Eliseeff-Poisle, *Nicolas Fréret（1688—1749）*, *Réflexions d' un humaniste du XVIIIe siècle sur la Chine*, Collège de France, 1978, p. 47.

本中文罗马日记，她仅在黄嘉略的遗稿中看到过偶尔出现的寥寥几个汉字。单凭这几个字来判断他的汉字书写水平，依据似乎不足。依我看来，黄嘉略当然绝对不是书法家，不过，若说他的字写得非常差，似乎有些苛刻。我觉得，他至少写得很工整，对于他这样一个没有接受过正规传统教育的人来说，他的字应该说过得去。本书图八中有一份黄嘉略用毛笔书写的致奥尔良公爵的中文信，读者不妨仔细看看，给他的书法打个分。

尽管中国人在掌握汉文化上占有自然优势，但并非任何中国人都具有在外国传播中国文化的能力，这与个人的文化素养如何关系甚大。在黄嘉略去世五年之后，另一位中国人胡若望（Jean Hu）[1]随傅圣泽神甫来到法国，从1721年抵达到1725年离去，他在法国将近四年，可是什么作用都没有发挥，根本无法与黄嘉略相比。当然，此人有病是一个客观原因，然而，即使他十分健康，也绝对不可能像黄嘉略那样为中法两国的文化交流做出巨大的贡献，因为胡若望的文化素质远远低于黄嘉略。

我们不知道黄嘉略在何处发蒙，只知道他的师傅请奉教的中国文人教他学习中国传统功课，他究竟读过哪些书，我们更不知道。评价他的文化素养的依据只能是他的遗稿。前面我们摘录了他对中国的历史、地理、政府机构、科举制度、孔子和儒家、各种宗教等所做的介绍，文中所写总体上正确无误。从这些文字和他计划续写的《中华帝国通论》来看，他有相当广阔的知识面，给人的印象是一个“中国通”，似乎只要与中

1 J. Spence, *The Question of Hu*, Random House, 1988.

国有关的人或事，他没有不知道的。由此推断，他肯定读过一些书，其中包括一些必读的经典著作，否则他不可能在文稿中常常引用一些经典的名句。他可能还读过不少小说之类的“闲书”，前面提到的《玉娇梨》是一例，孟德斯鸠在《评述》中讲述的一则故事又告诉我们另一例。

> 皇帝不时派人到各地访贤，把那些有才干而不愿张扬的人找出来。每个村庄都把他们认为最好的人推举出来，上面就请他们出山当官。史书记述了东汉光武年间一家三兄弟的故事。兄弟三人离群索居，断绝七情六欲，以品德相互勉励，他们过的确实是哲人的生活，共同生活，不分财产，深得邻居们嘉许。自然法虽然赋予老大以优先地位，但他却仅仅用来展示自己对弟弟们的宽厚。皇帝派遣的官员到来时，老大立即作为合适人选被百姓推荐，并被授予官职。老大最初的表现证实了这句俗语：“位尊就变脸”。人们惊奇地发现，当初十分谦和的这位老大，竟然凭借手中的权力剥夺了弟弟们的财产。百姓们怒不可遏，为他们当初的选择感到羞耻，于是向皇帝报告说，他们推荐的是一个道貌岸然的伪君子，隐藏在假面具下面的是巨大的野心，他竟然剥夺了弟弟们的所有财产，由此可以想见，他对别人将会如何。皇帝获悉后传下敕令，削去老大的官职。老大向皇帝上奏，说他自己飞黄腾达，而道德比他更加高尚的弟弟们依然蛰居乡间，对此他深感不安，因而设法让弟弟们的高尚品德闻达于皇帝；他宁可自己获罪，也要彰显弟弟们的美德，不惜为光耀门庭而牺

牲自己。皇帝撤销上谕，封三弟为官。

经查找，这则故事的主体部分见于《醒世恒言》第二卷“三孝廉让产立高名”，故事的前面大部分与原著相同，但结尾部分村民向皇帝告发以及皇帝惩治老大等情节，均不见于原著。由此推断，黄嘉略很可能读过《醒世恒言》，至于他为何添油加醋，可能是记忆有误，也可能因为这则故事不单见于冯梦龙的书，而且也在民间广泛流传，因而有多种版本。

对于黄嘉略的学识，与他有过交往的法国人都表示钦佩，就连自命不凡的傅尔蒙也对他给予好评：

> 他对普通中国书籍很精通，但是，他出生在基督教徒家庭中，似乎没有在中国获得任何学位，况且，在外方传教会的教士们的熏陶下，他连取得学位的念头也不曾有过。然而，这并不妨碍这样一位有才智的人研读古典著作。[1]

黄嘉略的文稿同时也表明，他的知识不都来自书本，正如他自己在《汉语语法》序中所说，四处游历给了他增长见识的极好机会，来到法国后，这些知识全都用上了。在游历过程中既有所见，还有所闻，黄嘉略笔下有一些道听途说的东西，例如孟德斯鸠所记下面这段文字，恐怕不是来自书本，而是来自传闻。

1　巴黎国家图书馆抄本部：Fr. n. a. 8974。

先帝驾崩后，当朝皇帝就盖一座新宫，宦官和宫女统统换掉，代之以新人。全国范围内某个年龄段的孩子全都被征召，对他们进行手术后便送进后宫。各省的少女全部集中起来，挑出其中最有姿色的，送往后宫。先帝的宫女们让出位置之后，被装上车子，除非已有孩子，否则一律送到市场作为奴隶出售。买主不知道自己的运气将会如何，买到的宫女是不是漂亮，因为，完成交易之前，买主是见不到宫女的，而且不管是花季少女还是半老徐娘，漂亮或丑陋，她们的售价都一样。在这一点上，鞑靼人不像汉人这样野蛮，把这种不光彩的习俗废除了。

前面我们曾摘录了黄嘉略介绍中国各地粮食种植的一段文字，其中有不少细节，只有农民或实地考察过的人才说得出来，黄嘉略竟然讲得头头是道。在介绍中国的政府机构和科举考试制度时，他也不时插进一段揭露官员贪赃枉法的文字。这些都说明他的见闻相当丰富，对中国民间的实际情况非常了解。

黄嘉略不是任何意义上的学者，却身不由己地担负起了编写《汉语语法》和《汉语字典》的重任。这既是他展示才能的一个机会，更是对他学识的一次巨大挑战。应该说，在两位法国学者的帮助下，他作出了艰辛的努力，始终认真负责、精益求精地执行比尼昂教士交付给他的任务。从他本人以及弗雷莱和傅尔蒙的遗稿不难看出，在编纂这两部著作的过程中，他虚心听取两位法国学者的意见，充分利用了当时在巴黎能够寻到的参考资料，除了他自己拥有的以及国王图书馆和外方传教会的中文藏书外，还借鉴了多种在华传教士编写的有关汉语学习的资料。他对这些资料的合理利用和吸收，说明他具有较好的阅读和鉴别能力，而这种能力则与他自身广博的知识背景难以截然分开。从他津津有味地欣赏以才子佳人诗词唱和见长的《玉娇梨》这一细节就可看出，他身上具备中国文人的某些特征，否则纵然尽心竭力，也难以担当得起编纂语法和字典的任务。

有限的正规传统教育、广泛的阅读和长期游历中的见闻，这大概就是黄嘉略全部知识的来源。由于接受正规的传统教育较少，黄嘉略的知识面虽广，但明显地缺乏准确性和深度。他在讲述中国的政府机构时，有时候把明朝的机构，例如锦衣卫，说成清朝的机构。他把科举考试讲得非常详细，但一些细节经不起推敲，比如，他说名列一甲者可以骑着白马在皇宫里玩三天，这恐怕属于道听途说之列。他在介绍孔子时，除了介绍孔子的家庭和生平外，主要讲述孔子在中国受到上自皇帝下至万民极高景仰的情景，对于孔子的思想和学说及其对中国人的重大影响，几乎没有涉及，仅有的几句说的也是宋儒的理学，而非孔子的正宗儒家思想。可见他对孔子和儒家缺乏深刻而系统的认识，只能谈些细枝末节，说不清根本和精髓。由于没有受过正规教育，他的文化功底不很扎实，例如，他分不清中国文人的字与号的区别，偶尔甚至会读别字，把“聊”注音为nian（仰）。尽管仅是个别现象，然而这种极为常见的字居然会读错，可见他的基础教育颇有缺失。

黄嘉略是中国人，中国有句俗话：家丑不可外扬。可是，黄嘉略经常揭露中国的短处，而且正是这些揭露性的材料，令孟德斯鸠大感兴趣。例如，在介绍中国的武装力量时，他插进这样一段：

> 中国军队的人数名实不相符，因为几乎每个官员都营私自肥，吃空名数额可达三分之一，为了欺骗上司，每逢检阅时，就用家仆等闲杂人员凑数。他们尚不以此为满足，还要克扣下属的薪饷。为了堵住上司的嘴，不让皇帝知情，官员们送礼成风，小官给大官送，大官给总督送，总督给各部大臣送，各部大臣给阁老送，如此等等。

谈及官员的薪饷时，又插进这样一段：

> 官员的外快是法律所禁止的，能拿多少就看他们有多大能耐，或者说，看他们的贪欲有多大。所以，官员敲骨吸髓的非法收入可以达到惊人的数目，尤其如果有强硬的后台。两个例子可以说明问题。为了当总督，要付30万两银子，相当于法国的150万锂。然而，当上总督一年之后，这些钱不但全部收回，而且远远超出，甚至只要五个日子就可捞回本钱，这五个日子是上任之日、生日、老婆或小妾的生日、正月初一和中秋节。正月初一和中秋节是中国人最重要的节日。

黄嘉略所揭露的确实是当时中国的弊端，并非为了取悦外国人而无中生有。既然如此，就不应责备他往自己的祖国脸上抹黑。有法国学者说，18世纪在法国有两个中国，一个是处于主流地位的“颂华派”笔下的中国，另一个是发出不谐和之音的“贬华派”笔下的中国。两个中国的形象相去甚远，致使有人说，除非亲自到中国去看看，否则无法对这两种看法做出正确的判断。“颂华派”和“贬华派”之所以意见相左，除了他们的领军人物思想倾向不同外，各自用以做出判断的依据不尽相同也是原因之一，“颂华派”看重道德规范、伦理信条、政府的各种规定等等，也就是写在纸上的，挂在口上的；“贬华派”则习惯于以实际生活中与道德、伦理、法规不符的现象说事。其实两派不全对，也不全错，应该说都掌握了部分真理，但也都有或多或少的片面性。黄嘉略受教育不多，写在纸上的东西知道得少，但他多年游历各地，看到的实际情形多，对于官员腐败、政府暴戾以及民间疾苦等亲眼目睹，所以从他笔下揭露出一些所谓的阴暗面，也是很自然的事。其实他是一个爱国者，虽然不得已滞留异国，心里装着的还是祖国。在他的文稿中讲述中国时，时时流露出一股为中国而深感自豪的情感。日记中他对家乡的思念，为受雇于法国公司返回中国而抱病四处奔走，这些情节都说明他内心对于中国和家乡的热爱。

在对待“礼仪之争”问题上，他的立场显然与耶稣会士不同，在他的日记和文稿中，偶尔可以见到他对耶稣会的不信任和指责。例如，他在罗马日记中写道：

> 有闻耶稣会神父云，中国五千进士，十二千庠生，俱证彼会所云者皆真。此信传于罗玛京城通知。真可叹哉。

出于同一原因，他对中国的圣贤也常有不恭之举，前面已经引述过他把孔子斥为伪君子的言论，下面这段话则是对中国圣贤的鄙视：

> 同中国所谓之圣者贤者，且不识天地万物之真原，又无道及身后之永报，及为善者之所由来。而为善之能力乃从谁乎，惟向今世虚荣暂乐，以父母祖先又如天地万物之大主祀之。彼岂知吾天主圣教首钦爱上主，次孝爱父母之正理哉。
>
> ……

黄嘉略在“礼仪之争”中的立场支配着他对孔教的看法，下面这段摘自他的文稿的话表明，他对教廷做出的否定耶稣会关于中国礼仪问题的看法，持坚决拥护的态度：

> 传教士们指出了孔教的缺陷，少数奉教的中国文人得知后，不愿意承认孔教劣于圣教，于是就对传教士们说，孔教中的某些迷信行为仅与民事有关，而与宗教无涉。多亏上帝对我那可怜的祖国格外关照，教廷终于作出决定，谴责中国的迷信。如今我开始希望，我那可怜的同胞们总有一天会用纯洁的双眼，看到真理之光。

“礼仪之争”是一场旷日持久、影响深远的论战，在教廷的直接干预下，以耶稣会的失败告终。我们不是教徒，可以撇开教义和教规来讨论问题。客观地说，对于耶稣会对中国的赞扬，不能简单地以“美化”二字概括，美化的成分不是一点也没有，但他们的报道基本上是事实，夸大的成分有，但不是很多。他们的错在于对一些事实做出报道和解释时，往往以是否对己方有利为出发点，因而常常不能令人信服。例如，他们竭力让人相信中国人并不迷信，这就不实事求是，而是强词夺理了。与之对立的传教士们看到了中国的一些落后面或阴暗面，并且试图以这些事实否定耶稣会笔下的中国。他们所揭露的并非捏造的谎言，他们的错在于以偏概全，企图以此全盘否定耶稣会对中国的称颂。

黄嘉略不幸卷进了“礼仪之争”，而且支持一方，反对另一方。其实，我们不能指望更不能要求他站在耶稣会一边，理由很简单，俗话说，近朱者赤，近墨者黑，他从小就跟随两位在“礼仪之争”中与耶稣会势不两立的师傅，怎么可能与师傅持不同的立场呢？公正地说，他的“派性”并不强，在文稿中只是偶尔表露一点看法，远非他的师傅那样为己方获胜而披肝沥胆。之所以如此，主要原因恐怕还是在于他是一个中国人。从总体上看，中国人的宗教感情从来没有欧洲人那样强烈，为了教派之争，不惜大动干戈，打得尸横遍野。中国的儒释道三教从来都是和睦共存，彼此吸收，相安无事。中国人可以初一十五吃素念经拜菩萨，星期天到教堂去做礼拜，本人不觉得不妥，旁人也认为很正常。黄嘉略虽然少小离家，但他毕竟生活在中国这块土地上20多年，耳濡目染，能不受影响？所以，他的宗教感情其实也比较淡薄，在罗马那几年里，他事实上处在“礼仪之争”中两派的最高层次的争斗之中，可是从他的日记来看，他喜好游历、关注民情风物的旧习依然如故，对于参观过的各种建筑物和宗教艺术品描述得十分仔细，对于师傅为之忙碌的事业却并未给予多少关注，给人以隔岸观火之感。也许正因为他的宗教感情比较淡薄，所以后来才会不顾师傅的竭力反对，毅然决定“还俗”，并且娶妻生子。

我再重复一遍，黄嘉略是一个普通得不能再普通的人，平凡得不能再平凡的人。他既没有建立丰功伟绩，也没有留下鸿篇巨制，之所以要说他，要写他，是因为他以中国人固有的勤奋和谦虚，兢兢业业、默默无闻地做了力所能及的事，而这些事在他所生活的那个时代，只有他能做。他为法国人传递了可靠的中国信息，帮助孟德斯鸠等启蒙思想家全面认识中国；他为法国的汉语研究做了一个良好的开端，留下了一些有价值的书稿；在他帮助下，他的法国合作者后来成了法国第一批非教会汉学家。在某种意义上说，黄嘉略在法国定居以及此后所做的一切，都是一种偶然，因为他不是学问家，更不是著名学者，按理说，传播中国文化的使命不应该由他来承担，他倘若不去法国，大概根本就不会从事学术研究和写作。然而，由于当时法国需要一个有文化的中国人，而他恰恰在此时来到法国，于是他便在完全不曾预料到的情况下挑起了本不应该由他挑的担子，这也正应了中国的一句老话：“时势造英雄。”这就是历史，历史就是偶然和必然的高度统一。《玉娇梨》这部小说也是一样，此书并非中国的第一流名著，然而，由于它是黄嘉略手头唯一的中国小说，而且为他所喜爱，于是，它不但成了第一部译成法文的中国小说（尽管没有译完，更没有出版），还充当了向法国人传播中国诗歌的媒介，而这些诗无论就思想内容或艺术技巧而言，都远非上品。是历史选择黄嘉略充当中法文化交流的先驱，黄嘉略顺应历史的需要，做了他应该做又能够做的事。

附 录

一、黄嘉略罗马日记

（原件中文，巴黎国家图书馆抄本部藏品：Fr. n.a. 8976）

……………

圣契利三多之圣物	致命
圣女亚纳之圣手	圣母之母
圣亚肋叔之圣物	精修
圣尼阁老之圣物	精修主教
圣长亚各伯之圣物	宗徒致命
圣次雅各伯之圣物	宗徒致命
圣西师多之圣物	教皇致命
圣保禄之铁链	宗徒致命
圣保禄之圣臂	宗徒致命
圣西师笃之圣物	教皇致命
圣斯德望之圣骨	首先致命
圣安得肋、圣巴耳多乐茂、圣玛窦、圣玛第亚之圣骨	宗徒致命

圣路加之圣物	圣史
诸圣婴孩之圣物	致命
圣亚肋三多乐之圣物	教皇致命
圣老楞佐之圣物	六品致命
圣瑟巴斯第亚诺之圣物	总兵致命
圣味曾德之圣物	六品致命
圣第阿尼削之圣物	主教致命
圣黑耳默达之圣物	致命
圣彼亚日阿之圣物	致命
圣文囊西阿之圣物	致命
圣伯多禄之圣物	致命
圣厄拔发辣之圣物	致命
圣若耳第亚诺及圣厄毕马阁之圣物	皆致命
圣契利三德及圣大理亚之圣物	致命
圣额我略之圣物	教皇
圣瑟肋斯第诺之圣物	教皇
圣本笃之圣物	精修
圣阿耳德理阁之圣物	精修
圣女亚搦斯之圣物	童身致命
圣思哥辣斯第加之圣物	童贞致命
圣女卢细亚之圣物	童贞
圣女喜辣理亚之圣物	童贞
圣女撒玛立大纳之圣骨，乃当时吾主于井边问水之妇人	致命

终

又，到圣伯多禄宗徒之牢，当时宗徒在牢中，有守牢军卒，见宗徒圣德可敬，愿进圣教。因牢中缺水，上主显圣迹。地中出水，宗徒将水付洗。此圣迹尚存，而水流不断。其监牢今迁为圣堂，参拜之人来往不绝。

牢内所受洗者，一名坡罗瑟须，一名玛耳第尼亚女。进教之后俱受致命。圣骸存在圣伯多禄大堂。

初六日　到圣伯多禄受致命之处，安十字架之窟尚存。此处今有圣堂，并圣方西阁会神父居住。中华湖广余主教于此堂出身。

十四日　到圣文都辣堂。次日乃圣人本瞻礼日。又到大额我略教皇圣堂。当时教皇在位之时，每日接十三位穷人赴宴。一次有一位天神降世赴宴，于第十三位座。乃教皇亲目所见。

教皇每日设宴宾贫人，为表古时耶稣宴祭徒等。而教皇亲自服事，自彼时传流此规至今，列代教皇皆然。

又，古时罗玛府有疫病至很，教皇从天台圣堂内迎请圣体至伯多录堂，路遇天神桥，见炮台顶上大天神圣弥额耳显圣于空中，将宝剑收入鞘中。为表上主准教皇圣额我略之求，而免众人之瘟疫。

二十八日　圣亚纳瞻礼，到圣女本堂祭天主。

三十一日　到圣伯多禄圣铁链堂。此堂之缘故，乃古时皇后于多西亚往罗玛府，将热路撒林府缚圣伯多禄之链，送女儿皇后于斯多西亚。皇后将罗玛缚圣伯多禄之链并之。上主显迹，忽成一链。

八月初四日　圣多明我瞻礼，到圣人本堂祭天主。

初十日　到圣老楞佐堂做弥撒。次日有求三四位有德之人，为四川汪兄祈祷天主。

午后又到圣堂观圣物。

正台下有圣人牙齿六个。

圣人受致命之铁床。

圣人之圣肩骨一大块。

圣人被擒缚受致命之铁链。

圣人受死之圣躯一块，并血兼土。

圣教皇亚肋山多录之圣首。

圣劳愣佐乃教皇圣西思多之副祭，尚未至铎德之品位。彼时罗玛皇帝凶恶，难害教宗及教中人。圣西思多被擒去致命之时，路逢圣老楞佐，圣老楞佐哭而抱曰：圣父为何舍子而往？何不带子同去致命乎！教皇曰：儿，汝年尚壮，当在世广扬圣教，为上主行工。吾老迈人，无用于世，宁早归国。又再慰曰：三日后，汝亦到天国相会。教皇嘱毕，恶人解至王前受死。果三日内，圣老楞佐将圣堂中之财物尽施穷人。三日后，恶王召圣人问曰：汝堂中之财物何在？圣人曰：王欲我之财物，且付我车马为驮来。王命付圣人车马。圣人归来，招穷人登满车马至王前。王见问故，圣人曰：吾财已送于天国矣。吾财已施于诸穷人矣。王闻言大怒，命人将圣人放于铁床上，用火烘死。烘至圣躯一半边，圣人于恶人曰：尔辈欲吃吾肉，且请用之。但尚有一半未烘，请尔众扠转吾身烘熟。圣人死后，恶人将圣尸丢于一块石上，有圣女息利亚加收敛圣尸埋葬。其石今显存于罗马府圣老楞佐大堂内。圣人受死之处，今起盖圣堂，内有女修道居住。

十一日　到圣女索三纳堂做弥撒。

十二日　到圣女嘉纳堂。此圣女乃圣方西阁会修道，与圣方西阁同府，同时修道。一次有回子国异端人攻城，抢入城中，各处打劫。圣女受上主默启，忙将圣堂中圣体请出，自迎至墙上。候回子来劫圣堂时，圣女祈祷上主，依圣经言云，莫将净躯付禽兽手。上主准其祈祷，使恶人忽然自退。

十四日　午后到登马山皇殿内堂，听圣母升天前一日之圣咏。

十五日　到圣母雪地殿听宰相大弥撒。此日教皇亦在圣母堂听弥撒。弥撒毕，又付施舍于贫穷闺女之凭，如上卷所言者同。

闺女未领凭者，乃全身衣白，白帕盖脸，两个一对进前，拜教皇于阶下。旁有掌凭之人，付金丝荷包一个，内藏领银之凭。凡欲守童贞之闺女者，衣白如众，但头顶另有花冠一个，为表彼乃守贞者。领银多一分于出嫁者。

十七日　到老楞佐大堂做弥撒。圣台下有圣斯德望、圣老楞佐、圣栖利亚阁三位圣骸在内。堂内右边有圣府门，乃古时罗玛府皇帝难害教宗及难友们，而众教中人开地窖，为藏众教友等。内有一府分之广大，而显今内面有无数致命圣人圣骸。

昔有一修女，夜间在堂内祷祝天主，忽见圣伯多录及圣斯德望并圣老楞佐从天降来做弥撒。圣伯多录为主祭，圣斯德望及圣老楞佐为副祭。祭毕，三圣又到堂中四处圣其堂。圣毕，方与修士曰，汝明日可至教皇面前，云我等三人在此圣此圣堂，而付多多大赦于此堂中，为炼处灵魂。修士曰，三圣与罪人说无益，罪人乃一粗贫修道人，岂肯信之。圣老楞佐即将祭天主之圣带解下付与修士，曰，汝明日往言之，人倘不信，汝将此带为证。嘱毕，三圣归天国。修士次早往朝教皇，奏知昨夜之事，又将此圣带呈上。教皇命寻一死人，将圣带加上其身，死者即刻复生，教皇方信。后同众宰相到圣堂弥撒谢天主。所以如今此堂凡做一台弥撒，于炼狱有一灵升天。

堂中有当时圣人付洗圣罗玛诺之圣水瓶，后成致命。

有圣斯德望受致命之两块石头。

有圣栖斯多教皇之圣物。

圣女亚波罗尼亚之圣臂。

正台左旁有苦像两尊，人真心求主于此苦像中，可获大赦。

二十五日　到圣类斯堂。此日有宰相会，事弥撒之人乃教皇之乐生并礼生。

二十六日　教皇赐鹧鸪十二个。

二十八日　圣奥斯定瞻礼，到圣人本堂做弥撒。

二十九日　圣若翰保第斯大瞻礼，做弥撒于女修道堂，堂中有圣人之圣首。又到圣若翰大堂听宰相做大弥撒于教皇前。

盖凡宰相祭天之大礼，惟行于教皇之前。而主教不是宰相者，不行大礼于教皇之前。

九月六日　到圣罗玛尔谷堂看古画。

十七日　到圣方西阁会堂，做弥撒于圣人所住之房间。

廿一日　圣玛窦瞻礼，到圣人本堂做弥撒。此日领四川张兄书两封。

二十三日　圣利诺瞻礼，请三四位祈祷为四川张兄。圣理诺乃圣伯多禄后第一位教皇，圣尸存在圣伯多禄大堂内。

二十四日　到圣母别堂看辩博道理。宰相撒契利帮第送锦花并锦像。

十月初四日　做弥撒于女修道堂。看付修道衣与女修道。

初六日　到圣伯多禄大堂，量堂之深阔高大。又到铜球内，云云。

初九日　撒阁老送大蜜梨一盘。

十五日　到圣女德肋撒堂，弟等二人领圣体于宰相傅乐理弥撒中。

二十四日　领四川汪兄书一封与梁主教。

二十六日　到圣体堂做弥撒，求堂内女修道们为中华传教之人祈祷。

十一月初八日　到圣额我略堂，祈祷为已亡之父母亲戚等，盖追思教中先亡之瞻礼，乃西国上坟之日期。其瞻礼之前后日子，西国之大小男女老幼，皆往圣堂中祈祷，或点灯点蜡烛之人，往来不绝，极是好看，而乃正理。非同吾中国，用两块禽兽之肉，呼叫神鬼祭之，亦不知其祖先归于何所，来于何处，祷祝又何人受之。呜呼，尚敢笑西国之人不知祖先，不敬神明。依余之见，真可羞死。

初十日　到圣玛尔定堂，见有地窖之堂，乃当时圣玛尔定教皇聚众宰相主教，议论圣教大事之所。有一次聚一百零五个主教在内。

十二日　同余老爷同往天神台，看教皇御寨，极是坚固。

十三日　梁主教做弥撒于众宰相前，为已亡之诸宰相等。

二十日　到教皇殿内，看各处房间所在。

二十三日　到圣格肋孟德堂，此日教皇圣驾亦到。

二十四日　写书回中国，以阿兰德之船寄上。

三十日　到圣安德肋教堂做弥撒。

十二月初二日　圣方西阁沙勿略瞻礼。初三日到耶稣会堂，做弥撒于圣沙勿略台上。台下有圣人之右臂，乃付洗于东洋数万人。

十三日　做弥撒于圣若翰堂，为佛浪西亚国王。堂中人送金钱一个，为谢弥撒。

十七日　教皇封一位宰相，乃第十二位教皇因诺曾德之皇侄。

二十四日　到圣伯多禄大堂，听教皇唱第一日圣咏。

二十五日　到圣伯多禄大堂听教皇唱弥撒。

二十六日　李兄自到圣母雪地殿，看当时耶稣降生之马槽，显出与人参拜。

二十七日　到马乐鵖国之圣堂做弥撒。又看做马乐鵖国之弥撒。彼所行之礼，大异与平常之弥撒。有多降福，多献香，多经文。

马乐鵖国近于热卢沙林府，乃是最忠于圣教。

二十九日　到耶稣会堂。看古时名人所造之器皿。有一张画，外面只是一少年之人，用镜子悬顶一照，照见内面有一教皇之像，首戴红冠，身穿绛袍，而有须。此乃古时妙手所画。

又有小狗七足，又有人骸只有三寸高，又有毒蜘蛛，生活之时，人一闻之即刻昏倒，又有自鸣乐，自鸣箫。另有各国之奇异物件，不能尽录书中。

年三十日　有多人来辞年相拜。不得全记是谁

…………[1]

台。宰相全身俱用祭衣殓之，放于台上。众宰相合会祈祷于圣台前。又，各会神父俱来祈祷诵经。

初九日　梁主教出门拜宰相。

初十日　看新宰相。由东门至通政殿受封诰。又，通政殿内。此日有人高声宣扬将来要定一位圣女，名玛耳加利大。此乃依大理亚人氏，自七岁父母双亡，有亲戚养至十五岁，被一位少年人拐出外乡，相住至二十四岁。其少年一日出外，被仇人杀死林中。平日所养一好狗，见主人死了，三日不离死尸，至第三日归家，问主母讨吃，吃毕，用口衔住主母衣裳裣，要主母往林中看主人受死。主母亦不知其故，凭其衔着衣襟，随其至林中，忽见少年人之尸首，朽污生虫，臭之不可言。忽然心中大动而思曰，一少年三日前如何美貌可爱，忽然间就变如此朽坏污臭，可见世福世乐世美只如花而已。此时上主大动其心，回头改过为善，入圣方济各会之规。平生所行克己补罪之工，不可胜言之狠。至今有四百载。后多显圣迹。将来罗玛府欲定为圣女。定圣女圣人之规矩另写于后。

十一日　梁主教出门拜宰相，拜耶稣会神父。

十三日　到庶邦馆看迎致命圣人圣骸。

1　按日期推算，黄嘉略的日记此处缺失四页。

又听众学生说各国之话。此日说二十一国话。

十五日 梁主教往内殿朝教皇，教皇曰，今日就是前日，盖为十七日做会之意，云云。

十六日 梁主教到女修道堂做弥撒云。午后又出门拜宰相。

十七日 到圣安当堂做弥撒，此日宰相会。为中国圣教事。

十八日 到圣伯多禄堂获大赦。又，此日乃昔圣伯多禄立主教位于罗玛府。此日教皇命宰相嘉俾厄耳做弥撒于大祭台上。午后梁主教到中书科主教家问信，他说，教皇披下，要我们答应耶稣会所说者。

十九日 余主教来拜。

二十日 圣多明我会大会长及余主教来拜。

二十一日 午后到圣母雪地殿，又到圣味曾德堂。

二十三日 到圣味曾德堂。此日乃本圣堂瞻礼。

二月初二日 午后到圣母雪地殿，为领大赦。

初六日 到圣撒滨堂，领圣灰礼仪，乃教皇亲手付。此日乃笃宰相行祭礼。梁主教此日于此堂用午膳。

二月十七日 午后呕红无数，连四五日皆然，二十一日服药止血。

三月初十日 迁屋往雪山街住。

十三日 教皇付洗三个古教人，一男一女一妇。男乃卑思府大忠侯为代父。女乃波罗尼亚国皇后为代母。洗毕，又付圣体坚振等礼。后教皇亲事午膳。

十六日 梁主教往殿堂赶圣枝瞻礼。此日小弟黄嘉略因有呕红之病，未到殿堂赴瞻礼。连四十日内亦吃肉养病。

十七日　出门参拜圣体。于堂中见当时吾主受鞭笞之石柱，其高约有三尺，形似，石乃黑白相杂之细石。穿白色之主教来拜。

十八日　复到圣十字堂参拜圣体。又，余主教来拜。

十九日　复到圣十字堂参拜圣体，次往城外散步。

二十日　未到圣堂，惟到别堂赴建立圣体瞻礼。

二十一日　到圣类思堂拜苦像。

二十二日　黄加略服药，未到圣堂赴瞻礼。

二十三日　到圣伯多禄大堂听教皇大弥撒。午后到圣若翰大堂看献圣物。

二十四日　撒阁老送腊兔一个，并腊鸠二十四个。午后到圣伯多禄大堂看献圣物，云云。

二十五日　Mr. Maile与Frere Fiade赴午膳。此日乃圣母领报本日，教皇到圣多明我大堂，云云。此日处女四百单五个，贞女六十九个。

二十六日　到本境圣堂做复活瞻礼并领圣体。午后到圣老楞佐大堂。

二十七日　早，余主教来拜。此日在家中做弥撒。

二十八日　在家祭天主。午后弟二人出门参拜圣体。经加布省园中散步。此日买酒。

二十九日　到圣母雪殿做弥撒。午后李、黄二人往请圣三堂大会长安，又到加布省园中散步。

又，余主教来拜。又，遇耶稣会后生神父于圣三堂。

三十日　家祭。又，梁主教往嚷聋宰相府赴席。又，蒙雪闻丧在吾家用午膳。

三十一日　梁主教到女修士堂补圣母领报瞻礼，此堂有教皇侄女在内修道。此日又求众女士祈主为中国。又，余主教来拜。

四月一日　未出门。夜间有方西阁保辣堂放花炮。

初二日　早，余主教来拜。

初三日　午后往圣体堂拜圣体，复到圣本笃会神父园中。

初四日　李、黄早出。又，圣三堂大会长来拜。午后再出。

初五日　余主教来拜。又，午后圣腊杂乐会二位神父来拜。又，梁师出门拜圣体。

初六日　李兄服药。又，闻丧医生同席午膳。又，梁主教令堂病重卧床，不知人事，梁师心忧甚。又，加默立会三位神父来拜。又，蒙雪Maile与圣类思堂神父来拜。又，耶稣会那个后生神父来拜，西名Daiail。又，一位圣类思堂神父来拜Labonne。又，余主教来拜。

初七日　李兄再服药。医生赴吾家午席。蒙雪Maile与二别神父来拜。又，邦阁老家请梁主教初十日赴会，闻博学格物穷理。

初九日　圣味曾德堂大会长来。又，依西巴尼亚国二位、余主教及其侄。

初十日　午后梁主教出门拜圣多明我会神父，并往赴博学会于加默历堂。小弟三人往文丧医生园中散步。归时经四十时过。何谓四十时？盖前已有言。罗玛府常年日日一堂中有圣体显出。自今日午时起，至后日午时，乃西国之四十时。故人顺口叫参拜圣体谓参拜四十时，如此周年相接不断，惟有圣忌日止一日。

十一日　午后二人出门散步于雪山林。

十二日　早，梁主教与余主教同到城外圣老楞佐大堂做弥撒，为炼灵。此日闻巴理京报云，梁主教令堂于瞻礼四日身故。午后耸宰相即来拜望。盖其令堂乃公侯之女，其令尊曾为宰相。又，钦差代王位于罗玛府。又，圣三堂大会长及大笃会神父并蒙雪Maile皆来拜望。

十三日　医生同席。余师来拜。白衣主教来拜。圣第阿尼削会神父来拜。又，圣多明我会总督大会长来拜。

十四日　早，圣多明我会二位神父来拜。又，Bouvin后生。又，哥宰相差家臣问安。又，耶稣会宋神父与湖神父同来。又，蒙雪Maile与蒙雪Sansdoute同席。午后Pere Labonne又圣方济各会神父来拜，即代玛理者位。又，耶稣会卫神父来拜。又，余主教及其令弟，又，圣安当会神父来拜。

十五日　乃报房日，惟午后往雪山林散步。

十六日　蒙雪十字来拜。又，圣多明我会改册神父及余主教来拜。此日闻教皇圣恙欠安，罢朝数日。

十七日　余主教来拜。梁主教出门拜客。此日收德宰相一书，乃梁师亲家叔。

十九日　午后同余主教等造圣诺伯耳园中玩花。

二十日　早，依西巴尼亚二位来拜，医生同席。午后，蒙雪买衣耳与三督并余主教令弟，及侯舍神父来拜。又，梁主教出门，拜白衣主教。蒙师造殿。此日有至爱友斐理伯恭第来拜贤者。

二十一日　午后，同余主教等散步，见人造御库。掘基时遇古时房屋墙基，此乃古罗玛之所。

二十二日　乃报房日。

二十三日　早，圣三堂博学者由巴理京回罗玛府来拜。午后到登山圣母堂参拜圣体。

二十四日　午后到天台看众画匠领标赏。因有皇兵把门，不得进。偶遇卫神父，请嘉大般亚耳节二位宰相引进。又，梁主教到圣三堂拜客。此日吾书工毕。候二十八日进朝送于教皇及圣部等相，会议案定。

二十五日　为答耶稣会之书，费十四两文银，为抄写人。共九十五章书，分为两处，一为教皇，一为圣部。其十四两银乃罗玛府之茹耳Jul一百四十，或十四个厄举ECU。又，李若望病。又，蒙雪文丧赴席。午后，梁主教到圣多明我大堂拜总督大会长。吾与蒙师到登山圣母堂及圣玛尔阁堂，并参拜四十时。

二十六日　午后，梁主教出门拜客。有加默立会三神父来拜。

二十七日　早，余主教来拜。医生同席。午后，蒙雪Maile与圣类思堂二位神父来拜。余主教令侄来拜。Ly Huang出门散步于雪山林。

二十八日　早，往圣味达堂做弥撒。午后，到宰相嚷耸。[1]

二十九日　往殿朝教皇，并送其所答之书。未见。惟托左相代送入朝。

三十日　早，余主教来拜。午后，神父KETMEC来拜。

1　原文如此。

又，梁主教到圣味曾德堂，不遇其神父。聂、黄同到圣多明我大堂参拜圣女加大理纳，乃王伤加大理纳也。

五月一日　耶稣升天瞻礼，教皇圣驾至圣若翰大堂。梁主教未赴瞻礼，因租朝服甚贵，每次出门拜客或入朝或赴殿堂瞻礼，一日之车乃一两六，半日乃八分或六分，倘逢大日愈贵。盖罗玛乃天下圣教京都，常有他方主教或铎德及探事者居住，此辈皆为寄居，那又去自造车马朝服，惟欲用时租之而已。况梁主教本乃舍富贵家财而趋贫淡之职，岂肯屡次虚费传教者之需哉。其所去皆出于不得已而行，如赴教皇大弥撒，诣殿奏事，赴宰相府宴。此类乃不得免者也。

又，欲依西巴尼亚钦差府席。[1]盖今日乃其王登基之日。又是圣斐理伯其本名瞻礼日。李兄服药，医生赴午膳。此日教皇于圣若翰堂瞻礼毕，圣驾经吾门首过。又，止于栩宰相门首问安。午后到圣类思堂听讲道。再到医生家见色腊像。

初二日　圣亚纳大削瞻礼。教皇圣驾到额肋国堂做弥撒。午后梁主教出门拜客。

初三日　寻得十字圣架瞻礼。于圣十字堂此日大做。余主教来拜。午后到十字堂，归时到圣安当堂，回拜大会长。于园中遇灯味神父相谈。

初四日　午后余主教来拜。又，梁主教出门欲往参拜圣加大理纳，适遇蒙雪买尔，复归。医生同席，每主日仿此。有闻耶稣会神父云，中国五千进士，十二千庠生，俱证彼会所云者

1　原文如此。

皆真。此信传于罗玛京城通知。真可叹哉。

初五日　早，梁主教等入朝，见而未言。午后到圣母雪地殿参拜真福比阿，第五位比阿教皇。盖凡善者，大德之贤者，将欲定为圣人，教皇唱于圣伯多禄堂中者。而未定之先，乃称为真福某人。至定之后，乃称圣某人。此比阿乃第五位比阿教皇，平生虔事上主，修德立功，而死后多显异迹。考其生平之行，果善果圣，故将欲定为圣人也。至今有一百余载矣。呜呼，吾天主圣教之圣人，生平何其修德谦让爱人，识天地万物之主，导人行天国之路，明于众有死后天福永祸之赏罚，劝众居世宜轻世，而践一切世荣世乐于足下，惟向身后天国之永福永业者也。岂同中国所谓之圣者贤者，且不识天地万物之真原，又无道及身后之永报，及为善者之所由来。而为善之能力乃从谁乎，惟向今世虚荣暂乐，以父母祖先犹如天地万物之大主祀之。彼岂知吾天主圣教首钦爱上主，次孝爱父母之正理哉。

初六日　梁主教等入朝，并奏刻书之事。上准之。又，何老师令弟来拜。午后梁主教出门拜大总督会长弥榒尔伯，再到圣若望腊丁门。

初七日　早，往圣味增德堂做弥撒。

初八日　午后余主教来拜。

初九日　蒙雪买尔与余主教来拜。

初十日　午后到圣母雪地殿听唱圣咏。

十一日　圣神降临，梁主教与邦国二位主教同往殿堂。午后又到圣类思堂听讲道。

十二日　早，邦国三位主教来接，往圣伯多禄堂赴会。

又，蒙雪买尔同席。

十三日　午后，腊般神父来拜。聂黄同到圣味达堂听讲道。小弟黄某自二月十七日呕红，至今未痊。

十四日　早，聂先生往外买蜜二十四斤。有相府人来请梁主教午后往加默历堂赴博学会，乃为立大会长之故也。赴会毕，又到圣伯多禄堂参拜圣体。

十五日　早，接巴理京一信云，邦馆会长欠安。又，梁主教往耸宰相府赴宴，再到加默历堂赴博学会。今日教皇圣驾到圣依西多禄之堂，又，圣驾亲到圣布耳诺天主堂前看工人造御库。又，邦阁老请梁主教明日赴博学会。又，教皇的解罪神父到吾家。又，弟等与蒙老师到圣母雪地。

……………

二、四川教友致黄嘉略、李若望函

（原件中文，巴黎国家图书馆抄本部藏品：Fr. n.a. 8976）

从弟去后。举目无俦。每觉恩情。恒行泪朽。可怜苦至三年。并不知何日方休。盖以为余兄弟也。昔日同室受业。今日分域四方。其不悲者谁欤。故鸡鸣风雨之际。度弟之思我。如我之思弟也。昔时其形甚弥。今日其影甚远。其不悲者又谁欤。故同心离居之下。以我之不忘弟。知弟之不忘我也。夫我之所痴虑者。不以弟之愆尤。有韵羊羔。亦不以弟之进修。有韬诚洁。惟是叹夫海岳之多。弗能达一穷心。兹则望风而想。能不依依。弟亦莫可奈矣。衹得承行天主圣意。如于天焉。所以告曰。我不能来。有是字如弟之见我。弟不能往。有是字如我之见弟也。两可放心。祈之天主堂聚会。外有几事。抄呈台览。

一. 白神父建堂于成都。毕神父建堂于重庆。

二. 重庆堂建立年半领洗者城乡共一百人。乡多城少。

三. 府厅逾格相待。有总爷县官心不欢喜。有督文安抚府县。不许阻挠。

四．神父不衣绸缎。不坐马车。一年分半。步行各乡传教。

五．感谢天主圣母洪恩。堂内兄弟和睦。仁同一体。神形遵规无□[1]。

六．成都堂。东门内。总府街。江西会馆右边。重庆堂。临江门内。梁子上。

七．若望于壬午冬至有病。利纳于癸未夏至有病。差点呜呼。

八．蒙诲我者。移匿行德。早宜疾行。恐后改之不得。此蹟非我有心愿焉。

此书可留不可废

二位贤弟台览

江左汪良斌圣名老楞佐字灿侯字

1 原文不清。

三、四川教徒致梁弘任函

（原件中文，巴黎国家图书馆抄本部藏品：Fr. n.a. 8976）

自从恩主去后，罪等时刻焦心，不知何日复见慈颜。所以思之常梦魂于左右间也。今且喜毕、穆二位神父与主教仁同一体，稍可慰心。溯壬午三月至四川重庆府，爰置房屋，不衣绸缎，不坐轿马。去拜文武官员，有无知在教者劝驾，置之不听。将善言劝解一番，说道，体面不中用，反害人。该当随吾主耶稣暨宗徒表样，愿者同我，不愿者各便。初三日会官，府厅逾格相待。一个总爷就是魔鬼头，闹得人家心烦着恼，足足十月。重庆府府尊去戊都省，一个巴县县官，又作起怪来，竟叫苏耳比爵去说道，你们有个姓白的死了。好好的往总爷那里去说个情，总爷准了，回来死了。替你主说，打点起身。恐后来没有体面。二位神父不理，依旧传教，数日之后，府城百姓谣言叠起，大闹东京。说天主堂，说廿六、廿七、廿八午时失火。百姓有大难。一城乱乱纷纷。有人曰，无火者拆他房屋，赶他起身。偶然廿七午上大火。晚下发水，渰死者报官单开，一百另八口。百姓翻转扬曰，道为神仙。虽有这一节恶事，全不在二位神父心中。依赖了天主全能，外劝堂心热心，同一致命，内有不愿者，助费回家。可怜惟一罪心存惧惶，亦无妨。此两日更闻善言堂规。每早两刻默想，念早经，听弥撒，工夫各行，早饭，神父众人同食，开心两刻，工夫各行。念中三钟经，工夫各行，晚饭，神父众人同食，念私经，念晚三钟经。众人听神父讲明，早默想题目。念晚课，各归房睡，不许说话。再者，今有总督文行府县，故等平安。今六月间，利纳有病，差些死了。禀知主教。余不尽言。此上

恩主梁主教垂鉴

外有加略若望书一封

张利纳

苏必爵

罪人　汪老楞　仝禀

关路加

张若望

四、黄嘉略的《汉语语法》序

（原件法文，巴黎外方传教会图书馆藏品：AME 19）

任人皆知，永垂青史的伟大国王路易为促使科学、艺术和语言之花盛开在他的国家里，曾经展现了何等气魄和热忱，正是这位无与伦比的君主的王者炽热之心，使我有幸聊献绵薄，把我对东方最大帝国的浅薄知识，呈献给世界第一王国。请听我道来。

如同所有法国人，我亦以颂扬这位伟大君主的功绩为荣。他倾全力推动其杰出臣民追求崇高事业，希冀知悉所有遥远国家的历史及其人民的习俗，计划派遣一批有能力汲取各种知识的法国青年前往中国，对该国的一切进行深入的了解。毫无疑问，普天之下所有君主无一能有如此宏图大略。然而，大王为维护其孙子合法拥有，并得到整个欧洲承认的（西班牙）王位，而全身心投入一场可怖的战争，致使此项计划迄无任何成果。

获悉上述情况后，我想（也许我不应如此想，不过公众将会原谅我，因为我的本意是为他们贡献微薄之力），我不但是中国人，而且游历了中国的大部分省份，如今又致力于对敝国各个方面的研究，因而有可能为大王陛下光荣的计划做出某些贡献。

本着这一想法，我投身于享誉全欧的比尼昂教士麾下，他以对科学和文学的热爱、对所有文人的全力保护而闻名。我毫不费力就获得了他的信任，他希望获知在这个遥远国家中所发生的一切，并以其与生俱来的豁达大度抓住一切机会，热情地欢迎汇集在他周围的人，使我所获得了我所不敢想象的厚遇。他向国王做了推荐，于是我被授予国王的中文翻译之职。

这位伟大的君主驾崩后，在法国国王未成年期间，幸亏由同样关心科学的菲力普 ·奥尔良公爵担任摄政，否则我肯定会陷入绝望的境地。公爵大人完全担当得起这一重要职位，他出身高贵，品德高尚，才智超人，深得民众爱戴，而他本人对此尚浑然无知。能在这位亲王属下工作，我的一切担心烟消云散，信心倍增。他愿意了解一切，是因为他认为应该掌握一切知识，任何抽象的科学对他那宽广而深邃的心灵全都易如反掌；全体法国民众已经体会到，在他治下生活无比甜美，由他承担起教育国王的使命是法国人的福祉。在这位无与伦比的摄政王的精心呵护下，国王随着年龄增长，必将学会像先王一样虔诚于宗教，像他的祖辈一样伟大，比他的先祖更崇高更宽宏。总之，在菲力普 ·奥尔良公爵的治理下，万民景仰的幼王必将成为教会的长子和宇宙的管理者，为全人类带来欢愉。

这就是我定居法国的原因，我觉得应该告诉公众。我荣幸地为一些人士所驱使，本来我只要将我的写作计划告诉公众就可以了，这些人士肯定感到高兴，但是，凡是能够满足公众的崇高好奇心的东西，我有责任一点也不遗漏，因此，我应当首先向公众提供我主赐福让我有机会游历过的那些国家的情况。

上帝指引的路无比光明，我的父亲（黄保罗）的皈依便是最有力的明证。他出生在一个高贵的家庭，虽然当时尚无信教的福分，对贫贱之人却富有怜悯之心。一个穷汉闻讯后常常到我家来，从未空手而归。上帝不会让仁慈之人得不到回报。这位穷汉是基督教徒，有感于父亲和我们全家给他的布施，他决心要帮助恩人们认识真正的宗教，遂告诉我们，他希望我们全家对他的仁慈之举能在彼岸世界得到回报。父亲闻听此言后，颇感惊奇，忙问他是否不信奉本地宗教而信奉另外一种宗教。这位穷汉立即坦陈，承上帝爱怜，他信奉的是天主教，而天主教是唯一真正的宗教，他进而向父亲仔细讲解基督教的基本教义。苍天保佑，他的一番话即刻奏效，父亲深深地为上帝所感动。此事表明，只要能有效地劝说某人皈依，上帝不在乎使用什么手段。穷汉为父亲的变化而备感欣慰，同时又十分谦恭地表示，他知识浅薄，不配教导父亲。于是，他把父亲荐举给一位著名的老基督教徒苏若瑟，此人曾任广州知府。这位知府与我家是姻亲，所以事情更加好办。这位出色的基督教徒多次给父亲自讲解教义，使他的信仰愈加坚定，终于决定接受洗礼。一位耶稣会神甫为父亲主持受洗仪式。有了父亲的受洗，我才有可能享受上帝赐予的恩典，尚未出生就已经接受了圣教。父亲十分珍惜上帝的恩惠，不但不准备结婚，而且打算舍弃前程，与几位志同道合的基督教徒一起离群索居。祖父祖母只有父亲这一个儿子，传宗接代的希望全部寄托在他身上，他们竭力加以反对，甚至以把他作为逆子送官法办相威胁，而对于中国人来说，忤逆父母罪莫大焉。父亲的意图未能实现，他不得不顺从父母的旨意，何况他们的旨意完全合情合理，他遂在三十多岁时结婚。令人称奇的是，他娶的是一位不信教的女子，但是，他的妻子却因此而获益匪浅，因为圣徒保禄曾说，不信教的女子应由信教的男子劝说皈依上帝：Sanctificata est mulier infeidelis per virum fidelim，此话在母亲身上得到验证，因为，在父亲言教和身教的影响下，母亲也入教成为信徒。婚后他们接连生下四个女儿，可是，由于中国人重男轻女，父母向上帝许愿，如果得子，一定把他献给上帝。

我是他们向上帝祈求的结果，上帝希望我的一生行为端正，对得起我的幸运降生。为了兑现把我献给上帝的诺言，父母对我的教育格外在意。可是，正当父亲取得母亲同意，安排好我大姐，准备带着我追随传教士，了却他的余生时，他却不幸去世，那年我七岁。我相信，倘若父亲不是猝然故去，上帝肯定会接受他决心和我一起做出的牺牲，尤其因为他早就嘱咐母亲，及早把我交出去为上帝尽力。尽管母亲对我恋恋不舍，家庭成员一致反对，她依然一丝不苟地履行了她的义务。

著名传教士、现任云南宗座代牧李岱先生来到我的出生地兴化，此事让我们喜出望外，母亲置当地习俗于不顾，将父亲和她向上帝许愿一事告诉他，并希望把我交给他。我永远铭记在心的这位圣洁的传教士，满怀喜悦地同意接受我，而且为了不让家人反对我离家远去，他认我为义子。

在我有幸与他相处的三年中，他悉心对我进行基督教教义和道德的教导，还教我学了一点拉丁文。他希望我努力充实自己，广泛涉猎各种知识，为此，他把我托付给几位学识渊博的文人，让我学习各种知识，以便将来为传教事业服务。

后来我不得不离开李岱先生，转而跟随罗萨利主教梁弘任老爷，每每想到如今他已经不在人世，我便抑制不住悲从中来。在与他相处的几年中，我继续以前的学业。出于一些没有必要在此详述但两位先生认为正当的原因，我不得不回到家里。在家中按照母亲的意愿处理了几件杂事后，求知的欲望促使我到各省游历，探望分散在各地的亲戚，更主要的是深入考察各省不同的民情风俗。那年我15岁，这次游历延续了五年。我有理由称颂上帝对我的照应，因为当时我丝毫不曾想到，这次游历中获得的知识如今能帮助我在外国体面地生活。在这次游历中，上帝还赐予我以荣宠，让我把一个小女孩及时送往天国。中国常见一种残忍的习惯，人口众多的家庭往往丢弃女孩。那天我就在路边见一个被穷苦人家遗弃的女孩，她的脸上已经没有一点血色，当我碰巧经过那里时，从她微弱的哭声里我就知道发生了什么事。我连一刻都没有耽搁，立即跑去找水，给她擦洗干净。当我做完这一切，她便闭上眼睛，平静地在上帝的怀里安睡了。

21岁那年我返回老家，刚刚到家，母亲就不幸去世了。在守孝的三个月又十天里，法律禁止离家外出。孝期结束后，我忍不住再次外出游历。这次我漫无目的地东游西逛，来来回回走了许多地方后，来到一个城市，想不到在这里遇到了罗萨利先生，他和我都感到十分意外。见到他我自然万分惊喜，我敢说他见到我也很高兴。他正准备前去欧洲处理中国传教事务，问我是否愿意陪他同去。我一贯热衷于游历，如今若是住在一个无法与法国媲美的国家里，我肯定还想四处游历。听了罗萨利先生的话，闯世界的念头比任何时候更加强烈，我没让他多费口舌，就以难以言表的喜悦之情一口答应。我仅仅要求罗萨利先生让我回家把家事安排一下。我把家产托付给大姐管理后，立即赶往厦门。1702年3月17日，我们登上一艘英国商船，船长皮特（Pitt）先生是我见到过的最诚挚的人。途中曾在巴达维亚和圣赫勒拿停靠，如果没有在举荣圣架节前夜遭遇风暴，那就可以说是一路平安了。上帝保佑，那场风暴没有造成任何损失。大约八个月后，我们顺利抵达伦敦。

罗萨利先生肩负重任，耽搁不起。恰好遇见途经伦敦前往法国的巴伐利亚选帝侯的一位使节，承蒙他好意，在他的船上为我们留了位子。那时两国处于交战状态，想要利用这个机会也不容易，幸好有大人物帮忙，我们终于弄到了护照。于是我们渡海来到法国，万圣节前夕抵达巴黎。罗萨利先生肩负的重任容不得久留，于是我们紧接着就赶赴罗马。经过一番交涉后，教皇以保密为条件，把有关中国礼仪的决定告诉了罗萨利先生。我们遂返回法国。等待了相当一段时间后，中国的事情即使不是越来越糟糕，至少也是丝毫不见起色，我于是决定在法国定居，以免我的信仰处于险境，因为在我的国家里，基督教徒们不知道该向谁请求保护。为了今后不能再自己做主改变决心，我甚至结了婚。上帝让我结识了他指定为我妻的那个女子，我敢说，她既合上帝的心意，也合我的心意。如今我已失去娇妻，只有上帝留给我的一个女孩让我聊感安慰。我不想再娶，以便把全部时间用来为公众服务。请公众原谅我在介绍本书大纲之前，说了这许多题外话。

本书分为两部分。第一部分以尽可能好的方式论述汉语语法。汉语类似埃及象形文字，事实上既没有词形变化，也没有动词变位，没有名词、动词，也没有现在时、过去时，没有命令式，也没有祈使式、虚拟式等等，如果仔细研究，甚至连欧洲语言中那样的连贯性结构也没有。但是，将近八万个汉字中的每一个字都是一个词，依据它在句子中的位置，既是名词或动词，又能表示主动态、被动态、现在时、过去时、未来时等等，同时也要考虑每一个字的读音方式，关于这一点，在本书的语法部分将会充分展开。第二部分如同一篇文章，引导读者去认识有关中国的各种事物。第二部分中还有一些语法的补充讲解，供有志于深入钻研汉语者使用。

本书虽然分为两部分，但我仍然把它题名为《汉语语法》，因为，我在第二部分撰写的内容，实际上仅仅是蜻蜓点水，与我将要在第二部著作中讲述的内容相比，其分量实在是微不足道。但愿上帝保佑，我能在这部著作中把握适当的度。我撰写本书为的是让公众高兴，满足他们正当的好奇心而不留下一点遗憾，倘若果真如此，我将把与本书有关却未能充分展开的那些事物，补写在第二部著作中。在我的诺言兑现之前，我请读者参阅本书所附的一份目录，其中涉及中华帝国的各种准确知识。如果上司同意设法从中国买来我所需要的书籍，我将逐一讲解这些知识，至少也要把读者希望知道的事物中的大部分介绍给大家。先王在世时，我已经呈交了一份书籍清单，有人如果因发现其中有些题目已经见诸本书而感到奇怪，我请他们不要忘记，我的第二部著作不仅将要谈论此前尚未涉及的内容，而且还要对本书已经谈及的事物做进一步解释。

此外，我不会因得到大家的认可而沾沾自喜，我希望听到不同意见。但是，除了准备虚心聆听指教，我还希望公众充分理解我想为大家做点好事的愿望，因为，这正是我撰写本书的初衷。我的心愿还不止于此，我还希望法国学人和欧洲商人以及传播福音的传教士们，都能从本书中获得有关中国的各种知识，因为，一个本国人比外国人更加熟悉这些事物，这一点也不令人惊奇。假如我的这个期望能实现，我将感到十分高兴，为撰写此书而付出的艰辛也将被愉悦所抵消。假如我正在编写的《汉语字典》完成之后，能够继续完成我向公众许诺的第二部著作，我将更加高兴。倘若我的书能激起教会人士的热情，进而决心前去开导我那可怜的同胞，教会他们崇拜上帝，真心实意地接受信仰，那么，我将会感到无比幸福。我觉得，鼓励所有善良的天主教徒恳求上帝，请他派人到那个传教使命如此重大，而传教人员却如此匮乏的国家去，就是我最后想要表明的心愿，但愿上天能如我所愿。

五、黄嘉略致奥尔良公爵函

（录自黄嘉略手书，原件法文，法兰西学院图书馆藏品：ms.5409）

Traduction en sens intelligible de l'E pître dédicative composée selon l'éloquence, l'ordre et le goût chinois

Hoange, gentilhomme étranger né dans la Chine de la famille du Mont de l'aigle prends la liberté de se présenter avec tout le respect possible devant le siège de son Altesse Royale Monseigneur le Duc d'Orléans Régent du Royaume.

Monseigneur, le Gentilhomme étranger pour venir en Europe a fait environ neuf mille lieux sur mer, le feu Roy par bonté l'a honnoré de la qualité de son Interprète en langue chinoise; ce qui est pour lui une grâce si singulière, qu'il s'en est ressouvenu également la nuit comme le jour, le gentilhomme étranger pour reconnaître ce grand bienfait a travaillé avec toute l'assiduité dont il a été capable pour mettre au jour une grammaire chinoise accompagnée de quelques autres petits traités, dans le dessein d' aider ceux qui voudraient apprendre la langue, la politesse et les usages de son pays, comme cela est peu de choses non pas par rapport à l' ouvrage, mais à cause du peu d'habileté de celui qui en traite, le gentilhomme étranger n' a pas cru devoir la donner au public qu' en la faisant paraître avec l'agrément et sous le nom de votre Altesse Royale; mais aussi est-il convaincu qu' il n' y aura personne qui ne la reçoive avec plaisir, la voyant appuyé de la protection d'un si grand Prince dont la connaissance est au-dessus de toute science et dont la lumière plus étendue que celle du Soleil éclaire également sans partage du jour et de la nuit, l'un et l'autre hémisphère du monde.

Que Monseigneur reçoive donc avec bonté qui le rend aimable sans distinction à tout le monde ce petit ouvrage que le gentihomme étranger ose présenter à son Altesse Royale dans la vue de lui marquer l'envie extrême qu' il a de lui plaire, il se croirait heureux si pour cela il lui fallait verser son sang jusqu' à la dernière goutte pour la science de votre auguste personne.

六、孟德斯鸠“我与黄先生的谈话中关于中国的若干评述”

（原件法文，译自 *Montesquien, Oeuvres complètes*, Paris, Seuil, 1964, pp.368—373）

在这个国家中，有三种教派，包括整个印度，乃至日本、印度支那……传播最广的是孔教；道教又称老君，道士可以结婚；佛教的和尚和尼姑都不结婚。诸多的佛中有一位叫观音，这是一个处女，怀里抱着一个孩子，就像是马利亚。她是诸佛中的第二号人物，那个孩子就是经她劝说后皈依佛教的。

孔子认为，灵魂绝非不灭，灵魂只不过是一股气，从所有死后的肉体中散发出来。所以，处死贵人用绞刑，处死贱民时，则不管他们的灵魂将会如何，一律砍头。

佛教徒不食用任何有生命的东西，他们相信，在西方某处有一个惩治恶人的地方，倘若他们杀过生，就会得到报应，以同样方式被杀。地狱有十八层，地狱里面有各种各样的刑罚，还有三十六个地方分发不同的奖赏。这些佛教徒以慈悲为怀，从市场上买来畜牲豢养，让它们自然老死。恶人的灵魂就会寄宿在这些牲畜身上。

文人祭祀先人，他们相信，祭品的气能让死者灵魂的气感到高兴，因此，死者灵魂在祭祀时高高兴兴地复活了。

他们相信，孔子的灵魂与天紧紧结合在一起了。他们没有丝毫非物质的观念，准确地说，他们是无神论者或斯宾诺莎主义者，他们把天看作世界的灵魂或世界本身，灵魂必然要行动，在必然受到限定的同时，也限定他人。

孔子生活在耶稣之前五百多年。

佛教徒都是歹徒，他们劫掠妇女，并把她们永远藏匿在帐帏之中。尼姑也一样，不过她们的施暴对象是男子。

男人永远见不到女人，弟弟可以见嫂子，哥哥却不能见弟妹；公公也不能见儿媳。

犯了重罪的人被罩在烧红的铁钟下面，或是千刀万剐，究竟割多少刀，由审判官随意决定。最多可割成60段，罪犯应在割最后一刀时才咽气，倘若早死，刽子手就要被处死。第一刀和第二刀割死囚前额的皮，让皮耷拉下来盖住双眼。

纣王的一个妃子妲己发明了一种新刑法，后来废除了。这种刑罚是让囚犯搂抱一个烧红的铜柱。这些中国尼禄们一天之中就用这种刑罚先后处置22个官员。这些官员都曾任阁老；每个阁老主持一个拥有13名官员的机构，每天都朝见皇帝。阁老的任务是指出皇帝和内阁的过失。这个官职在鞑靼皇帝治下依然存在，被皇帝处死的阁老走向刑场时，就像殉教者一样。

我相信，中国人越被人认识就越糟糕。中国人是世界上最迷信的民族之一。他们不看风水就不敢建屋修坟。不管做什么事他们都要查黄历，对黄历深信不疑。对于文人来说，受命编制黄历是个了不起的职务。更加不可思议的是，钦天监监正耶稣会士闵明我神甫竟然是星相家的首领，这些迷信读物上都署着他的名字。

科农主教颜珰在福建省首府福州买了一所房子，准备改建成教堂。为了与另一所非教徒的房子有所区别，他把大门扩大，使之大体上像我们这里的教堂大门那样，并漆成红色（红色被认为具有避火的功能），可是，红色是中国皇帝和庙宇专用的颜色。不久就发生了骚乱。居民们聚集起来大声叫嚷，说整条街的福气都让这几扇大门吞噬了。他们朝这所房子扔垃圾，高声咒骂，闹得不可开交，改建工程不得不停下来。此时有一位耶稣会士受皇帝派遣途经此地，科农先生请他在自己的住所下榻，*[1]趁他在此居住期间，终于把这所房子改建完成。我觉得他欠考虑，竟然为了一点小事而让众人觉得讨厌，因为，教堂高矮无关宏旨，像不像西方教堂也不是什么大事。此外，何必借助皇帝的红人耶稣会士的威望呢！错了，借助人间手段达到目的，忘了宗徒们所坚持的道路。进步程度快慢相差很大，这用不着吃惊，因为，不能头脑简单到相信耶稣会士们创造的奇迹，那些东西纯粹是臆测。他们说有许多人在他们劝说下皈依基督教，这更不能相信。传教士的重要成果是为许多尚不懂事的孩子临死之时施洗。他们到那里去的身份是医生。

中国人的衣着。鞑靼人入侵之前，中国人的衣着依地位而定。例如，商人不得享用丝绸。如今，人人可以随心所欲地着装。

1　星号为法文原文所有，其功用请参阅本书附录七。

中国人的坟墓。坟墓都非常漂亮，大多做成扶手椅形状。通常有一个石雕的马、狮子或其他动物。有的坟墓占地可达四五亩。

中国人的家庭，财产共有。中国有两种财产，一种为个人所有，另一种为全家所有。每个家庭成员都要到先祖坟前祭典，在这个场合认亲戚，凡参加这个集会的人都可参与家庭财产的分割。家中若有人犯了大逆罪，就要满门抄斩。*有迹象表明，来到中国的初民就这样分割财产，这样一来，家庭就既不增多，不分开，也不相互有别，而是始终与原来一样。

中国人的语言。中国话非常容易学。动词只有原型一个时态，与法兰克语相同。名词只有一个格，由冠词限定。有一些字的发音确实非常困难。其中有一个发音实在让我们无法忍受，发音时气从胃来，就像我们这里的车夫吆喝马匹站住一样：吁，在谈话中不时地使用这个音节，是一桩非常时髦的事。

汉字。学会认字十分困难。汉字大概有八万个。实际上，只要认识一万八到两万个字就够了，因为，其余大多是各种手艺的专门术语用字，例如航海、砌墙等；这些字出现频率很低，借助字典就可认得。我相信，一个欧洲人在三年之内就可流利地进行阅读。这种在我们看来很可笑的书写方法，却有其优越性。中国的近邻，如日本等国，尽管语言不同，却也使用汉字。中国有三四种方言，但是，只要认识汉字，就可阅读各种书籍，因为在日语中表示马的字，也就是表示马的那个汉字。这情形就像我们使用的数字，无论是德国人、西班牙人或法国人，都能认得。

我倾向于认为，这些汉字的发明者是一些不愿与普通百姓交往的文人，就像现在我们这里解释《旧约全书》的神学家一样；这种做法是逐渐扩展到整个东方的，我这样说的理由是，这些汉字并非它们所表示的物品的图象。老百姓若想创造文字，本应像西印度的某些民族那样画画，而不是写字。为了表示男人，他们就画一个人，为了表示围城，他们就画一个圈圈，把城围在当中；围城如果持续三个月，他们就画三个圈；为了表示一场在山边进行的战斗，他们就画一座山，再在山边画两把剑。可是，汉字却不是这样，它与它所表示的东西没有任何联系，只有人字例外，这个字看过去，多少有点像人，尽管不很像。汉字有214个偏旁，草头字最多，共有1432个。立人旁的字包括行为、信仰、品德、善良、狡诈等等。齿部的字包括啮咬、咀嚼等。

*相反，不使用字母的汉字也有其缺陷，那就是，汉字没有考虑到喉头、舌头和上腭各自特有的运动方式之间的关系，而我们的字母却能区分这些不同的运动方式。就汉字与它所表示的事物的形象而言，两者的关系更加不完善，写起来更长，更难以分清类别，在大多数情况下根本就不可能，因为，许许多多东西和字都无法用图像来表示，例如副词、大多数动词、心灵的感受和变化等，然而，大多数词却是由这些字组成的，而且，一种语言是否具有魅力，是否美，往往就在于此。

汉字由偏旁和笔画组成，认字时首先看偏旁，接着数笔画，这样做相当困难，因为除了习惯，没有别的规则。任何字都不超过三十二笔或三十三笔。

鞑靼人的文字与汉人的文字不同，鞑靼人的文字数量没有那么多，原因大概在于鞑靼人相当野蛮，没有大量的事物需要表示。

我们的文字有三个层次：一是事物，二是表示事物的声音，三是意念。他们只有两个层次：事物和概念。从我以上所说可以看到，汉字表意而不表音。

为了让大家正确理解汉语的结构，我把黄先生教我的一首歌转录在下面，曲调一点也不陌生，我早就听到我们乡下的女子唱过，那是在收获季节和采摘葡萄时节。奇怪的是，同一首歌也在中国唱，而且在同一时候唱，也就是说，每逢五月姑娘们采花时唱这首歌。

正月的采花是新年，
抱石的投江钱玉莲，
绣鞋的脱在江边口，
大喊的三声王状元。

中国歌通常只是讲述故事，很少有深层的发挥。上面这首歌讲的是一个官员的妻子的故事。她的丈夫在朝中做官，她独自留在乡下；丈夫的一个亲眷殷勤地向她求婚，步步紧逼，为了保持贞节，她只得投江自尽。纵身跃入江中之前，她大喊了三声丈夫的名字。

下面是中文《天主经》：

在天我等父者，我等愿汝名见圣，尔国临格，尔旨承行于地，如于天焉，我等望尔，今日予我日用粮而免我债，如我亦免负我债者，又，不我许陷于诱惑，乃救我于凶恶。亚孟！

由此可见：一、所有冠词都是不定冠词；二、只有一个格，那就是U[1]；三、词都很短；四、歌词的每一句末尾都有一个没有任何意义的音节，例如上面这首歌中的ne和you；五、汉语中的音不多，一个音可以表达若干不同的意思，只有声调才能将它们分清，在上面这首歌中，chi既表示“石”，也表示“是”；tsai既表示“采”，也表示“在”；hien既表示“见”，也表示“显”；ngo既表示“恶”，也表示“我”；还有，我发现他们根本没有复数，为了表示“我们”这个意思，我们传教士不得不另造一个字；此外，这些字的发音如我在前面已经谈到的那样，只有几个h例外，为了加强送气，我在这些h上面加了’记号。

耶稣会士在他们的记述中说，汉语有将近四百个音，这个说法不对，实际上汉语有一千二百多个音，加上声调变化，一共就有六千。其余的字靠上下文和前后字辨别意思。

中国人的小说。中国人很喜欢小说，不过，我不相信他们的小说能得到我们的喜爱。小说有两种，一种是神怪小说，比我们的阿玛迪（Amadis）[2]和西班牙抒情诗更加不可思议；比如，有一个女巫，一眨眼就让一支军队消失得无影无踪，一眨眼又让同样一支军队从地底下冒出来；在层出不穷的奇迹中，她用巫术控制了大自然中的一切。前一种小说有多么荒诞不经，另一种小说就有多么平淡无味。妇女就像是生活在另一个不同的

1　疑为法文字母记录的汉字“与”。

2　16世纪译为法文的西班牙骑士小说《雄师骑士》（*cheva lier du Lion*）的主角。

世界里，男女之间没有什么交往，所以，艳遇少而又少，几乎很难出现，除非千方百计想主意，否则骑士就休想见到美女，要想搭上话，非得四五年时间不可。男女主角的感情和遭遇都令人不敢恭维，读着读着读者就会不耐烦。

中国人的性格特别温和。与中国人吵架时，一定不能像法国人那样气急败；中国人表示不同意见时和颜悦色，反驳时也心平气和。罗萨利先生比颜珰先生更适宜于同文人讨论学问，前者成长在上流社会，后者出身于普通学校，养成了言辞激烈、好激动、锋芒毕露的习惯。

有人指控颜珰先生，说他以祈祷为借口，把一些妇女弄进了他的住所。担任审讯的官员来到他的住所，因为，他被视为来自欧洲的文人，而出于对文人的尊重，审讯通常在被控者的家里进行。文人还享有另一种优待，那就是他们不必像普通百姓那样下跪，站在官员一旁即可。官员面前放一张案子，官员和案子都神圣不可侵犯。官员问颜珰先生，对他的指控是否属实；他回答时怒气冲冲，使劲摇动案子，还伸长脖子说，如果指控属实，只管砍他的头好了。官员见颜珰先生这副张狂的模样，就像见到了野人那样吃惊地看着他，立即中断审讯，打道回府。

谁若比另一个人地位高，就可以打那个人，而那个人是不敢还手的。据说，康熙皇帝年幼时，杨光先指控传教士煽动造反，致使传教士们被驱逐出境。皇帝颁布这项敕令那天，皇宫发生火灾，北京发生大地震。皇太后是位不折不扣的中国人，十分迷信，当即下令，把她认为会给她招来天灾的那些官员召回来，被当局没收的房子和教堂都归还原主，只有福建省的福州例外，那里的一名中国官员把占用的一所房子改成了马厩。闵明我神甫受皇帝派遣前往欧洲，绕道途经福州，所有官员都前去迎接。走过那条街时，他问眼前这所大屋是什么建筑，恭候路旁的基督徒回答说，此屋原本是教堂，被一位武将占有，改成了马厩。闵明我神甫立即下令把此人找来，亲自用皮鞭抽了他一百下，令他立即把教堂腾出来。品位稍低的官员对没有官品的人也可以如此行事。只有文人首领才能惩治他。

汉人皇帝当朝时，仅从进士中挑选官员，如今不是文人也能当官。1700年，中国有六个传教士在朝中当官，闵明我、徐日升和另外四人，钦天监监正始终由一位耶稣会士担任。与我们这里相似，文人分为三等：秀才、举人和进士。每年在每座城市里举行一次考试，一名官员被派来担任主考官。每座城市每年都有若干秀才名额，大城市六十名，中等城市四十名，小城市三十名。所有想要得到功名的人都被关在一个大厅里，进门之前先搜身；从典籍中抽取一段作为题目，考生们围绕题目写成一篇三页的文章，每页的字数有规定。

第二年，皇帝向每一个省城派遣一名考官，全省的秀才都到省城来赶考，与第一次一样，考生们被关在一间厅堂里，照样发给他们一段典籍，他们应该据此写成一篇七页的文章。接着，考官审阅考卷，考得好的人可以参加下一轮考试，其余的人就被淘汰了。下一次考试与这次相同，以同一个题目再作一篇七页的文章。被录取的人可以参加下一次考试，再作一篇七页的文章。考得最好的360人被录取为举人。值得注意的是，谁若写错了一个字，功名就会被剥夺。

下一年进行进士考试，也就是说，每个等级的考试都相隔三年。想要考上进士，还得从头再来一遍。全国的举人都来到北京，先祭神灵，请所有的复仇鬼神都来做证，把不配当进士的罪人指认出来（考举人时也举行这个仪式），随后举行考试。考中进士前十名的人属于最优秀，比其他进士高出一头，他们往往被任命为高官。360名进士随后参加殿试，皇帝亲自主持，并从中挑选三人，给予更大荣誉。他们常常被皇帝招为驸马，或担任皇子的侍读，或到各部任职，或进入翰林院。

武科的选试程序与文科大体相同，通常以论述堡垒或其他作战题材为试题。值得注意的是，武官不如文官显赫。

这个帝国延续时间虽然很长，但并非始终如一，曾有过无数次的分裂。我相信，想要对中国皇帝有所认识的人，必须首先摆脱先入为主的成见，摆脱通常对中国政制的仰慕，这种仰慕使我们产生了错误观念，以为中国是世界上最伟大的帝国。有人说，中国既然历史如此悠久，必然有其高明之处。如果从古至今始终是同一个帝国，此话当然有理，然而，只要读一下他们的史书就可知道，事实完全不是这样，恰恰相反，分裂从未停止过。有一个时期，这个国家竟然同时有三个国王。众所周知，它曾两度遭受鞑靼人入侵，至今仍在鞑靼人的统治下呻吟，汉人的政府虽然没有被彻底废除，却已面目全非，最圣洁的律法也已被践踏。大家知道，皇帝在各个时期拥有的权力不尽相同，他们的权威经历了逐渐发展的过程，一步步达到了今天的程度。没有一个帝国的内战比中国更多，一个又一个家族走马灯似的你上我下，先后夺取帝位，新的篡位者把在位的皇帝赶下台，全国到处是不和与混乱。

如果能注意到这个国家的地理形势和辽阔的疆域，就不会对它的历史悠久感到惊奇。它的周边是一些被沙漠阻隔的小国，或是一些人迹罕至的国家；除了鞑靼人，没有别的力量能损害中国人。中国内部倘若没有争吵和分裂，长城本来是可以保护它免受蛮族侵犯的。不妨这样说，这个国家是与世隔绝的，除了中国人，没有别人能统治它。

欧洲如果始终在欧洲人的统治之下，波斯帝国如果上溯到它的先驱居鲁士，我们就会发现，这些帝国与中国同样悠久。

如果中国政府真如人们所说那样优秀，鞑靼人怎能只用一天时间就成了它的主人呢？历史上几乎没有这种神速征服的先例。没有一个地方抵抗过入侵者，入侵者如入无人之境，除了在台湾，从未遇到抵抗。

让我们抛弃成见吧，我们对他们说了那么些好话，太奉承他们了，而他们却从来不奉承我们。这个自负的民族自以为是世界上治理得最好的国家。中国就是中央之国，它四周的国家都被视为野蛮的国度。中国政府善于维持国内安定，远胜于抵抗外侮。由于轻视武装，中国人在一个主要之点上有缺陷。

我要对中国政府的内部结构做一番审视。君主享有无限的权力，集教权与俗权于一身。因为皇帝是文人教派的首领，所以，臣民的财产和性命都捏在皇帝手中，反复无常的暴君可以随心所欲地加以处置。

每个省只有三名官员有权向朝廷呈递奏折，其他人若想奏闻朝廷，必须首先将折子送交审查。因此之故，那三个有权呈递奏折的官员想整谁就整谁，受指控的人无法为自己辩护。普通百姓极易受他们凌辱和欺压，他们的呼声永远无法达于皇廷。

中国刑庭的不公和血腥在世界上无出其右者。我不想说那些残酷的刑法与法拉里斯[1]的发明异曲同工，只想指出一点，那就是无辜者与罪犯同样受到惩罚。某人若犯了大逆罪，他的所有亲戚就得与他一起受戮，不管关系有多远，哪怕已经出了百服，母系亲戚同样不能幸免。

贪污犯的妻子以及所有直系亲属，不管是上代还是下代，统统问斩，兄弟姊妹也不能幸免。

需要分清受害者是谁，倘若是君主的财产被侵吞，刑罚如上所述；如果百姓的财产被侵吞，只有罪犯本人受惩处。

一个人若犯了杀人罪，他的亲属就得赶紧逃走。受害人的亲属可以占有罪犯亲属的所有不动产，并且对他们拳脚相加，用各种方法伤害他们。我不否认，这种律法能产生某些效果，引起互相负有责任的家长们的重视，让自己的孩子受尽可能好的教育。然而，这种刑罚多么不公啊！

这个民族虽然彬彬有礼，却也免不了有一些野蛮的东西。下面举一个例子。先帝驾崩后，当朝皇帝就盖一座新宫，宦官和宫女统统换掉，代之以新人。全国范围内某个年龄段的孩子全都被征召，对他们进行手术后便送进后宫。各省的少女全部集中起来，挑出其中最有姿色的，送往后宫。先帝的宫女们让出位置之

1 Phalaris, 公元前六世纪统治西西里岛上某地的暴君，他铸成空心的铜牛，用以炙烤敌手。

后，被装上车子，除非已有孩子，否则一律送到市场作为奴隶出售。买主不知道自己的运气将会如何，买到的宫女是不是漂亮，因为，完成交易之前，买主是见不到宫女的，而且不管是花季少女还是半老徐娘、漂亮或丑陋，她们的售价都一样。在这一点上，鞑靼人不像汉人这样野蛮，把这种不光彩的习俗废除了。

顺便我还要说一句，中国人的卑劣如今到了什么地步。鞑靼人入主中国时，有八个被称作八旗的望族，可以说，今天统治中国的就是这八个家族。权力父子相传，就像法国和英国的公爵、伯爵一样，因为他们权势代代相传。他们的出身为他们带来了巨大的特权。六部大臣都由八旗首领担任，阁揆永远是来自他们之中的某一位。这些老爷的权势有多大，从下面这个事例不难看出：他们心血来潮时从家奴中挑选一人，派遣到外省当总督。主子一声召唤，家奴不得不立即回去。此时才惊奇地发现，被派去代表皇帝行使权力的人，原来只听他主子的吩咐，回来以后他又跟从前一样，什么也不是。

皇帝不时派人到各地访贤，把那些有才干而不愿张扬的人找出来。每个村庄都把他们认为最好的人推举出来，上面就请他们出山当官。史书记述了东汉光武年间一家三兄弟的故事。兄弟三人离群索居，断绝七情六欲，以品德相互勉励，他们过的确实是哲学家的生活，共同生活，不分财产，深得邻居们嘉许。自然法虽然赋予老大以优先地位，但他却仅仅用来展示自己对弟弟们的宽厚。皇帝派遣的官员到来时，老大立即作为合适人选被百姓推荐，并被授予官职。老大最初的表现证实了这句成语："位尊就变脸。"人们惊奇地发现，当初十分谦和的这位老大，竟然凭借手中的权力剥夺了弟弟们的财产。百姓们怒不可遏，为他们当初的选择感到羞耻，于是向皇帝报告说，他们推荐的是一个道貌岸然的伪君子，隐藏在假面具下面的是巨大的野心，他剥夺了弟弟们的所有财产，由此可以想见，他对别人将会如何。皇帝获悉后传下敕令，削去老大的官职。老大向皇帝上奏，说他夺弟弟们的财产只是一种策略，因为他自己飞黄腾达，而道德比他更加高尚的弟弟们依然蛰居乡间，对此他深感不安，因而设法让弟弟们的高尚品德闻达于皇帝；他宁可自己获罪，也要彰显弟弟们的美德，不惜为光耀门庭而牺牲自己。皇帝撤销上谕，封三弟为官。

中国人虽然重视文化，却并不热爱所有学科；被他们看重的仅仅是神学、公法和私法、数学和各种工艺。物理、地理以及类似学科，都不被重视。数学中的某些旁支也不受重视，他们只对其中的天文学，确切地说是星象学感兴趣。他们的音乐与我们的音乐完全不一样。闵明我神甫向皇帝引荐了几位欧洲乐师，皇帝显得很高兴，但是，他之所以招引欧洲乐师来中国，为的是要让闵明我知道，中国音乐优于欧洲音乐。中国人唱完之后，闵明我问皇帝，是否可以让欧洲乐师也唱同一首歌。原来，中国人唱的时候，欧洲人把乐谱记下来了。皇帝看到乐师们读乐谱就像他读书一样方便，觉得不可思议。

我们发现，孔子与基督有不少相似之处，他也有十二弟子，七十二贤人，三四千门客。

中国人的礼节似乎是用来逗引外国人发笑的。他们去拜访客人时，没完没了地问各种各样的问题，在我们看来是极端无礼的行为，在他们看来却是起码的礼节。他们问的第一个问题是："您贵姓？"接着问："请问大名？请问贵庚？"对方若是文人，还得问："请问功名？"最后再问："来此贵干？"接着，双方互问身体健康。然后上茶，来客如果不走，接着还要上果品。所有这些都伴以种种礼节，犹如我们在教堂里所做的那样。中国人谈及自己的东西时，总是使用谦辞："寒舍、敝县、敝乡、贱姓"；谈及对方的东西时，总要冠以表示尊敬的词。中国人谈到自己的妻子时说："老伴"，哪怕她只有十五岁。谈及儿子时说："犬子"。需要指出的是，这些词语都是引申义，不过，这些引申义所表示的形象，正如东方人的形象一样，毫无自然可言。典籍中多得难以胜数的比喻晦涩难懂，我们的商人简直就读不懂，就像修女读不懂大卫的诗篇一样。小说比较自然。

儿媳每天早晨都要穿得正儿八经去问候婆婆。总之，中国人永远受着各种规矩的拘束。鞑靼人没这么些规矩，跟我们一样。我们还注意到，自从鞑靼人入侵中国以来，中国妇女的自由稍多了一些，两个民族的习俗互相渗透，如果鞑靼人能与中国人通婚，可能会有更显著的进步。但是，宫廷禁止两族人民通婚，各省也都这样做，因为，汉人子女若与鞑靼人通婚，他们的家庭就得把他们的遗骨送到鞑靼去，汉人是不会同意这样做的。

一个鞑靼人去看望一个中国人时，中国人以中国习俗接待，中国人去看望鞑靼人时，鞑靼人以鞑靼习俗接待。中国人以右为尊，鞑靼人以左为尊。

中国人有两种史书。第一种由二十一位史学家编写，共有五百卷，中国人只取其中十七人编写的史书，因为，他们从中剔除了鞑靼人第一次入侵后的十位皇帝共89年的历史。这个王朝叫明朝。第二种史书出自朱子笔下，比前者短，但对宗教和礼仪的论述多于前者。此书写成于宋朝。

伏羲是中国的第一位皇帝，他确立了婚姻制度；据史籍记载，在他之前，人们不受婚姻制度约束，完全生活在自然状态中。黄帝在位期间，一个名叫仓颉的官员从鸟兽的脚印得到启发，发明了文字。这个说法可能有误，不然就是文字有了很大改变，因为现在的文字与鸟兽的脚印毫不相干。黄先生和我都认为，文字的发明比耶稣诞生早2712年。需要指出，中国人仅仅对尧以后的历史给予肯定。尧活了118岁，在位98年，晚于黄帝413年。孔子在尧的史书中发现，文字是在黄帝在位时被发明的。

据史书记载，尧在位第72年，野兽为害中国，由于洪水尚未退尽，植物、小麦和家畜都受到损失。我们不知道他们认为洪水发生在何时。尧在位第72年相当于公元前2299年，发明文字在黄帝在位期间，早于洪水413年。我相信，中国的洪水不是那次世界性的洪水，因为，除了有证据表明，摩西所说的那次洪水不是世界性洪水之外，中国的洪水显然是因河水泛滥而形成的，是因没有分流的人工河道而酿成的。据史书记载，尧的大臣禹挖河引流，制服了洪水。

荷兰也是这样排干洪水的，巴比伦也是这样排干洪水的。他们的洪水发生在何年没有确切记载，至少早500年。

需要指出，尧没有让儿子继位，考虑到舜的才华，他让舜继位为王，就像当年罗马的独裁者一样。舜的儿子也没有继承王位，前面提到的禹继舜为君，建立了夏朝。

中国人对耶稣去世时出现的日食是否做了记载，我们曾加以考查。耶稣开始传布基督教时，中国的汉光武帝在位，在他在位期间发生了十次日食，第一次发生在汉光武帝第三年五月月末；第二次发生在第六年九月月末；第三次发生在第七年三月月末；第四次发生在十六年三月月末，第五次发生在十七年三月月末；第六次发生在第二十二年五月月末；第七次发生在二十五年三月月末；第八次发生在二十九年二月月初；第九次发生在三十一年五月月末；第十次发生在三十二年十一月月末。

在所有这些关于日食的记载中，第三次的记载与实际情况最为符合，因为此次日食发生在春分；可是，由于耶稣去世的日子就是后来的复活节，而复活节始终是满月（望日），而中国记载的那次日食出现时，月相为下弦月，所以，这两次日食不可能是同一次。我们注意到，中国人使用的是阴历，每隔三、四年增加一个闰月。

中国人在他们国家的历史问题上听不得合理的意见，致使耶稣会士们为了维持声望，不得不使用《圣经》的七十子本。

七、贝尼泰兹《孟德斯鸠、弗雷莱和“与黄谈话的评述”》

（Montesquieu, Fréret et les remarques tirées des entretiens avec Hoangh）[1]

孟德斯鸠将他所摘录的各国记述汇集成册，冠名《地理》，这些摘录大多伴有他本人的简评。其中一篇题为《我与黄先生的谈话中关于中国的若干评述》[2]，这个标题让人以为《若干评

1 此文刊登于1998年在波尔多举行的研讨会的文集《论法的精神》（波尔多，波尔多国立科学与美文和艺术学院，1999年，第111—126页）。感谢波尔多科学院准许我发表此文。（原件为法文，译自*Oeuvres complètes de Montesquieu*, 16, Voltaire Foundation, Oxford, 2007, pp.419-434。——许明龙注）

2 见于以“地理II”为题的笔记第81—100页。《若干评述》曾收入马松（André Masson）主编的《孟德斯鸠全集》第3卷，第912—943页（巴黎，Nagel出版社1950年版），维尔（F. Weil）对此文做了评介。文中提及的Ouanges不是别人，就是国王图书馆的译员Arcadio Hoangh（黄嘉略，1679—1716），他曾受比尼昂教士之托编写汉语字典。他的姓氏有多种拼写，他在写给弗雷莱的一封无日期和地点的信中署名Hoangh（巴黎天文台藏档案：B1.14, 154,11）；在他文稿中发现的一张写于1716年2月19日的收条上，他署名Hoange（巴黎国家图书馆：n.a.fr.280,第3页）。关于此人，参阅荣振华《帆船时代来到巴黎的中国旅人及中国对18世纪法国文学的影响》（J. Dehergne, *Voyageurs Chinois venus à Paris au temps de la marine à voiles et l' influence de la Chine sur la littérature française du XVIIIe siècle*），载《华裔学志》（*Monumenta*

述》出自孟德斯鸠本人笔下。可是，这样一篇文稿却被他置于《地理》这部读书笔记之中，颇为令人不解，若放在表述他对各类事物想法的《随想录》中，则似乎比较合适。或许可以做这样的解释：收入在《地理》中的读书摘录大多与中国有关。可是，在《随想录》中也有不少与中国有关的评述，其中某些评述似乎重复了《地理》中的一些想法。[1]此外，在《若干评述》中有多个星号*，而在孟德斯鸠的其他著述中，星号所标示的都是他对所读作品的评论。[2]试想，他若是对自己的论述发表评论，岂非咄咄怪事？不错，此处涉及的多次谈话肯定都发生在1716年之前，而这些评述誊入《地理》的时间不会早于1734年。[3]此事或许表明，孟德斯鸠想要补充或修改原来的想法。倘若真是如此，我们就不太明白，孟德斯鸠为何不干脆把他的想法增添

Serica)，第XXIII卷（1964），第372—397页；史景迁《黄嘉略的巴黎岁月》（J.D. Spence, *The Paris Years of Arcadio Hoang*），载《中国纵横》（*Chinese Roundabout*）纽约、伦敦，1992，第11—24页；梁凤清《他者的语言：傅尔蒙》（C. Leung Hang-King, *The Language of the 'Other': Etienne Fourmont (1683—1745), Chinese, Hebrew and Arabic in Pre-Enlightenment France*，芝加哥大学博士论文，1993）。

1　孟德斯鸠在《随想录》（*Pensées*）中谈到了他对中国多种事物的想法：宗教（第374、1544、1564条）、政体（第854条）、鞑靼人的入侵（第271、1785、1880条）、祭祖（第1792条）和中华帝国的悠久历史（第234条）。

2　孟德斯鸠本人对星号的这种使用习惯有过明确的表述，他在《随笔》中写道："文中可以看到我本人的某些想法，这些想法均标以星号。"（《随笔》第1条）在《地理》中，孟德斯鸠用星号区分他本人的评论和他在阅读中遇到的他人的评论。在1727年荷兰出版的《郎克先生日记》的摘录中，他指出：凡是编者的评论都用"R表示"（第24页）；在1726年莱顿出版的《鞑靼人世系》摘录中，他写道："编者的评论均标以＋字，而我自己的评论均标以星号*。"（第259页）不过，孟德斯鸠的评论和注解有时并未以星号标出，这可能是秘书的疏忽所致（见第117、313、3321页）。

3　参阅维尔的引言，前揭《孟德斯鸠全集》，第LXXVII—LXXXIX页。

在文中，这样就不需要区分前后不同的想法，为何不直接对文字进行修改，这样就不必采取添加星号之类措施……

孟德斯鸠肯定认识黄嘉略，因为他在《随笔》中记述了一桩“听黄先生说”的趣事。[1]他与黄嘉略的相遇可能还是撰写《康蒂信札》（*Lettres de Kanti*）的起因。这是一部以中国为题材的著作，孟德斯鸠在《随想录》中曾谈及此书。[2]其实，《若干评述》出现在《地理》中已经令人费解，而孟德斯鸠与黄嘉略的关系更使此事越发难以解释。弗雷莱曾与黄嘉略合作编写《汉语语法》和《汉语字典》，孟德斯鸠大概经由弗雷莱介绍结识了黄嘉略，不过此事并无文献可考，所谓的黄嘉略日记对此事只字未提。[3]事实是，这本日记始于1713年10月，即孟德斯鸠离开巴黎为其父奔丧的一个月之前。再者，傅尔蒙在他1731年向铭文和美文学

1 《随笔》（*Spicilège*），第368条。

2 参阅拙文《寻找孟德斯鸠的一部迷失的遗稿：〈康蒂信札〉》（“*A la recherche d'un manuscrit perdu : les Lettres de Kanti*”），载《孟德斯鸠的成长岁月（1689—1720）》（*Montesquieu, les années de formation* [*1689—1720*]），第187—205页。

3 傅尔蒙称，黄在自己的笔记中记录了一些令他关注的事情，他就此写道：“他写下了一部分他所见到的事情，或许出于习惯，或许为了以后有若能回国可以用作撰写回忆录的素材。大凡拜访了某人，听到了什么消息，去了乡下，他都会写下自己的想法；刮风下雨、打雷、结冰，尤其是有违季节的现象，他都一一加以记录。这种习惯可以被视为源自他所接受的中国教育，不过，这也源自他的个人原因，他是一个对大事小事都十分在意的人，尽管我并不认为这是一种完美无缺的品质。”（巴黎国家图书馆，n.a.fr. 8974,《汉语语法》，第1编，第8章，“关于罗萨利主教的中文秘书黄嘉略，关于罗萨利主教本人以及这位主教对于汉语的见解”，第191—192页）。请不要把他这种习惯与所谓他的日记混为一谈，这本日记肯定不是他写的。日记以第一人称书写，可是作者谈到黄嘉略时却写作“黄先生”或“M.H.”。（有时还以揶揄的口气称他为“黄枢机主教”、“中国大老爷”、“黄元帅”，等等。）此外，这本日记的主人还有一位“苏松姐姐”（soeur Susson）。

院提交的申辩报告中，提到了与黄和弗雷莱一起编写汉语语法的那些人，其中并无孟德斯鸠。在弗雷莱眼里，戴默莱神甫在合作中所起的作用微不足道，而孟德斯鸠则干脆任何作用也不曾发挥。[1]另一个事实是，两位朋友因迄今不明的原因而争吵多年。[2]

总之，看起来，孟德斯鸠与黄当年不曾有过广泛和频繁的交往。弗雷莱说，他是在1713年年初结识黄的。[3]他还说，这位中

---

1 “至于我自幼便熟识的朋友戴默莱神甫，是他介绍我结识了黄先生，他知道1713—1714年间我在黄先生的工作中所担任的角色，而且可以说是见证者。如有必要，他大概可以表明，他一点也没有参与黄先生的编撰工作，只是检查一下行文的风格，给他讲解一些普通语法和法语语法而已。”（巴黎天文台档案：B 2 1, 155, 10,4, 第40页。此处所引均为原始页码。此文档包含同一内容的三份不同的草稿；另一份不完整的草稿藏于法兰西学院Institut de France：C 37, No. 33）。

2 关于孟德斯鸠与弗雷莱和黄的关系，除前面已经提及的著作外，还可参阅：马松：《〈波斯人信札〉的一位中国启示者》（Masson, “Un chinois inspirateur des’ Lettres persanes’”），《两个世界评论》（*Revue des deux mondes*），1951年5月号，第384—354页；维尔：《怎么会是中国人呢？》（F. Weil, “Comment peut-on être Chinois?”），《技术教育评论》（*Technique-Art Science, Revue de l’ enseignement technique*），新系列，CIV（1959），第3—13页；西蒙：《院士弗雷莱》（R. Simon, *Nicolas Fréret, académicien*），日内瓦，1961；艾丹妮：《尼古拉·弗雷莱（1688—1749），一位十八世纪人文学家对中国的思考》（*Nicolas Fréret (1688—1749): réflexions d’ un humaniste du XVIIIe siècle sur la Chine*），巴黎，高等汉学研究所，1978，第140—176页，书中有若干与黄和弗雷莱有关的文献；法蒂卡：《孟德斯鸠贬华情结的口头来源》（M. Fatica, “Le fonti orali della sinafobia di CH.-L. Seconda de Montesquieu”），《孟德斯鸠的欧洲》（*L’ Europe de Montesquieu*），孟德斯鸠手册（CM）第3册；比扬吉：《孟德斯鸠论宗教在欧洲和东方国家中的作用》（L. Bianchi, “La funzione della religione in Europa e nei paesi orientali secondo Montesquieu”），《孟德斯鸠的欧洲》，孟德斯鸠手册，第3册，第374—387页；比扬吉：《关于孟德斯鸠和弗雷莱的数则笔记》（L. Bianchi, “Montesquieu et Fréret, quelques notes”），《文集》（*Corpus*）第XXIX集（1995），第105—128页。

3 “大约是在1713年年初，相识不久的瑟万教士建议我会见来自中国福建省的黄先生，审读一下他奉国王之命正在编纂的该国语言的语法……”（巴黎天文台档案，B 2 1, 115, 10, 4, 第16页）

国人此时的法文水平较差：“我发觉，黄先生是个性情温和而谦逊的年轻人，他拥有天赋的才智，但对欧洲的科学方法几乎一无所知。他讲的法语实在不大好懂，尽管他因使用欧洲语言而对此多少有点了解，但从他的母语中找不到任何与欧洲语言相似之处。我建议他用作样板的法语语法，对他来说完全不能理解……黄先生讲一口难懂的法语，除了常用的句子，语法规则和句子结构都不行。”[1]据说，其实是弗雷莱教给他法语的基础知识，使他得以执行编书计划。请想一想，在这种条件和情况下，孟德斯鸠能够与他长时间地谈论记载在《地理》中的各类话题吗？何况傅尔蒙告诉我们，黄先生不太喜欢来客，这就使得他与孟德斯鸠的长谈更不可能了。傅尔蒙是这样说的：“他生前最后几年里所结识的人，包括有名望的人，数量很少，因为他喜欢安静。……”[2]

在波尔多科学院发现的《若干评述》的另一份抄本，为我们对此问题所持的保留态度提供了支持。[3]出现在《地理》本中的若

1 巴黎天文台档案：B 2 1,115,10,4, 第16、20页。

2 巴黎国家图书馆，n.a.fr. 8974，第194页。在延续一年之久（1713年10月—1714年9月）的所谓黄嘉略日记中，提及弗雷莱十来次来访，可以想见，这些大多是礼节性拜访，况且他们两人正在共事。

3 波尔多 BM，ms 1696/XXXII，第1—27页。这个发现应该归功于戴格拉夫（L. Desgraves）先生，他还写了一篇文章介绍这件抄本：《孟德斯鸠关于中国的笔记》（*Notes de Montesquieu sur la Chine*），《波尔多历史评论》（*Revue historique de Bordeaux*），第VII卷，第199—219页。抄本上的页码是很晚才用铅笔加上去的。科学院的这份抄本肯定不是来自《地理》。与《地理》本相比，此件有一些原件所没有的文字和边注，同时也有一些《地理》本所没有的舛误，此类舛误往往显而易见，无需争辩：第16页，rois误作raisons；第1页，réunit误作réjouit，（抄手写下réjouit后，依据上下文的意思又将此字改为réunit）；第2页，moines误作moinesses（不过，抄手这样改也许是有道理的）；第23页，romans误作Romains；《地理》本中有一段因誊抄时跳行而无法读懂。然而，我们却无法断言抄手誊入《地理》时使

干标有星号*的评语不见于科学院本，其中一条被移到脚注中去了。《地理》本的作者在正文中谈及汉字时说，汉字是“一群文人创造的”，而他们之所以把字造得与其所表示的事物没有相似之处，原因在于他们不想让普通百姓认识这些字。这段文字标有一个星号*，星号引出的脚注表示不认同这一见解：“相反，不使用字母的汉字也有其缺陷，那就是，汉字没有考虑到喉头、舌头和上腭各自特有的运动方式之间的关系，而我们的字母却能区分这些不同的运动方式。就汉字与它所表示的事物的形象而言，两者的关系更加不完善，写起来更长，更难以分清类别，在大多数情况下根本就不可能，因为，许许多多东西和字都无法用图像来表示，例如副词、大多数动词、心灵的感受和变化等，然而，大多数词却是由这些字组成的，而且，一种语言是否具有魅力，是否美，往往就在于此。”（《地理》本，第85—86页）把这段批评性的评注放置在正文之外，似乎意味着这段文字并非出自正文作者的笔下。

第二条评注却是添加在正文之中。这条评注拦腰切断了对汉语语法逻辑的阐述：“从我以上所说可以看到，汉字表意而不表音。”（第86页）可是，星号*引出的评语显然与这句话的最后几个字相关，然而却令人不解地出现在这句话的前面：“我们的语言有三个层次：一是事物，二是表示事物的声音，三是

用的母本是科学院本，尽管文字偶尔有所增加，而且还添加了一些评语。这些评语往往取自科学院本原有的边注，也就是说，抄手或许是将原有的部分边注变成正文了。当然，也可能是抄手纠正了科学院本中的舛误，其中包括跳行所造成的语句不连贯（第7页）。出现在《地理》本篇末（第98、99、100页）的一些人名拼写与科学院本不尽相同，这或许是因为此时这方面的知识比此前有所增多。

意念。他们只有两个层次：事物和概念。”孟德斯鸠的秘书在誊抄这段评注时，可能挪动了地方。但是对我们来说，意义在于《地理》本中这段话所在的位置表明，初始本中是没有这段话的。

我们注意到，《地理》本中有一些星号*并非新增文字的标志，有时似乎是文字中断的标志。《若干评述》的作者讲到，科农主教大人把一座教堂的外墙刷上红色，此举惹恼了中国人，因为红色是皇家专用的颜色，所以他们担心会给他们带来麻烦；科农主教却毫不犹豫地借助一位耶稣会士的声望坚持完成刷墙工程。科学院本严厉谴责这种行径：“我觉得他欠考虑，竟然为了一点小事而让众人觉得讨厌，因为，教堂高矮无关宏旨，像不像西方教堂也不是什么大事。此外，何必借助皇帝的红人耶稣会士的威望呢！错了，借助人间手段达到目的，忘了宗徒们所坚持的道路。进步快慢相差很大，这用不着吃惊，因为，不能头脑简单到相信传说中的耶稣会士们创造的奇迹，那些东西纯粹是臆测。他们说有许多人在他们劝说下皈依基督教，这更不能相信……”（Ms.1696/XXXII，第5页）。可是，这些话都不见于《地理》本，只剩下第一句，而且标有星号*。

对照两个抄本后发现，《地理》本的抄手把一段指控性的评语全部删掉了。科学院本毫不隐讳地将孔子与基督进行对比：“我们发现，孔子与基督有不少相似之处，他也有十二弟子，七十二贤人，三四千门客。”（第22页）在《地理》本中却见不到这个对比，只剩下“孔子有十二弟子，七十二贤人，三四千门客。”（第96页）谈及中国的洪水时，科学院本毫不含糊地否认这场洪水是一场世界性的洪水：“我相信，中国的洪水不是那次世界性的洪水，因为，除了有证据表明，摩西所说的那次洪水不是世界性洪水之外，中国的洪水显然是因河水泛滥而形成的，是由于没有分流的人工河道而酿成的……”（第25页）；在《地理》中，关于圣经所记洪水的文字不见了，这段文字变成了：“中国的洪水不是一场普世性的洪水，这场洪水形成的原因是没有分流的人工河道。”（第99页）科学院本解释洪水的原因时借用了《圣经》七十子本：“中国人在他们国家的历史问题上听不得合理的意见，致使耶稣会士们为了维持声望，不得不请求教皇允许他们使用《圣经》的七十子本。”（第100页）

我们确实有理由思索一下，在关于科农主教的那段文字中，并没有任何其他改动，却为何要放置一个星号*？合理的解释是孟德斯鸠想在这里加上一段评语，但是他并未这样做，他的秘书只是照抄他手上的文稿而已。另一个星号*似乎能够用来支持这一看法，这个星号加在述及中国初民的共有财产处。[1]此处显然没有添加的评注，否则就应出现在科学院本上，当然也无中断和缺失。如此看来，如同《地理》本中处处可见到那样，星号引出的是孟德斯鸠的个人评注，这样想看来不无道理；然而孟德斯鸠的评注却付诸阙如，或许因为他根本就没有写过这条评注，或许秘书在誊抄时因疏忽而漏抄了……

所有这一切都令人相信，孟德斯鸠仅仅是星号所引出的这些评注的作者，就像《地理》本中所展示的那样。问题于是就来了：《若干评述》的作者是谁呢？科学院本能为我们解谜。在这

1　科学院本，BM. ms 1696，第5页；《地理》本，第84页。

个本子里，除了《若干评述》外，还有出自同一作者的另外一些文稿，其中有"Canon Chronologique depuis le commencement de la monarchie chinoise jusqu'à présent"（第27—48页）、"Sinica"（第48—59页）、"Miscellanea Sinica"（第59—81页）、"Miscellanea Sinica De Chronologiae et historiae hujus gentis authoritate"（第81—84页）、"Miscellanea Indica"（第84—90页）。"Sinica"和"Miscellanea Sinica"都是耶稣会士柏应理的《中国贤哲孔子》的读书摘录和笔记[1]；"Sinica"文稿在开篇处就说明摘自柏应理的著作；与中国直接相关的"Miscellanea Sinica"也写明，这些内容摘自柏应理的《中国贤哲孔子》和他的另一部著述《中国编年史》。即使没有任何能表明其来源的提示，我们也能做出"Canon Chronolonologique"来自《中国编年史》的判断。

柏应理神甫这些著作的阅读笔记和摘录出自弗雷莱笔下，这是毫无疑问的。这份文稿上留有修改和注释的笔迹，而我们在弗雷莱有关中国的手稿中也见到过他的笔迹[2]。文稿中的一些

---

1 巴黎，Horthemels出版社，1687年。

2 "Canon Chronologique"，巴黎天文台档案：B 1 2 3, 157, 62；"Sinica"，巴黎天文台档案：B 2 3, 157, 48。弗雷莱的这篇文稿已由比诺收录在《法国1685—1740年间与中国知识有关的未版文献》（*Documents relatifs à la connaissance de la Chine en France de 1685 à 1740*）。巴黎，Geuthner 出版社，1932年，第115—126页；他没有注意到第5—6页上的一段拉丁文引语；"Miscellanea Sinica Ex proemialis declaratione Scientiae Sinicae a p. Couplet editae praemissur"，巴黎天文台档案：B 2 3, 157, pp.66-67；"Miscellanea Sinica, De Chronologiae et Historiae hujus gentis authoritate. Ex praefatione p.Couplet ad tabulam chronologicam"，巴黎天文台档案：B 2 3,157, 65。戴格拉夫先生由于不知道这些笔记是弗雷莱留下的，误以为这篇文稿出自孟德斯鸠笔下（参阅前揭文：《孟德斯鸠关于中国的笔记》）。

科学院本是弗雷莱著作的一个抄件。"Miscellanea Sinica"中来自《中国贤哲孔

段落进一步证明，这份文稿的作者确实是弗雷莱。首先要指出的是，作者认识黄嘉略。他在谈及耶稣会士Gemelli的一段话时写道："在他的全部谈话中，没有任何东西与我从黄先生的交往和他的讲述中所获得的知识不一致。"[1]有时候他让读者参阅他自己的著作。谈及中国宗教的创建时他写道："从这些著作中看不到任何迹象，表明他们相信存在着另一个世界，相信强大的上帝灵魂不死，相信彼岸世界与现世的区别，恰如我在经典著作摘录中所指出的那样。"[2]他在这里让读者参阅的，可能就是我们在弗雷莱的手稿中所见到的六部中国经典著作的摘录。[3]这些附有评注的摘录写于何时，可以在文内找到精确的记载："今年1713年。"[4]弗雷莱的其他手稿显示，他此时正在研读柏应理神甫的著作。在有关中国天文学的文稿中，有一份材料的题目是"若干论述中国的书籍中有关天文和纪年摘录"，这些书籍包括1686年巴黎出版的柏应理神甫的《中国贤哲孔子》和此后问世

子》序言的一个边注写道："需要说明的是，这个摘要写得不好，需要咨询作者。"（波尔多，BM, ms 1696/XXXII，第39页）。文中错误和上下文连接不畅的地方比比皆是，有时竟然整页缺失。抄手在这些地方写下的删节号告诉读者，此处有缺失（第76页）；对于一张未曾复制的图表，他请读者参阅柏应理神甫的原著（第69页）。但是，这些补救措施并不能准确地告诉读者，缺失究竟有多么严重。例如，弗雷莱手写的"Miscellanea Sinica，De Chronologiae et Historiae hujus gentis authoritate"，包含好几件文稿（第4页，"astronomie chinoise"）；第6页，"Observation générale de l' histoire de la Chine"；第10页，"Du cycle de soixante ans"，这几件都只有开篇处的几页和结尾处的几页。

1 "Miscellanea Sinica（I）"，巴黎天文台档案，B 2 3, 257, 66，第8页。

2 "Miscellanea Sinica（II）"，巴黎天文台档案，B 2 3, 257, 65，第7页。

3 巴黎天文台档案，B 2 3, 157, 64。作者指责柏应理神甫把佛教传入中国的时间定在公元前65年，他就此写道："我认为，这个教派在中国的历史悠久得多，我在别处曾努力试图证明这一点。"（"Miscellanea Sinica（I）"，巴黎天文台档案，B 2 3, 157, 66，第3页）可是，我没能在弗雷莱的手稿中找到这件文稿。由于有许多缺失，这些提示在科学院本中全都看不到了。

4 "Miscellanea Sinica（I）"，巴黎天文台档案，B 2 3, 157, 67，第5页。

的《中国历代编年表》；弗雷莱亲笔写下另一个注：“注。我的这些摘录，一部分完成于黄先生在世之时，他于1715年或1716年去世，另一部分则完成于他去世之后、宋君荣神甫和苏西埃神甫开始研究中国天文学之前。”[1]

我们可以据此认为，《若干评述》的作者是弗雷莱，多个理由支持这一推测。首先，《地理》本谈及的许多问题，诸如对于中国各种宗教的思考、对于中国语言、语法、汉字的思考，以及官员的培养、礼仪用语、史书等，在弗雷莱和黄嘉略编写《汉语语法》期间留下的文稿中都可看到，《若干评述》中的某些段落与文稿中的这些内容相比，几乎一字不差。当然，也可以这样去想：黄嘉略在与弗雷莱共同工作期间，不但与孟德斯鸠谈到了上面这些问题，而且连语言都是相同的。《若干评述》的作者指出，他本人与黄一起做过一些中国天文学会编年史的研究。他在谈及汉字起源时写道：“黄先生和我都认为，文字的发明比耶稣诞生早2712年。”（第98页）；谈及在尧在位时那场洪水之后的一些事件时，他写道：“我们不知道他们认为洪水发生在何时。”（第99页）稍后，他又谈到了他们的天文研究：“中国人对耶稣去世时出现的日食是否做了记载，我们曾加以考查。”（第99页）我们不明白，年轻的孟德斯鸠为何关心这些事，他所询问的都是一些他很难获得的知识。与此相反，我们知道，弗雷莱与黄一起做的事是与汉字、中国历史相关的，因为这些正是他们编写的《汉语语

1 巴黎天文台档案，A，I、II，第3页。

法》的一部分。他们在天文学方面的合作不大为人所知。弗雷莱把他有关中国天文学研究的资料汇集在一起，题名为《1711—1712年间与国王图书馆翻译、中国人黄嘉略一起进行的关于中国天文学的研究[1]》。此外，在黄嘉略死后撰写的一份名为《中国天文学》的文稿中，弗雷莱讲述了撰写这份文稿的情况和他与黄合作的性质，柏应理神甫的著作《中国贤哲孔子》的序言显然是在此时阅读的：

> 我第一次看到《易经》中的图像是与国王图书馆的中文翻译黄先生在一起的时候，他有一部五册的书，他称之为《书经》或古代编年史；不过，这项工作因他过世而中断了。我在研读过程中写下了一些笔记，这些笔记将是我即将开始的中国天文学研究的依据，在此期间，我等待着傅尔蒙先生的汉语字典早日完成，以便从这些中文书籍中获得更多的相关知识。
>
> 黄先生借助其汉语知识，而我则依仗天文学知识，在我们共同研究这些典籍的过程中，黄先生也参考其他书籍，尤其是注释家们对《书经》的注释。[2]

---

1 巴黎天文台档案，A I II，第1页。

2 巴黎天文台档案，A I II，I2，4 A，第1页。弗雷莱多次提及黄嘉略对他的帮助："我与黄先生一起仔细阅读图像……"（第2页）；"我与黄先生一起开始研究古代编年史的另外两幅图像……"（第5页）；"黄先生向我解释朱文公和金仁山的注释开头部分……"（第6页）；"我在黄先生帮助下从中文书籍中获知年的长度……"（第6页）；黄先生借助一部字典向我解释说，一天可以用两种方法加以分解……"（第10页）

在另外一些文字中还可发现，弗雷莱对中国人观察到的日食很感兴趣，他编写了《柏应理神甫1686年出版的编年年表所记载的中国日食的目录》[1]。

另外，《若干评述》中关于汉字的记述，尤其可以用来证明此文出自弗雷莱笔下。1718年12月6日，弗雷莱在铭文和美文学院宣读了一篇论文，题为《关于文字一般原则及汉字根基的思考》[2]。《若干评述》与这篇论文有许多惊人的相似之处：

《若干评述》《地理》本（波尔多 BM 2507）

> 汉字。学会认字十分困难。汉字大概有八万个。实际上，只要认识一万八到两万个字就够了，因为，其余大多是各种手艺的专门术语用字，例如航海、砌墙等；这些字出现频率很低，借助字典就可认得。我相信，一个欧洲人在三年之内就可流利地进行阅读。这种在我们看来很可笑的书写方法，却有其优越性。中国的近邻，如日本等国，尽管语言不同，却也使用汉字。中国有三四种方言，但是，只要认识汉字，就可阅读各种书籍，因为在日语中表示马的字，也就是表示马的那个汉字。这情形就像我们使用的数字（第85页），无论

1 巴黎天文台档案，A I II，I2，3 J。

2 这篇论文刊登在《铭文和美文学院学报》（*Mémoires de l' Académie de Inscriptions et des Belles-Lettres*），巴黎，1927年，第VI卷，第609—635页。此文新近重新刊出在《弗雷莱学术论文集》（*Nicolas Fréret. Mémoires académiques*）中，巴黎，1996年，Fayard 出版社，第39—72页。此文的草稿写于1718年，现收藏在弗雷莱的文稿中。

是德国人、西班牙人或法国人，都能认得。

我倾向于认为，这些汉字的发明者是一些不愿与普通百姓交往的文人，就像现在我们这里解释《旧约全书》的神学家一样；汉字的使用是逐渐扩展到整个东方的，我这样说的理由是，这些汉字并非它们所表示的物品的图像。老百姓若想创造文字，本应像西印度的某些民族那样画画，而不是写字。为了表示男人，他们就画一个人；为了表示围城，他们就画一个圈圈，把城围在当中；围城如果持续三个月，他们就画三个圈；为了表示一场在山边进行的战斗，他们就画一座山，再在山边画两把剑（第85页反面）。可是，汉字却不是这样，它与它所表示的东西没有任何联系，只有人字例外，这个字看过去，多少有点像人，尽管不很像。汉字有214个偏旁，草头字最多，共有1432个。立人旁的字包括行为、信仰、品德、善良、狡诈等等。齿部的字包括啮咬、咀嚼等。

相反，不使用字母的汉字也有其缺陷，那就是，汉字没有考虑到喉头、舌头和上腭各自特有的运动方式之间的关系，而我们的字母却能区分这些不同的运动方式。就汉字与它所表示的事物的形象而言，两者的关系更加不完善，写起来更长，更难以分清类别，在大多数情况下根本就不可能，因为，许许多多东西和字都无法用图像来表示，例如副词、大多数动词、心灵的感受和变化等，然而，大多数词却是由这些字组成的，而且，一种语言是否具有魅力，是否美，往往就在于此。

汉字由偏旁和笔画组成，认字时首先看偏旁，接着数笔画，这样做相当困难，因为除了习惯，没有别的规则。任何字都不超过32笔或33笔。

鞑靼人的文字与汉人的文字不同，鞑靼人的文字数量没有那么多，原因大概在于鞑靼人相当野蛮，没有大量的事物需要表示。

我们的文字有三个层次：一是事物，二是表示事物的声音，三是概念。他们只有两个层次：事物和概念。从我以上所说可以看到，汉字表意而不表音……

《关于文字一般原则及汉字根基的思考》(巴黎天文台档案：B I 14，154 14)

所以，唤起我们对于这些事物记忆的最自然的方法，莫过于将曾经引起我们注意或至少在我们眼前呈现过形象的那些物件，再次呈现在我们眼前。用图画或言谈中涉及的那些事物的图像表达思想，这种方法至今依然是加拿大蛮人和墨西哥帝国被西班牙摧毁之前的墨西哥人所使用的方法。墨西哥文字的留存甚少，原住民也不再认识这些文字了……[1]

我们讨论的主要对象是中国人，他们从来只有表意文字，似乎从来不知道表音文字；在表音文字中，文字只是声音的符号，而非事物本身……这些民族从来不知道表音文字。汉字是中国人直接表示意念的符号。甚至可以说，这种文字的发明者是不会说话的哑巴。我们可以把汉字比作我们的数字、数学书籍中使用的代数符号、天文符号以及化学家们使用的符号。对于我们来说，这些不同的符号直接表示意念，与话语无关。要证明这一点很容易，在来自不同国家的十位数学家面前展示一道几何演算，同样的意念和同样的理解立即会显现在他们的头脑中。这些数学家都被设想为操不同的语言，如果用语言来表示这些意念，他们就无法懂得用语言表达的这些意念。中国也就是这样。在这个方言很多的大国里，文字对所有人都是一样的。不但如此，对于中国人完全不同的日本人、交趾人、北圻人来说，他们虽然语言与［4］中国人不同，但文字却完全一样。这些不同国家的人在一起时，若是没有翻译便无法用语言交谈，因为他们用不同的声音表达同样的意念，恰如一个中国人说的话无法让一个日本人听懂一样，然而，如果把汉字写在纸上，出现在日本人脑子里的便正是中国人想要告诉他的意思，因为对于他们来说，这些汉字都是直接表示意念的符号，与话语无关。使用汉字的语言与众不同，它只用眼睛，不倚仗发声和听觉器官。先天性的聋哑人可以借助汉字互相交谈。日本人能阅读中文书，中国人也能阅读日本书，尽管两国的语言均不为对方民众所懂，但中国和日本的书面语言却是相同的。

汉字数量多得惊人，旅行家和传教士更容易得到信任，他们在游记中所说的汉字数量更大。中国字典所收录的汉字大概介于八千到一万之间。看见汉字如此之多，惊吓之感油然而生；我们无法肯定一个人一生之中有足够的时间来学会这些字，更不相信能将所有这些字全都记住，理由不言而喻。人们以为这些字各自独立，彼此毫不相干，犹如我们的字母那样。不过，这是一个不准确的观念，其实应该把汉字视为我们的词即若干字母的集成体，因为汉字是一些基本成分的集成体，应用这些基本成分就可解决所有汉字……以为三四种语言的词汇总数也不如汉字总数多，这是没有任何道理的，所以不必认为汉语非常难学，只要认真花工夫，学一种口语和学只看不讲的汉语是一样的。[4v]

组成汉字的笔画通常有竖、横[5]、弯（较少）以及点。这些笔画以不至于造成混乱的不同的方式组合和重复。这三种笔画的不同组合构成了汉字的214个基本字或基本成分。214个基本字中的每一个都与一个简单的、普通的和共同的意念相对应，它们以不同的组合方式组成了六千和八千个汉字。中国人把它们叫作部首，部首在字典中起到分类的作用，所有汉字被分门别类地放置在这些部首中……[5v][1]

除了上述两篇文章的雷同之外，《若干评述》中简略地提到的与汉字所特有的部首相关的论述，更能证明《若干评述》的作者是弗雷莱。在弗雷莱1731年向铭文和美文学院提交的报告中，他要求给予他“发现汉字总体系的第一人的荣誉”[2]，也就是说，是他发现了汉字总体系的存在。据他自己说，他结识黄

1 反之，我们无法将《地理》本中对汉字起源的不同看法归于弗雷莱。恰如我们前面所见，这句话的作者不认为图像除了可以表示副词、动词之外，还可以表达“心灵的情感和变化”。可是，在《关于文字一般原则及汉字根基的思考》中，弗雷莱却写道，表意文字能够“以象征和形象手段表达……人的情愫和激情”（第1页）。这就再次证明，星号引出的评注与《若干评述》的作者不是同一个人。

2 巴黎天文台档案：B 2 1, 155, 10, 4, 第41页。

嘉略之时，黄正在编写一部按音序编排的汉语字典，此时汉字的总体系尚未被充分认识。弗雷莱审读了黄的文稿后察觉，汉字并非个个毫无相似之处，复杂的汉字是若干简单汉字组合而成的，而这些简单汉字则是不可分拆的。他就此写道："黄先生告诉我，这些简单汉字的数量并不多，总数不超过214个。他还补充说，这些简单字被称为部首，字典所收八万汉字只不过是这214个基础汉字的不同组合。"（第30页）可见，黄嘉略并非主动谈及这些基础汉字的存在，而仅仅只是证实了弗雷莱的直觉而已。做到这一点也并非毫不费力。弗雷莱说，他确认自己听懂了黄先生所说，"我用多种方式，一再向他重复同一个问题，向他提出的问题得到他的答复后，我把他的答复用我自己的话向他复述，请他从字典中找出多个实例来证明他的说法"（第31页）。此事确实相当复杂，以致弗雷莱自己也承认，直到他中断与黄嘉略的合作之时，他还没有弄清楚如何把复杂字拆解为简单字。

很明显，弗雷莱归纳出这个发明的时间是1714年。他说，黄嘉略死后，他想把自己对汉字所做的研究向铭文和美文学院的同事报告："出于这个想法，我把1714年以来为撰写汉语字典的序言而使用过的部分资料加以汇总，用这些资料撰写了一篇论文，那就是我在1718年的学院大会上宣读的那篇关于汉字的论文。1720年，我在学院的另一个会议上宣读了一篇关于汉语语法的论文的提要，并将这个提要放进了学院的登录册中。"（第42页）[1]当然弗雷莱这项发现可能早于他所说的时间，因为他

1　上述第二篇论文的摘要刊登在该学院的《历史》第5卷（*l'Histoire de l'Académie*

有可能记错。在同一组文稿中还发现了一封写于1713年12月13

Royale des Inscriptions et des Belles-Lettres. Avec les Mémoires de Littérature tirez des Registres de l'Académie, depuis l'année MDCCXVIII. jusques et compris l'année MDCCXXV. Tome Cinqième）中。巴黎，王家印刷所，1729年，第303—312页。弗雷莱在1718年宣读的这篇关于汉语的论文末尾写道：“或许有人希望我能说一说汉语及其发音，但是在我看来，对于一个公众集会来说，这些语法细节过于枯燥，过于抽象，所以，我决定留给下一次小型会议，届时我将向与会者汇报我在与刚才提到的黄嘉略共事时学到的东西。”（巴黎天文台档案：B 14, 154, 14, 第11页v）。后来在向铭文和美文学院提交的针对傅尔蒙的攻击为自己辩护的报告中，他为上述这篇论文起了一个题目：《关于汉语的一点深化概念，这是我在与黄先生多次交谈中获得的，曾经向学院的同事们汇报》，这个题目与《若干评述》颇有一些相似之处。（巴黎天文台档案：B 14, 155, 10, 4，第53页）

弗雷莱的叙述还解开了他于1718年宣读的那篇论文与《关于汉语和汉字的思考》雷同之谜。在黄嘉略的文稿中发现的《关于汉语和汉字的思考》（巴黎国家图书馆，n.a.fr. 280，第26-29页）写道：

尽管所有的游记都谈到了汉语和汉字，而且似乎已经把该说的都说了，但是，由于作者们的汉语和汉字概念很不正确，表述得糊里糊涂，所以，我在讲解语法规则之前，不得不先说一说汉语和汉字。

汉字表示事物的意念，独立于话语中用来表示这些事物的声音或词。就此而言，汉字类似于欧洲国家所使用的数字。不同国家的语言以不同的词表达这些数字。但是，全欧洲都懂得用数字表示的计算，完全不懂计算者所操语言的人，也完全懂得用数字进行的计算。

中国也是这样，凡是认识汉字的人都能阅读用汉字撰写的书籍，尽管他们不懂作者所操语言，这是因为，汉字在阅读者脑海中唤醒了作者想要表示的那些事物的意念。

中国的汉字是一种无声语言，与说话无关；中国各地的方言相互关系甚远，但是，不但中国各省居民都使用同一种汉字，而且不但中国人，就连日本人、交趾人等等也使用汉字，尽管他们的语言与汉语很不一样。

欧洲人指责中国人花费很多时间学习认字，却几乎永远无法全然掌握八千个汉字。这些欧洲人不懂得，花费时间学认汉字，其实是把汉字视作一种语言来学习，掌握这种语言，不但为了应付日常生活所需，而且也是学习做官所要求懂得的其他科学所必需，官职只授予被证明为具备这种能力的人，所以，学习语言文字需要很长时间，而且很难。

欧洲人肯定不会恭维那些把一生都用来学习本国语言的人，他们当中的许多人不干别的事，一生都在学习一种无人再讲而且永远不会再有人讲的语言，不但如此，他们能够获得的有关这种语言的知识，依然是不完善的。

况且，欧洲人指责中国人花费在学习汉字上的时间过多，其实并无充分理由。因为，常用汉字的数量，或者说用于阅读有关伦理和历史书籍的汉字并非多得无穷无尽，一个十五六岁的少年，只要受过良好的教育，便可以无师自通。

日的信："就马松先生的《学界新批评史》第2卷和第3卷中有关难懂的中国语言的论文致S. 先生的信。"[1]这份文稿谈到了有人所发现的某些民族语言与汉语的相似点，尽管这些语言与汉语很不相同；此外还谈到了汉字的数量和构成成分。鉴于文中只字未提部首，因而大致可以推断，此时弗雷莱尚未发现部首。[2]据此可以断言，《若干评述》的《地理》本并非写于1713年，因而其作者不可能是孟德斯鸠。[3]

依据上面谈到的这些情况，我们几乎可以肯定，《若干评

他所不认识因而需要查找字典的汉字，大多不是常用字，而是有关艺术或科学的术语；其实，不少欧洲人至死也不认识这些术语…

所以说，汉字是与口语分离而独立于口语的文字……

所有汉字归为214类，每一类各包括一类事物……

1　巴黎天文台档案：B I 14, 154, 15。

2　弗雷莱在他于1720年在铭文和美文学院宣读的论文中引用了这封信。此信的收件人可能是比尼昂的侄子瑟万，他就是把黄嘉略介绍给弗雷莱的那个人。比尼昂本人在马松主持的期刊上发表过另一封回信，落款的日期是"巴黎，1714年11月1日"。(《古今学界批评史》，第5卷，阿姆斯特丹，Desbordes出版社，1714年，第5篇文章《比尼昂教士致本刊第3卷，第2篇文章，第140—147页〔关于中文的论文〕的作者》）比尼昂教士这篇文章的部分内容来自"我们的中国人"。这封信中的某些段落谈到了汉字的创造和耶稣殉难时发生在中国的日食，这些都与《若干评述》中的相关内容高度近似，因而可以做出这样的推断：是弗雷莱把他在与黄嘉略谈话中获得的知识，告诉了比尼昂教士。

3　我们无法想象黄嘉略能把这些东西告诉孟德斯鸠。黄嘉略此时正忙于把中文词汇翻译成法文，因而在弗雷莱向他说明部首的重要性之前，绝对不会想到这一点。

傅尔蒙指责弗雷莱在1729年篡改了1718年宣读的论文，从而窃取了傅尔蒙对部首的发明权（见傅尔蒙《傅尔蒙先生著作目录》〔*Catalogue des ouvrages de Monsieur Fourmont l'Aîné, Professeur en langue Arabe au Collège Royal de France, Associé de l' Académie des Inscriptions et Belles-Lettres, Interprète, et Sous –Bibliothécaire du Roi etc.*, Amsterdam〕, 1713, p. 54）。傅尔蒙的指控似乎没有多大依据，弗雷莱的手稿中包含有被指控为窃取的那些内容。不过，即使傅尔蒙的指控属实，也无法从实质上改变我们的结论，因为，他本人不可能在1715—1716年间乃至更早就发现了汉语的部首。

述》的作者是尼古拉·弗雷莱。孟德斯鸠所做的只是把此文誊抄在他的《地理》中。为此，我们还得对此文的题目中令人误解之处做一些解释。可以这样设想：孟德斯鸠的秘书只是把交到他手上的文章誊抄一遍。那么，孟德斯鸠纵然不愿意把这篇文章的著作权还给弗雷莱，他为何不说明这篇文章不是他自己撰写的呢？他把这篇文章放在读书笔记中，而这篇文章不但与读书笔记显然格格不入，而且文中还有他的个人评注，他或许觉得单凭这一点就足以避免引起任何误解。

八、许明龙《〈我与黄先生的谈话中关于中国的若干评述〉的作者应是孟德斯鸠——与米格尔·贝尼泰兹教授商榷》[1]

近年来，设在牛津的“伏尔泰基金会”（Voltaire Foundation）和设在那不勒斯的“意大利哲学研究所”（Istituto italiano per gli Studi Filosofici）携手合作，编辑出版迄今最为完整的《孟德斯鸠全集》，各卷陆续印行，至今尚未出齐。2007年出版的第16卷为“地理二”（Geogrphica Ⅱ）。“地理二”中有一篇文章，过去一直被视为是孟德斯鸠的著作，该卷主编此次依据西班牙的孟德斯鸠研究专家米格尔·贝尼泰兹（Miguel Benitez）[2]的研究成果，在“导言”中断定，孟德斯鸠只是此文的抄录者，而不是作者，真正的作者是弗雷莱[3]。贝尼泰兹的这篇论文作为附

1　为与全书一致，本文刊出时文中的“梁弘仁”，此次移入附录时均改作“梁弘任”。原件为中文，载于《历史研究》2010年第4期。

2　贝尼泰兹（Miguel Benitez），西班牙塞维利亚大学教授。

3　弗雷莱（Nicolas Fréret, 1688—1749），法国人文学者、汉学家，曾与黄嘉略合作编纂《汉语语法》和《汉语字典》。

录二，被收进《孟德斯鸠全集》第16卷[1]。笔者仔细研读了这篇论文，并与多位国内外学者交换意见，经过反复思考，实难苟同贝尼泰兹教授的判断。我坚持认为那篇文章出自孟德斯鸠之手，而不是弗雷莱所作。本文即针对贝尼泰兹教授所列论据，逐一进行实事求是的分析，借以为我的判断证实。鉴于这是一个不为我国大多数读者所熟悉的史实考证问题，所以在进入实质性的论述之前，不得不占用一点篇幅，做些必要的背景介绍。

绪言

孟德斯鸠一生读书颇多，涉猎甚广，随读随写，留下许多笔记。这些笔记的内容包括阅读时所做的摘录或摘要，以及夹杂在其中的他本人的评语或感想。他将上述内容经整理后分类编册，每册各有其名，诸如“法律”、“政治”、“神话”、“地理”等等。以“地理”（Geographica）为名的共有两册，即“地理一”和“地理二”。“地理一”已佚，“地理二”的手稿于20世纪被发现后，于1950年代首次收入安德烈·马松（André Masson）和弗朗索瓦丝·韦尔（Françoise Weil）主编的《孟德斯鸠全集》第2卷。[2]

“地理二”的主要内容是孟德斯鸠阅读各类游记时所做的

1 *Oeuvres complètes de Montesquieu*, t.16，Oxford, Napoli, Voltaire Foundation, 2007, pp. 419-434.

2 *Oeuvres complètes de Montesquieu*, t, II, Paris, Nagel, 1950, pp. 927-943.

摘录或摘要，以及夹杂其中的他本人的评语或感想。这些游记所记述的大多是亚洲各国的自然风貌和人情风俗等，其中尤以中国为最，有人因而把它称为中国专集。孟德斯鸠在其名著《论法的精神》中对中国的大量论述，有许多素材都可在“地理二”中找到。我们将要讨论的这篇文章就在“地理二”之中，它有一个很长的题目：《我与黄先生的谈话中关于中国的若干评述》（Quelques remarques sur la Chine que j'ay tirées des conversations que j'ay eües avec Mr. Ouanges）。题目中的“黄先生”即黄嘉略，他自1702年至1716年生活在巴黎，其间与众多法国文人有过接触和交往。[1]《我与黄先生的谈话中关于中国的若干评述》（以下简称《若干评述》）是这篇文章的作者与黄谈话后所做的记述，其中杂有作者本人的一些评述。自从1950年代的《孟德斯鸠全集》出版以来，《若干评述》一直被各国学者认定是孟德斯鸠本人所写，并被广泛引用。

为纪念《论法的精神》初版250周年，1998年在波尔多举行过一次国际研讨会。贝尼泰兹教授在会上宣读了题为《孟德斯鸠、弗雷莱和“与黄谈话的评述”》的论文，此文表述的主要意见是：《若干评述》的作者应是弗雷莱，而非孟德斯鸠。2007年出版的《孟德斯鸠全集》第16卷的主编完全认同贝尼泰兹的

---

1 黄嘉略（法文名Arcade Huang，1679—1716），福建莆田人，天主教徒，本名黄日升，嘉略系受洗名Acrade的汉译。西方典籍一般以Arcadius或Arcadio相称。1703年随法国传教士赴欧，两年后定居巴黎，任法国国王的中文翻译，奉命编撰《汉语字典》和《汉语语法》，其间与法国文人多有交往。1713年与一名巴黎女子结婚并育有一女，因贫病交加而英年早逝，享年36岁。

意见，因而在刊出《若干评述》的同时，也把贝尼泰兹的上述论文一并刊出，作为从孟德斯鸠著作中剔除《若干评述》的依据。

《若干评述》的中译文业已作为附录，收入拙著《黄嘉略与早期法国汉学》。自从此书于2004年出版以来，《若干评述》受到我国学界关注，被视为研究孟德斯鸠与中国的渊源以及中西文化交流史的重要资料，在我国学者近年发表的多种著述中屡被引用。因此，辨明《若干评述》一文的作者对于我国学界具有现实意义。倘若贝尼泰兹教授所言不谬，那么，今后我们就应从另一个角度去解读和引用这份资料。

《若干评述》今存两个原稿手抄本，其一见于一份无题手抄原稿中，现藏波尔多市立图书馆，编号为ms. 1696（下文称“甲本”）；其二见于“地理二”手抄原稿（Geographica Tom II）中，现亦藏于波尔多市立图书馆，编号为 ms. 2507（下文称“乙本”）。据法国的孟德斯鸠专家考证，甲本成文于1713—1715年之间，乙本成文于1734—1739年间，多种迹象显示，乙本是甲本的誊抄本。笔迹表明，两份手抄本均非孟德斯鸠本人手书，而是分别由他的两位秘书代笔。经仔细对比，相对于甲本而言，乙本略有增删，文字也有少量差异。对于出现这些变化的原因，有的研究者认为是抄录乙本的秘书粗心所致，有的研究者则认为是孟德斯鸠本人所做的修改。2007年版《孟德斯鸠全集》第16卷刊出的《若干评述》[1]的底本是乙本，编者以注释形

---

1 *Oeuvres complètes de Montesquieu*, t. XVI, Oxford, Napoli, Voltaire Foundation, 2007, pp. 113-130.

式逐一列出了它与甲本的相异之处。

笔者于1982年在波尔多市立图书馆读过甲本（当时乙本尚未入藏该馆），如今又读到了《孟德斯鸠全集》第16卷所收乙本整理稿，加上已故前波尔多市立图书馆馆长路易·戴格拉夫先生在他的《孟德斯鸠关于中国的笔记》[1]中所提供的有关两个原稿手抄本的资料，因而对两个原稿手抄本都有了一定程度的了解，可以在此基础上与贝尼泰兹教授就以下几点进行对话。

孟德斯鸠与黄嘉略的会见

贝尼泰兹教授写道："那份所谓黄的日记只字未提孟德斯鸠"，"在可能曾与弗雷莱和黄一起编写《汉语语法》的那些人中，艾蒂安·傅尔蒙[2]并未提到孟德斯鸠"。他还说："弗雷莱也没有在此事中赋予孟德斯鸠以任何角色。"[3]贝尼泰兹教授所说的"黄的日记"，是指黄嘉略在巴黎居住期间写下的一份法文日记，贝尼泰兹教授其实并不认为这是黄嘉略的日记，我们在下文中将就此做进一步探讨。贝尼泰兹教授此举令我们感到费解：他既然

1 Louis Desgraves, " Notes de Montesquieu sur la Chine ", *Revue historique de Bordeaux et du Département de la Gironde*, 1958.

2 艾蒂安·傅尔蒙（Etienne Fourmont, 1683—1745），法国人文学者，汉学家，曾与黄嘉略合作编纂《汉语语法》和《汉语字典》。

3 引自贝尼泰兹《孟德斯鸠、弗雷莱和"与黄谈话的评述"》（*Montesquieu, Fréret et les remarques tirées des entreteins avec Hoangh*），（*Oeuvres complètes de Montesquieu*, t. XVI, Oxford, Napoli, Voltaire Foundation, 2007, pp. 419-434）。本文以下所引贝尼泰兹语均见此文，不再加注。

认为那份日记只是“所谓”黄的日记，为什么又以这本日记作为主要依据，试图证明孟德斯鸠与黄嘉略并无多少接触呢?

其实，日记中虽然见不到孟德斯鸠（Montesquieu）这个名字，却记下了黄与孟德斯鸠多次会见的事实，只不过用的是另一名字及其缩写罢了。

《论法的精神》的作者孟德斯鸠是拉布莱德男爵（Baron de la Brède）雅克三世·德·色贡达（Jacques Ⅲ de Secondat）的长子，原名夏尔–路易·德·色贡达·德·拉布莱德（Charles-Louis de Secondat de la Brède）。他的伯父孟德斯鸠男爵（Baron de Montesquieu）让–巴蒂斯特·德·色贡达（Jean-Baptiste de Secondat），于1716年4月24日过世，生前留下遗嘱[1]，指定侄子夏尔–路易·德·色贡达·德·拉布莱德为继承人，既继承他的财产，也继承他的姓氏、爵位以及他在波尔多高等法院所担任的职务。在此之前，夏尔–路易·德·色贡达·德·拉布莱德不叫孟德斯鸠，人们通常称他为拉布莱德。贝尼泰兹教授所说“那份所谓黄的日记只字未提孟德斯鸠”的原因即在于此，因为黄嘉略的日记写于1713—1714年间，而后来名叫孟德斯鸠的那个人，此时的名字是拉布莱德。所以，黄嘉略不仅从未在日记中提到孟德斯鸠，而且根本不知道谁是孟德斯鸠。黄嘉略习惯于在日记中简化人名，例如称自己为h（Hoange，“黄”的第一个字母），称弗雷莱为Fr. 等等。拉布莱德在日记中也被他简

1 这份遗嘱见于Jean Dalat, *Montesquieu magistrat,* tome Ⅱ, *L' homme en lutte avec ses contradictions*, Paris, Minard, 1972, pp.20-22。

化为la Bray、la B. 或la Br. 等。贝尼泰兹教授可能由于不知其中原委，误以为两人不曾会见。逐页仔细检索表明，在日记所记的1713年10月19日到1714年10月9日之间，黄嘉略至少七次提及孟德斯鸠，其中六次是会见：

1713年10月20日：la Bray先生来访。

1713年10月24日：la Bray先生来访。

1713年10月25日：晚间，la B.先生、Fr. 先生等人来访。

1713年10月29日：傍晚，晚饭后，L. B.先生与另一位来访。

1713年11月17日：L. B.先生来访。

1713年11月21日：L. B.先生来访。

1713年12月4日：la B. 先生向我道别，其父过世令他十分伤心。

1713年12月5日：la Bray先生今日动身前往波尔多。

需要指出几点：其一，黄嘉略于1713年10月26日写道："fr.先生与另一位来访。"此处的"另一位"很可能是孟德斯鸠，因为此前两天，他曾连续走访黄嘉略，而且有fr.即弗雷莱同行。其二，黄嘉略的日记始于1713年10月19日，不等于孟德斯鸠此前与黄嘉略没有来往。因为，从弗雷莱的一份手稿[1]获知，孟德斯鸠大约在1713年年初就与黄嘉略相识。其三，从10月20日到12月4日的45天中，两人至少共会见七次，平均一周一次，密度

1 Paris, Observatoire astronomique, archives B 2-1, 1,4. folio 17.

不可谓不大。其四，黄嘉略在日记中通常只记自己的活动，很少有与他本人无关的记述；孟德斯鸠离开巴黎这一天，他并未前去送行，却在日记里做了记载，这一打破惯例的举动，说明他与孟德斯鸠的友情非同一般。

与孟德斯鸠动身返乡有关的两条记载具有特殊意义，因为其无可争辩地证明：这份手稿确实是黄嘉略的日记，而日记中的la B.或la Bray也确实是后来的孟德斯鸠。孟德斯鸠的父亲于1713年11月15日去世，有关文献对此有确切的记载。拉布莱德于同年12月5日从巴黎启程返回故里为父亲奔丧，考虑到18世纪初巴黎与波尔多之间的交通状况和信息传递的速度，他于其父弃世20天后回家奔丧是合乎情理的；日记对道别和启程这两个前后相连事件的记载，不仅确凿无疑地证明la B.、L. B.或la Bray正是孟德斯鸠；而且也有力地证明：这位与孟德斯鸠过从甚密的日记主人正是黄嘉略。

贝尼泰兹教授以弗雷莱和傅尔蒙在谈到《汉语语法》编纂一事时两人均未提及孟德斯鸠在其中所起的作用为依据，试图证明孟德斯鸠不曾与黄嘉略有什么交往。这个论据是站不住脚的，因为编纂《汉语语法》和《汉语字典》是比尼昂[1]托付给黄嘉略的任务，傅尔蒙和弗雷莱奉比尼昂之命协助黄嘉略，此事与孟德斯鸠毫不相干。孟德斯鸠是否与黄嘉略有交往，与他是否参与《汉语语法》的编纂并无必然联系，何况傅尔蒙和弗雷

1　比尼昂（Jean-Paul Bignon, 1670—1743），法国王家学术总监，是黄嘉略任职国王图书馆时的顶头上司。

莱此时已是小有名气的学者，而孟德斯鸠还只是一个“漂”在巴黎的外省小青年呢！

黄嘉略的巴黎日记

上文提到的黄嘉略的日记，是巴黎国家图书馆抄本部所藏一份薄薄的法文手稿[1]，尽管未署作者姓名，但其内容表明，这是黄嘉略1713年10月19日至1714年10月2日的日记。黄嘉略，本名黄日昇，1679出生于福建莆田，18世纪初随法国传教士去罗马办理教务，随后定居巴黎，曾任法王路易十四的中文翻译，1716病逝于寓所。贝尼泰兹教授对于这本日记的主人提出了质疑，认为它“肯定不是”黄嘉略的，理由是：日记的主人虽然使用第一人称，却又经常以第三人称指代黄嘉略，诸如“黄先生”、“黄大人”、“中国老爷”、“黄枢机主教”、“黄元帅”等等。这条理由是难以成立的，因为众所周知，中国文人为表示超脱、幽默或自谦，喜欢并习惯于以第三人称指称自己；不但如此，在某些场合如果不以第三人称自称，就意味着失礼，至少也是素质不高的表现。黄嘉略在日记中自称“黄先生”丝毫不令人费解，因为他好歹也算是个文人。至于他以“黄大人”、“中国老爷”、“黄枢机主教”、“黄元帅”等等自称，那是他聊以舒缓内心抑郁的自我调侃之语；我们从他的日记可知，他的家庭生活并不温馨，他的那位法国太太经常无端生气发怒，不

1 Fr. N.A. 10005。

说话，不吃饭，不睡觉，外出不愿与他同行，而他为了维护家庭的安宁，只能无奈地淡然面对这一切，由此我们不难想见他的孤独无助之感。他这些调侃式的自称不但不能证明日记并非出自他笔下，反而恰好证明日记的主人正是黄嘉略。例如他在1714年2月14日写道："凤山枢机主教黄大人身体依然不适。"何为"凤山"？就是他的家乡福建莆田的凤凰山，此山如今仍在，只是山下黄嘉略出生的那个村庄已经变为一个公园了。此外，空白页上"日薄在巴"四个汉字，以及日记中许多用拉丁字母拼写的中文语词，尤其是日记中记述的事实，无一不向我们昭示，这份薄薄的手稿确实是黄嘉略的法文日记。贝尼泰兹教授之所以否定黄嘉略为日记的主人，除了他对中国的事情不甚熟悉外，恐怕与他力图证明孟德斯鸠与黄嘉略没有什么交往，进而为断言《若干评述》并非出自孟德斯鸠之手提供论据有关。

黄嘉略的法文水平

贝尼泰兹教授确信，黄嘉略的法语水平相当差，无法与孟德斯鸠就广泛的话题进行长时间的交谈。为此，他引用弗雷莱下列记述作为依据："他讲的法文不太好懂，他在自己的母语中找不到任何与欧洲语言相似之处……除了一些常用语句，黄先生说话很不规范，尤其是最早的时候……"[1]贝尼泰兹教授据

1 Paris, Observatoire astronomique, archives B 2-1, 155,10,4,f 16.

此得出结论："当孟德斯鸠于1713年年底离开巴黎时，黄的法语还很糟糕，他不可能与人进行名副其实的谈话，尤其是此处涉及的那些抽象的话题。"黄嘉略的法语不大规范，这大概是确实的，尤其是动词变位等汉语所没有的语法规则，他掌握得较差。但是笔者认为，弗雷莱的这番话多少有些言过其实，而促使他这样做的原因则是力图突出他对《汉语语法》的贡献。我们知道，黄嘉略死后，弗雷莱和傅尔蒙这两位曾经先后协助黄嘉略编纂《汉语语法》的法国学者，竟为争功而打过一场激烈的笔墨官司，在当时的学界引起轰动。在这个背景下，弗雷莱对黄嘉略法语水平的评价偏低就不难理解了。我们这样说绝非简单的推论，而是有以下事实作为坚实依据的。

黄嘉略在《汉语语法》序[1]中叙述了他去国之前的经历，从中可知，他七岁那年（1686）被母亲托付给巴黎外方传教会在华传教士李斐理[2]，李斐理为避拐骗儿童之嫌，认黄嘉略为义子。三年后，黄嘉略被转托给另一位法国传教士梁弘任[3]，跟随他辗转各地传教，前后约六年。我们有理由相信，这两位法国传教士在他们先后与黄嘉略共同生活的九年中，或多或少教给了黄嘉略一些有关法语的知识，黄嘉略说不定还学会了一些日常会话。

1702年，黄嘉略与另一位中国信徒陪同梁弘任离华赴意大

1 Paris, Observatoire astronomique, archives, B 1-14；内容相同的另一份手稿存于巴黎外方传教会，档案, AME 19。

2 李斐理（又作李斐理尔诺，Philibert Le Blanc, 1644—1720），四川主教。

3 梁弘任（Artus de Lionne, 1655—1713），罗萨利主教。

利办理教务，途经巴黎时，外方传教会会长指定Neez担任梁弘任在罗马期间的秘书。[1]梁弘任一行在罗马逗留了三年之久，在此期间，两位中国人和两位法国人始终在一起生活。被黄嘉略称作“聂先生”的Neez是一位从未到过中国的法国人，不通汉语，显然只能用法语与同伴交流。这个推测至少有一旁证：黄嘉略在罗马期间的一份中文日记[2]如今收藏在巴黎国家图书馆，他在日记中提及某人时，名字前面往往冠有汉字“蒙雪”或Mr。“蒙雪”是法文Monsieur（先生）的音译，Mr. 则是Monsieur的缩写。这个细节表明，他们这一行人在罗马期间的日常用语很可能是法语。

梁弘任一行于1706年3月返回巴黎[3]，黄嘉略从此定居在此；不久之后他放弃神职人员的身份，娶一位巴黎女子为妻，过上了巴黎小市民的生活。他与弗雷莱相识于1713年初，此时他已在巴黎生活了七年。毫无疑问，在这七年中，他的身边只有法国人，他只能以法语与之交流，否则难以过正常的生活。

在中国与两位法国传教士共同生活了九年，在罗马与两位法国人共同生活了三年；后来又作为全法国唯一的中国人，在巴黎生活了七年。黄嘉略的这些经历很难让人相信，弗雷莱在1713年与之结识时，居然听不懂他讲的法语。

黄嘉略的法语水平究竟如何，弗雷莱不是唯一的人证，我

---

1 巴黎外方传教会档案：AME 16.

2 这份残缺不全的中文日记夹在巴黎国家图书馆藏品傅尔蒙的手稿Fr. N.A. 8976中。

3 Adrien Launay, *Mémorial de la société des Missions étrangères de Paris*, Ⅱ, Paris, 1916, p.402.

们还可以听一听黄嘉略的邻居德里尔是如何说的。德里尔[1]是法国著名天文学家，后来受邀到俄国皇家科学院从事天文研究。1714年，黄嘉略一家迁居到卡耐特街以后，与德里尔成为邻居。德里尔对中国天文史颇感兴趣，黄嘉略自然成了他经常讨教的对象。他在写给一位传教士的信中讲述了记忆中的这位邻居："幸运的是，我在此时结识了一位姓黄的中国人，他受过很好的中文和中国文化教育，法文也相当不错。他住在巴黎，与我是邻居。……我与他一同查阅了外方传教会、国王图书馆和他本人的藏书，他向我讲解其中的一些书以及注解。"[2]

由此可见，黄嘉略的法语水平并非弗雷莱所描述的那样低下。或许他的法语不那么规范，语法错误不少，但无论如何不至于让法国人听不懂。所以，以黄嘉略的法语水平低下作为依据，断言他不可能与孟德斯鸠就广泛的话题进行过多次长谈，看来是不可靠的。

在这个问题上，贝尼泰兹教授显然考虑不够周全。他试图以黄嘉略的法语水平低下作为理由，否定其曾与孟德斯鸠有过长谈的可能性，这个说法实际上同时也否定了他自己的主张：《若干评述》的作者是弗雷莱。道理很简单：黄嘉略既然无法与孟德斯鸠用法语交流，当然同样无法与弗雷莱用法语交流，因为，弗雷莱与孟德斯鸠一样，也不会说中国话。由此可见，贝尼泰兹的这个论据是跛足的。

1　德里尔（Joseph-Nicolas Delisle, 1688—1768），法国天文学家。

2　巴黎耶稣会档案馆藏品：Correspondance Delisle 1737—1738 – T. VI – No.99 a。

关于汉字的214个部首

贝尼泰兹教授的另一个重要依据与弗雷莱的所谓重大发现有关。弗雷莱于1718年在一次学术报告中宣布，他在汉字研究中发现，汉字数量虽然多达数万，但万变不离其宗：所有汉字其实都由一些基本汉字以不同方式组合而成，这些基本汉字又称“部首”，总数不超过214个。贝尼泰兹教授对弗雷莱的遗稿进行研究后认为：“对汉字214个部首的定义是弗雷莱的一个重大发现，不可能早于1714年。”[1]他做了如下逻辑推理：弗雷莱于1714年发现了214个部首，那么可以肯定，提及214个部首的《若干评述》必然成文于1714年以后，而不可能在此之前。孟德斯鸠在1713年年底离开巴黎返乡奔丧，此时弗雷莱尚未发现214个部首，而当他再次来到巴黎时，黄嘉略已经不在人世。因此，从时间上看，《若干评述》不可能是孟德斯鸠与黄嘉略交谈的产物，倒很有可能出自弗雷莱笔下。

贝尼泰兹教授对汉字的部首似乎不甚了解。众所周知，汉字与西方文字的一个重大差异就是不使用字母，而由竖、横、撇、捺、钩等笔画组合而成。面对汉字，西方人难免产生疑问：怎么查字典呢？而部首的作用之一就是把数量巨大的汉字归类，使之便于检索；就此而言，部首的功能相当于字母，而不是弗雷莱所说的“基本汉字”。

---

1 *Oeuvres complètes de Montesquieu t.* 16, Oxford,Naploli, Voltaire Foundation, 2007, p. 110.

在中国文字学的历史上，部首的数量因字书作者而有差异，例如许慎（58—147）的《说文解字》就有540个部首。最早使用214个部首的是明代的梅膺祚，他编纂的辞书《字汇》刊印于1615年；半个世纪之后，张自烈在《字汇》的基础上编纂《正字通》，也采用214个部首；稍后的《康熙字典》依然采用214个部首。2009年1月21日，中华人民共和国教育部发布了《汉字部首表》，把部首缩减为201个，自2009年5月1日起施行。

前已提及，黄嘉略受比尼昂之托，与傅尔蒙和弗雷莱合作编写《汉语语法》和《汉语字典》。黄嘉略的遗物和遗稿清楚地表明，他编纂《汉语字典》的主要参考书就是采用214个部首的《字汇》和《正字通》。了解这个基本事实之后，我们就可以肯定，黄嘉略在与法国朋友的谈话中提及214个部首，是再自然不过的事了；弗雷莱既是黄嘉略的合作者，当然就有太多的机会听到黄嘉略谈及214个部首。所以，无论从哪个角度来看，214个部首都绝对不能称为弗雷莱在1714年的“重大发现”，而黄嘉略也完全无需等到1714年以后才可能谈及214个部首。贝尼泰兹教授却不这样认为，他说：“显然，黄并非在不经意间向弗雷莱谈到了214个部首，他只是证实了他的合作者的直觉而已。”按照贝尼泰兹教授的这一说法，似乎在弗雷莱“发现”214个部之前，黄嘉略并不知道有这些部首的存在。对于贝尼泰兹教授的这一判断，我们实在难以苟同，因为这一判断离事实太远了。

《若干评述》一文的性质和文中的星号

贝尼泰兹教授认为,《若干评述》若是孟德斯鸠所写，那就应该收在他的另一本笔记《随想录》(*Pensées*)中，而不应该收在《地理二》中。因为，收在《随想录》中的基本是孟德斯鸠本人的感想和思考，而收在《地理二》中的则基本是他所读书籍的摘要和笔记。孟德斯鸠既然把《若干评述》收在《地理二》中，这就表明此文是一份摘录和笔记，而不是他本人的感想和思考。再则，孟德斯鸠在《地理二》中有一个习惯，每当他针对摘录和笔记发表自己的看法时，通常加标星号*作为标志，以示其后文字是他本人的看法。《若干评述》中既然出现了若干星号，那就更说明这是一份摘录和笔记，而不是孟德斯鸠的感想和思考；理由很简单：孟德斯鸠不可能在自己的文章中用星号标示自己的感想或思考，因为未加星号的那些文字所反映的同样也是他的想法。简言之，贝尼泰兹教授认为,《若干评述》不是孟德斯鸠的感想和思考，而是对一份他人著述的摘录和笔记；他进而认为，从内容和时间来判断，这个“他人”应是弗雷莱。

贝尼泰兹教授提出的确是一个值得重视的问题，对于确定谁是《若干评述》的作者具有重要的证据价值。笔者既然认为《若干评述》为孟德斯鸠所作，那就必须对贝尼泰兹教授的上述论点做出回应。

首先,《随想录》与《地理二》的性质仅有相对而无绝对区别。孟德斯鸠所做的摘录和笔记，除了来自他所阅读的书籍或文章之外，也来自他所听到的言论。《地理二》中也不乏感想或思考，不但有以“我认为”或“我发现”之类作为导语的文字，甚至还有以疑问形式出现的反驳，例如：“这些耶稣会士不是把圣伊纳爵的做法带到中国去了吗？”[1]《若干评述》虽然并非阅读某部著作时的摘要和笔记，但其主要内容并不全是孟德斯鸠的感想或思考。所以，在我们看来，就其性质而言，放在《随想录》或《地理二》中均属妥当，不能以《若干评述》出现于《地理二》为由，断言它不是孟德斯鸠所写，进而把它归诸弗雷莱的笔下。

《地理二》中的星号确是孟德斯鸠用以引出他本人的评述的标记，全文共有四个。我先对这四个星号进行分析，然后再陈述看法。

第一个星号出现在关于在华传教士颜珰在福州购屋改建教堂的记述之后，星号之前讲的是此事的经过，星号之后是孟德斯鸠对于此事的评论，他写道：“我觉得他（指颜珰—引者）欠考虑，竟然为了一点小事而让众人觉得讨厌……”[2]贝尼泰兹教授在他所整理的《若干评述》一个脚注中指出，这个星号不见于甲本，而仅见于乙本，据他推测，是负责誊抄的秘书一见到“我觉得”这几个字，就“机械地”擅自添加了一个星号。[3]

1　*Oeuvres complète de Montesquieu*, tome 16, Oxford, Napoli, Voltaire Foundation, 2007, p.374.

2　见本书第400页。

3　*Oeuvres complète de Montesquieu*, tome 16, Oxford, Napoli, Voltaire Foundation, 2007, p.115.

第二个星号出现在关于中国家庭的陈述中。贝尼泰兹教授在脚注中指出，甲本表明，这个星号与孟德斯鸠的评述无关。[1]

第三个星号出现在关于汉字的论述之前。这个星号引出的是一段甲本所无的文字。[2]

第四个星号出现在稍后关于鞑靼人的文字与汉字差异的记述之后，它引出的是这样一段话："我们的文字有三个层次：一是事物，二是表示事物的声音，三是概念。他们只有两个层次：事物和概念。从我以上所说可以看到，汉字表意而不表音。"

出现在全文中的星号总共四个，前两个为甲本所无，后两个仅出现在乙本中，各自引出的是一段甲本所无的文字。这就是说，甲本中一个星号也没有。单凭乙本中的这几个星号，就可以断定此文并非出自孟德斯鸠笔下吗？显然不能。上文所做的逐一具体分析表明，星号的存在与否其实并无多少重要意义，因为检阅全文，评述之语比比皆是，诸如："我相信，中国人越被认识就越糟糕。""我相信，一个欧洲人在三年之内就可以流利地进行阅读（指汉语—引者）。""让我们抛弃成见吧，我们对他们说了那么多好话，太奉承他们了，而他们却从来不奉承我们。"[3]而这些评述却全无星号引领。我们至此可以认定，《若干评述》中既有记述也有评述，两者出自同一作者笔下；星号的存在与否，并非认定作者是否孟德斯鸠的依据。

---

1 *Oeuvres complète de Montesquieu*, tome 16, Oxford, Napoli, Voltaire Foundation, 2007, p.116.

2 许明龙：《黄嘉略与早期法国汉学》，中华书局2004年版，第341页。

3 同上。

《若干评述》中的一首民歌

以上五条都是针对贝尼泰兹教授的论据提出的不同看法，此外我还另有两条依据，足以证明此文确系孟德斯鸠所作。先陈述第一条。

《若干评述》中有这样一段话："为了让大家正确理解汉语的结构，我把黄先生教我的一首歌转录在下面，曲调一点也不陌生，我早就听我们乡下的女子唱过，那是在收获季节和采摘葡萄时节。奇怪的是，同一首歌也在中国唱，而且在同一时候唱，也就是说，每逢五月姑娘们采花时唱这首歌。"[1]接下来便是黄嘉略曾经唱给这段文字作者听的歌。

在我看来，这段文字中有两个词非常关键："采摘葡萄"和"我们乡下"。众所周知，孟德斯鸠是个乡下人，他的老家在波尔多南边约20公里的拉布莱德，这是一个葡萄之乡，孟德斯鸠一家既是经营葡萄园的地主，又是销售葡萄酒的商人；他的故居拉布莱德堡的第一道门楣上至今还镌刻着贺拉斯的诗句："啊！我的乡村，何时才能再次见到你？"与此相反，弗雷莱是个地地道道的城里人，出生在巴黎，长期住在距市中心"大菜场"不远的街区。

我请读者们判断一下，在孟德斯鸠和弗雷莱两人中，谁更有机会在收获和采摘季节听到村姑唱歌？谁更有资格说"我们乡下"？我想，只要不抱偏见，回答应该是不言而喻的。

---

1 见本书第402页。此译文所据原文为甲本，文字略多于乙本。

“黄”字的拼写

下面再说我的第二条依据。

黄嘉略这个姓名是笔者二十年余年前在档案中找到的，在此之前，大家只知道他的西文姓名。这里单说他的姓。在本文所涉及的几个人笔下，“黄”字有多种写法；黄嘉略自己写作Hoange，弗雷莱、傅尔蒙、比尼昂、德里尔等人写作Hoang、Hoangh、Hoamge，偶尔也写作Hoange。然而在《若干评述》中，无论甲本或乙本，“黄”字均写作Ouanges或Oüanges，也就是说，《若干评述》中的“黄”字与众不同，独具特色。倘若确如贝尼泰兹教授所言，《若干评述》出自弗雷莱的笔下，那就有一个问题需要解决：弗雷莱为什么在同一个时期用两种差别很大的写法来书写“黄”字呢？我相信，无人能对这个问题做出令人满意的回答。事实是，在笔者所读过的黄嘉略、傅尔蒙、弗雷莱等人的大量手稿中，把“黄”字写作Ouanges或Oüanges的唯有孟德斯鸠一人。如果说，《若干评述》的归属尚有争议，因而不足为凭，那么我们还可以举出另外一个证据，那就是孟德斯鸠的另一种笔记《随笔》（*Spicilège*）第326条：“我听黄先生说，他刚到巴黎时曾把帽子留在教堂里，因为他在中国时曾听说，欧洲的民风淳朴，人们相互关爱，从无盗窃和行刑之事；所以，当他听到一个杀人犯将被处以绞刑时，深感震惊。”[1]一如《若干评述》，这里的“黄”字同样写作

---

1 *Oeuvres complètes de Montesquieu*, II, Paris, Gallimard, 1951, p.1306.

Ouanges。这就无可争辩地证实，孟德斯鸠与同时代的其他法国人不同，把“黄”字写作Ouanges是他独有的习惯。《若干评述》中的“黄”字既然均写作Ouanges，那就也可肯定：《若干评述》并非出自弗雷莱笔下，而是出自孟德斯鸠笔下。

孟德斯鸠为何与众不同，把“黄”字写作Ouanges呢？我们有理由做出以下推论：黄嘉略是福建莆田人，莆田人说的是莆（田）仙（游）方言。他虽然能说官话，但毕竟乡音难改，很可能把自己的姓读作wang，而不是huang。孟德斯鸠记下的正是他所听到的黄嘉略的发音，故而写作Ouanges。类似情况在《若干评述》中多有所见，例如，文中把“纣王”的“纣”写作Thiou，把“福州”写作Fouthiou，这些显然都是根据黄嘉略带有乡音的官话读音记下的——把官话中的元音ou变作iou，这正是包括莆仙方言在内的福建乃至浙江许多地区方言的特点之一。其余几位法国人与黄嘉略多有书信来往，他们把“黄”字写作Hoangh或Hoamge的依据，是他的亲笔署名，而迄今我们尚未发现黄嘉略与孟德斯鸠的任何书信；至于黄嘉略把“黄”字写作Hoange，则可能是早年跟随梁弘任时形成的习惯。

贝尼泰兹教授还提出了另外一些论据。例如，他引述了《若干评述》中有关尧在位时的洪水和公元初年的日食等记述后写道：“孟德斯鸠很难拥有谈论这些话题所需要的知识，所以很难相信他会关注这些话题。”在他为《孟德斯鸠全集》第16卷中的《若干评述》所撰写的“前言”（Introduction）里，对于出现在甲本中的把基督与孔子进行对比、对《圣经》中有关洪水的记载表示怀疑的内容，他都认为显然不是孟德斯鸠关心的问题。这些纯属他本人的看法，但他却用以当作论据，据此否定孟德斯鸠是《若干评述》的作者。我们对此虽有不同看法，但不打算就此展开争论，因为这些见仁见智的问题充其量只能用作推理的参考，是不可以在进行判断时当作论据的。

此外，贝尼泰兹教授还说："《若干评述》中有关汉字的记述，尤其可以用来证明此文为弗雷莱所写。"为此，他不惜以两页多的篇幅，将《若干评述》中的相关内容，与弗雷莱于1718年宣读的一篇关于汉字的学术报告加以详细的对比，借以显示两者的相似之处。在我们看来，两者相似是理所当然的，两者若不相似才会令人吃惊。因为，对弗雷莱、傅尔蒙和孟德斯鸠以及黄嘉略的其他法国朋友来说，黄嘉略是他们的汉语和汉字知识的唯一来源，他们之中无论哪一位谈论汉语和汉字，实际上都是复述黄嘉略传授给他们的知识。《若干评述》无论出自谁的笔下，只要涉及汉语和汉字，不但内容必定如出一辙，就连文字表述也非常接近；单凭这一点，显然无法断定何人是《若干评述》的作者。

综上所述，在我看来，《若干评述》是一篇夹杂着孟德斯鸠本人看法的谈话笔记，既不是单纯的读书笔记，又有别于通常收在《随想录》中记录感想和思考之类思想火花的文字。前已述及，《地理二》的主要内容是孟德斯鸠阅读各国游记时所做的摘录或摘要，《若干评述》所记述的是他人的谈话，孟德斯鸠完全有理由把它视同对某一部著作所做的摘录；由于其内容全部涉及中国，所以把它收在《地理二》中很是适当，并无不妥。

最后，笔者对自己的观点作如下概述:《若干评述》是对中国人黄嘉略多次谈话之记述的汇总，文中掺有撰写人的看法和评述。从黄嘉略的日记来看，他与孟德斯鸠谈话时，有时很可能有弗雷莱乃至其他法国友人在场；但《若干评述》的撰写人确系孟德斯鸠，而不是弗雷莱。《孟德斯鸠全集》第16卷的主编仅凭贝尼泰兹教授一家之言，就断言此文不是孟德斯鸠所作，似乎不够慎重。

参考文献

一、中文参考文献

马建忠:《马氏文通》，商务印书馆2002年版。

向达:《中西交通史》，中华书局1930年版。

方豪:《中西交通史》(第一至第五册)，(台湾)中华文化出版事业社1977年版。

方豪:《方豪六十自定稿》，(台湾)学生书局1969年版。

方豪:《中国天主教史人物传》(第一至第三册)，中华书局1988年版。

〔日〕石田幹之助:《欧人之汉学研究》，朱滋萃译，北平中法大学1934年版。

王漪:《明清之际中学之西渐》，(台湾)商务印书馆1979年版。

韩琦:《中国科学技术的西传及其影响》，河北人民出版社1999年版。

夏瑞春编:《德国思想家论中国》，陈爱政等译，江苏人民出版社1989年版。

〔英〕博克舍编注:《十六世纪中国南部行记》，何高济译，中华书局1990年版。

〔葡〕曾德昭:《大中国志》，何高济译，上海古籍出版社1998年版。

〔西〕门多萨:《中华大帝国史》，何高济译，中华书局1998年版。

〔意〕利玛窦等著:《利玛窦中国札记》，何高济等译，中华书局1983年版。

吴孟雪、曾丽雅:《明代欧洲汉学史》，东方出版社2000年版。

顾卫民:《中国与罗马教廷关系史》，东方出版社2000年版。

古洛东:《圣教入川记》，四川人民出版社1981年版。

〔法〕孟德斯鸠:《波斯人信札》，罗大冈译，人民文学出版社1984年版。

〔法〕孟德斯鸠:《论法的精神》，张雁深译，商务印书馆1987年版。

许明龙:《孟德斯鸠与中国》，中国国际文化出版社1989年版。

许明龙:《欧洲18世纪“中国热”》，山西教育出版社1999年版。

许明龙:《中法文化交流的先驱黄嘉略》，《社会科学战线》，1986年第3期。

张西平等编著:《西方人早期汉语学习史调查》，中国大百科全书出版社2003年版。

二、西文参考文献

Abel-Rémusat, *Mélanges asiatiques*, Paris, 1887.

Abel-Rémusat, *Nouveaux Mélanges asiatiques*, vol. I, Paris, 1892.

Abel-Rémusat, *Eléments de la grammaire chinoise*, Paris,1857.

Abel-Rémusat, *Essai sur la langue et la littérature chinoises*, Paris, 1811.

Collani, Claudia von., “Artus de Lionne, M.E.P. et la Chine”, in *Actes du VIIe Colloque international de Sinologie de Chantilly*, Taipei, 1995.

Coblin, W. South and Levi, Joseph A., *Francisco Varo's Grammar of the Mandarin Language (1703)* , Amsterdam, Philadelphia, 2000.

Cohen, M., "A point of History: The chinese books presented to the National Library in Paris by Joachim Bouvet S.J. in 1697", in *Chinese Culture,* 1990.

Cordier, H., *Fragments d'une histoire des études chinoises au XVIIIe siècle*, Paris, 1895.

Cordier, H., *Notes pour servir à l'histoire des études chinoises en Europe jusqu' à l'époque de Fourmont l'Ainé*, Paris, 1886.

Cordier, H., *La Grammaire chinoise du P. Francisco Varo*, Paris, 1887.

Cordier, H., *La Chine en France en XVIIIe siècle*, Paris, 1910.

Cordier, H., *Les études chinoises (1895—1898)* , Leide, 1898.

Dehergne, J., "Voyageurs chinois venus à Paris au temps de la marine à voile et l' influence de la Chine sur la littérature française du XVIIIe siècle", in *Monumenta Serica,* (23) 1964.

Dehergne, J., *Répertoire des Jésuites de Chine de 1552 à 1800*, Roma et Paris, 1973.

Delort, J., *Histoire de la détention des philosophes et des gens de lettres à la Bastille et à Vincennes*, Paris,1829.

Desgraves, L., *Montesquieu*, Paris, 1986.

Desgraves,L., "Notes de Montesquieu sur la Chine", in Revue *historique de Bordeaux et du Dé partement de la Gironde*,1958.

Elisseff-Poiles,D., *Moi, Arcade, Interprète chinois du Roi-Soleil*, Paris, 1987.

Eliseeff-Poisle,D., *Nicolas Fréret (1688—1749), Réflexions d'un humaniste du XVIIIe siècle sur la Chine*, Paris, 1978.

Etiemble, R., *L'Europe chinoise*, Paris, 1989.

Fourmont, E., *Catalogue des ouvrages de Monsieur Fourmont l'Aîné*, Amsterdam, 1731.

Fourmont, E., *Meditationes sinicae*, Paris, 1737.

Gaubil, A., *Correspondance de Pékin (1722—1759)*, Genève, 1970.

Grell, C., et Volpilhqc-Auger, Catherine., *Nicolas Fréret, légende et vérité*, Oxford, 1994.

Guiot, L., *La mission du Su-tchuen au XVIIIe siècle*, Paris, 1892.

Histoire Critique de la République des lettres tant anciennes que modernes, Amsterdam, 1714.

Jolly, Claude, *Histoire des bibliothèques françaises,* Promodis, 1988.

Launay, A., *Mémorial de la Société des Missions étrangères de Paris*, Paris, 1916.

Lecomte, L., *Nouveaux mémoires sur l'état présent de la Chine*, Paris, 1990.

Lee, Thomas H.C. (ed.), *China and Europe, Images and Influences* in *Sixteenth to Eighteenth Centurie*, Hong Kong, 1991.

Leung, C., "Etienne Fourmont (1683—1745): The Birth of Sinology in the context of the institutions of learning in eighteenth-century France", in *Sino-Western Cultural Relations Journal*, XVII, 1955.

Leung Hang-King, C., *The language of the "Other", Etienne Fourmont (1683—1745), Chinese, Hebrew and Arabic in Pre-*

Enlightenment France, Chiocago, Illinois, 1993.

Lundbaek, K., *T.S. Bayer（1694—1738）*, *Pioneer Sinoligist*, London and Molmo,1986.

Lundbaek, K.,*Joseph de Prémare（1666—1736）*, Aarhus, 1991.

Masson, A., *"Un Chinois inspirateur des 'Lettres persanes' "*, in *Revue des deux Mondes*, le 15, Mai,1951.

Mémoire de l'Académie royale des Inscriptions et Belles-Lettres.

Montesquieu, Oeuvres completes, Seuil, Paris,1964.

Mungello, D.E., *Curious Land, Jesuit Accommodation and the Origins of Sinology*, Honolulu, 1984.

Pinot,V., *La Chine et la formation de l'esprit philosophique en France, 1640—1740*, Paris, 1932.

Pinot, V., *Documents inédits relatifs à la connaissance de la Chine en France*, Paris, 1936.

Rowbothan, Arnold H.,"China in the Esprit des lois: Montesquieu and Mgr.Foucquet", in *Comparative Literature*, II,1950.

Shackleton, R., *Montesquieu, Biographie critique*,Gronoble, 1977.

Simon, R., Nicola Fréret, Genève, 1961.

Spence, J., " The Paris Years of Arcadio Huang", in *Chinese Roundabout*, New York, 1992.

Tchen, Y., *La Musique chinoise en France au XVIIIe siècle*, Paris, 1974.

Ting, Tchao-tsing, *Les Descriptions de la Chine par les Français（1650—1770）*, Paris, 1928.

Weil, F., "Comment peut-on être Chinois? " , in *Technique, art et science*, Janvier,1957.

Witek, J., *Controversial Ideas in China and in Europe: A Biography of Jean-François Foucquet*, Rome,1982.

100 Roman Documents concerning the Chinese Rites Controversy（1645—1941）, The Ricci Institute for Chinese-Western Cultural History, 1992.